普通高等学校“十二五”规划教材

经管核心课

市场营销学

（第三版）

◎主　编　杨剑英　张亮明
◎副主编　杨春洪　孟　桃　吴　丹

SHICHANG YINGXIAOXUE

南京大学出版社

第三版前言

市场营销学是高校经济类和工商管理类的核心课程之一。从20世纪初市场营销理论产生至今，随着经济、社会的发展和科技的进步，市场营销理论和实务的创新也层出不穷。自20世纪30年代市场营销学传入我国，随着市场经济的日益完善而被学术界和实务界普遍接受，市场营销原理、方法得以广为传播和应用。特别是进入21世纪以来，国际国内营销环境不断出现新的变化，市场竞争日益激烈，企业要在市场竞争中占有一席之地，必须认真研究市场营销的原理、方法和技巧，以正确的营销观念、前瞻性的营销战略和迅捷有效的营销战术在市场竞争中取胜。因此，作为一门应用学科，市场营销的重要地位也日益凸显，越来越受到更多人的重视。

正是在这样的市场竞争大背景下，为了满足高校经济管理类专业教学、企业培训以及经营管理在职人员自学参考之用，我们编写了这本系统介绍市场营销理论与应用的教材并多次再版。本书篇章结构和内容安排本着科学、系统、应用及创新的理念，文字语言流畅、简洁，案例较丰富，便于阅读和理解。本书除了系统地介绍市场营销学的基本原理、方法以及最新实践成果外，突出的特色如下：首先是案例教学。本教材将配备较多的营销案例，在案例内容上除了选用一些国外经典营销案例外，特别注重选用一些近几年有代表性的、较新颖的本土企业营销案例；在案例形式和编排上，注重多样性，每章开头的引导案例可以引发学生学习和思考的兴趣，中间插入的阅读材料小案例，不仅有助于学生对知识的理解，而且可以活跃学生的思维。每章结束的案例通常内容较丰富，且稍有难度。通过对不同案例的阅读和分析讨论，可以使学生理论联系实际，增强学生对营销实践的感知能力和操作能力。其次是注重能力培养。本教材有较多的教学案例，每章配有习题，特别是在每章内容结束后营销战略和战术环节配有实训习题，这些实训题属于开放性问题，不仅引导学生去思考，还引导学生去实践，这一点是目前市场上大多数教材所欠缺的，同时对于培养学生的营销实践能力又特别重要。

本书的编写者有着丰富的市场营销学教学和市场营销实务经验，他们通过近两年时间的认真编写、多次修改，终于成稿。本书由杨剑英、张亮明任主编，具体编写分工如下：杨剑英编写第一章、第二章、第三章；沈正舜编写第四章；沈正舜、杨春洪编写第六章；李燕君编写第五章、第七章；张亮明编写第八章；吴丹编写第九章；常军编写第十章；王婷婷编写第十一章；杨松、张亮明编写第十二章；孟桃编写第十三章；由杨春洪、张言彩审阅和校对了案例；由杨剑英编写了实训题;由杨剑英、张言彩、杨春洪对书稿进行了初审。最后由中国矿业大学管理学院副院长、营销管理与战略管理专家、博士生导师谢守祥教授在百忙中进行了审阅,并提出了宝贵意见。

本书在编写中参考了国内外同行的大量文献资料及同类教材,引用了一些专家和同行的观点,由于篇幅所限,未能一一列出,在此深表感谢和歉意。

由于编者水平有限,加之编写时间仓促,书中难免有欠妥或疏漏之处,恳请广大读者指正。

编　者

2015 年 7 月

目　　录

第一章　市场营销导论

本章主要讲述：市场和市场营销的含义、特征及相关概念；市场营销的产生及发展演变过程；市场营销学的理论基础及相关内容；市场营销管理的实质和任务，以及市场营销管理的五阶段流程。

市场营销学是近百年来发展最快的管理学科之一。今天，市场营销不仅是企业在激烈的市场竞争环境中寻求发展的利器，也在社会经济生活的方方面面中得到广泛的应用。随着社会经济的发展，市场营销理论和实践正在不断创新，因此，全面系统地学习和把握现代市场营销的理论和方法，对于经济与工商管理类专业的大学生和其他有志于从事经营管理的人士来说，具有重要的意义。

引导案例

宝洁公司和一次性尿布

宝洁(P&G)公司以其寻求和明确表达顾客潜在需求的优良传统，被誉为在面向市场方面做得最好的美国公司之一。其婴儿尿布的开发就是一个例子。

1956 年，该公司开发部主任维克·米尔斯在照看其出生不久的孙子时，深切感受到一篮篮脏尿布给家庭主妇带来的烦恼。洗尿布的责任给了他灵感。

于是，米尔斯就让手下几个最有才华的人研究开发一次性尿布。

一次性尿布的想法并不新鲜。事实上，当时美国市场上已经有好几种牌子了。但市场调研显示：多年来这种尿布只占美国市场的 1%。原因首先是价格太高；其次是父母们认为这种尿布不好用，只适合在旅行或不便于正常换尿布时使用。调研结果还表明，一次性尿布的市场潜力巨大。美国和世界许多国家正处于战后婴儿出生高峰期，将婴儿数量乘以每日平均需换尿布次数，可以得出一个大得惊人的潜在销量。

宝洁公司产品开发人员用了一年的时间，力图研制出一种既好用又对父母有吸引力的产品。产品的最初样品是在塑料裤衩里装上一块打了褶的吸水垫子。但在 1958 年夏天现场试验，结果除了父母们的否定意见和婴儿身上的痱子以外，一无所获。于是又回到图纸阶段。

1959 年 3 月，宝洁公司重新设计了它的一次性尿布并在实验室生产了 37 000 个外观相似于现在的产品。拿到纽约州去做现场试验，这一次，有三分之二的试用者认为该产品胜过布尿布。行了！然而，接踵而来的问题是如何降低成本和提高新产品质量，为此要进行的工序革新，比产品本身的开发难度更大。一位工程师说它是“公司遇到的最复杂的工作”。生产方法和设备必须从头搞起，不过，到 1961 年 12 月这个项目进入了能通过验收的生产工序和产品试销阶段。

公司选择地处美国最中部的城市皮奥里亚试销这个后来被定名为“帮宝适”(Pampers)的产品。发现皮奥里亚的妈妈们喜欢用“帮宝适”,但不喜欢10美分一片尿布的价格。因此,价格必须降下来。降多少呢?在6个地方进行的试销进一步表明,定价为6美分一片,就能使这类新产品畅销,使其销售量达到零售商的要求。宝洁公司的几位制造工程师找到了解决办法,用来进一步降低成本,并把生产能力提高到使公司能以该价格在全国销售帮宝适尿布的水平。

帮宝适尿布终于成功推出,直至今天仍然是宝洁公司的拳头产品之一。它表明,企业对市场真正需求的把握需要通过直接的市场调研来论证。通过潜在用户的反应来指导和改进新产品开发工作。企业各职能部门必须通过合作,不断进行产品试用和调整定价。最后,公司做成了一桩全赢的生意:一种减轻了每个做父母的最头疼的一件家务的产品,一个为宝洁公司带来收入和利润的重要新财源。

[资料来源:吴健安.市场营销学.北京:高等教育出版社,2004]

[案例思考]

宝洁公司开发一次性尿布的决策是在什么基础上进行的?其开发过程是否表明它把握了现代市场营销的基本精神?

(也许这两个问题暂时你还不能回答,不过学完本章后,你将会有自己的分析和思考。)

第一节　市场与市场营销

一、市场及相关概念

(一) 市场的基本概念

从经济学的视角来看,市场是一个商品经济的范畴,是商品内在矛盾的表现,是供求关系,是商品交换关系的总和,是通过交换反映出的人与人之间的关系,是社会分工和商品生产的产物。市场的概念随着商品经济的不断发展而不断丰富和充实,在不同的发展阶段和市场环境下,市场有多种含义,总体可概括如下。

市场是商品交换的场所。它是指买卖双方购买和出售商品,进行交易活动的地点或地区。这个概念主要指的是地理区域,是供求双方交易的空间和地点。随着经济的发展,交易的时间和空间范围扩张了,市场的概念也被充实和扩展了。

(1) 市场是由一切具有特定欲望和需求并且愿意和能够以交换来满足这些需求的顾客所组成。这是著名营销学家菲利普·科特勒对市场的定义。这里的市场是指具有购买欲望、购买力并通过交易来实现商品交换,使商品或劳务发生转移的顾客,即市场是指消费者群体或组织购买者,而不是场所。从市场营销学的观点来看,市场是一个有现实需求的有效市场,它必须具备人口、购买力和购买欲望等三个要素,缺一不可。从这一角度看,市场的构成可以用一个简单的公式概括如下：

市场＝人口＋购买力＋购买欲望

人口是构成市场的基本因素。一个国家或地区的人口多少，是决定市场大小的基本前提。

购买力是人们支付货币购买商品或劳务的能力。购买力的高低由购买者的收入决定。

购买欲望是指消费者购买商品的动机、愿望和要求。它是消费者把潜在的购买欲望变为现实购买行为的重要条件，因而也是构成市场的基本要素。

(2) 市场是某些商品或劳务的所有现实和潜在的购买者。这里的市场是指除了有购买力和购买欲望的现实购买者外，还包括暂时没有购买力或者暂时没有购买欲望的潜在购买者。这些潜在购买者一旦具备了购买能力，或收入提高有了购买力，或是受宣传介绍的影响由无购买欲望变成有购买欲望，其潜在需求就变成了现实需求。如"中国的汽车市场很大"，指中国国内对汽车有需求的现实购买者和潜在购买者的数量比较庞大。同时，对企业来说明确本企业生产产品的现实和潜在市场，根据其需求量的多少来正确制定生产和市场营销决策具有重要意义。

(3) 市场是商品交换关系的总和。交换关系主要指买卖双方、买方与买方、卖方与卖方、买卖双方各自与中间商、中间商与中间商之间，商品在流通领域中进行交换时发生的关系。

从市场营销学的观点来看，以上市场的概念是从各个不同的角度阐述的。只是各自强调的角度不同，相互之间并不矛盾。综合上述观点，我们认为市场是建立在商品经济基础上的一系列交换关系、交换条件以及交换过程。

交换关系是由一系列交易活动构成，并由商品交换规律所决定的。

交换的基本条件主要包括买方、卖方、可接受的交易条件。

交换过程是指市场的发展是由买方(消费者)决定、由卖方(生产者)推动的动态过程。

(二) 市场的功能

虽然市场在具体的交易过程中呈现不同的形态和特点，但市场活动却具有一些普遍的共性，这些普遍的共性决定了市场的一些基本功能。

首先，市场具有实现功能。因为市场实现了商品的交换价值，即在合适的交易条件下，买方和卖方实现了货币与商品的相互交换。

其次，市场具有调节功能。市场主要通过商品交换基本规律(主要是价值规律)、供求关系变化及竞争的开展，对生产者、中间商和消费者的交易行为起着调节作用，使某类产品或服务的供给与需求的规模、结构达到基本平衡，在此过程中对自然资源和社会资源进行合理配置。

第三，市场具有反馈功能。市场是信息汇集的场所，使供求双方的信息得以交换和传递。这种反馈能为企业更好地满足顾客需求而进行的生产、营销等经营决策提供依据。

(三) 市场的类型

人们可以根据不同的需要，从不同的角度，将市场划分成多种类型。一般而言，有以下几种基本划分方法。

(1) 按区域范围划分。这是一种按照地理区域划分市场的方法。在世界范围内，如按洲别可以分为亚洲、欧洲市场等；按国别又可分为中国市场、英国市场等；在国内，我们可以根据传统的地域划分，将市场划分为东北市场、西北市场、华南市场、西南市场、中原市场、华东市场等不同的市场区域。

(2) 按产品的用途划分。这是按照商品性能来划分市场的方法，可将市场划分为消费品市场、生产资料市场、资金市场、技术市场、信息市场、劳动力市场、房地产市场等，企业在不同市场的营销方式不同。

(3) 按不同的购买目的划分。企业应该努力研究买方的需求、购买意愿以及购买行为等，才能有针对性地开展营销活动。如企业产品的买方可能是消费者、生产者和中间商，这三类买方的购买目的各不相同，要求卖方企业制订有针对性的营销方案。因此，按照购买者购买目的的不同，可以将市场划分为消费者市场、生产者市场、中间商市场(转卖者市场)、政府市场、社会团体市场等。

二、市场营销及相关概念

(一) 市场营销的定义

国内外学者对市场营销已下过近百种定义，他们的视角往往各不相同。美国学者基恩・凯洛斯曾将各种市场营销定义分为三类：一是将市场营销看做一种为消费者服务的理论；二是强调市场营销是对社会现象的一种认识；三是认为市场营销是通过销售渠道将生产企业同市场联系起来的过程。[①] 这从一个侧面反映了市场营销的复杂性。本书采用著名营销学家菲利普・科特勒教授的定义，该定义如下：

市场营销是个人和群体通过创造并同他人交换产品和价值以满足需求和欲望的一种社会和管理过程。[②]

根据这一定义，可以将市场营销概念归纳为以下要点：

(1) 市场营销的最终目标是“满足需求和欲望”。

(2) “交换”是市场营销的核心，交换过程是一个主动、积极寻找机会，满足双方需求和欲望的社会过程和管理过程。

(3) 交换过程能否顺利进行，取决于营销者创造的产品和价值满足顾客需求的程度和交换过程管理的水平。

(二) 市场营销的相关概念

1. 需要、欲望和需求

需要和欲望是市场营销活动的起点。需要是指没有得到某些基本满足的感受状态，是人类与生俱来的。如人们为了生存对食品、衣服、住房、安全、归属等的需要，这些需要存在于人类自身生理和社会之中，市场营销者可用不同方式去满足它，但不能凭空创造。欲望是指想得到上述基本需要的具体满足品的愿望，是个人受不同文化及社会环境影响表现出来的对基本需要的特定追求。如为满足“解渴”生理需要，人们可能选择(追求)白开水、茶、汽水、果汁或者其他饮品。市场营销者无法创造需要，但可以影响欲望，开发及销售特定产品和服务来满足欲望。需求是指人们有能力购买并愿意购买某个具体产品的欲望。需求实际上也就是对某特定产品及服务的市场需求。市场营销者总是通过各种营销手段来影响需

---

① 基恩・凯洛斯. 什么是确切的市场营销. 美国：市场营销评论. 1975(4)

② 菲利普・科特勒. 市场营销管理，亚洲版，第8版. 北京：中国人民大学出版社. 1997

求，并根据对需求的预测结果决定是否进入某一产品（服务）市场。

2. 产品

产品是能够满足人的需要和欲望的任何东西。产品的价值不在于拥有它，而在于它给我们带来的对欲望的满足。产品实际上只是获得服务的载体。这种载体可以是物，也可以是“服务”，如人员、地点、活动、组织和观念等。如人们购买电脑不是为了观赏，而是为了得到它所提供的信息服务。当我们心情烦闷时，为满足轻松解脱的需要，可以去参加音乐会，听歌手演唱（人员）；可以到风景区旅游（地点）；可以参加消费者假日俱乐部（组织）；也可以参加研讨会，接受一种不同的价值观（观念）。市场营销者必须清醒地认识到，其创造的产品不管形态如何，如果不能满足人们的需要和欲望，就必然会失败。

现代产品的内涵十分宽泛，包括商品、服务、体验、事件、人物、地点、财产权、组织、信息、观念等，甚至供应品、解决方案也成为某种意义上的产品。可以说产品是提供给市场以满足需要和欲望的任何东西①。

（1）商品。主要指有形商品，是市场营销活动中使用价值的载体。有形商品在许多国家的经济构成中占据主导地位，如我国 2003 年生产个人电脑达 3 216.7 万台，手机 18 231.37 部②。

（2）服务。随着经济的发展，服务业在国民经济中所占的比重越来越大，美国等发达国家服务业占 GDP 的比重已达到 70%以上，我国服务业占 GDP 的比重虽然不高，但也超过了 30%，并有逐步增加的趋势。服务业一般包括传统服务业，如餐饮住宿、批发零售、政府管理和公共服务等，也包括现代服务业，如金融保险、交通运输、邮电、房地产、计算机和通讯、商务服务、文化教育卫生、科研和综合技术服务等。

（3）体验。企业运用产品和服务来进行创作、表演和营销体验。如旅游活动就是消费的一种感受和体验。

（4）事件。发起某一事件并将其作为一项商业计划去运营。如已有 40 多年历史的广交会（广州中国出口商品交易会），是中国目前历史最长、层次最高、规模最大、商品种类最齐全、到会客商最多、成交最好的综合性国际贸易盛会。再如 2008 年北京奥运会、2010 年上海世博会均可成为事件营销的载体。

（5）人物。如宗教领袖、总统候选人、专家、明星等。目前利用名人效应开展营销活动已为公众所熟悉。一些名人如文体明星常和公共机构、大众媒体保持较为密切的联系，利用机会提升自己的知名度，并恰当地推销自己。

（6）地点。地点包括购物场所、城市、地区、国家等。为促进地区经济发展，一些地方争相吸引游客、投资商、移民等，不仅能促进地方经济的发展，也有利于提升这些地区的知名度和美誉度。如海南省的博鳌镇通过运作策划不仅成为亚洲论坛的长期举办地，也成为国际著名的旅游休闲地和国际会议中心，成功吸引了世界各国政要和一些名人。

（7）财产权。财产权指对所拥有的财产的合法权利，如房地产、股票、债券等固定资产和金融资产的财产权。房地产商将房屋出租给买房者，财产权发生转移。银行或证券公司则营销其承销的基金或股票等。

---

① 菲利普·科特勒. 营销管理（第 11 版）. 上海：上海人民出版社，2003

② 国家统计局. 2003 国民经济和社会发展统计公报. 2004-02-26

(8) 组织。无论营利性组织如企业,还是非营利性组织,如中小学校以及政府机构,无不期望建立自己的良好形象。如可口可乐、麦当劳等国际知名企业无不利用一切有利机会来营销自己的组织形象,在消费者心目中树立了良好的企业形象认知。

(9) 信息。许多企业都注重营销信息。不仅传统媒体如报纸、电视等营销信息,互联网等现代媒体也营销信息。信息的生产、包装和分销已成为信息时代的一个重要产业。

(10) 观念。指由政府及相关组织或名人倡导的一些有益人类身心健康和可持续发展的观念,如食品安全、反对吸烟、反毒品以及提倡节能减排、低碳生活等。

人们之所以购买各种各样的产品,是因为这些产品能够向人们提供使用价值即效用,对于购买者而言,人们购买有形商品也不仅仅是为了拥有商品本身,而是为了获取产品提供的各种效用、利益、价值或解决方案,以满足人们的需要。例如,购买小轿车是因为它能满足人们交通服务的需要,同时高档轿车还能满足人们的社交和自尊的需要。

3. 效用、费用和满足

效用是消费者对产品满足其需要的整体能力的评价。消费者通常根据这种对产品价值的主观评价和要支付的费用来作出购买决定。如某人为解决每天上班的交通需要,他会对可能满足这种需要的产品选择组合(如自行车、摩托车、汽车、出租车等)和他的需要组合(加速度、安全、方便、舒适和节约等)进行综合评价,以决定哪一种产品能提供最大的总满足。假如他主要对速度和舒适感兴趣,也许会考虑购买汽车。但是,汽车购买与使用的费用要比自行车高许多。若购买汽车,他必须放弃用其有限收入可购置的许多其他产品(服务)。因此,他将全面衡量产品的费用和效用,选择能使每一元花费带来最大效用的产品。

4. 交换、交易和关系

交换最初是指从他人处取得所需之物,而以自己的某种东西作为回报的行为。人们可以通过各种方式取得满足需求或欲望之物,只有交换方式才是人们获得所需之物的最基本和最普遍的方式。交换的发生,必须具备五个条件:至少有交换双方;每一方都有对方需要的有价值的东西;每一方都有沟通和运送货品的能力;每一方都可以自由地接受或拒绝;每一方都认为与对方交易是合适或称心的。交易是交换的基本组成单位,是交换双方之间的价值交换。交换是一种过程,在这个过程中,如果双方达成一项协议,我们就称之为发生了交易。交易通常有两种方式:一是货币交易,如某人支付 2 000 元给商店而得到一部手机;二是非货币交易,包括以物易物、以服务易服务的交易等。一项交易通常要涉及几个方面:至少两件有价值的物品或服务、双方同意的交易条件、时间、地点;有法律制度来维护和迫使交易双方执行承诺。

一些学者将建立在交易基础上的营销称之为交易营销。为使企业获得较之交易营销所得到的更多,就需要关系营销。关系营销是市场营销者与顾客、分销商、经销商、供应商等建立、保持并加强合作关系,通过互利交换及共同履行诺言,使各方实现各自目的的营销方式。与顾客建立长期合作关系是关系营销的核心内容。

5. 市场营销与市场营销者

在交换双方中,如果一方比另一方更主动、更积极地寻求交换,就将前者称之为市场营销者,后者称为潜在顾客。换句话说,所谓市场营销者,是指希望从别人那里取得资源并愿意以某种有价值的东西作为交换的人。市场营销者可以是卖方,也可以是买方。当买卖双方都表现积极时,我们就把双方都称为市场营销者,并将这种情况称为相互市场营销。

第二节　市场营销管理哲学及其演进

一、市场营销管理哲学及其演进

市场营销管理哲学(又称营销管理观念)是指企业对其营销活动及管理的基本指导思想。它是企业在进行市场营销管理的过程中,处理企业、顾客和社会三方利益关系时所持的态度、思想和观念。

任何企业的营销管理都是在特定的思想或观念指导下进行的。确立正确的市场营销观念,对企业经营活动具有重要意义。企业必须在全面分析市场环境的基础上,正确处理企业、顾客和社会三者关系,确定自己的原则和基本取向,并用于指导营销实践,才能有效地实现企业目标。

市场营销管理哲学是属于企业组织文化层面的战略问题,对企业的营销活动具有全局性和方向性的影响。因此从某种角度说,市场营销管理哲学既是指导企业营销活动的思想,也是协调营销关系的准则,更是各项营销活动的总纲。

市场营销活动与营销环境密切相关,当环境的主导因素出现基本改变时,市场营销管理哲学也必须作必要的调整和更新,使整个营销活动和营销环境实现动态匹配及和谐。

市场营销管理哲学随着生产和交换日益向纵深发展,社会、经济与市场环境的变迁以及企业经营经验的积累发生了深刻变化。这种变化的基本轨迹是从企业利益导向转变为顾客利益导向,再发展到社会利益导向。图 1-1 显示了西方企业在兼顾三者利益关系时,市场营销观念的变化趋势。

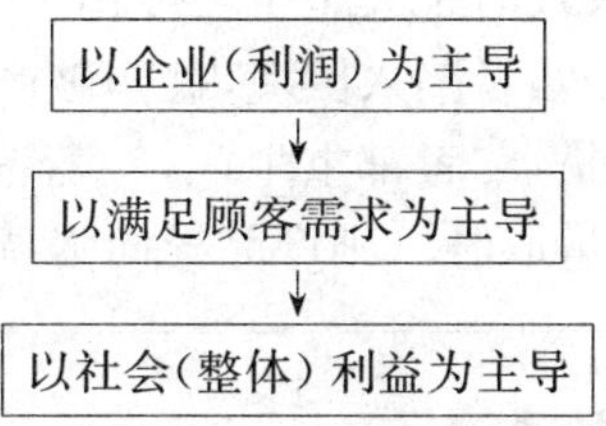

图 1-1　企业市场营销管理哲学的变化趋势

一些学者将企业市场营销管理哲学(营销管理观念)的演变划分为生产观念、产品观念、推销(销售)观念、市场营销观念和社会营销观念等五个阶段。前三个阶段的观念一般称为旧观念,是以企业为中心的观念;后两个阶段的观念是新观念,可分别称之为顾客(市场)导向观念和社会营销导向观念。

二、以企业为中心的观念

以企业为中心的营销管理观念,是以企业利益为根本取向和最高目标来处理营销问题的观念。它包括以下几种观念。

1. 生产观念(Production concept)

生产观念认为,消费者总是喜爱那些可以随处买到和价格低廉的产品,企业应当集中精力提高生产效率和扩大分销范围，增加产量，降低成本。生产观念是一种古老的市场观念。以生产观念指导营销管理活动的企业，称为生产导向型企业，其典型口号是“我们生产什么产品，就卖什么产品”。

企业奉行生产观念的前提是：(1) 物资短缺、产品供不应求。生产观念在西方盛行于19世纪末20世纪初。当时资本主义国家处于工业化初期，市场需求旺盛，企业只要提高产量、降低成本，便可获得丰厚利润。因此，企业的中心问题是扩大生产，多生产些价廉物美的产品，而不必过多关注市场需求差异。在这种情况下，生产观念为众多企业所接受。(2) 某种具有良好市场前景的产品，生产成本很高，必须通过提高劳动生产率、降低成本来扩大市场。如福特汽车公司1914年开始生产的T型汽车，就是在福特的“生产导向”营销管理哲学(使T型汽车生产效率趋于完善，降低成本，使更多人买得起)的指导下创出奇迹的。到1921年，福特T型车在美国汽车市场上的占有率达到56%。

生产观念的缺陷是重生产、轻市场。在物资紧缺的年代也许能使商品畅销无阻，但随着生产的发展、供求形势的变化，这种观念必然使企业陷入困境。如福特汽车公司在T型车获得长足发展，并宣称“不管顾客需要什么颜色的汽车，我们只有一种黑色的”之后不久，由于消费环境及消费者需求的变化陷入营销困境，几乎破产。

2. 产品观念(Product concept)

产品观念认为消费者喜欢高质量、多功能和具有某些创新特色的产品。因此，在产品导向型的企业里，企业的中心任务是生产质量优异、不断改进其性能和特色的产品。持产品观念的企业假设购买者欣赏精心制作的产品，相信他们能鉴别产品的质量和功能，并愿意出较高价格购买质量上乘的产品。这些公司不太关注产品是否受市场欢迎。他们在设计产品时只依赖工程技术人员而极少让消费者介入。

产品观念和生产观念几乎在同一时期流行。产品观念由于过分重视产品而忽视顾客需求，最终将导致“营销近视症”。只致力于大量生产或精工制造、改进产品而忽视市场需要的最终结果是其产品被市场冷落，经营者陷入困境，甚至破产。

产品导向与生产导向相同的是，二者都重生产，轻营销，并把市场看做生产过程的终点而非起点，如果说生产导向是“以量取胜”，则产品导向强调的是“以质取胜”。

阅读材料一：美国爱尔琴钟表公司

美国爱尔琴钟表公司自1896年创立到20世纪50年代，一直被公认为美国最好的钟表制造商之一。该公司在营销管理中坚持产品观念，强调产品质量的精益求精，同时公司选择一些著名的珠宝公司、百货公司等作为自己的分销商。在1958年以前公司的钟表销售一直呈上升趋势，但此后其销售额和市场占有率开始持续下降。造成这种状况的主要原因是市场需求和竞争形势发生了变化。因为这一时期的更多消费者已从对名贵手表的追逐转向经济、实用、款式新颖的手表；同时有许多制造商迎合消费者的需求，开始生产低档手表并通过廉价商店和超级市场等大众分销渠道积极推销，从而抢走了爱尔琴钟表公司的大部分市场份额。而爱尔琴钟表公司竟然没有关注到环境的变化，仍然钟情于生产传统样式的精美手表，分销渠道也长期不变，认为只要产品质量好，顾客自会上门。结果企业陷入了营销困境。

3. 推销观念(Selling concept)或销售观念

推销观念认为消费者通常有一种购买惰性或抗衡心理，如果不经过销售努力，而是让消费者自行选择，消费者就不会大量购买本企业的产品，因而企业必须积极推销和大力促销。执行推销观念的企业，称为推销导向型企业，其观念导向是企业努力推销什么产品，消费者或客户就会更多地购买什么产品。

推销观念盛行于20世纪三四十年代。这一时期，由于科技进步，科学管理和大规模生产的推广，商品产量迅速增加，社会生产已经由商品不足进入商品过剩，卖主之间的市场竞争日益激烈。特别是1929年爆发的资本主义世界空前严重的经济危机，前后历时5年，堆积如山的货物卖不出去，市场极度萧条。这种现实使许多企业家认识到，企业不能只集中力量发展生产，必须保证这些产品能被人购买，企业才能生存和发展。

在推销观念指导下，企业相信产品是“卖出去的”，而不是“被买去的”。他们致力于产品的推广和广告活动，以求说服甚至强制消费者购买。目前推销观念被大量用于推销那些非渴求品，即购买者一般不会想到要去购买的商品，如保险、百科全书和保健品。另外，在一些非营利领域，如义务教育机构、大学招生机构和政治党派等，还有一些企业推销积压产品时，通常也采用推销观念。

与前两种观念一样，推销观念也是建立在以企业为中心，而不是满足消费者真正需要的基础上的，这一导向仍然是从企业的现有产品出发，本质上仍然是企业生产什么就销售什么。产品供应充足并向买方市场转化时，往往奉行推销观念。

阅读材料二：三株公司由成功转为失败的启示

1994年，生产保健品的三株公司刚刚进入市场，当年的销售额就达1.25亿元，1995年达23亿元，1996年则达到惊人的80亿元。创造这个奇迹的是三株疯狂的推销观念和推销行动，当时三株在全国所有大城市、省会城市注册了600余个子公司，吸纳了15万名推销人员，三株的传单、招贴、标语和横幅满天飞，在不到一年的时间里三株就成为家喻户晓的名牌。

但是，一方面由于管理体制的原因，另一方面也与三株狭隘的推销观念有关，三株聚集一切资源和手段努力把产品推销出去，而不去了解消费者需求的变化，导致产品与消费者需求日益脱节。因此，三株的销售业绩开始逐年滑坡，还欠下大笔贷款，加之销售队伍管理混乱和一系列公关危机事件，最终导致三株的彻底衰落。

三、以消费者为中心的观念

以消费者为中心的观念，又称市场营销观念(Marketing concept)。这种观念认为，企业的一切计划与策略应以消费者为中心，正确确定目标市场的需要与欲望，比竞争者更有效地提供目标市场所期望的物品和服务。

市场营销观念形成于20世纪50年代。随着第三次科学技术革命的兴起，西方各国企业更加重视研究和开发，产品技术不断创新，新产品竞相上市。大量军工企业转向民用品生产，使社会产品供应量迅速增加，许多产品供过于求，市场竞争进一步激化。同时，西方各国政府相继推行高福利、高工资、高消费政策，社会经济环境出现快速变化。消费者有较多的可支配收入和闲暇时间，对生活质量的要求提高，消费需要变得更加多样化，购买选择更为精明，要求也更为苛刻。这种形势，要求企业改变以往单纯以卖方为中心的思维方式，转向认真研究消费需求，正确选择为之服务的目标市场，并满足目标顾客的需要及其变动，不断调整自己的营销策略。也就是说，要从以企业为中心转变到以消费者(顾客)为中心。

执行市场营销观念的企业，称为市场营销导向型企业。其座右铭是“顾客需要什么，我们就生产供应什么”。市场营销观念改变了旧观念(生产观念、产品观念和推销观念)的逻辑，要求企业营销管理贯彻“顾客至上”的原则，将管理重心放在善于发现和了解目标顾客的需要，并千方百计去满足它，使顾客满意，从而实现企业目标。

市场营销观念有四个主要支柱：目标市场、顾客需求、整合营销和盈利能力率。表 1－1 表明，与推销观念从厂商出发、以现有产品为中心、通过大量推销和促销来获取利润不同，市场营销观念是从选定的市场出发，通过整体营销活动实现顾客满意，从而提高盈利率。

表 1－1　市场营销观念与推销观念的比较

导向类型/比较因素	出发点	重点	方法	目的
推销导向	企业	产品	推销和促销	通过销售获得利润
营销导向	目标市场	顾客需求	整合营销	通过顾客满意而获得利润

市场营销观念的四个支柱提示我们要从以下四个方面着手开展营销。

1. 目标市场

企业要满足顾客需求，并不是要满足所有的顾客需求，而是选择一个或几个细分市场作为自己的目标市场，去满足这些目标市场顾客的需求，而且在目标市场上比竞争对手做得更好些。

阅读材料三：寻找细分市场打破可口可乐的垄断

即使像可口可乐这样实力强劲的大公司也不可能垄断世界软饮料市场，甚至连可乐市场也不能完全垄断，因为百事可乐已经跟可口可乐公司针锋相对竞争了几十年，在可乐市场占据了一定的份额，同时也有无数中小公司通过实行差别化，寻找细分市场，选定目标市场，来打破可口可乐在饮料市场的垄断。

2. 顾客需求

企业在进行生产决策之前，必须准确地理解和把握目标市场的顾客需求。把握顾客需求必须从了解顾客需求入手，通过市场调研了解顾客真正的需求是什么，当然把握顾客需求的本质不像表面看上去那么容易。

3. 整合营销

整合营销是指企业以顾客为中心，整合内部所有资源以提高为顾客服务的水平和顾客满足程度，使所有的部门都为顾客的利益提供一致的服务。整合营销包含两个方面的含义：一方面整合营销是指企业从顾客观点出发协调各种营销职能，如营销调研、产品策略、促销策略等；另一方面整合营销必须使公司其他部门接受顾客导向的营销理念。

整合营销本质上是以产品为中心的营销向以客户为中心的营销的转变、从销售商品向满足客户需求的转变，整合营销的关键是使企业形成一个有凝聚力的团队。整合营销与传统营销的区别如下：

（1）顾客导向成为企业所有部门的行动指南，快速响应顾客需求成为企业最高的管理目标。

（2）企业再造内部流程，将优质资源投到为顾客提供价值增值的关键环节。

（3）企业整合所有面向顾客的服务接触点，保证企业在每一次与顾客的接触中做到一种定位、一个形象、一个声音。

4. 盈利能力

盈利能力是指营销要取得一定的经营绩效，即企业将创造良好的顾客价值作为结果，不拘泥于每次交易额的大小，而是着眼于企业的长远发展，争取顾客信任，扩大市场份额，争取企业长期稳定的利润来源。

树立并全面贯彻市场营销观念，建立真正面向市场的企业，是企业在现代市场条件下成功经营的关键。有关要点将在第二章详细讨论。

四、社会营销观念（Social marketing concept）

社会营销观念认为，企业的任务在于确定目标市场的需要、欲望和利益，比竞争者更有效地使顾客满意，同时维护与增进消费者和社会福利。

社会营销观念是对市场营销观念的补充与修正。市场营销观念的中心是满足消费者的需求与愿望，进而实现企业的利润目标。但往往出现这样的现象，即在满足个人需求时，与社会公众的利益发生矛盾，企业的营销努力可能不自觉地造成社会的损失。市场营销观念虽也强调消费者的利益，不过它认为谋求消费者的利益必须符合企业的利润目标，当二者发生冲突时，保障企业的利润要放在第一位，因为利润才是资本主义企业生产的根本目的。社会市场营销观念的基本观点是以实现消费者满意以及消费者和社会公众的长期福利作为企业的根本目的与责任。理想的市场营销决策应同时考虑到消费者的需求与愿望、消费者和社会的长远利益、企业的营销效益。

社会营销观念目前逐渐为企业所接受，主要源于两个方面：一方面是企业认识到，如果在其经营活动中不顾社会利益，造成社会利益的损害，就会受到社会公众和舆论的压力，从而影响企业的进一步发展；另一方面，近年来社会对于环境保护和健康消费的重视，也使得政府对于损害社会利益的生产和消费行为的政策约束越来越严厉，企业必须通过树立良好的社会形象和协调各方面的关系来改善自己的经营环境。

阅读材料四：澳柯玛的社会营销观念

中国驰名商标“澳柯玛”冰柜的生产企业——青岛澳柯玛集团将可持续发展作为集团企业的发展方向，澳柯玛集团在同行业内率先开始致力于无CFC替代项目改造工作，并成为全球最大的无CFC电冰柜生产基地，同时在电冰柜、洗碗机生产行业最先通过ISO140001环境管理体系的认证。在其所持的社会营销观念指导下，澳柯玛正向节能、环保高科技的家电产品领域开辟新的发展空间，进行充分的产品结构、组织结构调整工作，规划在未来一段时期内，在国内占领环保、节能家电行业的龙头地位，并争取进军国际市场。

五、不同营销管理哲学的比较

在五种典型的营销管理哲学中，生产观念、产品观念、推销观念一般被称为传统的营销管理哲学(或营销管理观念)，它们的共同点是以卖方的需求为中心，目的是将产品销售出去，追求利润最大化。而市场营销观念和社会市场营销观念是以买方的需求为中心，营销活动贯穿于产品设计、生产、销售的全过程。同时，社会营销观念还要考虑社会的长远利益。

随着市场环境的变化，企业的营销管理哲学也在不断地改变。起初，企业是以取得眼前的高额利润为依据来制定营销决策的。接着，他们开始认识到满足消费者需求的重要性，并把它引入市场营销观念。在国家节能减排、提倡环保以及提倡营销道德的今天，许多企业在决策时已开始考虑社会的利益。因此这些营销管理哲学的产生和存在都有其必然性和合理性，都是与一定的市场条件相联系和相适应的。其不同之处见表1－2。

表1－2　几种营销管理观念的区别

营销管理哲学	中　心	着眼点	策略方法	问　题
生产观念	企业	产品数量	扩大生产、降低成本	企业自定产品的优良标准，不考虑消费者需求的满足程度
产品观念	企业	质量	提高质量、改进性能、增加特色	强调产品本身而忽视市场需求
推销观念	企业	销售	加强推销	只考虑企业盈利、忽视消费者差异化需求
市场营销观念	消费者	消费者需求	满足消费者需求	注意消费者眼前需求，损害消费者长远利益
社会营销观念	社会与消费者	社会与消费者长远利益	以长远利益、社会进步为中心	

最后，必须指出，这五种营销管理哲学或观念是相互联系的。它们具有如下特点：首先是各种营销管理哲学或观念在时间和空间上具有共存性。虽然这五种观念的演变是依次出现的，但是在现实社会中，同一时间和空间由于各企业所处环境和自身竞争优势的不同，这五种观念不是我存你亡的关系，而可能是一种共存的关系。即在同一时期，奉行各种营销管理哲学或观念的企业可能同时存在，如当前我国许多煤炭生产企业就奉行的是生产观念；而家电生产企业可能奉行市场营销观念或社会营销观念。其次，各种营销管理哲学或观念具有可替代性。在一个企业中实行何种营销观念与企业的基本理念、企业文化以及企业的领导风格有很大的关系，在不同的时期，会产生主流的营销管理观念。如我国的一些军工生产企业在转为地方民用产品生产企业以后，经营观念也由产品观念转为市场营销观念。第三，营销观念的相对性。企业奉行何种营销管理观念与企业的外部市场需求环境和竞争状况有很大关系。总之，适合的才是好的，不能简单认为“生产观念”等前三种营销观念就是错误的观念。第四，营销观念也是处于不断变革中的。对于企业来说，在市场需求和竞争状况比较稳定时，所奉行的适合企业的营销观念也保持一定的稳定性，当市场环境变化，特别是剧烈变化时要考虑学习和接受新思想、新观念，以适应市场的变化，使企业在市场竞争中保持优势。

第三节　市场营销的产生和发展

一、国外市场营销的演进

(一) 形成阶段

人类的市场经营活动从市场出现就开始了。但直到20世纪之前，市场营销尚未形成一门独立的学科。进入19世纪末20世纪初，伴随资本主义经济的发展，欧美的一些大型工业企业推行了美国工程师泰勒的“科学管理”制度，当生产的增长速度超过需求的增长速度，市场开始出现竞争，广告、包装等市场销售技术开始兴起。1905年美国的一些大学商学院开设了产品销售课程；1912年市场营销正式成为一门独立的学科。

(二) 应用阶段

20世纪初到30年代，资本主义世界爆发经济危机，产品相对过剩，销售困难。这时，企业界广泛关注的首要问题是如何把产品销售出去。企业家们开始重视市场调查，提出了“创造需求”的口号，致力于扩大产品销路并在实践中积累了丰富的资料和经验。与此同时，市场营销学研究大规模展开。如弗莱德・克拉克和韦尔法在其《农产品市场营销》(1932年)中指出：农产品市场营销系统包括集中(农产品收购)、平衡(调节供求)和分散(化整为零销售)等三个相互关联的过程，并详细研究了营销者在其中执行的七种市场营销职能，包括集中、储存、融资、承担风险、标准化、销售和运输。拉尔夫・亚历山大(Ralph S. Alexander)等学者在1940年出版的《市场营销》一书中则强调市场营销的商品化职能包含适应顾客需要的过程，销售是“帮助或说服潜在顾客购买商品或服务的过程”。1937年，美国全国市场营销学和广告学教师协会及市场营销学会合并组成现在的美国市场营销学会(AMA)。该学会在美国设有几十个分会，从事市场营销研究和营销人才的培训工作，出版市场营销专著和市场营销调研专刊，对市场营销学的发展起了重要作用。到第二次世界大战结束，市场营销学得到了长足发展，并在企业经营实践中广泛应用。但在这一阶段，它的研究主要集中在销售推广方面，应用范围基本上仍局限于商品流通领域。

(三) “革命”阶段

第二次世界大战后，市场营销学从概念到内容都发生了深刻的变化。战后的和平条件和现代科技的进步，使生产力高度发展，社会产品数量剧增，垄断资本的竞争加剧，供需矛盾加剧。在这个背景下，市场营销学也发生了巨大的变化，演变为现代市场营销学，主要特征是：① 以市场需求为导向的营销管理哲学基本确立，“以需求为中心”成为市场营销的核心理念；② 对市场营销的研究已逐渐从产品、功能和机构的研究转向管理的研究，使市场营销理论成为企业经营管理决策的主要依据；③ 市场营销的观念和策略已不局限于在企业界应用，而且已经延伸到学校、医院等非营利组织。这个阶段对营销学科的发展和企业的营销实践有着深远的意义。

而后，市场营销学被广泛地应用于社会各领域，并从美国拓展到其他国家。同时世界各国的营销学相继提出了许多新观点和新理论，充实和丰富了营销学内容。20世纪50年代以来的营销学重要的理论成果见表1-3。

表 1-3　20 世纪 50 年代以来的市场营销学重要的理论成果

50 年代	60 年代	70 年代	80 年代	90 年代
营销组合 产品生命周期 市场细分 品牌形象 市场营销观念 营销审计	“4P”组合 营销近视 生活方式 买方行为理论 扩大营销概念	社会营销 低营销 定位 战略营销 服务营销	营销战 内部营销 大市场营销 全球营销 关系营销	品牌资产 定制营销 网络营销 绿色营销 5R 营销

近些年来，西方现代营销理论和实践提出了许多新观点，如质量、价值和顾客满意、顾客关系建立和顾客保持，商业过程和整合商业职能，全球思考和区域性规划，战略联合和网络建设，直销和在线营销，服务营销，高科技产业营销，营销应符合伦理等，经过归纳、深化和系统化，正发展为关系营销、整合营销、渠道网络构建、战略联合、直复营销、网络营销、服务营销和营销伦理等，这些营销观点具有时代特征①。

二、市场营销在中国的传播和发展

20 世纪三四十年代，市场营销学在我国曾有一轮传播。现存最早的教材，是丁馨伯编译的《市场学》，由复旦大学于 1933 年出版。当时一些大学的商学院开设了市场学课程，教师主要是欧美留学归来的学者。但由于长期战乱及半封建半殖民地政治经济发展水平的限制，其研究和应用有很大的局限性。新中国成立后的很长一段时间内，由于西方的封锁和我国实行高度集中的计划经济体制，商品经济受到否定和抵制，我国对市场营销学的研究基本中断。

1978～1985 年，市场营销学再次引进我国并进入初步传播时期。在此期间，北京、上海和广州等地的学者对国外市场营销学的研究、应用和人才培养做了大量工作，通过论著、教材翻译评介，到国外访问、考察和学习，邀请境外专家学者来华讲学等方式，系统引进了当代市场营销的理论和方法。高等院校相继开设了市场营销课程，组织编写了第一批市场营销学教材。1984 年 1 月，为加强学术与教学研究，推进市场营销学的普及与发展，全国高等财经院校综合大学市场学教学研究会成立(1987 年改名为中国高等院校市场学研究会)。该会聚集了全国一百多所高校的市场营销学者，每年定期交流研讨，公开出版论文集，对市场营销学的传播、深化和创新运用作出了积极贡献。

1985～1992 年，是市场营销在我国进一步传播与应用的时期。市场营销的运用从外贸企业、商业企业、乡镇企业逐步扩展到国有企业，市场营销热点开始从沿海向内地推进。社会对市场营销知识和管理人才的需求旺盛。

到 1988 年，国内各大学已普遍开设了市场营销课程，教育部也将市场营销学列为工商管理类专业的核心课程之一；很多学校开设市场营销本科、专科专业，有 50 多所大学招收市场营销方向的研究生，部分高校在 20 世纪 90 年代初即开始培养市场营销方向博士生；全国专业教师超过 4 000 人，编著并出版了市场营销教材、专著 400 多种，发行销售超过 1 000 万册。中国高等院校市场学研究会、中国市场学会也开展了一系列活动，促进学术界和企业界、理论与实践的结合，为企业提供营销管理咨询服务和培训服务，建立对外交流渠道，做了

① 吴涛. 市场营销管理. 北京：中国发展出版社，2005

大量卓有成效的工作。

1992 年以后，是市场营销理论研究结合中国实际提高、创新的时期。随着改革开放的全方位展开，国内经济结构的变化、外资企业的大量进入，买方市场特征逐步明显，中国市场竞争进一步加剧。在这种形势下，强化营销和营销创新成为企业的重要课题。

1995 年以后，中国营销学界一方面加强了国际沟通，举办了一系列市场营销国际学术会议，另一方面，展开了以中国企业实现“两个转变”(从计划经济向市场经济转变，从粗放经营向集约化经营转变)为主题以及以“跨世纪的中国市场营销”为主题的营销创新研究。在这一阶段，出现了一批颇有价值的研究成果。

到 21 世纪初，本科开设市场营销专业的院校已达 213 所，近 150 所院校招收市场营销专业方向的硕士研究生，招收市场营销方向博士生的院校也有近 20 所。包括中国市场学会在内的国内各层次的市场营销研究机构和众多的营销教学和科研人员，在推动营销理论研究、促进营销学科学化、本土化和创新方面，均作了有益的探索，对营销学在我国的传播和发展作出了卓越的贡献。

第四节　市场营销的相关理论基础和基本框架

一、市场营销学的相关理论基础

市场营销学作为一门应用性经营管理学科，在其发展过程中，不断吸纳了经济学、管理学、社会学、行为学等多门学科的相关理论，形成了自己的理论体系。营销理论的基础是生产目的论和价值实现论。

从一般意义上说，社会生产的最终目的是消费。任何生产者必须面向消费、面向市场，不断提供能满足消费者需求和欲望的产品和服务，实现其价值交换过程，才能生存和发展。同样，任何国家和地区，其物质财富、精神财富和社会组织财富的生产，只有同现实需要和未来持续发展的需要相协调，各部门价值及非物质部门生产的价值可相互平衡交换并实现，社会经济才能发展。因此，交换在人类经济与社会的发展进程中，无论在微观还是宏观层面，均占有举足轻重的地位和作用。

市场营销学以交换作为自己的核心概念，并且在实践中不断丰富和发展了交换理论。如 1985 年美国市场营销学会将微观市场营销界定为：“市场营销是(个人和组织)对思想(或主意、计划)、货物和劳务的构想、定价、促销和分销的计划和执行过程，以创造达到个人和组织目标的交换。”宏观市场营销则一般定义为满足社会(或人类)需要和欲望，实现潜在交换的人类活动。市场营销学将交换作为一个相对独立的范畴提炼出来，以价值实现为核心，运用系统论、决策论方法，构建了一个完整的理论体系。

这一理论体系将营销界定于交换和实现潜在交换，并将之作为企业经营者的基本职能；提出产品价值的创造与实现的必要条件是满足消费者(社会)的特定需要，充分条件是积极适应环境，实施整合营销。这是一种以手段(生产、经营)适应目的(消费需要)，以微观(企业活动)适应宏观(消费需要比例)的系统理论。其内容主要包括：市场营销管理哲学(营销管理观念)的演进与变革理论，市场营销调研理论，市场环境分析理论，消费者购买行为理论，目标市场营销理论，市场营销组合理论，以及营销组织与控制理论等，形成了完整体系。

二、宏观与微观市场营销学

市场营销学的构建从微观（企业）开始，逐步形成了微观与宏观两个分支。宏观市场营销学从社会总体交换层面研究营销问题，它以社会整体利益为目标，研究营销系统的社会功能与效用，并通过这些系统引导产品和服务从生产进入消费，以满足社会需要。宏观市场营销学将营销视为一种社会经济过程，它强调从整体经济、社会道德与法律的角度把握营销活动，以及由社会（政府、消费者组织等）控制和影响营销过程，以求得社会生产与社会需要之间的平衡，保证社会整体经济的持续、健康发展和保护消费者利益。微观市场营销学从个体（个人和组织）交换层面研究营销问题。微观市场营销正如尤金·麦卡锡所说"是指某一组织为了实现其目标而进行的这些活动：预测顾客和委托人的需要，并引导满足需要的货物和劳务从生产者流转到顾客或委托人"。显然，个人和组织（其典型是企业）的营销活动是围绕产品或价值的交换，实现其目标而进行的决策与管理过程。在这一过程中，营销者首先要通过调查研究了解消费者的特定需要，并据此研制开发能满足这种需要的产品；然后，要在进一步分析消费者行为的基础上，制订市场计划，实施适当的产品、分销、价格与促销策略（见图 1－2）。

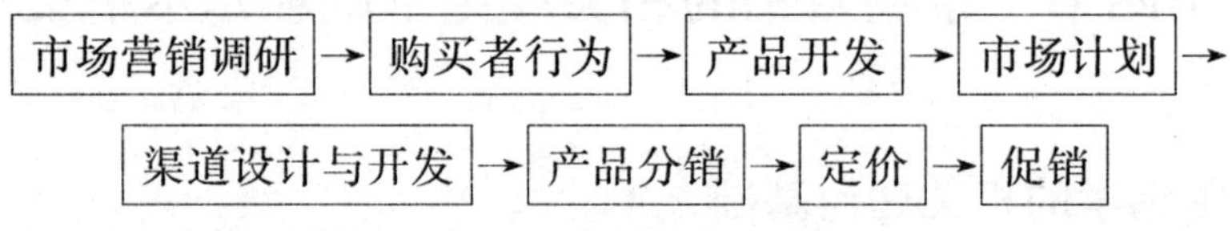

图 1－2　微观市场营销的内容

当代市场营销研究的主流仍然是微观市场营销学。随着时代的发展，微观市场营销学逐渐分为市场营销原理和市场营销管理两大系列。本书采用了原理与管理相结合的方式，微观市场营销学的架构如下：

（1）市场营销概述：① 市场与市场营销学；② 营销管理哲学及其贯彻。

（2）市场调研分析：① 市场营销环境分析；② 消费者购买行为分析；③ 组织购买行为分析；④ 市场调研与预测。

（3）市场营销战略选择：① 目标市场营销战略选择；② 竞争者分析。

（4）市场营销策略：① 产品策略；② 品牌与包装策略；③ 定价策略；④ 分销策略；⑤ 促销策略。

（5）营销组织与控制：包括市场营销计划组织实施与控制。

（6）营销应用与创新：包括网络营销等。

第五节　研究市场营销学的意义

一、研究市场营销学的意义

（一）迎接 21 世纪的营销挑战

知识经济时代的来临及其严峻挑战以及现代科技的飞速发展，从根本上改变着人们的生活方式和社会生产方式，带来比以往更为复杂和快速变化的社会经济环境，以及更为剧烈的全球竞争，无论在国家(地区)综合国力发展层面，还是在微观企业经营与发展层面，都面临着全新的挑战。

经济全球化、高技术特别是信息科技产业的崛起，金融危机和全球企业并购之风的兴起，预示着未来的营销从观念、规划到方式都将发生深刻变化。

著名营销学者菲利普·科特勒预言，21世纪，市场销售领域将出现十大新趋势[①]：

(1) 电子商务的发展，使批发和零售之间出现了实质性非居间化；

(2) 零售店交易量减少，它们更多是在推销“体验”而不是产品；

(3) 建立客户信息库，根据某客户的特别需要提供“定制商品”，成为公司时尚；

(4) 商家在通过富于想象力的方法来超过消费者期望方面做了出色的工作；

(5) 公司重视并对个别客户、产品和销售渠道进行利润核算；

(6) 许多公司进一步树立忠实于客户的远见；

(7) 公司的活动和需要，更多依赖外部资源和合作；

(8) 现场销售人员拥有更多的特许权限；

(9) 大量的电视广告、报纸杂志广告消失，“因特网”广告兴起；

(10) 公司不可能长久地保持其竞争优势，除非他们具有尽快地学习和跟上形势变化的能力。

由此可见，学习、研究市场营销学以挑战、适应环境变化的必要性。

(二) 促进经济成长

第二次世界大战后许多国家的经济成长经验表明，营销管理观念的转变和贯彻，是经济成长的一个重要原因。彼得·德鲁克在分析西方国家的营销问题时指出：将营销作为企业的中心职能，“这种观念上的改变是欧洲在1950年以后快速复原的主要原因之一”，“20世纪50年代以后，日本经济上的成功，主要归功于其接受营销为企业首要职能的观念”。而美国，自1900年以来，其经济革命主要是营销革命，这种营销革命对经济的影响不下于20世纪任何技术上的革命。[②]

我国改革开放30多年来的经济成长过程，也验证市场营销对经济发展的重要作用。随着我国社会主义市场经济体制的构建和完善，这种作用还将进一步加强。

(1) 市场营销在促进经济总量增长方面发挥着重要作用。市场营销以满足消费者需求为中心，强调不断开拓新的市场，为生产者、经营者提供不断向新的价值生产领域拓展和产品价值实现的手段，有效地促进经济成长。

(2) 市场营销通过营销战略与策略的创新，指导新产品开发经营，降低市场风险，促进新科技成果转化为生产力，充分发挥科技作为第一生产力在经济成长中的作用。

(3) 市场营销的发展，在扩大内需和进军国际市场，以及吸引外资，解决经济成长中的供求矛盾和资金、技术等方面，开拓了更大的市场空间。

(4) 市场营销为第三产业的发展开辟道路。专业性市场营销调研、咨询机构的发展，企业营销机构的充实，市场营销支持系统的发展，提供了大量的就业机会，并直接、间接地创造

① 菲利普·科特勒. 我们将从这里走向何方. [英]金融时报. 1998. 9. 14

② 彼得·德鲁克. 经营管理. 中兴管理顾问公司，1980. 59页

价值，促进第三产业的成长和发展。

(5) 市场营销强调经营与环境的系统协调，倡导保护环境，绿色营销对经济的可持续发展起着重要作用。

在上述方面，市场营销已经和正在作出自己的贡献。为进一步促进我国经济的健康成长，深入研究市场营销学是十分必要的。

(三) 促进企业发展

企业是现代经济的细胞。企业的效益和成长，是国民经济发展的基础。市场营销学对经济成长的贡献，主要表现在其解决企业成长与发展中的基本问题上。

市场营销学以满足需要为宗旨，引导企业树立正确的营销观念，面向市场组织生产过程和流通过程，不断从根本上解决企业成长中的关键问题。

(1) 市场营销学为企业成长提供了战略管理原则，使企业成长与变化的环境保持长期的适应状态。企业必须不断了解变化的环境，预测其趋势，不断创新其产品及营销策略，不断在更高层次上满足市场需要，以实现自身成长。

(2) 市场营销学为企业成长提供了一整套竞争策略，指引企业创造竞争优势。在战略与策略层面，市场营销学均十分重视研究企业以满足需求为中心，形成自己的经营特色，以保证处于不败之地。

(3) 市场营销学为企业成长提供了系统的策略方案。企业可以通过市场营销战略、营销组合策略的决策和系统实施，来达到其成长目标。

(4) 市场营销学也为企业成长提供了组织管理和营销计划执行与控制的方法。

二、市场营销学的研究方法

市场营销学的研究方法很多，主要有以下几种。

(一) 传统研究法

(1) 产品研究法。即对产品(商品)如农产品、纺织品等分门别类的研究方法。其优点是具体实用，缺点是有许多共同的方面造成重复。这一方法的研究结果，形成各大类产品的市场营销学，如农产品市场营销学等。

(2) 机构研究法。即对分销系统的各个环节(机构)，如生产者、代理商、批发商、零售商等进行研究的方法，侧重分析研究流通过程的这些环节或层次的市场营销问题。其研究结果形成批发学、零售学等。

(3) 职能研究法。即研究市场营销的各类职能以及在执行这些职能中所遇到的问题及解决方法。如将营销职能划分为交换职能、供给职能和便利职能等三大类，并将之细分为购、销、运、存、金融、信息等内容，分别和综合进行研究。这一方法在西方学术界颇为流行。

(二) 历史研究法

这是从发展变化过程来分析阐述市场营销问题的研究方法。如分析市场营销的含义及其变化、零售机构的生命周期现象等，从中找出其发展变化的原因和规律性。市场营销学者一般都重视研究对象的历史演变过程，但不把它作为唯一的研究方法。

(三) 管理研究法

这是战后西方营销学者和企业界采用较多的一种研究方法：从管理决策角度研究市场营销问题。其研究框架是，将企业营销决策分为目标市场和营销组合两大部分，研究企业如何根据其“不可控因素”即市场环境因素的要求，结合自身资源条件（企业可控因素），进行合理的目标市场决策和市场营销组合决策。管理研究法广泛采用了现代决策论的相关理论，将市场营销决策与管理问题具体化、科学化，对营销学科的发展和企业营销管理水平的提高起了重要作用。

（四）系统研究法

这是一种将现代系统理论与方法运用于市场营销学研究的方法。在管理导向的营销研究中，这一方法常常与其他方法结合起来采用。企业市场营销管理系统是一个复杂系统，在这个系统中，包含了许多相互影响、相互作用的因素，如企业（供应商）、渠道伙伴（中间商）、目标顾客（买主）、竞争者、社会公众、宏观环境力量等。一个真正面向市场的企业，必须对整个系统进行协调和“整合”，使企业“外部系统”和“内部系统”步调一致、密切配合，达到系统优化，产生“增效作用”，提高经济效益。

市场营销学的研究方法正在不断创新和发展，这也是这门学科的生命力所在之一。

本章小结

市场是商品经济中生产者与消费者之间的价值交换关系、条件和过程。市场营销则是个人和群体通过创造并同他人交换产品和价值，以满足需求和欲望的一种社会过程和管理过程。其核心概念是交换，基本目标是满足需求和欲望。其核心概念涉及：① 需要、欲望和需求；② 产品；③ 效用；④ 交换、交易和关系；⑤ 市场；⑥ 市场营销和市场营销者。市场营销是企业的重要职能。

市场营销管理哲学又称营销管理观念，是企业在市场营销过程中处理企业、顾客和社会三者利益关系所持的态度、思想和导向。在企业的营销实践中，主要存在五种营销观念：生产观念、产品观念、推销观念、市场营销观念、社会营销观念。前三种称为传统营销观念，后两种称为现代营销观念，各类企业无不是在其中一种观念的指导下从事市场营销活动的。以顾客为中心的现代营销观念是各种导向中的主流营销观念，其确立基于四个主要支柱：目标市场、顾客需要、整合营销、盈利能力。

市场营销作为一门学科起源于20世纪初的美国，经过不断的充实、发展和创新，已成为具有系统理论、策略和方法论的一门现代管理学科。现代市场营销学包括宏观营销学和微观营销学两大体系。微观营销学是研究的主流，主要内容包括市场营销管理哲学的演变、市场环境分析、消费者购买行为分析、市场调研与预测、市场细分、目标市场决策、市场定位、市场营销组合策略、营销组织与管理、国际市场营销等。学习、研究市场营销学，对于促进市场经济健康快速发展、提升企业效益具有重大意义。

关键词

市场　市场营销　需要　欲望　交易　宏观市场营销　微观市场营销　生产观念　产品观念　推销观念　市场营销观念　社会营销观念

思考题

1. 试述市场的含义及演变过程。
2. 什么是市场营销?
3. 试述市场营销学的形成与发展过程。
4. 简述市场营销管理哲学(营销管理观念)的演变及其背景。
5. 市场营销管理新旧观念的最根本区别是什么?为什么?

实训题

1. 运用市场和市场营销相关概念选择某个实际的市场,如某连锁超市、房地产市场、餐饮市场、外语培训市场等进行实地观察、走访,收集资料并进行分析。

2. 研究一个资料比较完整的成功或失败的市场营销案例,分析其中的原因。

案例分析

奇瑞为谁造车?

背景提示:"多生孩子好打架"是奇瑞早期提出的思路,即不管市场需不需要,先通过对标合资品牌"在国内现有的产品线",以"逆向开发"方式快速推出新产品,然后再回过头来找消费者,这是奇瑞早期奉行的产品策略。

当奇瑞实现60万辆规模、整体车市进入微增期,其"天花板"压力变大了。捷径不通,奇瑞被迫要回归本原,即打造真正具有国际水平的体系能力。

公司总裁尹同跃向外界袒露了自己的心路历程,即反思如何回归原点造车。他认为,要在本土真正打造一个国际化的汽车品牌,奇瑞不应该再重走老路,即不能通过逆向开发在短期内形成看似丰富的产品线,以粗放经营的模式一味做大规模,但在品质经营和品牌提升上却没有根本性突破。

然而,要改变现状,奇瑞还必须逐一回答"为谁造车"、"造什么车"以及"怎样造好车"这三个最基本的问题。

为谁造车?

虽然早在去年奇瑞的产销规模就已经跨越60万辆大关,成为自主品牌汽车里名副其实的"旗手",但一个不可否认的现实是,这样的销量却是在20多款新老车型的支撑下完成的,平均下来每款车型的年销量不足3万辆。这与强调车型平台化的大众和丰田这样的跨国车企,形成了强烈的反差。

"多生孩子好打架"是奇瑞早期提出的思路,即不管市场需不需要,先通过对标合资品牌"在国内现有的产品线",以"逆向开发"方式快速推出新产品,然后再回过头来找消费者,这是奇瑞早期奉行的产品策略。

由于一味追求新车数量,奇瑞在研发体系上也"唯项目论",为了在尽可能短的时间里上马更多新车项目,往往是多个甚至几十个新车项目同时推进,这样不仅分散了研发资源,更因为产品体系杂乱导致研发费用激增。对照合资公司的标准,一般整车销售超过30万辆的企业,年盈利至少40~50亿元,但奇瑞即便在最好的年份,利润也没有超过10亿元,其中一个关键原因是研发投入过大。

2010 年的北京车展(微博)上，尹同跃放出狠话，奇瑞“宁可销量排名跌出前十也要完成战略转型”，产品品质、品牌塑造和单车利润等关键词被反复提及。从两年前开始，奇瑞相继在品牌和产品层面开始收缩战线。目前，在奇瑞官方网站上，公开在售的新车已经从高峰时期的 32 款缩减到 16 款，把正在研发已经立项的 100 多个新车项目压缩到 20 多个。

“最具挑战的事就是研究这里的消费者和他们的消费习惯，我们需要找到答案——这里的消费者到底最希望拥有什么样的汽车?”原北美大众汽车执行副总裁、现任观致汽车公司副董事长的石清仁告诉记者，本土车企与跨国车企在推出新车型上的最大差别就是，前者基本上不研究消费者需求，而只是直接推出新车，然后告诉消费者这款车要卖给谁；而国际公司通行的做法是，先要确定目标客户群，然后再根据后者的需求为他们打造产品。

很显然，奇瑞在过去十多年的造车生涯中，就属于那种“先推新产品再找目标消费群”的典型本土企业。在这个问题上，尹同跃并不回避。

“我们过去造车，更多是哪个车好卖，就对这个车研究一下，多大尺寸，然后就开始搞。但国外同行不是，他们进中国的时候，花了很多时间请外面的咨询公司研究国内消费者。研究他们的生活方式是什么，然后我们希望做一个什么产品。”尹同跃坦言，在为谁造车这个问题上，“过去我们做产品是给老板做，现在的产品是给用户做。”

(资料来源:《经济观察报》2012 年 9 月 7 日)

思考题

根据以上案例，分析奇瑞公司营销管理哲学的演变过程。

第二章 市场营销管理和顾客满意

本章将介绍：市场营销管理的任务和市场营销管理的过程；顾客价值、顾客满意与顾客忠诚、顾客关系管理等；顾客让渡价值以及通过价值链和供应链等向顾客传递让渡价值；在保证其他利益相关者基本满意的水平下提高顾客的满意度；衡量满意度的各种方法等，以及顾客满意与顾客忠诚的关系。

引导案例

海底捞的员工满意与顾客满意

2012 年海底捞全年营业额高达 31 亿元人民币，较上年同期增长 54%，利润率达 10%。从一间名不见经传的小店，到大型跨省直营火锅连锁店，海底捞从 1994 年开设第一家店到现在长达 19 年的过程中，步步为营，如今已在北京、上海、西安等 20 个城市拥有 80 家直营店。

已经有 15 000 名员工的海底捞，如何牢牢抓住员工的心，并不断在特色化服务方面进行创新？它传统的经营理念和家族式的管理模式是否还能适应企业的发展？

海底捞，你学什么？

海底捞将“以人为本”推到了极致。员工的薪水待遇在行业中是中上水平，它的员工曾对外界介绍：“我们的员工宿舍都是正规住宅，有空调暖气，还能上网，距离我们工作的地方也就步行 20 分钟。公司还雇佣专人负责打扫宿舍卫生。”据悉，在两三年前，海底捞平均一个门店员工的住宿一年花费已达到 50 万元。

在张勇的经营哲学里，“员工比顾客重要”。海底捞最大的投资是在员工，公司曾经有过一个规定：做店长超过一年，不论什么原因离职，海底捞都要给 8 万元的“嫁妆”。即使是被对手挖角，海底捞都会遵守它的承诺。张勇曾对这一行为做出解释：“海底捞工作太繁重，能在海底捞做到店长以上的，对海底捞都有相当贡献。所以不论什么原因走，我们都应该把人家的那份给人家。小区经理走，我们给 20 万元；大区经理以上走，我们会送一间火锅店，差不多 800 万元。”

据了解，随着海底捞的规模逐渐扩大，这一规定已经渐渐不再适用企业。但从中不难看出，海底捞在创业初期，有效凝聚人心的方式，就是无条件地对员工好。张勇认为，“只要想办法让员工把公司当家，员工就会把心放在顾客身上”。海底捞的特殊服务很多都是员工们想出来的，比如：为防手机掉到火锅里，会为顾客提供塑料袋套手机；为防止长发女顾客的头发掉到汤里，为她们提供发带，等等。企业为员工提供的是一个可以去创造的环境，而这种创造本身，也会让员工获得成就感和归属感。

“以人为本”可以走多远？

“以人为本”理念的另一体现就是张勇对员工的绝对信任，而信任的标志就是授权。张勇在公司签字权是100万元以上；100万元以下是由副总、财务总监和大区经理负责；大宗采购部长、工程部长和小区经理有30万元签字权；店长有3万元签字权。

而张勇对于一线员工的信任与授权表面上看并不“科学”，在民营企业中更是少见。黄铁鹰教授在深入海底捞时曾了解到，一线普通员工有给客人先斩后奏的打折和免单权。不论什么原因，只要员工认为有必要都可以给客人免一个菜或加一个菜，甚至免一餐。而这种权力在其他所有餐馆都是经理才有的。

海底捞负责人向南都记者表示，海底捞并没有外界传言中那么夸张，就是“简单、可行、有效、执行”。关于对一线员工的授权，其中的逻辑也并不复杂。直接与顾客接触的就是一线员工，只有充分尊重他们的主动性，调动他们的积极性，才能让顾客感受到最真诚的服务。

但是，当海底捞赋予服务员免单权的同时，也面临着员工可能“滥用职权”的问题。随着企业规模越来越大，员工的数量越来越多，创始人无法像创业初期那样培养和管理每一个员工，而“以人为本”理念衍伸出的对员工的绝对信任，也需要不断更新的培养机制作为配合，才能让信任本身存在得更加长久。

海底捞之所以能够最大程度地调动员工的积极性，行业专家认为主要有三点原因。第一，它满足了员工的基本需求，比如稳定的收入，让员工心理上就有个预期：只要我认真地干，就不会像在其他地方那么容易失业；第二是物质激励，管理层的区长、部长级享有公司的股份，而且最终是能够兑现的；第三是海底捞对一线员工的信任与放权。

海底捞对员工无条件的好这一点并不是所有企业都能做到，这种管理方式和草根出身的张勇的个人领导风格密不可分。张勇认为，因为有一些情结在，往往希望将一线员工照顾得很好。他们在外面没有机会，但在我的企业里却有了奔头。而且他们背后的家庭能因此更幸福。这一点张勇是很看重的。

同时，很难有一个企业家像张勇一样对员工如此放心，甚至有一点“盲信”。这种信任，与物质认可和回报、管理干部的激励机制一起，让员工在为顾客服务的过程中感到愉悦。这种信任更多的是基于人性，这是制度很难去满足的。

［资料来源：改编自2013年6月7日《南方都市报》(深圳)］

第一节　市场营销管理的任务和过程

市场营销管理是指企业为实现其目标，创造、建立并保持与目标市场之间的互利交换关系而进行的分析、计划、执行与控制过程。市场营销管理的基本任务，就是为达到企业目标，通过营销调研、计划、执行与控制，来管理目标市场的需求水平、时机和构成。换言之，市场营销管理的实质是需求管理。

一、市场营销管理的任务

市场营销管理的任务是企业通过影响目标市场顾客的需求水平、需求时机和需求构成来实现企业自身的经营目标，由于市场需求状况不同，相应的市场营销管理任务也不相同。

（一）需求的基本状况及相应的管理任务

下面是8种典型的不同需求状况及相应的营销管理任务。

（1）负需求。指绝大多数人不喜欢，甚至花费一定代价也要回避某种产品（如高脂肪类食品等）的需求状况。对于负需求市场，营销管理的任务是“改变市场营销”，即分析市场为什么排斥这种产品，通过重新设计产品和更积极促销的营销方案等来改变市场的信念和态度，将负需求转变为正需求。

（2）无需求。这是指目标市场对产品毫无兴趣或漠不关心的需求状况，如某些陌生的新产品，与消费者传统观念、习惯相抵触的产品等。面对无需求市场，营销管理的任务是设法把产品的好处和人的自然需要、兴趣联系起来。

（3）潜在需求。指一些消费者对某类产品有较强烈的需求，而现有产品或劳务又无法使之满足的需求状况，如人们对无害香烟、癌症特效药品等的需求。在潜在需求情况下，营销管理的任务就是有效地开发新产品来满足这些需求。

（4）下降需求。指市场对一个或几个产品的需求呈下降趋势的需求情况。营销管理者要分析需求衰退的原因，决定能否通过开辟新的目标市场、改变产品特色，或采用更有效的促销手段来重新刺激需求，扭转其下降趋势。

（5）不规则需求。指市场对某些产品（服务）的需求在不同季节、一周的不同日子，甚至一天的不同钟点呈现出很大波动的状况。如对早点店、公园、公共汽车、旅游宾馆等服务的需求，就是不规则需求。市场营销管理的任务就是通过灵活定价、大力促销及其他刺激手段来改变需求的时间模式，努力使供需在时间上协调一致。

（6）充分需求。这是指某种产品或服务目前的需求水平和时间与预期的需求水平和时间相一致的需求状况。营销管理的任务是密切注视消费者偏好的变化和竞争状况，经常测量顾客满意程度，不断提高产品质量，设法保持现有的需求水平。

（7）过量需求。指某产品（服务）的市场需求超过企业所能供给或愿意供给水平的需求状况。在过量需求的情况下，营销管理的任务是实施“低营销”，即通过提高价格、合理分销产品、减少服务和促销等手段，设法暂时或永久地降低市场需求水平。

（8）有害需求。指市场对某些有害物品或服务的需求，如消费者对香烟、毒品、色情电影和书刊等的需求。营销管理的任务是“反市场营销”，宣传其危害性，劝说喜爱这类产品的消费者放弃这种爱好和需求。对香烟、烈性酒等商品，大幅度提高价格，来冷却需求；而对毒品、色情书刊等，则应杜绝生产经营，采取适当措施来消灭需求。

二、市场营销管理的过程

市场营销管理的过程是指企业为实现自身的任务和目标而发现、分析、选择和利用市场机会的过程，其构成阶段如图2-1所示。

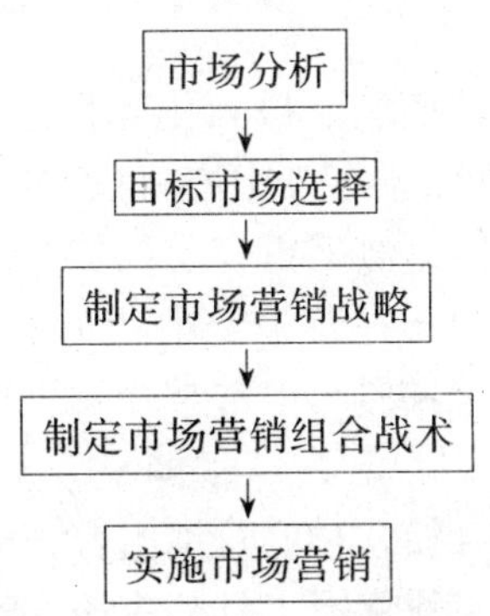

图 2-1　市场营销管理过程图

(一) 市场分析

主要是分析营销环境机会，运用适当的方法，通过对影响企业营销活动的外部和内部环境进行全面的分析，发现环境中的机会和威胁，使企业抓住机会，避开威胁。市场机会就是指市场上尚未满足的需求。分析市场机会要求营销人员深入进行市场调研、了解市场营销环境，并对客户的购买决策行为和决策过程有着透彻的了解。

(二) 目标市场选择

市场细分是企业按照某种标准把总体市场划分成一些具有某种共同特征的小市场即同质市场。企业通过市场细分后，来选择有效的目标市场，目标市场的选择应当考虑企业的能力、竞争者和外部环境等因素。在确定目标市场之后，企业还需要进行市场定位。市场定位就是企业在顾客心中为产品培养一定的特色，树立一定的市场形象。通常要根据顾客对企业可能提供的产品的某些属性的重视程度和竞争者在这个市场上所处的位置，塑造出本企业所提供产品或服务独特的个性并传达给目标顾客，从而使企业产品或服务在目标市场上占据强有力的竞争位置。如市场上虽然方便面品牌众多，但某品牌却以"非油炸"的诉求独树一帜，消费者认为这个品牌的方便面相对于其他方便面对人体健康更有利，当人们寻求能带来健康的方便面时，它必定成为首选品牌。

(三) 制定市场营销战略

市场营销战略是企业期望达到的各种营销目标。企业要建立的目标可分为战略目标和战术目标。战略目标是企业的长期目标，战术目标是为战略目标服务的。达到目标的营销战略主要有顾客满意、顾客忠诚和顾客价值等。

(四) 制定市场营销组合战术

市场营销组合是指企业为了满足其目标顾客群的需要而加以组合的可控制的变量，也是与实现营销目标有关的各种可控因素的组合和运用。一些学者提出过不同的营销组合方式，其中获得较多认可的是杰瑞·麦卡锡(Jerry McCarthy)的理论，他在 1960 年将市场营销组合概括为四个基本变量，即产品(Product)、价格(Price)、分销(Place)和促销(Promotion)，通常称之为"4P"。产品代表着公司对市场的投入，包括性能、包装、品牌等。价格是顾客为取得产品的货币支出，公司必须决定批发价、零售价、折扣和分期付款的条件等。分销是指企业采取的种种旨在使目标顾客能够容易地买到本公司产品的方法和途径。促销是指企业采取各种不同方式宣传其产品的优点，说服目标顾客购买其产品的信息沟通活动。

概括地说：产品是基础；分销是关键；价格是焦点；促销是手段。

1. 4P 组合的缺陷

由于 4P 组合理论的基础是以厂商利润最大化为目标的，因此必定存在根本的缺陷：首先，虽然现代的 4P 理论似乎仍强调以顾客为中心，但实质上却无法摆脱以厂商为中心的束缚；其次，在实际运用上，营销者的目光似乎更容易聚焦在产品、价格、分销和促销上，而看不到顾客的真正需求；第三，由于 4P 模式在营销学中处于主导地位已有 30 多年，营销者虽然常常自诩为从顾客角度出发考虑营销决策，但常常会发生思维倒退的情况。

2. 4C 模式带来的新面貌

代替从卖方利益出发的 4P 组合模式，4C 营销组合正成为当前的主要营销组合模式，它从顾客的角度出发，核心理念是每一种营销工具都应该用来为顾客提供利益。1990 年劳特朋(Robert Lauterborn)教授提出了与 4P 相应的 4C 组合理论。他指出，对那些坚持传统营销观念的厂商，应该先抛开产品，要紧的是研究消费者的需求和欲望，不应该销售企业已制造的产品，而是要销售顾客确实想要购买的产品。这些厂商要撇开所谓的定价策略，去了解满足顾客需求和愿望所需要付出的成本；撇开所谓的分销策略，努力思考怎样让顾客购买更加便利；撇开所谓的促销策略，把注意力转移到厂商如何与顾客更好地开展双向沟通上。由此可以看出，4C 营销组合模式希望营销者转变思维方式，采用换位思考的方式，来考虑和制定营销组合策略。表 2-1 显示了 4P 与 4C 的区别和联系。

表 2-1　4P 与 4C 的区别和联系

4P	4C
产品(product)	顾客需求(consumer needs and wants)
价格(price)	顾客成本(cost to the consumer)
分销(place)	顾客便利(convenience)
促销(promotion)	沟通(communications)

(五) 实施市场营销

企业要建立一个能够实施市场营销计划的组织。由于市场环境多变，市场营销计划在执行过程中必然会遭到许多意外，企业应当建立一套控制机制来确保营销目标的实现或对目标作出及时有效的修正和调整。营销控制有三种：年度计划控制、盈利能力控制和效率控制。

年度计划控制的任务是确保公司能完成年度计划所规定的销售、利润和其他目标。控制要求首先是在年度计划中明确全年、各季度、各月份要达到的目标；第二是要有一套控制营销计划完成的机制；第三是随时监控营销计划实施中出现的问题并找出原因；第四是及时决定解决问题的最佳方案。

盈利能力控制是指企业通过评估不同产品项目、地区、客户群体、分销渠道等对企业盈利能力的影响，并据此对企业资源的配置和营销策略进行调整。

效率控制是指企业及时测量和评价所采取的营销策略对企业产品销售、顾客态度等方面的影响，并据此对营销活动进行调整。

第二节 顾客满意

以市场营销观念和社会营销观念为代表的现代市场营销的基本精神是通过满足需求达到顾客满意，最终实现包括利润在内的企业目标。这一观念上的变革及其在管理中的运用，曾经带来美国等西方国家20世纪50年代以来的商业繁荣和一批跨国公司的迅速成长。然而，实践证明，现代市场营销观念的真正贯彻和全面实施，并不是轻而易举的。虽然有许多企业奉行以顾客为中心的经营理念，但是，这类经营理念和企业资源与生产能力之间的联系却很脆弱。"利润是对创造出满意的顾客的回报"这个观点，似乎只是建立在信念之上而不是建立在牢靠的数据之上的。① 因此，进入20世纪90年代以来，许多学者和营销管理者围绕营销概念的真正贯彻问题，将注意力逐渐集中到两个方面，即通过质量、服务和价值实现顾客满意，通过市场导向的战略奠定竞争基础。

一、顾客满意与顾客忠诚

(一) 顾客满意

顾客购买后是否满意，取决于其实际感受到的绩效与期望的差异，是顾客的一种主观感觉状态，是顾客对企业产品和服务满足需要程度的体验和综合评估。研究表明，顾客满意既是已购买顾客再购的基础，也是影响其他潜在顾客购买的要素。

一些研究表明，顾客满意与顾客忠诚之间存在着高度的正相关关系。那些一般满意的顾客一旦发现有更好的产品，就会毫不犹豫地更换供应商；那些十分满意的顾客一般不会随意更换供应商，除非员工服务态度低劣而惹恼了顾客。高度顾客满意和愉悦会创造一种品牌认同，正是这种认同和共鸣形成了顾客的高度忠诚。

小链接：从国家层面关注顾客满意

从宏观上讲，顾客满意是衡量国家经济是否健康的一个重要指标。许多发达国家都制定了顾客满意的国家指数，从宏观水平上评估和追踪消费者满意状况。如美国密执安大学的国家质量研究中心开发了美国国家顾客满意指数(ACSI)，涉及的主要经济部门是200家有代表性的公司。提供顾客满意度数据的目的是为企业和政府提供质量指标，突出行业中优秀企业的优点，对需要改进的行业加以注意，最终提高产品和服务的质量与顾客满意度。

在激烈竞争的市场上，保持老顾客、培养顾客忠诚具有重大意义。要有效地保持老顾客，仅仅使其满意还不够，只有高度满意，才能使其成为忠诚顾客。一项消费者调研资料显示，44%宣称满意的消费者经常变换其所购买的品牌，而那些十分满意的顾客却很少改变购买。另一项研究则显示，在某知名公司产品的购买者中，有75%表示十分满意，而且这75%的顾客均声称愿意再次购买该公司的产品。这些情况表明，高度的满意能培养品牌对顾客感情上的吸引力，而不仅仅是一种理性偏好。企业必须十分重视提高顾客的满意程度，争取

① 小弗雷德里克·E·韦伯斯顿. 由市场推动的管理. New York：John Wiley & Sons. 1992，27－28

更多高度满意的顾客，以便建立起高度的顾客忠诚。

要培养顾客忠诚度，现代企业必须十分了解顾客让渡价值，通过企业的全面变革和全员努力，提高顾客价值，使自己真正面向市场。

1. 顾客让渡价值的含义

顾客让渡价值是指顾客总价值与顾客总成本之间的差额。顾客总价值是指顾客购买某一产品与服务所期望获得的一系列利益。顾客总成本是指顾客为购买某一产品所耗费的时间、精神、体力以及所支付的货币资金等成本的总和。顾客让渡价值如图 2－2 所示。由于顾客在购买产品时，总希望把货币、时间、精神和体力等成本降到最低限度，而同时又希望从购买中获得更多的实际利益，以使自己的需要得到最大限度的满足，因此，顾客在选购产品时，往往从价值与成本两个方面进行比较分析，从中选择出价值最高、成本最低，即“顾客让渡价值”最大的产品作为优先选购的对象。

顾客让渡价值＝顾客购买得到的总价值－顾客购买付出的总成本

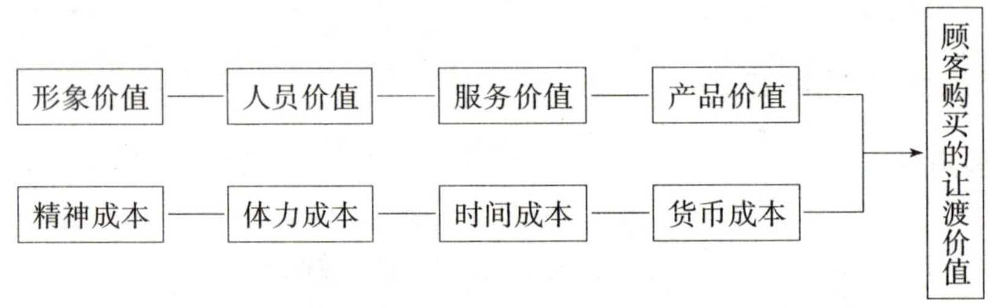

图 2－2　顾客让渡价值

企业比竞争对手提供具有更多顾客让渡价值的产品，才能提高顾客满意度，培养顾客忠诚度，进而更多地购买本企业的产品。为此，企业可从两个方面改进自己的工作：一是通过改进产品、服务、人员与形象，提高产品的总价值；二是通过改善服务与分销网络系统，减少顾客购买产品的时间、精神与体力等的耗费，从而降低顾客的总成本。

2. 顾客购买得到的总价值

顾客购买总价值是顾客从某一特定产品或服务中获得的一系列利益。顾客总价值由产品价值、服务价值、人员价值和形象价值构成，其中每一项价值的变化均对总价值产生影响。顾客获得更大顾客让渡价值的途径之一，是增加顾客购买的总价值。

(1) 产品价值。产品价值是由产品的质量、特性、功能、品种与式样等所产生的价值。它是满足顾客需要的基本因素，也是顾客选购产品或服务时要考虑的重要因素。因而一般情况下，它是决定顾客购买总价值大小的关键和主要因素。产品价值是由顾客需要来决定的，在分析产品价值时应注意：① 在经济发展的不同时期，顾客对产品有不同的要求，构成产品价值的要素以及各种要素的相对重要程度也会有所不同。② 在经济发展的同一时期，不同类型的顾客对产品价值也会有不同的要求，会显示出购买行为的独特性和需求的差异性。因此，这就要求企业必须认真分析不同经济发展时期顾客需求的共性特点以及同一发展时期不同类型顾客需求的个性特征，并据此进行产品的开发与设计，增强产品的适应性，从而为顾客创造更大的价值。

(2) 服务价值。服务价值是指伴随产品实体的出售，顾客在获得产品价值以外得到的各种附加服务所产生的价值，包括产品介绍、送货、安装、调试、维修、技术培训、产品保证等所产生的价值。服务价值是构成顾客总价值的重要因素之一。在现代市场营销实践中，随着消费者收入水平的提高和消费观念的变化，特别是在同类产品的质量与功能大体相同或类似的情况下，企业向顾客提供的附加服务类型越多，质量越高，顾客所获得的服务价值越大，顾客从中获得的实际利益就越大，从而购买的总价值越大；反之，则越小。

(3) 人员价值。人员价值是指企业员工的经营思想、知识水平、业务能力、工作效率与质量、经营作风、应变能力等所产生的价值。人员价值对顾客满意的影响是巨大的，一个综合素质较高又具有顾客导向经营思想的工作人员，会比知识水平低、业务能力差、经营思想不端正的工作人员为顾客创造更高的价值，从而创造更多的顾客满意，进而为企业创造市场。人员价值的作用往往是潜移默化、不易度量的。因此，高度重视企业人员综合素质与能力的培养，加强内部营销工作，使其营销人员始终保持较高的工作质量与水平，才能有效地提升人员价值。

(4) 形象价值。形象价值是指企业及其产品在社会公众中形成的总体形象所产生的价值，包括企业的产品、技术、质量、包装、商标、工作场所等所构成的有形形象所产生的价值，公司及其员工的职业道德行为、经营行为、服务态度、作风等行为形象所产生的价值，以及企业的价值观念、管理哲学等理念形象所产生的价值等。形象价值很大程度上是上述三个方面价值综合作用的反映和结果。形象对于企业来说是宝贵的无形资产。良好的形象会对企业的产品产生巨大的支持作用并赋予产品较高的价值，可以带给顾客精神上和心理上的满足感、信任感，使顾客的需要获得更高层次和更大限度的满足，从而增加顾客购买的总价值。因此，企业必须重视自身形象塑造，以提升顾客总价值。

3. 顾客购买的总成本

顾客总成本是顾客在评估、获得和使用某一特定产品和服务的过程中所产生的全部成本。降低顾客购买的总成本是顾客获得更大顾客让渡价值的另一途径。顾客总成本不仅包括货币成本，而且包括时间成本、精神成本、体力成本等非货币成本。通常顾客购买产品时首先要考虑货币成本的大小，因此，货币成本是构成顾客总成本大小的主要和基本因素。在货币成本相同的情况下，顾客在购买时还要考虑所花费的时间、精神、体力等，因此这些支出也是构成顾客总成本的重要因素。

(1) 货币成本。货币成本是顾客在购买过程中所要消耗和支付的全部经费和贷款总和。一般情况下，货币成本是顾客购买过程中的首要限定要素，即顾客需要首先考虑其所要购买的产品的货币成本的大小，如果超出其支付能力，顾客将无法实现购买。

(2) 时间成本。顾客在购买过程中所需要消耗的全部时间代价。对于生活节奏紧张的现代人而言，时间是一种非常宝贵的资源。在顾客总价值与其他成本一定的情况下，时间成本越低，顾客购买的总成本越小，从而顾客让渡价值越大。在服务质量相同的情况下，顾客等候购买该项服务的时间越长，所花费的时间成本越大，购买的总成本就会越大。同时，等候时间越长，越容易引起顾客对企业的不满意，从而中途放弃购买的可能性亦会增大。因此，在保证产品与服务质量的前提下，尽可能减少顾客的时间支出，降低顾客的购买成本，是创造更大的顾客让渡价值、增强企业产品市场竞争能力的重要途径。

(3) 体力成本。体力成本是指顾客在购买产品的过程中在体力方面的消耗和支出，该成本是顾客在需求生成与确认、信息获取、选择判断、购买决定、购买实施以及购后感受与行为等全过程中所消耗的全部成本。在顾客总价值与其他成本一定的情况下，体力成本越小，顾客为购买产品所支出的总成本就越低,从而顾客让渡价值越大。这就需要企业在营销活动的各环节合理设计服务组合与流程,如合理规划零售卖场空间与客流路线、大件商品的送货、安装调试、维修与零部件供应等,来降低顾客的体力成本,从而降低顾客的总成本。

(4) 精力成本。精力成本是指顾客购买产品时,在精神方面的耗费与支出。为了购买到满意的产品,顾客总要在不同的产品卖者之间进行比较,这个过程包括了信息的搜寻与加工、比较研究与学习等行为;而产品购买完成之后,还担心产品的售后服务问题等,这些都构成了顾客的精力成本。特别是对于一些技术复杂类产品,如果企业能够通过多种渠道向潜在顾客提供全面详尽的信息,就可以减少顾客为获取产品情报所花费的精力成本,从而可以降低顾客购买的总成本。

4. 提高顾客让渡价值的策略

为了提高顾客的让渡价值,企业可以采取以下三个方面的营销策略。

(1) 企业可以通过改进产品、服务、人员或形象价值来提高总顾客价值。在顾客总成本基本不变的前提下,顾客总价值的提高意味着顾客让渡价值的增加。

(2) 企业可以通过降低顾客需要付出的货币、时间、体力以及精力成本来降低顾客总成本。在价值因素保持不变的情况下,顾客总成本的降低,也意味着提高了顾客让渡价值。值得注意的是,在顾客总成本的构成中,企业在考虑通过降低某项或某几项因素来降低顾客总成本时,降低货币成本与其他三种隐性成本对于顾客的感受而言是存在较大的差别的。相对于非货币成本,降低商品的货币价格,对顾客购买来说更具有吸引力。当然,当受环境和成本因素影响企业无法降低商品的货币价格时,降低其他非货币成本如时间成本、精力成本和体力成本,并与顾客建立有效的信息沟通也同样具有竞争力。

(3) 企业可以考虑同时提升顾客价值因素和降低顾客成本因素来提高顾客让渡价值。这种调整可能使顾客价值和顾客成本同时发生变化,但只有顾客总价值的增加值大于总成本的增加值,顾客让渡价值才得到增加。

关注顾客让渡价值,对于企业改善经营绩效是有益的。这是因为:首先,顾客让渡价值=顾客购买得到的总加值-顾客购买付出的总成本,企业在制定营销决策时,应首先考虑构成顾客价值和顾客成本的各因素的影响,争取以较低的生产或营销费用提供顾客让渡价值更高的产品或服务,但应慎重追求顾客让渡价值的最大化,以免由于盲目追求顾客让渡价值最大化所带来的利益难以抵偿而增加的成本。其次,由于不同顾客群体价值观存在着差异,以及对价值构成各要素的期望值和各项成本的重视程度不同,企业应根据不同顾客的认知特点,有针对性地增加顾客总价值,降低顾客总成本。

阅读材料:德国大众如何提升顾客价值

记者从大众汽车(中国)投资有限公司了解到,德国大众日前在科隆正式启动了一项全方位紧急移动信息服务,德国的所有大众汽车用户都可拨打一个免费电话,寻求24小时的紧急信息咨询服务,在接到用户的电话后,遍布全德国的800辆移动服务车将会在30分钟内到达任何一个需要帮助的大众汽车用户身边。

据了解,通过这个紧急移动信息服务中心,大众汽车的用户不仅可以在汽车抛锚和发生交通事故时得到相应的服务,还可以同时查取其他与行驶有关的信息,例如堵车时绕道行驶的路线、驾车出门旅游可以选择的路线，以及汽车租赁、加油站、住宿旅馆等方面的信息，甚至其他品牌的顾客也可以免费向这个中心查询全部相关信息，然后通过这个中心与自己品牌的维修站取得联系。目前这个中心有400名员工，已在去年底被《焦点》杂志评为德国汽车工业界最好的电话服务中心。

据了解，德国每一个汽车生产厂商都有向自己的用户提供处理汽车抛锚或交通事故的电话服务，但只有大众一家向所有品牌的汽车用户提供免费的全方位服务。大众公司发现，通过这项服务，厂家不仅可以提高汽车的销量，而且还可以提高顾客20%的忠诚度。

(二) 顾客期望

顾客是否满意取决于其实际感受到的效果与期望值的偏差。顾客期望来自顾客过去购买和消费的经验、相关影响者如亲友和同事的交流、营销信息的传递以及营销环境的影响等。如果上述这些因素的影响，特别是营销者信息传递的影响，无形中抬高了消费者的期望值，消费者最终会失望；反之，营销者在信息传递中若将顾客期望值降得过低，尽管可以使一些顾客购买后满意，但却无法吸引更多的顾客。

要使顾客满意，企业必须设法使产品或服务满足或超出顾客期望。一些优秀的公司尽可能使顾客期望和顾客感知相符合，它们追求全面的顾客满意。如施乐公司的顾客“全面满意”措施：保证顾客在购买产品的三年内，如有任何不满意，公司将为其更换相同或类似的产品，一切费用由公司负担。

(三) 向顾客传递价值

企业创造顾客高度忠诚的关键是传递高的顾客价值。正如科特勒所说，公司必须开发一种具有竞争力的卓越价值计划和卓越价值传递系统。

价值传递系统(value delivery system)包括顾客在获取公司产品或服务过程的全部接触、交流和体验。例如，海尔提出“真诚到永远”的经营理念，而且在售后服务中提倡“五星级服务”，并将这一服务准则落实到具体的价值传递过程中去。无论你在哪家商店购买了海尔的空调机，海尔的售后服务会在第一时间与顾客联系，确定安装的时间。在约定的时间穿着海尔工作服的安装人员会带着全套的安装工具抵达现场，按照安装的“12345”安装法则进行操作。安装完毕后，顾客就会接到跟踪了解售后服务的电话，请顾客对本次安装服务进行评价。

(四) 了解顾客满意状况

企业了解顾客满意状况通常可以从以下几方面着手。

1. 投诉和建议制度

许多企业为了解顾客满意程度、培养忠诚顾客，都会建立比较规范的投诉和建议制度。一些公司还开通了“800免费顾客热线”，及时答复顾客的咨询，协调解决顾客有关产品或服务的投诉。从另一角度讲，企业也能从顾客的投诉和一些有价值的建议中获得优秀的创意和改进服务的思路。如海尔就从农民顾客对洗衣机产品的投诉中受到启发，研制出针对农村市场的清洗红薯等农产品的清洗机。当然也有一些企业虽然建立了投诉和建议制度，但没有落到实处，甚至形同虚设。曾经有记者专门对几个品牌空调的24小时免费顾客热线进行调查，当凌晨2点钟记者拨通24小时热线时，一些电话无人接听，少数是电话录音，只有海尔的电话有服务人员认真接听，并做了较详细的记录。

2. 顾客满意调查

据调查显示，大多数顾客在对产品或服务不太满意时，一般都会选择沉默或向亲友诉说，他们以后就不会购买这个品牌的产品或服务了。仅有5%左右的不满意顾客会选择向公司投诉。这表明企业如果不主动接触和了解不满意的顾客，结果就会失去许多顾客。为了解顾客的满意状况，一些公司通过随机抽样的方法寻找样本顾客，对他们进行定期的电话调查和问卷调查，然后通过对问卷的整理和统计分析去了解顾客的满意状况。

3. 佯装购物者

指公司雇用来自各行各业的兼职调查员，佯装成顾客去本公司的各子公司或连锁店，甚至是竞争公司开展购物消费活动，这些特殊顾客可能会提出一些额外的服务要求，以测试公司员工能否妥善处理。佯装顾客将自己体验到的服务内容和评价以书面的形式报告给公司的管理部门，以促使服务的改进。

需要值得注意的是虽然企业努力追求顾客满意，但无限制的顾客满意最大化并不一定是其追求的最高目标。如企业可以大幅降低产品或服务的价格来追求较高的顾客让渡价值，以提升顾客满意度，但这有可能使企业降低利润，从而损害公司许多利益相关者如公司的股东、供应商、中间商、员工等的利益。因此企业追求的顾客满意应当是在保证其他利益相关者也能接受的条件下，所提供的较高水平的顾客满意。

二、吸引和留住顾客

一个优秀的公司仅有吸引顾客的技能是远远不够的，它必须增强留住顾客的能力。

(一) 分析顾客流失

一个以顾客为导向的公司应该知道：今年流失的顾客有多少？都是哪些人？流失的主要原因是什么？流失顾客使公司的销售和形象损失多少？公司应当密切关注顾客的流失率——流失顾客占顾客总数的百分比，定期测量顾客流失率，而且要采取一定措施降低顾客流失率，具体可参考如下方法。

1. 测定顾客流失率

在测定顾客流失率时，应注意以下几个指标：① 今年顾客流失率和流失率的变化率是多少？② 在各子公司或各连锁店顾客流失率是如何变化的？③ 顾客流失率与商品或服务价格变化的关系？④ 顾客流失的主要原因是什么？流失的哪些顾客又去了哪里？⑤ 所在行业顾客流失率的标准是多少？⑥ 同行或相近行业有哪些防止顾客流失的好办法？那些优秀的公司是怎样提高顾客保持率的？

2. 找出顾客流失的原因，积极寻求改进的对策

导致顾客流失的原因可能是多方面的：有的是公司所无法挽回的，如顾客搬家离开了该地区；还有许多公司可以通过努力进行部分或全部挽回的，如服务质量差、购物环境过于拥挤、产品价格高或有质量隐患等。公司可以通过制作顾客流失分布图来清晰了解因各种原因流失的顾客的比率和数量。

3. 估算由于公司自身失误而流失的顾客所导致的公司利润损失

从表面上看，流失一个顾客，就意味着损失一笔交易额。从实质上看，流失一个顾客损失的则是这个顾客的终身价值，即相当于这位顾客在正常年份内持续购买本公司产品或服务所产生的利润。

某商店通过调查对单身顾客终身价值的计算步骤如下：

设一个顾客每周在社区连锁超市购买商品的平均金额为 80 元

该顾客提供的年交易额：80 元/周×52 周＝4 160 元

平均忠诚年限：5 年

公司毛利：12％

顾客终身价值：4 160 元×5 年×12％＝2 496 元

可见如果流失了一批顾客，流失的就是这批顾客终身价值的总和。

假设这家连锁超市平均每天有 150 位顾客光顾，一年平均就有 150 人×365 天＝54 750 人次的顾客光顾，如果顾客的年平均流失率是 10％的话，一年就有约 5 475 名顾客流失。每年平均流失一个顾客就损失 4 160 元，流失 5 475 名顾客就会损失 22 776 000 元的营业收入，如果按毛利 12％计算，则平均每年损失 2 733 120 元。随着时间的推移，公司的损失将更大。

4. 测算降低顾客流失率所需的成本

据调查显示，一个公司平均每年的顾客流失率为 10％～30％，而且研究发现，当有一位顾客抱怨时，代表着还有另外 26 位顾客内心不满但却保持沉默。显然，降低顾客流失率对于公司来讲是非常重要的，当降低顾客流失率所需的成本低于因顾客流失而给公司带来的利润损失时，公司有必要支付降低顾客流失所需的开支或成本。

5. 了解流失顾客的真实想法

要维持较高的顾客保有率，培养忠诚顾客，公司就必须了解那些因各种原因流失的顾客的真实想法。公司可以通过聘请调查专家或本公司责任心强的退休员工来进行调查，了解是什么原因导致顾客离开。

（二）留住顾客

据测算，吸引一位新顾客的成本是留住一位老顾客成本的 5 倍，即吸引一位对目前的厂商或供货者较满意的顾客转变为本公司的新顾客，需要花费更多的时间、精力和金钱成本。

如某企业吸引一位新顾客所需的成本大致如下：

平均每次销售访问的费用（包括工资、佣金、津贴和其他开支）：300 元

将一个潜在顾客转变为现实顾客平均需要的访问次数：4 次

吸引一个新顾客的费用：1 200 元。①

当然，这个数字还没有将各种促销费用如广告、营业推广等费用计算在内。吸引一个新顾客的成本显然需要公司付出较高的代价。

（三）顾客发展步骤

顾客发展的过程如图 2－3 所示。

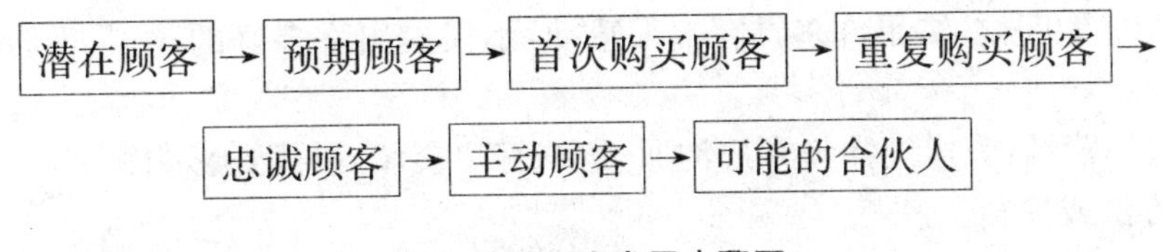

图 2－3　顾客发展步骤图

① 吴涛. 市场营销管理. 北京：中国发展出版社，2005

潜在顾客是指那些可能会购买本企业产品或服务的顾客。预期顾客是指对企业的产品有较浓厚的兴趣，而且有购买能力的顾客。预期顾客中也会有一些不合格的顾客，即那些对企业不形成利润或信用较差的顾客。企业可以通过各种营销沟通方式将合格的预期顾客转变为企业的首次购买顾客。当首次购买顾客在消费企业的产品或服务中感到比较满意时，企业就要设法将满意的首次购买顾客转变为重复购买顾客。如有的顾客在购买海尔的洗衣机后，感觉质量不错，可能下次会购买海尔的空调机或冰箱，这样他就成为海尔的重复购买顾客，而且以后他有购买新家电或通讯产品的需求时，他也愿意购买海尔品牌旗下的这类产品，这样他就由重复购买顾客转变成忠诚顾客。当然在这个过程中由于顾客的消费习惯、消费心理以及竞争对手的信息传递的影响，也可能使首次购买顾客、重复购买顾客等发生流失，但留下来的顾客最终极有可能转变为企业的忠诚顾客，进而在企业有效的营销沟通影响下，变为企业的主动顾客。所谓主动顾客，是指赞誉企业的产品或服务，主动向周围的亲友、邻居、同事等推荐企业产品的那些顾客。当然，企业面临的最大挑战就是如何将主动顾客升级为企业的合伙人或称之为战略合作伙伴。这些合伙人有可能转变成为企业的股东、员工，甚至是合作密切的经销商等。

对于在顾客发展过程的各个环节流失的顾客，企业应当通过“赢回战略”劝说不满意的顾客再次回来，若是企业能够了解流失顾客真正的流失原因，它就能采取有针对性的说服和沟通，这样做是值得的，因为说服离开的顾客重新回来要比寻找和吸引一个新顾客容易得多。

三、区别顾客类型，实行效益营销

忠诚顾客的数量越多给公司带来的利益也会相应增多，但发展忠诚顾客必然需要企业投入大量的成本，一家企业或公司应该投入多少成本去维护顾客关系，才能使成本和收益达到理想状态？这就需要区别顾客类型，实行效益营销。在具体操作中，我们可以选取两个变量：顾客数量和边际利润，并将顾客细分为 9 种类型，进而实行 5 种不同水平投入的营销。

(1) 基本型营销：营销人员只是简单地出售商品或服务。减少一切不必要的成本和投入。

(2) 反应型营销：营销人员销售商品，并鼓励顾客，如有问题和不满意就打电话给公司。

(3) 负责型营销：营销人员在售后不久就打电话给顾客，向顾客了解产品是否与顾客的期望相一致，同时营销人员还可以向顾客征询改进产品或服务的建议等。

(4) 主动型营销：公司营销员经常与顾客电话联系，除了询问产品使用情况外，还鼓励顾客提出改进产品用途或开发新产品的建议。如美国汽车推销大王乔·吉拉德，每到一地都主动与当地的经他推销已购买小汽车的顾客电话联系，了解他们对产品的意见和建议，并对他们致以友好的问候，结果许多顾客都很感动，不仅提出许多好的建议，而且还成为了他的忠诚顾客。

(5) 合伙型营销：公司经常与客户沟通，组织客户会议，以找到影响顾客购买、帮助顾客更好购买的方法或途径。

表 2－2　顾客区分与效益营销

	高利润	中等利润	低利润
顾客(或分销商)很多	负责型	反应型	基本型或反应型
顾客(或分销商)一般	主动型	负责型	反应型
顾客(或分销商)数量较少	合伙型	主动型	负责型

小链接：顾客关系管理

顾客关系管理是培育和维系顾客信任的手段。良好的顾客关系管理不仅可使企业更好地挽留现有顾客，还可使企业寻找回已经失去的顾客。全球最大、访问人数最多和利润最高的网上书店——亚马逊公司，面对越来越多的竞争者能够保持长盛不衰的法宝就是顾客关系管理。

当你在亚马逊公司第一次购买图书后，其系统就会记录下你购买或浏览过的图书，当你再次进入该书店时，系统识别你的身份后就会根据你的喜好推荐有关书目。你去该书店的次数越多，系统对你的了解也越多，也就能够为你提供更完美的服务，因此亚马逊公司始终维持着65%的回头率。

顾客关系管理现在越来越成为企业提高顾客服务质量必不可少的法宝，它可以改进信息提交的方式，加强企业与顾客的沟通，简化顾客服务流程，提高顾客服务质量。据调查，近80%的企业都在努力建立适合自己企业的顾客关系管理体系，以不断提升顾客满意度。

第三节　实现顾客让渡价值

根据顾客让渡价值理论，只有创造最高顾客让渡价值的企业才能在激烈的竞争中赢得顾客满意并培育出高度的顾客忠诚度，这样才有利于企业在竞争中取胜。那么企业用什么来产生较高的顾客价值，并向顾客转让价值呢？价值链和价值让渡系统等说明了这个问题。

一、价值链

价值链(value chain)的概念是由哈佛大学的迈克尔・波特(Michael Porter)教授提出来的，在波特的竞争理论中，价值链作为一种用以识别如何创造更多顾客价值的工具。波特教授认为每一个企业都是进行设计、生产、营销、送货和支持其产品生产与销售各种辅助性活动的集合体，企业的每一个部门都可以看做企业价值链中的一个环节。企业所创造的价值，实际上往往集中于企业价值链上的某些特定活动。这些真正创造价值的经营活动，就是企业价值链的战略环节。价值链将企业的经营活动分解为在战略上相互关联的九项活动，其中包括五项基本活动和四项支持性活动(如表 2－3 所示)。企业要为顾客创造卓越的价值，就必须检查每个价值创造活动的成本与绩效，并寻求改进；同时，还必须估计竞争者的成本和绩效，以此作为超越的基准。

表 2-3　企业价值链及构成

企业基础设施					毛利
人力资源管理					
技术开发					
采购					
来料储运	生产运营	成品储运	市场营销	售后服务	

价值链上游环节　←→　价值链下游环节

企业基础增值活动是指企业购进原材料(来料储运),进行加工生产,制造出最终产品(生产运营),将其运出企业(成品储运),上市销售(市场营销),再到售后服务这一系列依次进行的活动。这些活动构成了企业生产经营的基本过程,每个环节都与其他环节紧密相关,这个过程的完成还需要企业的支持性增值活动的支持。四种支持性增值活动始终贯穿于五种基础增值活动中。采购是指对各项基础活动所需要的各种投入资源的采购,而其中只有一小部分是由采购部门完成的。每项基础活动都需要技术开发,而其中也只有一小部分是由研发部门进行的。所有的部门都需要人力资源管理,因而这也是一项非常关键的支持性活动。企业的基础设施涉及由全部基础增值活动和支持性增值活动产生的一般性的管理、计划、财务、会计、法律和政府有关事务所需要的机构和职能。

可见,企业的成功不仅取决于每一个部门的工作效益,还取决于不同部门之间的协调与配合情况。由于企业内部的分工与专业化,企业的各个部门通常会产生只强调部门利益最大化,而不是企业和顾客的利益最大化的本位主义观念,部门之间协调性的脱节将会对企业为顾客创造的价值产生非常重要的影响。如企业的财务部门为了避免出现坏账而可能花费较长的时间来检查潜在顾客的信用状况,但这样的做法却会使顾客等待的时间延长,从而增加了顾客的时间成本;同时,营销部门的销售人员由于无法及时给等待的顾客提供必要的服务而会对财务部门抱怨。这种矛盾发展的结果,必然是顾客的满意度降低,并可能损害企业的竞争能力。

解决上述问题的办法除了要加强内部营销,让全体员工都具有营销观念,还需要加强对核心业务过程的管理,使有关部门尽力投入和合作。这些核心业务过程包括以下几个方面。

(一) 新产品的实现过程。包括识别、研究、发展和成功地推出新产品的活动,要求快速、高质地达到成本控制要求。

(二) 存货管理过程。包括在原材料、中间产品的存货管理中所涉及的所有活动。存货管理要求避免因存货过多而增加成本的同时保证足够的存货供应。

(三) 顾客发现和维系。包含发现和留住顾客,并使他们的业务有所发展的所有活动。

(四) 订单—付款过程。从接受订单、按时发货到收取货款这一过程中所涉及的全部活动。

(五) 顾客服务全过程。在为顾客提供服务的过程中所涉及的所有活动,包括帮助顾客在公司里较快地找到可以解决其问题的部门,获得快速而满意的服务或解决问题的方法。

小链接：优质产品或服务对于提升顾客忠诚度的益处

据美国技术协助研究项目的结果显示，优质产品或服务对于提升顾客忠诚度非常关键。然而，向顾客提供良好的服务解决问题同样重要。在某些行业，那些问题解决了的顾客要比从未碰到过问题的顾客更忠诚。如在高科技领域，那些设备出现过问题但又得到满意解决的顾客中会有高达 90%的顾客再次从同一厂家采购，比未曾遇到过问题的客户 83%的忠诚度还要高。其原因在于顾客常常将你的服务和质量看做宣传口号，如果兑现承诺，他们就会印象更深。

在管理这些核心业务过程方面具有较高能力的企业通常也具有较强的竞争力，这类企业可以将各个核心业务过程中所涉及的各种活动高效率地组织起来，从而使企业内部各个部门之间的衔接变得更为顺畅，同时也使价值链中各种价值创造活动的连接更加紧密，从而在有效控制成本的前提下，提高企业创造价值和传递价值活动的效率和效果。

二、价值让渡链

价值链直观地描述了企业内部创造价值和向顾客传递价值的各种活动，从而为企业的经营管理者对价值创造和传递过程的管理提供了一个有竞争力的工具。但必须指出的是，任何一个企业要完成这种价值创造和传递活动都必须与其他企业发生紧密的交易关系，如生产企业为了生产产品需要从供应商那里采购其生产所必需的各种原材料；而为了更好地将产品销售给顾客，往往还要借助于专业的中间商的分销活动，如批发商和零售商的经营活动，从而更加有效地实现价值的传递。可见，企业为了获取竞争优势除了要管理好其自身的价值链之外，还必须超越其自身的价值链，进入其供应商、分销商，乃至最终顾客的价值链，将这些不同企业的价值链有效连接，并从中获取竞争优势。这种不同企业的价值链有效连接的结果就是创造了一个价值让渡链或称为供应链。当然，这种价值让渡链是建立在不同企业之间紧密合作的基础上的，通过这种紧密的合作，企业与企业之间可以发展为战略同盟，共同改进顾客让渡价值链的绩效。这种价值让渡链建立的另一个影响是，竞争不再表现为单体企业之间的竞争，而是表现为价值让渡链之间或供应链之间的竞争。

图 2-4 展示了一个典型的价值让渡链。例如，李维斯(Levi's)是著名的牛仔服装生产企业，其最大的零售商是西尔斯公司(Sears)。每天晚上，李维斯公司都可从电子数据交换系统了解西尔斯以及其他大型零售商销售的牛仔服的尺码和款式。然后李维斯公司根据这些销售数据信息，再通过电子信息系统向其牛仔服布料供应商——米利肯公司订购生产已售出牛仔服所需要的布料花色和数量。而米利肯公司则根据李维斯公司的订货量，向其纤维供应商——杜邦公司订购牛仔服布料纤维。通过这种方式，整条供应链上的成员被紧密地联系起来，并且根据最新的销售信息组织自己的生产和销售活动，而不是根据可能与实际需求数量存在较大差异的预估量来指导生产活动，从而提高了企业的运营效率。在这个案例中，李维斯公司实现了将其价值链与其供应商、零售商，以及上游供应商和下游顾客价值链的有效连接，从而构成了一个紧密协作的价值创造和传递系统。

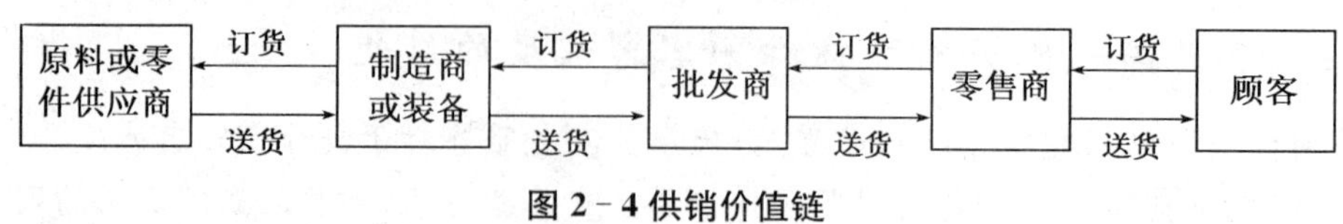

图 2－4 供销价值链

本章小结

市场营销管理由分析环境和市场机会、研究和选择目标市场、制定营销战略和战术、实施和控制营销努力等五个环节构成，市场营销管理的实质是需求管理。由于有八类不同的市场需求，对应的市场营销管理任务也有八项。

根据顾客让渡价值理论，只有创造并向顾客让渡最高价值的企业才能在激烈的竞争中赢得顾客满意并培育出高度的顾客忠诚度，这样才有利于企业在竞争中取胜。顾客让渡价值＝顾客购买获得总价值—顾客购买付出的总成本，其中顾客总价值由产品价值、服务价值、人员价值和形象价值构成；顾客购买付出的总成本不仅包括货币成本，而且还包括时间成本、精神成本、体力成本等非货币成本。企业应努力增大顾客让渡价值，但也要考虑企业的可支出成本。

要使顾客满意，首先要了解顾客的满意状况，设法吸引和留住顾客，有计划地发展顾客从潜在顾客到忠诚顾客直至合伙人，当然在对顾客满意的投入过程中还要注意区别顾客类型。

从企业自身来讲企业必须系统协调其创造价值的价值链工作，加强核心业务流程管理和供销价值链管理，形成自己的核心竞争力。

关键词

市场营销管理　顾客让渡价值　顾客满意　顾客忠诚　顾客流失　价值链

思考题

1. 什么是顾客满意？什么是顾客让渡价值？
2. 如何使顾客获得更大的让渡价值？
3. 怎样了解顾客是否满意？
4. 如何吸引和留住顾客？
5. 顾客发展步骤有哪些？
6. 论述价值链理论及其对营销的指导意义。

实训题

1. 请以自己的一次购物经历来具体说明、分析厂家或商家是尊重顾客还是不尊重顾客。

2. 请分析零售业保留老顾客的意义，并提出你达到此目的的方法和手段。

3. 请评价“顾客永远是对的”这句话。

案例分析

成熟价值链的巨大威力

OPPO手机无疑是2008年中国手机市场上冉冉升起的一颗耀眼新星，根据赛诺报告，2008年11月的市场份额是0.6%，到2009年10月，其市场份额已经达到3.0%，月销量达到40多万台，如果加上同族兄弟步步高手机的市场份额2.3%(2009年10月)，基本上跟第一集团的联想的5.2%平齐了。

OPPO手机的迅速崛起也成为2008年中国手机市场最热门的话题之一。对于这个品牌的崛起，大家众说纷纭：

有人说是OPPO的手机做得好，外观时尚，主打音乐，品质也不错；

有人说是广告做得好，投放量大，在湖南卫视有节目冠名，电视广告和地铁广告更是铺天盖地；

有人说是OPPO有步步高体系的坚实渠道基础，区域代理商很多都是步步高工厂的股东，渠道推力很大；

有人说是时机好，现在国产品牌，尤其是那些老牌的国产厂商基本上已经日落西山，2007年、2008年借手机牌照放开而发展起来的国产品牌新军，也被金融海啸带来的市场疲软和山寨机的泛滥，拖到异常艰难的境地，OPPO真有点坐收渔利的感觉。

其实最深层的原因还是在渠道模式，更准确地讲，OPPO拥有一条非常成熟的流通价值链(厂商——一级代理——二级代理——零售店——消费者)，可以这样说，即使OPPO的产品不是最优的，广告投入没那么大，而且同样处于金融海啸余波的袭击中，OPPO手机的市场表现也不会差。成熟的价值链是OPPO手机迅速取得成功的最根本原因，这也是最值得其他手机品牌学习和借鉴的地方。

我们可以尝试从价值链的角度，对OPPO等国产品牌的流通价值链进行分析。

在经济社会里，每个企业都存在于产品价值形成的过程中，也就是说都处于一定的价值链当中，都是一条或多条价值链的节点，而且，每个企业内部也存在价值链。分析一个企业目前的经营状况，预测一个企业的未来，从其价值链的发展水平就基本上可以作出比较准确的判断。

拿手机行业来说，价值链的发展有三个阶段。

原始的价值链。在国际品牌称霸天下的1998～2001年，国际品牌的主要渠道模式是全国代理制，品牌厂商与渠道商、零售商的关系都是简单的贸易关系，国际品牌厂商已经处于较高的发展阶段，而渠道商和零售商还处于初级阶段，品牌厂商掌握着稀缺的产品资源，渠道商和零售商只要能够拿到产品就可以赚钱，品牌厂商在价值链上处于主导地位，渠道商和零售商处于从属地位，这样的价值链是靠产品资源来维系的，关系比较简单，也比较松散。

催熟的价值链。2000～2004年，第一批拿到手机生产牌照的国产品牌厂商开始大举进入手机市场，但是，他们发现利用原来国际品牌的渠道去做销售显然是不可能的，于是他们避开国际品牌经营得根深蒂固的一、二线市场，采取“农村包围城市”的策略，主攻三、四线及以下的市场，这些市场的商品流通渠道处于萌芽阶段，他们需要催熟渠道来启动市场，他们采取了全程保姆式的营销方式，将渠道商定位成资金和物流平台，渠道分销和终端销售全部由厂商的区域团队来负责，国产手机阵营出现了迅猛发展的态势，迎来了第一个春天。这样的价值链能够真正做到掌控渠道和终端，但是有个致命的弱点——营销成本很高，渠道的利润空间很大，还需要高空广告轰炸、人海战术、频繁的终端推广活动，因而产品需要保持高价位，对于最终消费者来说，性价比很低，用户价值很低。于是，这样的价值链关系在国际品牌厂商的反击中很快就瓦解了，老牌的国产品牌厂商逐渐走入困境。

成熟的价值链。2005～2008 年是国际品牌重新坐庄的时期，在此期间，由于手机生产牌照的放开，虽然有天语、港利通、长虹等国产品牌利用 MTK 平台制造出高性价比、高渠道利润的机型而取得一定的优势，但是这个优势很快被大量涌入的国产品牌中小企业冲击得荡然无存，国产品牌的市场均价迅速拉低，国产手机阵营进入低毛利的艰难境地。在此过程中，有几个优秀的国产品牌厂商，如金立、步步高、OPPO 却出现了逆势而上的良好局面，产品零售价不低，销量稳步上升，不仅厂商、渠道商、零售商均获利甚丰，而且合作关系非常稳定，令其他厂商、渠道商艳羡不已。拿 OPPO 来说，渠道结构没有什么特别的地方，甚至渠道长度还是最长的，一般都有一级代理商，还有二级代理商，为什么他们的合作关系如此紧密？

OPPO 的区域代理商很大一部分都是步步高工厂的股东，步步高、OPPO 的产品在该区域内都是由他们代理，这叫品牌完全代理制，市场就是自己的，步步高、OPPO 品牌的成长就是他们自己的成长，不必担心被厂商随意换掉，厂商不仅提供产品，还提供大量的空中、地面推广资源支持产品的销售，这样的条件下，没有理由不认真做好市场，不全心投入。从 OPPO一些二级代理商的表现上就能看出成熟价值链的厉害之处：基本按照原来老牌国产厂商的规模建制来组建营销团队，自己掏钱交零售店进场费和选点费，自己出钱投放广告，自己掏钱招聘驻点促销员，自己掏钱搞零售终端促销，完全是将 OPPO 手机的生意当自己的生意来做。

OPPO 手机，在空中有不间断的、大规模的电视广告宣传，地面有渠道和零售终端的强大推力，拉推并举，即使就是一般的产品，也有机会做起来，更何况 OPPO 手机的产品研发和品质控制方面也有很深厚的实力积累。

OPPO 手机上市一年多时间，机型不多，产品外观上也没有什么很大的突破，零售价高于市场均价 100%以上，月销量却已经达到 40 多万台，进入了国产品牌第一阵营，这条成熟的价值链发挥了至关重要的作用，功不可没。

前几位的国际品牌厂商，如 NOKIA、索爱等，在反击战中取得了阶段性成果以后，社会渠道模式上没有更大的突破，老牌国产厂商“深度分销”模式依然是他们的最重要的策略方向。但是，国际品牌有一个最大的优势是他们掌握了核心技术，可以掌握产品的消费方向，品牌的溢价能力也比较强，因此，他们可以暂时支撑巨额的高空广告投入和“深度分销”所需要的终端销售队伍。近两年，这样的“深度分销”模式由于产品销售均价的下降和中高端机型有效需求的萎缩，遭到了很大的挑战，他们正逐渐缩减广告预算和区域营销队伍的规模，甚至 NEC、西门子等品牌还淡出市场，这说明价值链的第二阶段——催熟的价值链，是很难长久的。而国际品牌厂商，要走到成熟价值链的阶段很难，要想国际品牌能够平等地对待区域代理商，大家成为理念统一、关系平等、利益均衡分享的合作伙伴，绝对不是短时期内可以做到的，前段时间闹得沸沸扬扬的 NOKIA“窜货门”事件就是对国际品牌厂商与渠道商之间关系最好的阐述，这也正是国产品牌厂商一个非常重要的机会。

金立、OPPO、步步高等品牌已经在成熟价值链方面的运作中取得了巨大的成功，其他的国产品牌厂商如果能够对自己的流通价值链进行认真的检讨反思，通过资本纽带等与优秀的区域代理商确定战略合作关系，并将各自的职能和职责明确下来，通过辅导和培训等方式帮助区域代理商成长，对利益分配形成深刻共识，就完全能够抓住这个有利时机，将自己的流通价值链培育成熟，最终成为手机市场洗牌过程中的强者。

［资料来源：蒋建平．成熟价值链的巨大威力．中国营销传播网，2010－02－09］

前沿知识

西方顾客满意理论研究的回顾和本土化评价

一、西方顾客满意研究的回顾和分类

西方顾客满意研究兴起于20世纪70年代，最早的满意文献可追溯到1965年Cardozo发表的《顾客的投入、期望和满意的实验研究》。早期的满意研究大量摄取了社会学、心理学方面的理论，直到现在，大部分的满意理论仍然是以认知理论作为研究的理论基础。经过多年的发展，目前，顾客满意研究在欧美国家已日趋成熟。根据研究内容的不同，这些研究主要可以分为三类。

第一类顾客满意研究是顾客满意形成机制的研究。对满意形成（Formation）或过程（Process）的研究，构成了满意研究的基础和基本形式，至今仍是满意研究的主流。这类研究分析满意的各种起因因素和顾客受这些因素影响形成满意感的过程，这样一个过程就构成一个模型，每一种模型都试图对研究对象满意的形成机制作出最佳解释，起因因素的增减和变化导致模型的修正乃至重建。

第二类顾客满意研究是顾客满意与消费行为关系的研究。随着第一类研究日渐成熟，学者们开始从行为学的角度考察满意对购买行为的作用。这类研究包括对满意与购买意向、满意与口头传播、满意与品牌忠诚等关系的研究。关于满意与购买意向，一般认为，满意能够通过态度这一中介变量影响购买意向（Oliver & Bearden，1983）；另一种观点则认为，满意可以直接影响购买意向（Woodside，1989）。口头传播是一种对企业影响很大的消费行为，因而这方面的研究成果颇多。一般认为，负面的信息比正面的信息更容易被消费者口头传播，但是Holmes等（1977）的研究却发现，满意的顾客较不满意者更有进行这一活动的倾向。Richins（1983）则发现，当出现较严重的问题或顾客抱怨得不到处理时，不满意的顾客更容易抱怨。关于顾客满意与顾客忠诚的关系，Blomer等（1995）认为，满意水平与品牌忠诚正相关；Oliver（1999）则认为，顾客满意和顾客忠诚不是必然的直接关系，顾客满意需要一定的条件才能转变为顾客忠诚。

第三类顾客满意研究是顾客满意度的研究。此类研究从企业的角度出发，探讨如何形成一套包括影响顾客满意各种因素在内的指标体系，通过这一体系可以测量顾客对企业产品或服务的满意程度。通过满意度的定期测量和纵向比较，可以帮助企业找出提高产品质量或服务水平的切入点；通过满意度的横向比较，则可找出与同业竞争者相比的优势与劣势。满意度研究的基础是第一类研究中的绩效模型，即认为顾客是根据产品各个属性的绩效（Performance）形成满意判断的。

二、西方顾客满意理论模型的解析

在西方众多的顾客满意模型中，期望模型表现了一种最基本的顾客满意形成过程；通过在期望模型中引入新的变量，如绩效、公平等，又发展出一系列重要模型。

（一）期望模型。期望模型是期望—不一致模型（Expectation—Disconfirmation）的简称，其理论依据来自20世纪70年代的社会心理学和组织行为学。1972年Olshavsky和Miller发表的《顾客期望、产品绩效与感知产品质量》一文和1973年Anderson发表的《顾客不满意：期望与感知质量不一致的效应》一文，都探查了期望—不一致理论的基本框架，这两项研究与稍前Cardozo的实验研究一起，构成了这一模型的基础。

期望模型认为，满意是通过一个二阶段的过程实现的。首先，在购买前，顾客会对产品的绩效，即产品将会提供的各种利益和效用，形成"期望"；顾客进行购买以后，则会将消费产品所获得的真实绩效水平与购买前的期望进行比较，由此形成两者之间的差距或称为"不一致"，这是第一阶段。在第二阶段，顾客由"不一致"的不同情况作出不同的"满意"反应：当实际绩效与期望相同即"不一致"为零时，顾客产生"适度的满意"（Moderate Satisfaction）；当实际绩效超过期望即"不一致"为正时，导致"满意"（Satisfaction）；而当实际绩效达不到期望即"不一致"为负时，导致"不满意"（Dissatisfaction）。

（二）绩效模型。绩效（Performance）通常指顾客所获得的产品效用的总和。在期望模型中，期望是满意形成的基本前因，绩效则是与期望进行比较的一项标准，它不是一个独立的变量，而在绩效模型中，绩效则是满意的主要前因。此时的期望对满意仍有影响，但这种影响相对要小得多。绩效模型认为，产品的属性为顾客带来的利益，即满足顾客需要的程度，直接决定了顾客的满意水平。因此，产品绩效越高，顾客就越满意；反之，顾客则越不满意。1988年Tse等发表的《顾客满意模型：拓展》一文，为这一模型提供了实证支持。

（三）公平模型。1978年，Huppertzletal发表的《在市场中衡量公平的构成因素：满意和不满意顾客对投入和产出的感知》一文，属于相关文献中较早的一篇。此后，Fisk（1985）、Oliver（1988）等又作了一系列的研究，结果表明，顾客对产品是否满意，不仅取决于期望与绩效之间的比较，还取决于顾客是否认为交易公平合理。当顾客感到自己获得的效用与投入之比，与产品提供商的这一比例相同时，就会感到公平和满意。公平程度越高，顾客就越满意；反之，公平程度越低，顾客就越不满意。尽管在理论上，公平的重要性已得到认可，但将这样一个高度抽象的概念量化却存在困难（Harris，1983），因此在实际应用中也很难推广。

三、对西方顾客满意理论研究的本土化评价

（一）现有顾客满意模型绝大多数以国外顾客群体作为研究对象，完全适用于中国消费者的成果则很少。由于我国在市场营销、消费者行为以及心理测量等学科上的发展水平有限，顾客满意研究难以向深入发展，一些依赖于顾客心理的研究，包括对满意的内在形成机制的研究，都因此而搁浅。在这种情况下，我们只有套用一些国外现成的成果，才能完成满意度调查等一些较为简单的、操作性的任务。但是，由于顾客的心理特征和心理规律是同其所处的环境密不可分的，因此研究背景是顾客满意研究中重要的因素，有时甚至是决定性因素。这是因为，不同文化背景中的人，由于语言、价值观、风俗习惯和社会结构的不同，对产品或服务质量有着不同的理解，对相同的消费过程会有不同的期望、感知和反应。例如，在美国，KFC提供准确和快速的服务，是顾客通常所期待的，但在日本，店员能双手将食物奉上则更重要，因为日本人更重视礼貌和尊重。因此，在我国的背景下研究顾客满意的形成过

程，对于建立适用与我国顾客的满意理论非常重要。

（二）现有顾客满意模型以研究有形产品的居多，研究服务的较少。由于有形产品易于感知，便于客观地衡量和操作，而且大多数管理和营销理论，如质量管理、竞争战略、4P理论等，也都以制造业为适用对象，这使得服务企业在经营活动中，不得不长期从制造业中"猎取"成果，对顾客满意的研究，也反映出这种现象。在至今已形成的众多顾客满意模型中，以有形产品为研究对象的占绝大多数，服务企业也不得不使用这些模型指导实践。但是，服务是"一方能够向另一方提供的基本上是无形的活动和利益，并不导致任何所有权的发生"（菲利普·科特勒，1997），因此，与有形产品相比，服务具有不可触摸、不易贮存、生产与消费不易分割等特点，这些特点使服务过程具有很大的不确定性从而难以衡量，并决定了顾客对服务的满意形成过程和产品是不同的，简单借鉴有形产品的成果未必可靠。另一方面，服务业显然需要更多的理论指导。当前，服务业在全球经济总量中所占的比重越来越大，全球服务市场的年均增长率达16%，远高于产品市场的7%，服务业是许多国家经济增长最快的产业。在美国和OECD国家中，服务业的就业人数和产量均达到总量的65%以上，如美国服务业的就业人数占总就业人数的79%，产值占GDP的80%以上。在我国，服务业的发展也很迅猛，到2004年，服务业的产值已占到GDP的40.8%以上。因此，建立适用于我国服务业的顾客满意理论显然是十分迫切的需要。

（三）现有顾客满意模型以研究绩效（Performance）的居多，研究价格的相对较少。绩效是产品或服务为顾客所提供的总体效用，在顾客满意的形成过程中，它是一个十分重要也得到了广泛重视的因素。相比之下，对价格进行研究的模型则很少。但是，绩效只是顾客获取利益的部分，而顾客付出的成本部分也会影响顾客的态度。事实上，顾客的任何评价都应当是权衡得失之后的一种行为。Howard & Sheth（1969）指出，满意主要取决于对购买中利益与牺牲的评价。在企业的实际活动中，利用价格手段吸引顾客的现象也十分普遍，如降价、折扣等。因此，价格亦是顾客满意中的重要决定因素。对于服务业来说，价格的作用就更大了，这是因为，一方面，服务价格不仅能表示获取服务的成本，而且是服务绩效的显示器。由于服务具有无形性，从而意味着更大的风险，顾客常会运用价格来事先判断服务的优劣。例如，在医疗和咨询服务中，经常存在"以价寻质"的现象。不过，当有其他更强大的信息，如品牌、广告、口头传播等存在时，价格的作用就会被削弱，但总体说来，与产品相比，服务的价格对顾客有更多的意义。另一方面，由于服务与顾客本身、环境、服务人员等密切相关，因此具有多样和不易比较的特点，顾客通常不像对产品一样，对服务有一个十分明确的标准或参考价格，这就使服务商在定价时有更大的余地。但在现实当中，服务的定价多采用传统的成本或竞争导向法，还未能够成为增进顾客满意的得力工具。研究价格在顾客满意形成中的作用，有利于为服务企业提供适当的定价依据和策略。

［资料来源：西方顾客满意理论研究的回顾和本土化评价，http://www.mba.cn/mbabbs/viewthread.php?tid=1096，2009-06-29］

第三章　市场营销环境

营销环境作为一种动态性极强的外部因素，对企业制定营销决策和开展营销活动至关重要，环境的变化不断为企业提供新的发展机会和更加严峻的挑战，企业的各种经济行为都必然要受到营销环境的影响和制约。现代市场营销学认为，企业营销成败的关键就在于能否良好地适应复杂多变的市场营销环境。因此，营销管理者的一项重要任务就是对营销环境的分析和适应。

引导案例

电商逼宫京沪　传统商圈部分百货商场沦为"试衣间"

位于上海西北郊的嘉定区，近日爆出一大"冷门"：2012 年全区电子商务 B2C（商家对顾客）营业额占到上海消费类电子商务交易额的三分之一，增速和规模超过传统"十里洋场"。与此同时，上海百货业销售额却出现了自 2010 年以来的首次负增长。电子商务的兴起正在悄然改变城市固有的商业版图。

"网购"改变商业版图

近年来，上海嘉定区吸引了京东商城、新蛋网、凡客诚品等众多国内知名电商企业。2012 年，嘉定区电子商务企业共实现交易额 356.4 亿元，同比（比上年）增长 53%。

"互联网的无地域性，给郊区发展商业带来了前所未有的机遇。"嘉定区区长马春雷说，电商的一个主要支撑就是智能化物流和仓储系统，而在上海这样的国际化大都市，中心城区往往已没有多余的空地，这恰恰给了郊区发展空间。

B2C 巨头京东商城 2011 年把华东区总部落户嘉定，当年就实现销售额 70 多亿元，2012 年增至约 150 亿元，贡献税收 7 000 多万元。

京东商城 CEO 刘强东说，京东目前正在嘉定投资建造亚洲最大的智能化物流中心——"亚洲一号"，预计于 2013 年底建成使用，届时将支撑每年 300 亿元～400 亿元的销售量。

电子商务正在改变中国的传统商业版图：2012 年淘宝、天猫"双十一"促销一天的销售额高达 191 亿元；而浙江义乌原本名不见经传的村庄青岩刘村，聚集着来自多个省市的 2 000 多户淘宝卖家，被外界称之为"中国淘宝第一村"……

此外，支付宝 2012 全民年度对账单显示，2012 年，中国四线城市的网上支付用户数增长 64%，网上支付金额增长 68%，增速均超过了一、二线城市。

传统商场沦为试衣间？

在网络零售狂飙突进的同时，传统卖场的业绩增速则显得有些力不从心。

上海市商业信息中心日前发布监测数据：2012 年全市 55 家百货商店累计实现销售 305

亿元,同比下降 1.1%,出现自 2010 年以来的首次负增长。

其中,2012 年上海百货业单店销售 20 强共计实现销售 234.1 亿元,同比下降 0.2%,有 11 家商场出现不同程度下降,这一数量明显多于往年,其中有 4 家商场的降幅超过了 10%。

复旦大学电子商务中心主任黄丽华认为,电商确实开始给传统商业业态带来挑战,一些传统商店正沦落为人们只看不买的"试衣间"。

以百货商场为例,中国百货商业协会副秘书长范艳茹说,实体店比网店的成本高,主要是租金、人工成本、渠道费等导致的,"实体店不光卖商品,还要卖服务、卖环境,这些都需要成本。不像网店,一两个人就能搞定采购、服务、售后等所有环节。"第一纺织网总编辑汪前进介绍,假设一件衣服的出厂价为 100 元,百货商场的零售价可能达到 1 000 元甚至更高,即使是一件很普通的衣服,出厂价与零售价之间也相差三四倍,一级、二级、三级甚至四级代理商等中间环节层层加码。

"电商对传统商圈的冲击将不可避免。"刘强东称,特别是在 2012 年国内网络零售交易额迈过 1 万亿元大关后,电商行业每年数千亿元的增长量,很大一部分就是从传统零售商转过来的。

冲击已经开始显现。北京的中关村 IT 卖场,近年来人流量日渐减少,部分卖场开始关门倒闭;在上海的徐家汇商圈,多家大型商场的销售额出现下滑。

"一些标准化的产品如电器、电子产品、书籍、化妆品等,未来电商的市场份额可能会达到 70%至 80%。"刘强东说。

上海面临消费分流

实际上,面临"试衣间尴尬"的不仅是传统商场,也可能包括中心城区乃至北京、上海这样的一些传统商业中心。

"上海曾经是国内实体零售业的天堂,而目前正面临着电商带来的大挑战。"民盟上海市委专职副主委方荣认为,上海需要加快谋划传统实体零售业的转型,同时也为应对电子商务衍生业态,如第三方支付、网购中转站(代收网购商品)、现代物流业(快递业)等加快研究并提前布局。

黄丽华建议,面对电商给传统商圈和商业中心城市带来的冲击,上海要通过迪士尼、"东方梦工厂"这样的文化、旅游景观,来重塑上海商业中心的竞争力。此外,还要争取免税店等政策,让流失到海外的消费力回流。

[资料来源:改编自 2013 年 2 月 18 日《东方早报》]

[案例思考]

上海传统传统百货店的衰落和电商的兴起。给我们带来哪些启示?

(希望你学完本章后,对案例思考题给出自己的分析和答案)

第一节　市场营销环境概述

一、市场营销环境的涵义

所谓市场营销环境，美国著名市场学家菲利普·科特勒的解释是：影响企业的市场和营销活动的不可控制的参与者和影响力。因此，市场营销环境是指与企业营销活动有潜在关系的所有相关因素的集合，它是影响企业生存和发展的各种外部条件。

企业总是生存在一定的环境之中的，企业的营销活动一定与周围的环境密切相关。企业的营销活动要从具体环境出发，主动去适应并努力改变外部环境，以提升营销活动的有效性，并使环境有利于企业的生存和发展。因此，企业营销活动的最基本课题就是研究市场营销环境及其变化。

企业市场营销环境中的诸多因素对营销活动各个方面的影响和制约也不尽相同，同样的环境因素对不同的企业所产生的影响也会不同。一般来说，市场营销环境主要包括两方面：一是微观环境要素，指与企业紧密相连，直接影响其营销能力的各种组织和群体，包括企业的供应商、营销中间商、顾客、竞争者以及社会公众和影响营销管理决策的企业内部各个部门；二是宏观环境要素，指那些给企业造成市场机会和市场威胁，进而能够影响公司运作和绩效的自然及社会力量的总和，包括人口、经济、政治、法律、科学技术、社会文化及自然地理等多方面的因素，如图 3-1 所示。

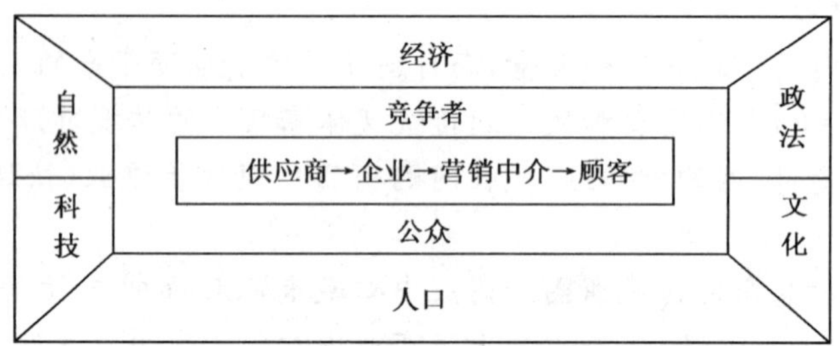

图 3-1　市场营销的主要环境要素和影响力

微观环境直接影响和制约企业的市场营销活动，而宏观环境主要以微观营销环境为媒介间接影响和制约企业的市场营销活动。宏观环境和微观环境共同构成多因素、多层次的动态市场营销环境的综合体。

二、市场营销环境的特点

市场营销环境是一个多因素、多层次且不断变化的综合体。其特点主要表现在以下几个方面。

(1) 客观性。客观性是营销环境的首要特征。营销环境的存在不以营销者的意志为转移。主观地臆断某些环境因素及其发展趋势，往往造成企业盲目决策，导致在市场竞争中的惨败。

（2）动态性。动态性是营销环境的基本特征。任何环境因素都始终处于变化甚至是急剧的变化之中，这种变化既表现为市场需求的发展变化，也表现为顾客行为和政府政策的变化，企业必须密切关注营销环境的变化趋势，以便随时发现市场机会和监视可能受到的威胁。

（3）复杂性。营销环境包括影响企业市场营销能力的一切宏观和微观因素，这些因素涉及多方面、多层次，而且彼此相互作用和联系，既蕴含着机会，也潜伏着威胁，共同作用于企业的营销决策。

（4）环境可测性。由于各种环境因素是相互制约的，因此某种环境因素的变化大都是有规律的。不过，这种规律性或明显或隐蔽，作用周期也或长或短。可测性较高的环境因素是那些变化规律性明显且作用周期长的环境因素。

三、企业营销活动与营销环境的关系

营销环境是企业营销活动的制约因素，营销活动依赖于这些环境得以正常进行。虽然企业营销活动必须与其所处的外部和内部环境相适应，但营销活动绝非只能被动地接受环境影响，营销管理者应采取积极、主动的态度能动地去适应营销环境。

市场营销环境是企业经营活动的约束条件，企业要能适应不断变化着的市场营销环境，要积极主动地适应营销环境。企业可以运用一些手段在一定的条件下转变环境因素，运用自己的经营资源去影响和改变营销环境，为企业创造一个更有利的活动空间，然后再使营销活动有效地适应营销环境。

分析市场营销环境的目的，就在于寻求企业的营销机会，避开环境带来的威胁。因为每个企业都面临着许多营销机会和环境威胁，这些机会和威胁不断制约着企业的营销活动。因此，企业必须重视收集市场信息，进行市场营销环境分析，以便采取相应的营销策略。

所谓营销机会就是有利于实现企业经营目标的机遇。如果经过分析和评估，确认市场有某种需求，企业也有营销能力时，应积极创造和适时利用这一市场机会。机不可失，时不再来，有些机会若不及时捕捉，就可能坐失良机，造成“机会损失”。例如，利用社会上存在的健身热、学驾驶热等来创造商品或服务的销售机会；利用奥运会、世博会等影响较大的政治、社会事件等来创造营销机会，均可收到显著的效果。

所谓环境的威胁是指在营销环境中对企业不利的趋势。例如，低碳经济、清洁能源的倡导和国家政策的制约会对耗能大和污染环境的企业构成威胁；科学技术的迅猛发展也会对传统工业构成威胁，对企业的技术创新和新产品开发带来巨大的压力等。

在企业的实际运营中，机会和威胁总是并存的。营销者的任务就在于通过市场营销环境的调研和分析，不失时机地抓住机会，避开或克服威胁，采取相应对策，迎接机遇和挑战。

阅读材料一：危机中植入营销新模式：青少年职业体验式教育营销成新宠

“危机”来袭令广告界经历过了“危”的重创，更寻找到了“机”的光明。

面对在危机和瓶颈中挣扎的中国广告业，CTR市场研究表示：“广告投放的品类、品牌和受众的构成，将成为新一轮广告市场竞争制胜的关键。”

顺应广告营销新思路,“品牌植入式新营销:青少年职业体验式营销”成为可口可乐、依波表等众多一线品牌的新宠。

据了解,此种媒体传播形式整合了体验式营销、教育营销、亲子互动营销、品牌植入营销和精准营销等营销模式的精髓,集展位、活动场地、广告媒体效果于一体,解决了单纯植入劣势,是一种以软性植入为主体的,全方位、多角度的综合营销模式。

通过对品牌生产流程、销售流程、服务流程等的真实模拟和情景再现,让青少年体验者直观感受品牌的文化和产品,留下难以磨灭的“品牌烙印”。由于职业体验本身是一种娱乐过程,体验者的主动参与有利于主动接收品牌诉求信息,实现深度品牌记忆。

青少年职业体验式教育营销自1999年墨西哥儿童体验馆成功联合数百家知名品牌进行植入以来,在国外已经取得了很好的社会效益和品牌效益。日本、韩国、台湾等纷纷效仿这样的营销模式。

青少年职业体验式营销2008年传入中国。据不完全统计,目前已经有七八家,其中北京欢乐之都是全国规模最大的,品牌植入效果也很显著。

小链接:怎样积极影响营销环境

美国著名市场学者菲利普·科特勒提出了“大市场营销”理论。该理论认为,企业为了成功地进入特定市场或者在特定市场经营,应用经济的、心理的、政治的和公共关系技能,赢得若干参与者的合作,以影响和改变环境中的某些可能被改变的因素,使其向有利于企业营销的方向变化,从而为企业创造良好的外部条件。

第二节 微观营销环境

微观营销环境指对企业服务其目标市场的营销能力构成直接影响的各种力量,包括企业内部环境及其营销渠道企业、目标顾客、竞争者和各种公众等与企业具体业务密切相关的个人和组织,见图3-2。

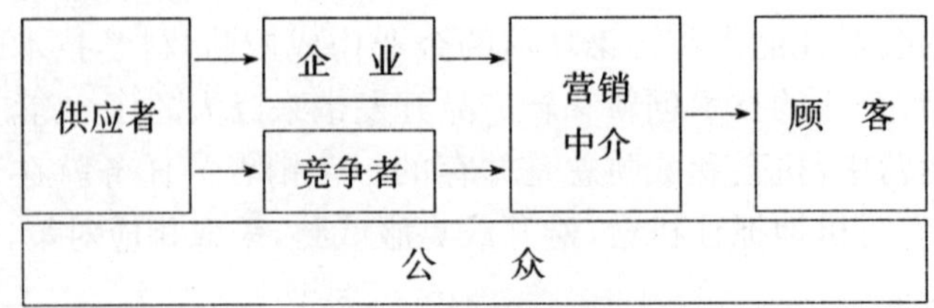

图3-2 微观营销环境

一、企业内部环境

除市场营销管理部门外,企业本身还包括最高管理层和其他职能部门,如制造部门、采购部门、研究开发部门及财务部门等,这些部门与市场营销管理部门一道在最高管理层的领导下，为实现企业目标共同努力着。正是企业内部的这些力量构成了企业内部营销环境。

首先，企业的营销经理在最高管理层所规定的范围内进行决策，以最高管理层制定的企业任务、目标、战略和相关政策为依据，制订市场营销计划，并得到最高管理层批准后方可执行。

其次，营销部门要成功地制订和实施营销计划，还必须有其他职能部门的密切配合和协作。例如，财务部门负责解决实施营销计划所需的资金来源，并将资金在各产品、各品牌或各种营销活动中进行分配；会计部门则负责成本与收益的核算，帮助营销部门了解企业利润目标实现的状况；研究开发部门在研究和开发新产品方面给营销部门以有力支持；采购部门则在获得足够的和合适的原料或其他生产性投入方面担当重要责任；制造部门的批量生产保证了适时地向市场提供产品。

二、供应商

供应商是向企业及其竞争者供应各种资源的企业和个人，包括提供原材料、零配件、设备、能源、劳务及其他资源。供应商是能对企业的经营活动产生巨大影响的力量之一。其提供资源的价格往往直接影响企业的成本，其供货的质量和时间的稳定性直接影响了企业服务于目标市场的能力。因此，企业应选择那些能保证质量、交货期准确和低成本的供应商，并且避免对某一家供应商过分依赖，以免受该供应商突然提价或限制供应的控制。

供应商对企业营销活动的影响主要表现有如下几个方面。

（一）供货的质量水平。供货的质量水平包括两个方面：一方面是供货商提供的商品实体的质量；另一方面是指供货商伴随产品提供的服务水平，包括售前、售中和售后服务水平。企业在寻找和选择供应商时，应特别注意：首先，企业应充分考察企业的信用状况。企业的优质供应商应该选择那些能够提供质量上乘、价格合理的货源，交货及时，有良好信誉的供应商，而且要与选定的优质供应商建立长期稳定的合作关系。其次，企业必须使供应商多样化。由于供应情况的变化对企业的生产经营活动的影响和制约较大，企业尽可能地向多个供应商采购，避免企业与供应商的关系发生较大变动时，使企业受到损害。

（二）供货商的价格变动。供应商提供的原料、零部件、设备等的价格变化直接影响到企业的成本，企业应密切关注相关价格的变动趋势，特别是对原材料和主要零部件的价格情况及趋势要透彻了解，这样才能增加谈判优势。

（三）供货的稳定性与及时性。供应商及时供货是企业营销活动的前提。企业必须和供应商保持密切的联系，及时了解供货商的变化，使原材料、零部件、能源及机器设备等资源的供应在数量、时间和连续性上得到保证。

（四）企业对于供应商的传统做法是选择几家供应商，按不同比重分别从他们那进货，并使他们互相竞争，从而迫使他们利用价格折扣和优质服务来尽量提高自己的供货比重。这样做，虽然能使企业节约进货成本，但也隐藏着很大的风险，如供货质量参差不齐、过度的价格竞争使供应商负担过重放弃合作等。现在越来越多的企业开始把供应商视为合作伙伴，设法帮助他们提高供货质量和及时性。

为此我们要为选择优秀的供应商确定资格标准，如技术水平、财务状况、创新能力和质量观念等，并积极争取那些业绩卓越的供应商，与他们建立良好的合作关系。

三、营销中介

营销中介是协助企业推广、销售和分配产品给最终买主的那些企业，包括中间商、实体分配单位、营销服务机构和金融机构等。

1. 中间商

中间商是协助企业寻找顾客或直接与顾客进行交易的商业组织和个人。中间商分为两类:代理中间商和商人中间商。代理中间商指专门协助企业与客户达成交易，推销产品，但不拥有商品所有权的中间商，如经纪人、代理人和制造商代表等。商人中间商指从事商品购销活动，并对所经营的商品拥有所有权的中间商，包括批发商、零售商。除非企业完全依靠自己建立的销售渠道，否则中间商对企业产品从生产领域成功地流向消费领域有至关重要的影响。中间商是联系生产者和消费者的桥梁，他们直接和消费者打交道，协调生产厂商与消费者之间所存在的数量、地点、时间、品种以及持有方式之间的矛盾。因此，他们的工作效率和服务质量直接影响到企业产品的销售状况。

2. 实体分配单位

实体分配单位是帮助企业储存、运输产品的专业组织，包括仓储公司和运输公司，实体分配工作包括包装、运输、仓储、装卸、搬运、库存控制和定点控制等。企业应考虑成本、运送速度、安全性和方便性等因素制定和选择合适的实体分配计划。实体分配单位的作用在于使市场营销渠道中的物流畅通无阻，为企业创造时间和空间效益。近年来，随着仓储和运输手段的现代化，实体分配单位的功能越发明显和重要。

3. 营销服务机构

营销服务机构包括市场调研公司、广告公司、各种广告媒体和营销咨询公司等，他们提供的专业服务是企业营销活动不可缺少的。尽管有些企业设有相关的部门或配备了专业人员，但大部分企业还是与专业的营销服务机构以合同委托的方式获得这些服务。企业往往比较各服务机构的服务特色、质量和价格，来选择最适合自己的营销服务。

4. 财务中介机构

财务中介机构包括银行、信贷公司、保险公司等对企业营销活动提供融资或保险服务的各种机构。在现代社会里，几乎每一个企业都与财务中介机构有一定的联系和业务往来。因为企业的信贷来源、银行的贷款利率和保险公司的保费变动等无一不对企业市场营销活动产生直接的影响。

营销中介是企业向消费者提供产品或服务价值过程中不可缺少的支持力量，是价值让渡系统中主要的组成部分。企业不应仅仅把它们视为营销渠道成员，更要视其为伙伴，追求整个价值让渡系统业绩的最大化。

四、目标顾客

目标顾客是企业的服务对象，是企业产品的直接购买者或使用者。企业的一切营销活动是以满足目标顾客的需求为目的，顾客是企业最重要的环境因素。顾客的需求正是企业营销努力的起点和核心。因此，企业要认真研究其要面对的不同顾客群，研究其类别、需求特点、购买动机等。通常市场营销学根据购买者和购买目的来对企业的目标顾客进行分类，包括以下几种。

(1) 消费者市场。消费者市场由为了个人消费而购买的个人和家庭构成。

(2) 生产者市场。生产者市场由为了加工生产来获取利润而购买的个人和企业构成。

(3) 中间商市场。中间商市场由为了转卖来获取利润而购买的批发商和零售商构成。

(4) 政府市场。政府市场由为了履行政府职责而进行购买的各级政府机构构成。

(5) 国际市场。国际市场由国外的购买者构成,包括国外的消费者、生产者、中间商和政府机构。

五、竞争者

竞争是商品经济的必然现象。在商品经济条件下,任何企业在目标市场进行营销活动时,不可避免地会遇到竞争对手的挑战。即使在某个市场上只有一个企业在提供产品或服务,没有显在的对手,也很难断定在这个市场上没有潜在的竞争企业。

竞争者的营销战略和战术的变化,会直接和间接地影响企业的营销,如竞争对手新产品的开发、促销手段的变化、售前售后服务的加强等,都将直接对企业造成威胁。因而企业必须密切注意竞争者的变化,从而对自己的竞争策略和营销策略作出调整。企业一般面临如下四类竞争者。

(一) 愿望竞争者

愿望竞争者是指提供不同产品、满足不同消费欲望的竞争者,如房产商和小汽车销售商就属愿望竞争者。

(二) 一般竞争者

一般竞争者是指提供不同产品以满足同一需求的竞争者。一般竞争者能满足同一消费欲望的不同产品之间的可替代性,是消费者在决定需要的类型之后出现的次一级竞争,也称平行竞争。

(三) 产品形式竞争者

产品形式竞争者是指提供同一产品不同规格的竞争者。

(四) 品牌竞争者

品牌竞争者是指满足同一消费欲望的同种产品形式但不同品牌之间的竞争。品牌竞争是这四个层次的竞争中最常见和最显在的,其他层次的竞争则比较隐蔽和深刻。有远见的企业并不仅仅满足于品牌层次的竞争,而会关注市场发展趋势,在恰当的时候积极维护和扩大基本需求。

显然,竞争的程度由上至下趋于激烈,愿望竞争者是不同行业的竞争者,其余三类是同行竞争者。

愿望竞争者要靠全行业的努力,通过不懈的努力,并可能强有力地争夺企业目标市场的顾客,如房地产行业对家用轿车市场顾客的争夺。

一般竞争通常取决于消费者的购买力。这类企业通常生产满足同一需求的不同产品,如满足人们交通需求的轿车生产厂商就是自行车、摩托车厂商的一般竞争者。

产品形式竞争者的优势是价格可接受范围内产品的适用性,如生产儿童自行车的厂商。

品牌竞争者取胜的关键是质量上乘、价格合理、服务优秀及促销得力,可以使本企业品牌有较高的顾客知名度和美誉度,培育顾客的品牌忠诚度。

六、公众

公众指对企业实现其市场营销目标的能力有着实际或潜在影响的群体。企业的主要公众包括金融公众、媒介公众、政府公众、社团公众、社区公众和企业内部公众。

(1) 金融公众。主要包括银行、投资公司、证券公司、股东等,他们对企业的融资能力有重要的影响。

(2) 媒介公众。主要包括报纸、杂志、电台、电视台等传播媒介,他们掌握传媒工具,有着广泛的社会联系,能直接影响社会舆论对企业的认识和评价。

(3) 政府公众。主要指与企业营销活动有关的各级政府机构部门,他们所制定的方针、政策对企业营销活动或是限制,或是机遇。

(4) 社团公众。主要指与企业营销活动有关的非政府机构,如消费者组织、环境保护组织以及其他群众团体。企业营销活动涉及社会各方面的利益,来自这些社团公众的意见、建议,往往对企业营销决策有着十分重要的影响作用。

(5) 社区公众。主要指企业所在地附近的居民和社区团体。社区是企业的邻里,企业保持与社区的良好关系,为社区的发展作一定的贡献,会受到社区居民的好评,他们的口碑能帮助企业在社会上树立形象。

(6) 企业内部公众。是指企业内部的管理人员及一般员工。企业的营销活动离不开内部公众的支持,应该处理好与广大员工的关系,调动他们开展市场营销活动的积极性和创造性。

有时候公众的态度会直接影响企业营销的成功,因此,成功地处理好与公众的关系格外重要。目前,许多企业建立了公共关系部门,专门筹划与各类公众的良好关系,为企业建立较好的营销环境。

第三节　宏观营销环境

宏观营销环境指那些对企业营销活动造成市场机会或环境威胁的主要社会力量,包括人口、自然、经济、科学技术、政治法律和社会文化等企业不可控制的宏观因素。企业及其直接环境都受到这些社会力量的制约和影响。

一、人口环境

市场是由有购买愿望并且具备购买能力的人构成的。人口的多少直接决定市场的潜在容量,人口越多,市场规模就越大。而人口的年龄结构、地理分布、婚姻状况、出生率、死亡率、人口密度、人口流动性及其文化教育等人口特性,会对市场产生深刻影响,并直接影响企业的市场营销活动和企业的经营管理。企业必须重视对人口环境的研究,密切注视人口特性及其发展动向,不失时机地抓住市场机会,当出现威胁时,应及时、果断地调整营销策略以适应人口环境的变化。

(一) 人口数量与增长速度对企业营销的影响

首先,人口数量是决定市场规模和潜量的一个基本要素,人口越多,如果收入水平不变,则对食物、衣着、日用品的需要量也越多,那么市场也就越大。其次,人口的迅速增长促进了市场规模的扩大。世界人口的增长呈现出极端不平衡。发达国家的人口出生率下降,人口甚至出现负增长,导致这些国家市场需求呈缓慢增长,有的甚至开始萎缩。而人口增长最快的往往是那些落后、欠发达的国家,贫穷问题困扰着这些国家的人民,在人口呈几何级数上升的同时,消费者的购买力并没有提高多少,市场需求层次较低,以追求基本需求的满足为主。

(二) 人口结构对企业营销的影响

人口结构主要包括人口的年龄结构、性别结构、家庭结构。

1. 年龄结构

不同年龄层次的消费者因为生理和心理特征、人生经历、收入水平和负担状况的不同,有着不同的消费需要、兴趣爱好和消费模式。

随着社会经济的发展、科学技术的进步以及生活条件和医疗条件的改善,人口平均寿命大大延长。人口年龄结构变化的主要趋势如下:

(1) 许多国家人口老龄化加速。人类寿命延长,人口老龄化是当今世界发展的必然趋势。据中国社科院2014年抽样调查数据表明,60岁以上老年人口已达到2亿人,占总人口的比重接近14.9%,随着老年人口的绝对数和相对数的增加,银色市场日渐形成并扩大。

(2) 出生率下降引起市场需求的变化。欧美等发达国家人口出生率下降,出生婴儿数和学龄前儿童减少,给儿童食品、童装、玩具等生产经营者带来威胁,但同时也使年轻夫妇有更多的闲暇时间用于旅游、娱乐和在外用餐,给旅游、餐饮和娱乐业带来了机会。

2. 性别结构

人口的性别不同,其市场需求也有明显的差异。男性和女性在生理、心理和社会角色上的差异决定了他们不同的消费内容和特点。妇女通常购买自己的用品、杂货、衣服,男子购买大件物品等。随着社会经济的发展,男女的性别角色也在悄然变化,并影响到市场需求的变动。越来越多的女性摆脱传统观念的束缚,走向社会寻求与男性同样的发展机会,女性就业的人数和领域在不断增加和扩大,她们的家庭和社会地位都有所改善。女性不仅在家庭中参与消费决策的权利有所提高,而且职业女性本身日益成为被商家瞩目的消费者群。如现在越来越多的职业女性开始成为轿车、高档电器的主要购买决策者和使用者,厂家和商家越来越关注女性细分市场的产品设计和服务设计。

3. 家庭结构

家庭是购买、消费的基本单位,家庭的数量直接影响到某些商品的销售数量。例如住房、成套家具、电视机、厨房用品等商品的消费数量就和家庭单位的数量密切相关。目前,世界上普遍呈现家庭规模缩小的趋势,越是经济发达地区,家庭规模就越小。

家庭是指一个以家长为代表的家庭生活的全过程,也称家庭生命周期。按年龄、婚姻、子女等状况,可划分为七个阶段:① 未婚期。年轻的单身者。② 新婚期。年轻夫妻,没有孩子。③ 满巢一期。年轻夫妻,有六岁以下的幼童。④ 满巢二期。年轻夫妻,有六岁和六岁以上的子女。⑤ 满巢三期。年纪较大的夫妻,有已能自立的子女。⑥ 空巢期。身边没有孩子的老年夫妻。⑦ 孤独期。单身老人独居。家庭平均成员数的多少又决定了家庭单位数,即家庭户数的多少。

家庭是社会的细胞,也是商品采购和消费的基本单位。一个市场拥有家庭单位和家庭平均成员的多少,以及家庭组成状况等,对市场消费需求的潜量和需求结构,都有十分重要的影响。随着计划生育、晚婚晚育的倡导和实施,职业妇女增多,单亲家庭和独身者涌现,家庭消费需求正发生巨大的变化。

4. 人口的地理分布及区域间流动对企业营销的影响

地理分布指人口在不同地区的密集程度。由于各区域的自然条件、经济发展水平、市场开放程度以及社会文化传统和社会经济与人口政策等因素的不同,不同区域的人口具有不同的需求特点和消费习惯,而且人口的地理分布往往不均匀。

随着经济的活跃和发展,人口的区域流动性也越来越大。在发达国家除了国家之间、地区之间、城市之间的人口流动外,还有一个突出的现象就是城市人口向农村流动。在我国,人口的流动主要表现为农村人口向城市或工矿地区流动;内地人口向沿海经济开放地区流动。人口流入较多的地方会使当地基本需求量增加,消费结构也发生一定的变化,继而给当地企业带来较多的市场份额和营销机会。

小链接:

世界人口三大趋势:迅速增长、老龄化、家庭小型化

二、经济环境

经济环境包括许多因素,如产业结构、经济增长率、货币供应量、利率等,而社会购买力正是以上一些经济因素的函数。因此,企业必须密切注意其经济环境的动向,尤其要着重分析社会购买力及其支出结构的变化,敏感于促成其变化的各种因素。

(一) 经济发展情况

企业的市场营销活动要受到一个国家或地区经济发展状况的制约,在经济全球化的条件下,国际经济形势也是企业营销活动的重要影响因素。

1. 经济发展阶段

经济发展阶段对企业市场营销活动有着直接的影响。如那些经济发展阶段高的国家和地区,着重投资于较大的、精密、自动化程度高、性能好的生产设备;在重视产品基本功能的同时,比较强调款式、性能及特色;大量进行广告宣传及营业推广活动,非价格竞争较占优势;分销途径复杂且广泛,制造商、批发商与零售商的职能逐渐独立,小型商店的数目下降。美国学者罗斯托的经济成长阶段理论把世界各国的经济发展归纳为五种类型:① 传统经济社会;② 经济起飞前的各阶段;③ 经济起飞阶段;④ 迈向经济成熟阶段;⑤ 大量消费阶段。凡属前三个阶段的国家称为发展中国家,而处于后两个阶段的国家称为发达国家。

2. 经济形势

就国际经济形势来说,2008 年下半年起,席卷全球的金融风暴,使欧美经济率先陷入困境。这场金融危机影响到全世界,也给中国经济带来若干负面影响。由于我国金融市场尚未完全开放,人民币不能自由买卖,外汇储备丰富,短期外债较少,加之政府采取了有效的拉动内需的措施,因而保持了人民币币值的稳定,对世界金融体系的稳定和走出困境作出了积极的贡献。改革开放以来,我国经济的高速发展极大地增强了综合国力,显著地改善了人民生活。同时,国内经济生活中,也还存在一些困难和问题,如经济发展不平衡、产业结构不尽

合理、就业问题压力很大等。所有这些国际、国内的经济形势，国家、地区乃至全球的经济繁荣与萧条，对企业市场营销活动都有重要的影响。特别是国际或国内经济形势都是复杂多变的，机遇与挑战并存，企业必须认真研究，力求正确认识与判断，制定相应营销战略和计划。

（二）消费者收入与支出状况

消费者的收入与支出方式直接影响企业的营销方式和营销规模，具体可以从以下几方面进行分析。

1. 消费者收入水平

消费者收入，是指消费者个人从各种来源中所得的全部收入，包括消费者个人的工资、退休金、红利、租金、赠予等收入。消费者的购买力来自消费者的收入，但消费者并不是把全部收入都用来购买商品或劳务，购买力只是收入的一部分。因此，在研究消费收入时，要注意以下几点：

(1) 国民生产总值。它是衡量一个国家经济实力与购买力的重要指标。从国民生产总值的增长幅度，可以了解一个国家经济发展的状况和速度。一般来说，工业品的营销与这个指标有关，而消费品的营销则与此关系不大。国民生产总值增长越快，对工业品的需求和购买力就越大，反之就越小。

(2) 人均国民收入。这是用国民收入总量与总人口的比值。这个指标大体反映了一个国家人民生活水平的高低，也在一定程度上决定商品需求的构成。一般来说，人均收入增长，对消费品的需求和购买力就大，反之就小。

(3) 个人可支配收入。这是在个人收入中扣除税款和非税性负担后所得余额，是个人收入中可以用于消费支出或储蓄的部分，它构成实际的购买力。

(4) 个人可任意支配收入。这是在个人可支配收入中减去用于维持个人与家庭生存不可缺少的费用(如房租、水电、食物、燃料、衣着等项开支)后剩余的部分。这部分收入是消费需求变化中最活跃的因素，也是企业开展营销活动时所要考虑的主要对象。因为这部分收入主要用于满足人们基本生活需要之外的开支，一般用于购买高档耐用消费品、旅游、储蓄等，它是影响非生活必需品和劳务销售的主要因素。

2. 消费者支出模式

消费者支出模式指消费者各种消费支出的比例关系，也就是常说的消费结构。社会经济的发展、产业结构的转变和收入水平的变化等因素直接影响了社会消费支出模式，而消费者个人收入则是单个消费者或家庭消费结构的决定性因素。对这个问题的分析要涉及“恩格尔定律”。恩格尔定律：一个家庭收入越少，其总收入中用来购买食物的费用所占比例就越大，随着收入的增加，用于文化、娱乐、卫生、劳务等的费用所占比重就越大。其中，食品支出占家庭收入的比重被称作恩格尔系数。恩格尔系数是衡量一个国家、一个地区、一个城市、一个家庭生活水平高低的标准。恩格尔系数越小表明生活越富裕，越大则生活水平越低。

这种消费支出模式不仅与消费者收入有关，而且还受到下面两个因素的影响。① 家庭生命周期的阶段影响。一个家庭的新婚阶段是家用电器、家具等耐用品的需求旺盛期；家庭中有了孩子，消费支出的重心便转移到孩子的需求上，家庭收入的很大比重都用于孩子的食品、服装、教育和文娱等方面；待到孩子长大成人、独立生活后，父母的消费多用于医疗、保健、旅游或储蓄。② 家庭所在地点的影响。比较居住在城市中心和郊区的家庭,会发现在交通、住房和食品等方面有不同的支出比例。

3. 消费者储蓄和信贷情况的变化

消费者个人收入不可能全部花掉,总有一部分以各种形式储蓄起来,这是一种推迟了的、潜在的购买力。消费者储蓄一般有两种形式:一是银行存款,增加现有银行存款额;二是购买有价证券。当收入一定时,储蓄越多,现实消费量就越小,但潜在消费量越大;反之,储蓄越少,现实消费量就越大,但潜在消费量越小。

所谓消费者信贷,就是消费者凭信用先取得商品使用权,然后按期归还贷款,以购买商品。信贷消费允许人们购买超过自己现实购买力的商品,从而创造了更多的就业机会、更多的收入以及更多的需求,如人们通过消费信贷购买商品房和汽车。

讨论:

分析物价上涨对消费者的影响。

三、政治法律环境

(一) 政治环境因素

政治环境指企业市场营销活动的外部政治形势和状况以及国家方针政策的变化对市场营销活动带来的或可能带来的影响。

1. 政治局势

政治局势指企业营销所处的国家或地区的政治稳定状况。一个国家的政局稳定与否会给企业营销活动带来重大的影响。如果政局稳定,生产发展,人民安居乐业,就会给企业造成良好的营销环境;相反,政局不稳,社会矛盾尖锐,秩序混乱,这不仅会影响经济发展和人民的购买力,而且对企业的营销活动也有重大影响。战争、暴乱、罢工、政权更替等政治事件都可能对企业营销活动产生不利影响。

2. 方针政策

各个国家在不同时期,根据不同需要颁布一些经济政策,制定经济发展方针,这些方针、政策不仅影响本国企业的营销活动,还影响外国企业在本国市场的营销活动。

目前,各国政府采取的对企业营销活动有重要影响的政策和干预措施主要有以下几种方式。

(1) 进口限制。这是指政府所采取的限制进口的各种措施,如许可证制度、外汇管制、关税、配额等。它包括两类:一类是限制进口数量的各项措施;另一类是限制外国产品在本国市场上销售的措施。政府进行进口限制的主要目的在于保护本国工业,确保本国企业在市场上的竞争优势。

(2) 税收政策。政府在税收方面的政策措施会对企业经营活动产生影响。比如对某些产品征收特别税或高额税,则会使这些产品的竞争力减弱,给经营这些产品的企业效益带来一定影响。

(3) 价格管制。当一个国家发生了经济问题时,如经济危机、通货膨胀等,政府就会对某些重要物资,以至所有产品采取价格管制措施。政府实行价格管制通常是为了保护公众利益,保障公众的基本生活,但这种价格管理直接干预了企业的定价决策,影响企业的营销活动。

(4) 外汇管制。指政府对外汇买卖及一切外汇经营业务所实行的管制。它往往是对外汇的供需与使用采取限制性措施。外汇管制对企业营销活动特别是国际营销活动产生重要影响。例如,实行外汇管制,使企业生产所需的原料、设备和零部件不能自由地从国外进口,企业的利润和资金也不能或不能随意汇回母国。

(5) 国有化政策。指政府由于政治、经济等原因对企业所有权采取的集中措施。例如为了保护本国工业避免外国势力阻碍等原因,将外国企业收归国有。

3. 国际关系

这是国家之间的政治、经济、文化、军事等关系。发展国际间的经济合作和贸易关系是人类社会发展的必然趋势,企业在其生产经营过程中,都可能或多或少地与其他国家发生往来,开展国际营销的企业更是如此。因此,国家间的关系也就必然会影响企业的营销活动。这种国际关系主要包括两个方面的内容:① 企业所在国与营销对象国之间的关系;② 国际企业的营销对象国与其他国家之间的关系。

(二) 法律环境因素

法律是体现统治阶级意志,由国家制定或认可,并以国家强制力保证实施的行为规范的总和。企业开展市场营销活动,必须了解并遵守国家或政府颁布的有关经营、贸易、投资等方面的法律法规。如果从事国际营销活动,企业既要遵守本国的法律制度,还要了解和遵守市场所在国的法律制度和有关的国际法规、国际惯例和准则。

四、自然环境

一个国家、一个地区的自然环境包括该地的自然资源、地形地貌和气候条件,这些因素都会不同程度地影响企业的营销活动,有时这种影响对企业的生存和发展起决定性作用。目前,自然环境正面临着危机,主要表现在以下方面。

(一) 一些自然资源短缺或即将短缺

1. 一些看似取之不尽、用之不竭的资源开始出现短缺

如洁净的空气、水资源等在近几十年来开始出现短缺,主要原因是世界各国的现代化城市的用水量迅速增加(据估计世界用水量每 20 年增加 1 倍);与此同时,世界各地水资源分布不均匀,受气候和季节影响,目前世界许多国家面临缺水的困境。这种状况不仅会影响人民生活,而且对企业是一种环境威胁。

2. 有限但可以更新的资源匮乏

如森林、粮食等。我国的森林覆盖率低,仅占国土面积的 12%;人均森林面积只有 0.12 公顷,大大低于世界人均森林面积 0.9 公顷。同时随着工业化和城市化进程的加快,耕地迅速减少,近 30 年间我国耕地平均每年减少 54.03 万公顷。

3. 有限但不能更新的资源匮乏

如煤、锡、锌、石油等矿物质,近几十年来,对这些资源的过度开发,造成这类资源的供不应求或在一定时期内供不应求。有些国家需要这类资源的企业正面临着或曾面临过威胁,不得不寻找替代品。在这种情况下,就需要开发新的资源和原料,这又给某些企业创造了新的市场机会。

(二) 环境污染日益严重

随着许多国家工业化和城市化的发展,环境污染程度日益增加,公众对此越来越关心,

纷纷指责环境污染的危害性。这种动向对那些造成环境污染的企业是一种环境威胁，迫使他们在社会舆论的压力和政府的干预下，不得不采取措施控制污染；当然，这种动向也给控制和消除污染的包装行业和企业带来新的市场机会。

（三）政府对自然资源管理的干预日益加强

随着经济发展和科技进步，各国政府都对自然资源管理加强了干预。但是，政府为了社会利益和长远利益对自然资源管理加强干预，往往与一些企业的经营战略和经营效益相矛盾。

目前，自然资源的短缺已成为各国经济进一步发展的制约力甚至反作用力，而且自然环境受到严重污染，比如海洋污染、土壤沙化、温室效应、物种灭绝和臭氧层破坏等。人类只有一个地球，自然环境的破坏往往是不可弥补的。1992 年 6 月，有 100 多位国家首脑出席的联合国环境与发展大会在巴西里约热内卢召开，大会通过了《21 世纪议程》等重要文件，提出了 21 世纪人类社会应该走可持续发展（sustainable development）的道路。

1992 年 7 月，中国政府决定由国家计委和国家科委牵头制定《中国 21 世纪议程》。该文件作为中国 21 世纪推行可持续发展战略的国家政策和行动，其核心是以经济、科技、社会、人口、资源、环境的协调发展为目的，在保证经济高速增长的前提下，实现资源的综合和持续利用，不断改善环境。因此，企业营销战略中实行生态营销、绿色营销等都是维护全社会的长期福利所必然要求的。

小链接：绿色营销

所谓“绿色营销”，是指社会和企业在充分意识到消费者日益提高的环保意识和由此产生的对清洁型无公害产品需要的基础上，发现、创造并选择市场机会，通过一系列理性化的营销手段来满足消费者以及社会生态环境发展的需要，实现可持续发展的过程。绿色营销的核心是按照环保与生态原则来选择和确定营销组合的策略，是建立在绿色技术、绿色市场和绿色经济基础上的、对人类的生态关注给予回应的一种经营方式。绿色营销不是一种诱导顾客消费的手段，也不是企业塑造公众形象的“美容法”，它是一个导向持续发展、永续经营的过程，其最终目的是在化解环境危机的过程中获得商业机会，在实现企业利润和消费者满意的同时，达成人与自然的和谐相处，共存共荣。

阅读材料二：自然环境对经济的影响

据统计，2004 年的印度洋大海啸造成了至少 16 万人丧生，还有成千上万人失踪。旅游收入约占泰国国内生产总值的 6%，而受到海啸袭击的六个府每年从外国游客获得的入境旅游收入占到泰国旅游业总收入的 1/4。海啸可能给泰国旅游业的一大风景——珊瑚礁造成破坏，而珊瑚礁需要很长时间才能再生。旅游业占到马尔代夫国民生产总值的 74.1%。在海啸发生后，马尔代夫 19 个度假区全部暂停营业，87 家旅游酒店中有 46 家遭受不同程度的破坏。海啸毁坏了斯里兰卡印度洋沿岸的 48 家酒店。海滨旅游曾经是斯里兰卡吸引国际游客的主要卖点，但现在只占到国际游客所带来总收入的 40%左右，文化和旅游探险则贡献了大约 60%的收入。

五、科学技术环境

科学技术的发展对于社会的进步、经济的增长和人类社会生活方式的变革都起着巨大的推动作用。科学技术的发展对经济发展有巨大的影响，不仅直接影响企业内部的生产和经营，还同时与其他环境因素互相依赖、互相作用，给企业营销活动带来有利或不利的影响。例如，一种新技术的应用，可以为企业创造一个明星产品，产生巨大的经济效益；也可以迫使企业的一种成功的传统产品，不得不退出市场。新技术的应用会引起企业市场营销策略的变化，也会引起企业经营管理的变化，还会改变零售商业业态结构和消费者购物习惯。

1. 科技环境对企业营销的影响

(1) 科学技术的发展和应用影响企业的营销决策

科学技术的发展，使得每天都有新品种、新款式、新功能、新材料的商品在市场上推出。因此，科学技术进步所产生的效果，往往借助消费者和市场环境的变化而间接影响企业市场营销活动的组织。

(2) 科技发展影响企业营销组合策略的创新

科技发展使新产品不断涌现，产品生命周期明显缩短，要求企业必须关注新产品的开发，加速产品的更新换代。现代科技的运用降低了产品成本，使产品价格下降并能快速掌握价格信息，使企业能及时做好价格调整工作。科技发展促进流通方式的现代化，要求企业采用顾客自我服务和各种直销方式。科技发展使广告媒体多样化，信息传播快速化，市场范围广阔化，促销方式灵活化。为此，要求企业不断分析科技新发展，创新营销组合策略，适应市场营销的新变化。

(3) 科学技术的进步，改变了零售业的结构和消费者购物习惯

随着多媒体和网络技术的发展，出现了“电视购物”“网上购物”等新型购买方式。人们还可以在家中通过“网络系统”订购车票、飞机票、戏票和球票等。工商企业也可以利用这种系统进行广告宣传、营销调研和推销商品。随着新技术革命的进展，“在家便捷购买、享受服务”的方式还会继续发展。

小链接：因特网对营销的影响(网络营销)

因特网是现代企业营销创新的舞台，正在深刻地影响着市场营销的整体环境、基本策略和运作方式。我们通过 Internet 营销方式替代了传统的报刊、电子邮件、电话、电视等中介媒体，利用 Internet 对产品的售前、售中、售后各环节进行跟踪服务，贯穿企业经营全过程，寻找新客户、服务老客户，最大限度地满足客户需求，以达到开拓市场、增加盈利的目标。通过因特网，企业可以直接与具体的消费者个体进行双向的沟通，进行需求调查、产品介绍、产品交互设计、网上订购、售后服务等一系列的活动，向顾客提供有针对性的产品和增值服务，而且供应者和消费者之间形成建立于信息高度共享基础上的新型关系。最后，企业竞争优势更加依赖于对顾客需求的快速反应能力。

讨论：

3G 手机、数字电视的技术完善进度对行业的影响。

六、社会文化环境

人类在某种社会中生活，必然会形成某种特定的文化。文化对企业营销的影响是多层次、全方位、渗透性的。社会文化是指一个社会的民族特征、价值观念、生活方式、风俗习惯、伦理道德、教育水平、语言文字、社会结构等的总和。它主要由两部分组成：一是全体社会成员所共有的基本核心文化；二是随时间变化和外界因素影响而容易改变的社会次文化或亚文化。基本核心文化是占据支配地位的，起着凝聚整个国家和民族的作用，是历史形成的文化，包括价值观、人生观等；次级文化和亚文化是在主体文化支配下所形成的文化分支，包括地域、种族、宗教等。文化对市场营销的影响是多方面的，对所有营销的参与者都有着重大影响。它不仅影响企业营销组合，而且影响消费心理、消费习惯等，当然这些影响多半是通过间接的、潜移默化的方式来进行的。这里主要分析以下几方面。

1. 教育水平

教育水平是指消费者受教育的程度。一般来说，教育水平高的地区，消费者对商品的鉴别力强，容易接受广告宣传和接受新产品，购买的理性程度较高。因此，教育水平高低影响着消费者心理、消费结构，影响着企业营销组织策略的选取，以及销售推广方式方法的差别。例如，在文盲率高的地区，用文字形式做广告，难以收到好效果，而用电视、广播和当场示范表演形式，才容易为人们所接受。又如在教育水平低的地区，适合推广操作使用、维修保养都较简单的产品，而教育水平高的地区，则需要先进、精密、功能多的产品。

2. 语言文字

语言文字是人类交流的工具，它是文化的核心组成部分之一。不同国家、不同民族往往都有自己独特的语言文字，即使同一国家，也可能有多种不同的语言文字；即使语言文字相同，也可能表达和交流的方式不同。企业在开展市场营销尤其是国际市场营销时，应尽量了解市场所在国的文化背景，掌握其语言文字的差异，这样才能使营销活动顺利进行。

3. 价值观念

价值观念是人们对社会生活中各种事物的态度、评价和看法。不同的文化背景下，人们的价值观念差别是很大的，而消费者对商品的需求和购买行为深受其价值观念的影响。对于乐于变化、喜欢猎奇、富有冒险精神、较激进的消费者，应重点强调产品的新颖和奇特；而对一些注重传统、喜欢沿袭传统消费习惯的消费者，企业在制定促销策略时应把产品与目标市场的文化传统联系起来。

4. 宗教信仰

不同的宗教信仰有不同的文化倾向和戒律，从而影响人们认识事物的方式、价值观念和行为准则，影响着人们的消费行为，带来特殊的市场需求，与企业的营销活动有密切的关系，特别是在一些信奉宗教的国家和地区，宗教信仰对市场营销的影响力更大。了解和尊重消费者的宗教信仰，对企业营销活动具有重要意义。

5. 审美观

审美观通常指人们对事物的好坏、美丑、善恶的评价。不同的国家、民族、宗教、阶层和个人，往往因社会文化背景不同，其审美标准也不尽一致。不同的审美观对消费的影响是不同的，企业应针对不同的审美观所引起的不同消费需求，开展自己的营销活动，特别要把握不同文化背景下的消费者审美观念及其变化趋势，制定良好的市场营销策略以适应市场需求的变化。

6. 风俗习惯

风俗习惯是人们根据自己的生活内容、生活方式和自然环境，在一定的社会物质生产条件下长期形成，并世代相袭而成的一种风尚和由于重复、练习而巩固下来并变成需要的行动方式等的总称。它在饮食、服饰、居住、婚丧、信仰、节日、人际关系等方面，都表现出独特的心理特征、伦理道德、行为方式和生活习惯。不同的国家、不同的民族有不同的风俗习惯，它对消费者的消费嗜好、消费模式、消费行为等具有重要的影响。

不同国家、不同地区的人民，不同的社会与文化，代表着不同的生活模式，对同一产品可能持有不同的态度，直接或间接地影响产品的设计、包装以及信息的传递方法、产品被接受的程度、分销和推广措施等。社会文化因素通过影响消费者的思想和行为来影响企业的市场营销活动。因此，企业在从事市场营销活动时，应重视对社会文化的调查研究，并作出适宜的营销决策。

第四节　企业营销环境分析与对策

企业的生存与发展既与其生存的市场营销环境密切相关，又取决于企业对环境因素及其影响所持的对策。由于市场营销环境的客观性、多变性、复杂性，决定了企业不可能去创造、改变营销环境，而只能主动地适应环境、利用环境。为此企业应该运用科学的分析方法，加强对营销环境的监测与分析，随时掌握其发展趋势，从中发现市场机会和威胁，有针对性地制定和调整自己的战略与策略，不失时机地利用市场机会，尽可能减少威胁带来的损失。

一、市场营销环境的分析方法

在对营销环境分析中，较多运用一种简便易行的“SWOT”分析法。SWOT 分析是将宏观环境、市场需求、竞争状况、企业营销条件进行综合分析，分析出与企业营销活动相关的优势、劣势、机会和威胁。

(一) 外部环境分析(机会 O 与威胁 T)

环境机会指由于环境变化形成的对企业营销活动富有吸引力和利益空间的领域。随着消费者需求不断变化和产品生命周期的缩短，以及旧产品的不断淘汰，要求开发新产品来满足消费者的需求，从而出现了许多新的市场机会。

环境机会对不同企业是不相等的，同一个环境机会对这些企业可能成为有利的机会，而对另一些企业可能就造成威胁。环境机会能否成为企业的机会，要看此环境机会是否与企业目标、资源及任务相一致，企业利用此环境机会能否比其竞争者带来更大的利益。

环境威胁是指对企业营销活动不利或限制企业营销活动发展的因素。这种环境威胁主要来自两方面：一方面，环境因素直接威胁着企业的营销活动；另一方面，企业的目标、任务及资源同环境机会相矛盾。

(二) 内部环境分析(优势 S 与劣势 W)

识别环境中有吸引力的机会很重要，但还要拥有在机会中成功所必需的竞争能力。每个企业都要定期检查自己的优势与劣势，这可通过“营销备忘录优势/劣势绩效分析检查表”

的方式进行，每一要素都要按照特强、稍强、中等、稍弱或特弱划分等级。管理当局或企业外的咨询机构都可利用这一方式检查企业的营销、财务、制造和组织能力。

小链接：SWOT 分析法

内部因素 / 外部因素	优势(S)	劣势(W)
机会(O)	SO 战略	WO 战略
威胁(T)	ST 战略	WT 战略

Ⅰ. 成长型战略(SO)。是最理想状况。企业能够利用它的内在优势并把握良机。可采用的成长型战略包括开发市场、增加产量等。

Ⅱ. 扭转型战略(WO)。处于这种局面的企业虽有良好机会却受内部劣势的限制。采用扭转型战略，可设法清除内部不利条件，或在企业内部发展劣势领域，或从外部获得该领域所需能力，以尽快形成利用环境机会的能力。

Ⅲ. 多经营战略(ST)。企业利用内部优势去避免或减轻环境中的威胁，其目的是将组织优势扩大到最大程度，将威胁降到最低。企业可能利用技术的、财务的、管理的、营销的优势克服来自环境的威胁。

Ⅳ. 防御型战略(WT)。处于该局面的企业，外部面临巨大威胁，内部有劣势，企业要设法降低弱点和避免外来的威胁，如利用联合等形式来取长补短。

二、市场机会和威胁的分析

企业必须注重对市场机会和威胁的分析。明确主要的机会和威胁是什么，来自何方，对企业营销的影响程度有多大，并提出相应的对策。

(一) 营销环境威胁的分析

环境威胁是指环境中有不利企业发展的外在影响因素，对企业的发展形成挑战，企业如果不能采取果断的营销行动，这种环境威胁将影响企业的经营甚至生存。一般来说环境威胁主要来自两个方面：一方面是环境因素直接影响企业的经营活动，如政府颁布《广告法》，它对违反广告法或打擦边球的企业来说，就构成了或大或小的威胁，如某些药品或保健品广告；另一方面，企业的目标、任务及资源同环境机会相矛盾，如人们对电动自行车的需求转为对小汽车的需求，电动自行车厂的目标与资源同这一环境机会造成矛盾。研究市场营销环境对企业的威胁，一般分析两方面的内容，一是分析威胁对企业影响的严重性，二是分析威胁出现的可能性，可用矩阵方法进行分析(如以某家用小汽车生产厂商为例)，见图 3-3。

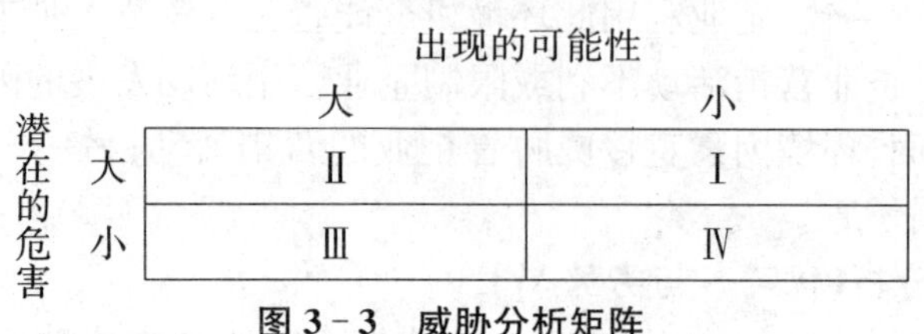

图 3-3　威胁分析矩阵

第Ⅰ象限区内，环境威胁严重性高，但出现的概率低，企业不可忽视，必须密切注意其发展方向，也应制定相应的措施准备面对，力争避免威胁的危害。如严重而长期的经济萧条。

第Ⅱ象限区内，环境威胁大，出现的概率大，表明企业面临着严重的环境危机，企业应处于高度戒备状态，积极采取相应的对策，避免威胁造成的损失。如小汽车生产厂商的竞争者发明了一种高效电动小汽车。

第Ⅲ象限区内，环境威胁小，但出现的概率大，虽然企业面临的威胁不大，但是，由于出现的可能性大，企业也必须充分重视。如从长期看汽油价格会上涨。

第Ⅳ象限区内，环境威胁小，出现的概率也小，在这种情况下，企业不必担心，但应该注意其发展动向。如更严格的汽车污染控制法规的出台。

（二）营销环境机会的分析

所谓环境机会，是指对企业营销活动富有吸引力的领域，并且企业在这个领域富有竞争优势。环境机会实质是指市场上存在着的未被满足的需求。它或是来自于宏观环境，或是来自于微观环境。环境机会对于不同企业是不相等的，同一环境机会对于有些企业可能是有利的，而对于另一些企业来说可能就意味着是威胁。如 2008 年席卷全球的金融危机对我国的大多数出口企业造成威胁，但对我国一些实力较强的大企业的跨国并购可能会形成机会。环境机会研究应从潜在的吸引力和成功的可能性两方面进行分析，按吸引力大小和可行性强弱组合可分为四类，如图 3－4 所示。

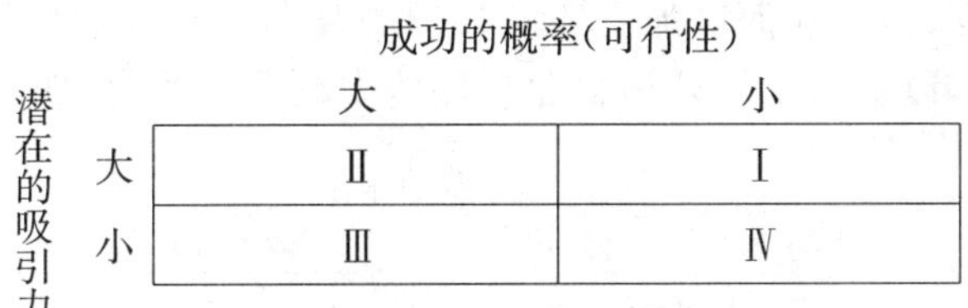

图 3－4　机会分析矩阵

Ⅰ为吸引力大、可行性弱的市场机会。一般来说，该种市场机会的价值不会很大。除了少数好冒风险的企业，一般企业不会将主要精力放在此类市场机会上。但是，企业应时刻注意决定其可行性大小的内外环境条件的变动情况，并做好当其可行性变大而进入区域Ⅱ的准备。如公司发明了更节油的汽车。

Ⅱ为吸引力、可行性俱佳的市场机会，该类市场机会的价值最大。通常，此类市场机会既稀缺又不稳定。企业营销人员的一个重要任务就是要及时、准确地发现有哪些市场机会进入或退出了该区域。该区域的市场机会是企业营销活动最理想的经营内容。如公司发明了一种性价比较高的环保电动小汽车。

Ⅲ为吸引力小、可行性大的市场机会。该类市场机会的风险低，获利能力也小，通常稳定型企业、实力薄弱的企业以该类市场机会作为其常规营销活动的主要目标。对该区域的市场机会，企业应注意其市场需求规模、发展速度、利润率等方面的变化情况，以便在该类市场机会进入区域Ⅱ时可以立即有效地予以把握。如公司发明了一种驾驶更安全的小汽车。

IV 为吸引力、可行性皆差的市场机会。通常企业不会去注意该类价值最低的市场机会。该类市场机会不大可能直接跃居到区域Ⅱ中，它们通常需经由区域Ⅰ、Ⅲ才能向区域Ⅱ转变。当然，有可能在极特殊的情况下，该区域的市场机会的可行性、吸引力突然同时大幅度增加，企业对这种现象的发生也应有一定的准备。如公司发明了一种更有效的汽车尾气污染控制系统。

需要注意的是，该矩阵是针对特定企业的。同一市场机会在不同企业的矩阵中出现的位置是不一样的。这是因为对不同经营环境条件的企业，市场机会的利润率、发展潜力等影响吸引力大小的因素状况以及可行性均会有所不同。

小链接：市场机会的相关概念

1. 环境市场机会与企业市场机会
2. 行业市场机会与边缘市场机会
3. 目前市场机会与未来市场机会

思考：对烟草公司的机会威胁分析

威胁：① 有些国家的政府颁布了法令，规定所有的烟草广告和包装上，都要印制吸烟有害健康的严厉警语；② 有些国家的某些地方政府禁止在公共场所吸烟；③ 许多国家吸烟人数下降。机会：无害烟叶；发展中国家的吸烟人数速增。

（三）机会-威胁综合分析

营销环境带来的对企业的威胁和机会是并存的，威胁中有机会，机会中也有挑战。在一定条件下，两者可相互转化，从而增加了环境分析的复杂性。企业可以运用机会-威胁矩阵加以综合分析和评价，以更清楚地认识企业在环境中的营销状况，如图 3－5 所示。

		威胁水平	
		低	高
机会水平	高	Ⅱ 理想业务	Ⅰ 冒险业务
	低	Ⅲ 成熟业务	Ⅳ 困难业务

图 3－5　环境综合评价

第Ⅰ象限为冒险业务。营销机会水平和威胁水平均高。也就是说在环境中机会与挑战并存，成功与风险同在。冒险营销对企业有较大的吸引力，企业应抓住机会充分利用，同时制定避免风险的对策。

第Ⅱ象限为理想业务。营销机会水平高，威胁水平低，说明企业有非常好的发展前景。理想营销对企业最为有利，但这样的情况是很少的。

第Ⅲ象限为成熟业务。营销的机会和威胁水平均低，说明企业发展的机会已很少，自身发展潜力也很低，常规营销能够维持企业的运营。但企业应研究环境营造的新机会，进一步开拓，否则将影响企业的生存。

第Ⅳ象限为困难业务。营销面临较大的环境威胁，而营销机会也很少，这种营销如果不能减少环境威胁，企业将陷入经营困难的境地。

三、企业应对营销环境影响的对策

在对市场机会和环境威胁进行评价的基础上，企业就可以有的放矢地制定相应的营销对策。

1. 应对市场机会的营销对策

面临客观的市场机会，企业应该给予足够的重视，制定适当的对策。企业常用的策略有以下三种。

(1) 及时利用策略。当市场机会与企业的营销目标一致，企业又具备利用市场机会的资源条件，并享有竞争中的差别利益时，企业应抓住时机，及时调整自己的营销策略，充分利用市场机会，求得更大的发展。

(2) 待机利用策略。有些市场机会相对稳定，在短时间内不会发生变化，而企业暂时又不具备利用市场机会的必要条件，可以积极准备，创造条件，等待时机成熟时，再加以利用。

(3) 果断放弃策略。营销市场机会十分具有吸引力，但企业缺乏必要的条件，无法加以利用，此时企业应作出决策果断放弃。因为任何犹豫和拖延都可能导致错过利用其他有利机会的时机，从而一事无成。

2. 应对环境威胁的营销对策

环境变化对企业的影响是客观存在的，企业必须给予足够的重视和制定适当的对策。面对环境对企业可能造成的威胁，企业常用的对策有以下三种。

(1) 转移策略。指当企业面临环境威胁时，通过改变自己受到威胁的产品现有市场，或者将投资方向转移来避免环境变化对企业的威胁。该策略包括三种转移：① 产品转移，即将受到威胁的产品转移到其他市场；② 市场转移，即将企业的营销活动转移到新的细分市场上去；③ 行业转移，即将企业的资源转移到更有利的新行业中去。

(2) 减轻策略。指当企业面临环境威胁时，力图通过调整、改变自己的营销组合策略，尽量降低环境威胁对企业的负面影响程度。

(3) 对抗策略。指当企业面临环境威胁时，试图通过自己的努力限制或扭转环境中不利因素的发展。对抗策略通常被称为是积极、主动的策略。企业可以通过各种方式利用政府通过的某种法令或与有关权威组织达成某种协议，以用来抵消不利因素的影响。

本章小结

市场营销环境是指企业营销管理活动及其目标实现的各种因素和动向，可以把市场营销环境分为微观环境和宏观环境两大类。

微观环境是环境中直接影响企业营销活动的各种行动者，包括企业内部的环境力量、供应商、营销中介单位、顾客、竞争者、公众等六种力量。这些都会影响企业服务目标市场的能力。微观环境中所有的分子都要受到宏观环境中各种力量的影响。企业本身包括营销管理部门、其他职能部门和最高管理层；市场营销渠道企业包括供应商、经销中间商、代理中间商和辅助商；竞争者包括愿望竞争者、一般竞争者、产品形式竞争者和品牌竞争者；公众包括金融公众、媒介公众、政府公众、社区公众、企业内部公众等。

市场营销环境发展趋势基本可以分为两大类：一类是环境威胁，另一类是市场营销机会。环境威胁指对企业营销活动不利的各项因素的总和。环境机会指对企业营销活动有利的各项因素的综合。营销活动要动态地适应市场营销环境，需要制定营销组合去适应营销环境。面对激烈竞争的市场,要掌握市场机会和环境威胁分析的思路与方法,通过环境分析来评估机会与威胁,选择机会,避开或克服威胁,争取比竞争者利用同一市场机会获得较大的成效。

关键词

市场营销环境　微观营销环境　宏观营销环境　市场营销渠道企业　个人可支配收入　环境机会　环境威胁

思考题

1. 分析市场营销环境的意义何在?
2. 微观营销环境的构成有哪些? 竞争者、消费者对企业营销活动产生何种影响?
3. 宏观营销环境包括哪些因素? 各有何特点?
4. 宏观环境的科学技术是怎样影响市场营销组合的?
5. 消费者收入和支出活动对企业营销活动有何影响?
6. 市场环境分析的方法有哪些? 试用其中某一种方法剖析一营销实例。
7. 中国企业如何适应全球化下的新的市场环境?

实训题

1. 结合我国近几年宏观营销环境的变化,谈谈你对环境变化中企业如何把握机会与避开威胁的认识。
2. 请你对自己的就业情况进行 SWOT 分析。
3. 请分析网络营销对传统百货业商场可能产生的影响。
4. 请对自己比较推崇的一个创业项目进行机会—威胁分析。

案例分析一

彭尼公司忽视市场营销环境的失误

彭尼公司是美国大型零售商店之一,成立于 1902 年。8 年以后,它发展成为遍布美国西部各州的连锁商店。在以后的 30 年间,它的发展极为迅速,到 1940 年已经拥有1 585家商店。彭尼公司的巨大成功,来自于它的经营特色。

1. 只限于在小城镇开店,大多在密西西比州的西部。在这样的小镇上,彭尼公司的经理工资最高、地位显赫,被尊为当地人的朋友,他们的商店也受到了爱屋及乌的礼遇。

2. 现金交易。彭尼公司极力提供最优质的商品,而且尽可能把价格压到最低限度,这样一来顾客乐于付款,也乐于把商品自己带回家中。由于商店坚持以货真价实为宗旨,不搞门面装饰,因而管理费用极低,在售价低的情况下,也有利可图。

3. 销售品种有限。彭尼公司的商店大多分布在小城镇,销售产品主要限于服装和家具,这样一来质量更容易获得保证。

战后,彭尼公司恪守的经营原则受到了严重的挑战,市场占有率不断下降。而同期,另一家大型连锁店西尔斯的市场占有率却在不断上升。什么原因导致二战后彭尼公司的滑坡呢? 主要是市场营销环境发生了变化,而公司仍抱着传统的经营观念、经营方式不变。

1. 顾客需求呈现多样化。由于战后人们生活水平的提高，消费结构的变化，消费需求日渐丰富，呈现多样化的特征。而彭尼公司的经营品种只限于服装和家具，不能满足人们的购物需要。

2. 服务形式多样化。由于买方市场的形成，消费者对服务水平的要求越来越高。不仅要求有漂亮的装潢，舒适的购物环境，还要求有赊销、送货上门等服务。而彭尼公司仍坚持现金交易和自己拿货。

3. 企业形象日趋重要。由于竞争的加剧，企业定位、企业形象对于吸引消费者起着越来越大的作用。彭尼公司的商店遍布小城镇，在大都市踪影全无，无疑极大地影响了它的发展，难以与代表高效率、大规模的西尔斯公司相比。

20 世纪 50 年代，彭尼公司的推销员威廉·巴顿给董事会写了一份备忘录，批评公司那种面对已变化了的市场环境，却不作任何反应的顽固、保守的做法。该备忘录引起了公司的极大关注并开始着手改革。

1. 赊销。1958 年 9 月，彭尼公司开始进行赊销的可行性试验，到 1962 年，彭尼公司的，所有商店都提供赊销服务，赊销的比重 1964 年占 28%、1966 年占 35%、1973 年达到 38%。

2. 经营品种多样化。除了经营传统的非耐用品之外，开始仿照西尔斯公司也经营家电、家具、汽车等耐用品。

3. 向大都市扩展。由于舍不得离开小城镇，公司的发展受到了阻碍，竞争力受到影响，因此公司决定向大都市扩展，树立现代企业形象。

4. 开展市场营销环境研究。在备忘录出现以前，公司对市场营销环境研究还十分生疏。但它的出现刺激了公司，使公司认识到必须对所赋予的环境、机会和市场需求进行全面、彻底地研究，以督促公司管理人员对消费者的需求和偏好作出评价，对竞争对手的变化作出反应。

从表一可以看出，公司着手改革以后，市场占有率在 60 年代开始逐步提高，可见开展市场营销环境研究对公司发展的重要性。

表一:彭尼公司市场占有率变化

年　份	商店数	销售额($)
1902	1	28 898
1905	2	97 653
1912	34	2 050 641
1919	197	28 783 965
1926	747	165 957 865
1933	1 466	178 773 965
1940	1 585	302 539 325

[资料来源:郑玉香，刘泽东. 市场营销学新论. 北京:北京大学出版社，中国林业出版社，2007]

思考题

1. 评析彭尼公司如何应对环境变化?

案例分析二

老牌子遇到新问题

提起国酒茅台，中国人都有一种特殊的感情。1915年，茅台酒代表中国民族工商业进军巴拿马万国博览会并获得殊荣，从此跻身世界三大蒸馏名酒行列，奠定了中国白酒在世界上的地位，亦将其自身确立为中国白酒之至尊。新中国成立后，茅台酒又被确定为“国酒”，一直处于中国白酒领头羊地位的茅台酒，更因其在日内瓦会议以及在中美、中日建交等外交活动中发挥了独特作用而蜚声海内外。改革开放后，茅台酒业获得长足发展，自1985年至1994年又在国际上荣获多项荣誉。茅台酒厂在全国同类企业中率先跨入国家特大型企业行列。

一、中国贵州茅台酒厂集团

中国贵州茅台酒厂集团，即中国贵州茅台酒厂（集团）有限责任公司，是贵州省政府确定的22家省现代企业制度试点企业之一。1996年7月，贵州省政府批复同意贵州茅台酒厂改制为国有独资公司，更名为中国贵州茅台酒厂（集团）有限责任公司，同时，以该公司为核心企业组建企业集团，并命名为中国贵州茅台酒厂集团，成为全国白酒行业唯一的国家一级企业，荣获全国优秀企业（金马奖），全国驰名商标第一名，是全国知名度最高的企业之一。贵州茅台酒与苏格兰威士忌、科涅克白兰地同列为世界三大名酒。自1915年巴拿马万国博览会获得国际金奖以来，连续14次荣获国际金奖，并获得“亚洲之星”“国际之星”包装奖、出口广告一等奖，蝉联历次国家名酒评比之冠，是中华人民共和国国酒。

集团企业分布在北京、上海、海南、深圳等地，分别从事酒店业、包装材料制造、内外贸易等跨行业经营管理；先后开发了43°、38°、33°茅台酒，汉帝茅台酒，茅台女王酒，茅台不老酒，贵州醇，贵州特醇，茅台醇等系列产品，形成了多品开发、多种经营、多元发展的新格局，各项经济技术指标均呈两位数增长。1994年，茅台酒厂质量管理一次性通过GB/T19002—ISO9002质量体系认证，在白酒行业中率先与国际质量标准接轨；1995年，在美国纪念巴拿马万国博览会金奖80周年名酒品评会上，茅台酒再次夺得特别金奖第一名。

二、质量求生存，管理出效益

改革开放以后，与其他许多传统品牌一样，茅台酒遇到了老牌子如何跟上飞速发展的新形势的问题，首先是如何对待产品质量。在产品质量问题上，茅台酒确定并坚持了“质量第一，以质促效”的方针。在这个方针指导下，茅台人从以下三个方面诠释“质量”。

（一）质量就是企业的长远效益。领导班子对此保持高度共识。茅台酒是世界名酒、中国国酒，自从1915年夺得巴拿马万国博览会金奖后，在海内外市场上一直是“奇货可居”，“皇帝女儿不愁嫁”，特别是在市场经济中，在茅台的金字招牌下，只要企业愿意增加产量，就意味着随时可增加效益。但是，集团党委书记兼董事长季克良和总经理袁仁国说：“面对来自市场的各种诱惑，国酒人始终头脑清醒。茅台酒之所以近百年金牌不倒，创造出如此的市场信誉度，根本原因即在于其拥有卓尔不群的品质。酒是陈的香，如果目光短浅，丢掉这个根本去杀鸡取卵，无疑最终反过来会葬送企业长远效益。”

（二）质量先于产量、效益和发展速度。强烈的质量意识已浸入每个国酒人血脉。近20余年间，茅台集团生产能力由原来不足千吨攀升至5 000余吨，但是，产品必须经过5年以上的酿造窖藏周期才能出厂的规定,以及相应的质量否决制却不折不扣地得以执行。每道工序、每一环节的质量都要与国酒、“中国第一酒”的身份地位相符合。当产量、效益、发展速度与质量发生矛盾时,都要服从于质量。茅台酒厂借助于现代化的科学仪器,从辅助材料、原材料、半成品到成品,对几十个项目要作科学严密的分析检验,使每一个项目都符合产品质量要求的指标。与此同时,不丢掉在长期实践中形成和传授下来的品评茅台酒的绝招,使用“眼观色,鼻嗅香,口尝味”的传统方法,凭人的感觉器官检验产品质量。科学检测手段与专家品评绝招相结合,恰似给茅台酒质量检测上了双保险。

(三) 质量的稳定和提高需要创新。茅台人很重视先进质量管理方法和手段的引进、创新。早在20世纪80年代中期,茅台酒厂就引进了日本全面质量管理办法,一改长期以来主要靠师傅把质量关的管理方法为全体员工参与,经过全员培训,规范操作程序和操作工艺,使质量有了全面提高。继80年代中期推广了全面质量管理方法,90年代又通过了ISO9000国际标准产品和质量保证体系认证,结合企业特点建立起一套行之有效的质量检评制度。迄今为止,集团一直坚持每年按季度作内部质量审核,每年主动接受权威质量保证机构的审核。生产工艺基本上变成机械化、现代化的操作;同时,发挥技术中心的作用,大量更新科研管理设备,加大科技成果转化力度,为产品质量的稳定、提高,提供了坚实的基础。

(四) 及时转变观念

从1997年开始,白酒市场格局发生了新的变化,形成了多种香型、多种酒龄、不同酒度、不同酒种并存以及各种品牌同堂竞争、激烈争斗的格局,我国酒业的生产也进入了前所未有的产品结构大调整时期,啤酒、葡萄酒等发展迅猛,风头甚劲。一批同行企业异军突起,后来居上,产量和效益跃居同类企业前列;同时,消费者消费习惯也发生了改变,传统的白酒生产面临着严峻的挑战。由于市场经济条件下严峻的竞争现实、白酒产量总体过大等因素的影响,全国白酒行业市场情况呈现了总体下滑的趋势,到1998年形势更加严峻,1~7月,茅台酒全年销售任务只完成33%。酒还是那个酒,但前所未有的困难却蓦然而至,根子到底在哪里?关键时刻,茅台酒厂集团领导班子进行了大调整。

一次次决策会议上,领导班子成员展开了热烈的讨论,最后得出的结论让人并不轻松:排除宏观因素不说,就企业内部的微观原因而言,还是在于上上下下思想解放不够,观念还没有真正转变到市场经济的要求上面来,整个运作方式、思维模式事实上依然处于计划经济的状态。如果这种自以为“皇帝女儿不愁嫁”的状态没有及时而根本的改变和突破,企业的未来将会非常危险。就这样,以季克良带头的领导班子将大部分的时间都花在了市场调研上,马不停蹄地跑遍了全国许多有代表性的地方,一方面为自己“洗脑”,吸收新鲜气息,一方面寻求市场决策的突破口。稍后不久,一系列大气魄的面向市场的举措便在茅台酒厂集团接踵出台了。首先的一项举措是大力充实销售队伍,在全厂范围内公开招聘了一批销售员,经过一个月的培训,迅速撒向全国各地。紧接着,集团就破天荒地在全国10个大城市开展了多种形式的促销活动,季克良等领导带头出现在商场、专柜,亲自宣传自己的产品,一下拉近了与消费者的距离,效果极佳。半年的奋斗下来,年终盘点,茅台酒厂(集团)公司本部不但弥补了上半年的亏空,而且全年实现利税4.41亿元,销售收入8.16亿元,比上年又有大幅度的上升。

(五) 该出手时就出手

然而,“在有些人眼里,茅台酒这块金字招牌,却成了块不吃白不吃的肥肉”,茅台酒厂集团董事长季克良道出了茅台人的苦衷。自1984年在武汉发现第一批假茅台酒起,茅台酒成了我国最早一批被侵害的名酒。随着市场经济体制的逐步建立,茅台酒所遭受的商标、企业名称等知识产权的侵犯也呈现出不同的演变趋势。20世纪80年代,市场刚刚启动,各种直接盗用茅台酒包装、打茅台酒牌子的"茅台酒"横行于市,以致造成了人们爱茅台而不敢买茅台的恶劣局面,"假茅台"成了茅台酒厂集团的心腹大患。进入90年代以后,茅台酒厂集团依靠各级政府支持,加大打击假冒的力度,并理顺销售渠道,采用一系列防伪技术,使得假冒"茅台"猖獗的气焰得以有效遏制。但是,不法分子又"暗度陈仓",改而在"侵权"上做文章,打起了茅台商标的"擦边球",并纷纷由"阵地战"转为"游击战",公开转入地下,省内转向省外,由固定制售转向流动产销,制造商、经销商相互勾结,打一枪换一个地方,需要什么牌子就包装什么,日益狡猾。茅台酒厂集团法制处负责人称,"李鬼"暗箭难防,已成为茅台酒最可怕的敌人。集团副总经理戴传典将不法商贩的种种侵权现象作了如下归纳:其一,侵犯"茅台"注册商标专用权;其二,伪造带有"茅台"二字的企业名称,或者把未经工商登记的名称使用在产品包装上,用以误导消费者;其三,仿冒茅台酒包装外观图形;其四,在宣传上有意进行误导,如某些企业生产的产品,将茅台酒厂集团全貌作为广告照片印在酒盒上;其五,玩书法游戏,如产品名称取名与"茅台"十分相近等,包装上再刻意写成接近"茅台"的字样。

面对假冒侵权产品对茅台酒厂集团权益的侵害和市场的蚕食,季克良忧心忡忡:"假冒侵权产品不根除,老祖宗千年留下的国宝,就可能要毁在我们这代人手中。""如果任其发展下去,就会断送我国的民族工业。"总经理袁仁国如是说。为了最大限度击退假冒侵权;为了保护名牌、保护企业和消费者的合法权益,茅台酒厂积极主动地打假,抓大案要案,同时大力协助各地工商、公安部门打假。在打假的同时,防假方面走出了几大步:第一步用激光防伪,第二步使用条码,第三步进口日本瓶子,第四步进口意大利瓶盖,第五步不惜高代价采用美国3M的防伪技术。茅台酒厂集团每年为此的花费都在千万元以上。

当前,我国白酒产大于销、供过于求成为主要矛盾。1996年白酒产量达到我国白酒产量最高水平,超过了800万吨。1997年全国白酒生产开始出现负增长,为780多万吨,1998年大幅下挫为600万吨。白酒总量下降,据专家分析原因有多种:国家对白酒行业实行限制发展政策,对葡萄酒、啤酒的饮用进行建议和推崇,造成市场的分流;由于白酒的"烈性",人们对白酒需求降低;由于工作和生活的限制,人们不再放纵自己,且午餐时间饮酒减少以致酒量下降;高档的洋酒吸引了一部分消费者;公款消费减少。

[资料来源:浙江邮电职业技术学院,电信营销精品课程网,http://jpkc.zpt.cn]

分析讨论题

1. 改革开放后,茅台酒的市场营销环境发生了哪些变化?
2. 在此案例中,你发现企业作为微观环境的构成要素之一为什么特别重要?
3. 作为国酒的茅台,为什么不能"俏也不争春,一任群芳妒"、无视市场环境的变化?

第四章　客户购买行为与决策分析

本章的学习，将使我们对消费者市场和组织市场的购买行为有一定的了解和认识，并通过对一定案例的分析，运用所学理论对消费者市场和不同组织市场的购买行为进行基本分析，熟悉影响消费者市场和组织市场购买行为的因素，理解并掌握消费者市场和不同组织市场的购买类型与购买决策过程。

引导案例

中国奢华品消费行为调研的启示

罗德公关与益普索市场研究集团联合发布《2014 中国奢华品报告》，连续第五年为中国大陆及香港地区奢华品消费现状提供权威分析。

本次调查报告表明，在后经济危机时代，中国奢华品消费没有受到太大影响。40%的受访者表示会维持原来的消费水平，有 38%的受访者将加大购买力度；传统国际大牌仍然优势明显，地位卓然。在 2013 年消费者考虑购买的奢华品品牌排位中，顶级时尚服饰产品占领了绝对优势，LOUIS VUITTON、CHANEL、GUCCI 分列前三甲；68%的受访者表示，在选择奢华品品牌的时候，企业社会责任已经变成一个新的考虑因素，品牌所参与的慈善、公益活动会让他们对该品牌的好感度有所提升；65%的人表示，奢华品所带来的尊崇享受与愉悦体验是驱使他们购买的一个重要因素。愉悦体验、身份及品位象征，是构成中国奢华品消费的三大驱动力。调查发现，奢华品在商务送礼中的广泛应用，也是中国内地所独有的消费特点。37%的受访者认为，赠送高档钱包、围巾、领带、眼镜之类的产品，价格适当又尊贵体面；73.9%的受访者认为销售人员真诚的建议是奢华品购买行为中最重要的因素。69.3%的受访者希望可以在消费过程中加深对品牌的认知，获取更多的产品信息，59%的受访者则十分重视销售人员友好的态度；68%的受访者认为网络平台是了解品牌产品信息的最好信息渠道，在二线城市，这一数字则高达 71%。

虽然全球金融危机的影响仍在持续，但调查数据显示中国奢华品市场依然在蓬勃发展，中国消费者对于奢华品的认识也在不断成熟，奢华品购买行为也日趋理性。如何通过企业社会责任拉近与消费者的距离，以及在 Web 2.0 时代借助网络促进奢华品消费等，将是各大奢华品品牌面临的问题，也将直接影响奢华品品牌未来在中国的发展。

[案例思考]

奢侈品品牌企业应如何针对中国奢华品市场及消费者的需求变化趋势开展有效的营销活动？

（企业应该如何系统、全面地对消费者市场进行分析呢？学习过本章内容，你或许将给出答案）

第一节　消费者市场与购买行为分析

现代市场营销理论认为，企业营销活动的起点和归宿是市场，其主要对象是购买者。企业开展营销活动不仅要研究它所面临的宏观环境和微观环境，而且要具体研究各类市场的特点及其购买者行为，而这些都首先要研究消费者市场及其购买行为。

一、消费者市场的含义与特点

消费者市场是现代市场营销理论研究的主要对象。成功的市场营销者是那些能够有效地开发对消费者有价值的产品，并运用富有吸引力和说服力的方法将产品有效地呈现给消费者的企业和个人。因而，研究影响消费者购买行为的主要因素及其购买决策过程，对于开展有效的市场营销活动至关重要。

（一）消费者市场的含义

消费者市场又称为最终市场、消费品市场或生活资料市场，是指个人或家庭为满足生活需求而购买或租用商品的市场。消费者市场是市场体系的基础，是起决定作用的市场。

（二）消费者市场的特点

要对消费者市场做进一步研究，有必要先了解消费者市场的特点。消费者市场的基本特点主要有以下四个方面。

（1）从规模和方式上看，购买者众多，购买数量零星。消费者市场广阔，购买者人数众多而且分散，交易次数频繁但交易数量不多。凡是有人的地方，就需要消费品，可以这样说，全社会都是消费资料的购买者。因此，消费者市场不仅范围广，而且规模庞大。在消费者市场中，消费最多的商品还是日用品。

对日用品的消费需要经常性购买，购买频率高且量小，支付的金额数也小。目前，日用品的市场供给往往大于需求，供应量相当丰富，因而消费者不必储存这类商品，购买的重复性及小型性的特征更为突出。

（2）从交易的产品上看，产品需求差异性大。由于消费者的需求千差万别，不同消费者对衣、食、住、行、用等的偏爱与重视程度不同，所需的产品花色、品种、规格复杂多样，产品的生命周期较短，产品的技术和专用性不强，许多产品可以互相代替，消费者市场的需求弹性很大。例如加工服装，可以用这种面料，也可以用那种面料；人们喝水可以用玻璃杯，也可以用瓷杯。

（3）从购买行为上看，非专业性购买。消费者市场的购买者大都缺乏专门的产品知识和市场知识，消费者购买行为具有自发性、冲动性的特点。消费者购买行为属非专业性购买，购买者对产品的选择受广告、宣传的影响较大。

（4）从市场动态上看，供需矛盾表现频繁。由于消费者的需求复杂多变，使产品供需之间的矛盾表现频繁而明显。例如购买一台空调，既可以在甲商店，也可以在乙商店；既可以在甲地，也可以在乙地，这就使产品供需的平衡更加复杂和困难。

二、影响消费者购买行为的因素

影响消费者购买行为的主要因素有消费者文化因素、社会因素、个人因素和心理因素等，见表4-1。

表4-1　影响消费者购买行为的主要因素

文化因素	社会因素	个人因素	心理因素
文化	参考群体	年龄与家庭生命周期	动机
亚文化	家庭	性别、职业和教育程度	感觉和知觉
社会阶层	社会角色与地位	经济能力	学习
		生活方式	信念和态度
		个性及自我概念	

(一) 文化因素

文化因素对消费者行为的影响是非常广泛深远的，其中尤以文化、亚文化及社会阶层对消费者行为的作用更显著。

1. 文化

广义的文化是指人类创造的一切物质产品和精神产品的总和，狭义的文化是指语言、文学、艺术及一切意识形态在内的精神产品。文化的基本要素包括精神要素、社会组织、语言符号、物质产品、规范体系等。文化是消费者的欲望和行为最基本的决定因素。在社会中成长的消费者，通过社会化过程学习到基本价值观、知觉、行为与需要，文化是此过程中最为基础性的影响因素。消费者行为的背后其实隐含着许多文化因素的影响。

阅读材料一：迥异的风俗习惯

在美国，购买食品被认为是一种琐事，因而妇女们到超市采购的次数较少，但每次购买量很大；而在法国，家庭主妇在购物过程中与店主和邻居交往是其日常生活的一个组成部分，因而她们的采购是多次、少量的。正因如此，广告对美国主妇的影响很大，而现场陈列对法国主妇最有效。另外，美国家庭冰箱的容积要比法国家庭的大些。

一家航空公司几乎丧失了为中东地区服务的资格，因其广告画面是一位空姐微笑着向头等舱旅客提供香槟，该广告违反了伊斯兰文化的基本原则——穆斯林不准喝酒，不戴面纱的妇女不得和非亲属的男性在一起。

某企业发明一种治皮肤病的药，倒在澡盆中用，在英国销售成功，但在法国却失败了，因为法国人只冲淋浴。

可口可乐有一个广告，画面上将支撑雅典神庙的石柱换成四个可乐瓶，引起尊崇此神庙的希腊人大怒，被迫撤回。

英国出口到非洲的食品罐头一个也卖不出去，因为罐头盒子上印了一个美女图案，而非洲人认为罐头里装什么，外面图案就画什么。

中国海尔空调商标上的"海尔兄弟"图案在法国受到欢迎,因为购买空调的多为女性,她们喜爱孩子;但在中东地区却禁止该标志出现,因为这两个孩子没穿上衣。

美国一家玩具公司生产的洋娃娃在美国很受欢迎,但出口到德国却无人问津,因为该洋娃娃的形象与德国风尘女郎非常相似。后来做了适当调整才受到德国人欢迎。

加拿大一家公司将一种洗发剂引入瑞典市场,起先销路不好,当了解到瑞典人洗头通常在早晨而不是晚上后,便把品牌"EveryNight"改为"EveryDay",使该产品销量大为增加。

2. 亚文化

每种核心基本文化中都包括较小的群体所形成的亚文化。所谓亚文化,是指某一文化群体所属次级群体的成员共有的独特信念、价值观和生活习惯。亚文化提供给消费者更特定的认同对象和更直接的影响。亚文化通常包括民族、宗教、种族、地理、年龄、职业等。

阅读材料二:宗教亚文化对市场营销的影响

1984 年,比利时一家地毯商在滞销的小地毯上嵌入一个特制的"指南针",当穆斯林跪在地毯上祈祷时,"指南针"能自动指向伊斯兰教第一圣地、穆罕默德诞生地——沙特阿拉伯的麦加城,确保他们在任何时间、地点祷告时都能正对麦加方向。这种经小小改进的地毯在短短两年中就卖掉 2.5 万块。

日本精工(Seiko)钟表公司推出一种多功能的穆斯林手表,它可随时把世界 114 个城市的当地时间自动转换成麦加时间,每天自动鸣叫五次提醒戴表者按时祈祷。这种表一面世就赢得了几亿穆斯林的喜爱。

3. 社会阶层

社会阶层是一种普遍存在的社会现象。所谓社会阶层,是指在一个具有阶层次序的社会中所划分的几个同质而持久的群体。在每一个阶层中,成员有相类似的价值观、兴趣以及行为。我国社会科学工作者把我国社会划分为十大社会阶层(见本书第七章目标市场营销战略:阅读材料一,第 152 页)。社会阶层不能由单一的因素如收入来决定,而需综合衡量职业、收入、教育、财富等变量。各种社会阶层的人具有不同的产品与品牌偏好,而同一阶层的人倾向于表现出类似的购买行为。不同社会阶层的消费者在支出模式、消费信息接收和处理以及购物方式等方面存在着差异。

(二) 社会因素

消费者行为同样也受到诸如参照群体、家庭、社会角色与地位等一系列社会性因素的影响。

1. 参照群体

参照群体是指能直接或间接影响个人态度、意见和价值观的所有团体。参照群体作为直接或间接的参照物影响着消费者的消费态度和行为。参照群体可分为两种:成员团体和理想团体。成员团体即自己身为成员之一的团体,如家庭、亲朋好友、同事、同业协会等;理想团体即自己虽非成员,但愿意归属的团体。

2. 家庭

家庭是消费者最基本的相关群体，因而家庭成员对消费者购买行为的影响显然最强烈。一般来说，夫妻购买的参与程度大都因产品的不同而有所区别。家庭主妇通常是一家的采购者，特别是食物、日常衣着和日用品等，传统上更主要由妻子承担。但随着现代女性事业心的增强，丈夫参与家庭日用品购买和家务劳动的风气逐步兴起。当然在家庭的购买活动中，其决策并不总是由丈夫或妻子单方面作出的，实际上有些价值昂贵或是不常购买的产品，往往是由夫妻双方和已长大的孩子共同作出购买决定的。

3. 社会角色与地位

人们可以同时属于许多的群体，如家庭、俱乐部或其他组织。一个人在每一群体中的位置可用角色与地位来说明。一个角色包含周围的人期望他进行的所有活动。当一个人依照社会的期待去履行义务、行使权利时，他就是在扮演一定的角色。在现实生活中，人们需要扮演各种各样的角色。每一种角色都附着一种地位，这种地位能够反映出该角色在社会中受尊重的程度。角色与地位都强烈地影响着消费者的购买行为。

阅读材料三：家庭旅游渐成时尚

在我国，家庭旅游成为一种新趋势，目前家庭旅游表现出来的类型主要有以下三类。一是亲子型。对于此类家庭来说，我国现在的大部分家庭都是独生子女，带孩子外出旅游主要是为了让他们增长知识，陶冶情操。但有些家庭外出旅游也有一定的限制，如孩子太小的时候带出去不方便，读中学的孩子学业太紧也很少能舍得花时间出去玩。除此以外的时间段，家长都有可能带孩子去旅游。二是情侣。这包括两种情况：一种是初婚期的夫妻用旅游的方式开始自己的新生活；另一种是处于空巢期的老年夫妇，退休以后没有工作压力和生活负担，如果身体条件允许的话，很多人都愿意出去旅游(但他们一般选择在非节假日的时间外出)。三是孝敬父母型。中青年人平时工作忙，很少能与父母聚在一起，利用节假日陪父母出去旅游，既可以弥补感情歉疚，又可以回报父母的养育之恩，享受天伦之乐。

(三) 个人因素

消费者的购买行为也会受到个人外在特征的影响，特别是受其年龄、家庭生命周期阶段、性别、职业、教育程度、经济能力、生活方式、个性以及自我概念的影响。

1. 年龄

不同年龄的人有不同的消费心理和行为。消费者对产品的需求会随着年龄的增长而发生变化，在不同的年龄阶段，相应需要各种不同的商品。

小链接：人口世代划分及其消费表现

我国环境与文化的变化较大，由于其出生与成长的年代不同，人口世代的消费行为差异很大，需求也很不相同。我国人口世代可划分为：红色的一代、“文革”的一代、“文革”后的一代和新新人类，他们各自的消费行为特点见表 4-2。

表 4-2　人口世代划分及其消费表现

人口世代	出生时期	特　点	消费表现
红色的一代	1925～1945 年	住房是国家分配的，享受政府发放的退休金，基本上衣食无忧	多余的钱存入银行，基本上没有品牌意识，消费品讲究实用与低价，购买大件商品往往是其子女作决定
“文革”的一代	1946～1960 年	经历坎坷，生活压力相对较重	自己的消费仅仅维持在生活必需品的水平上，会把收入的大部分用于子女的教育上
“文革”后的一代	1961～1974 年	受到中西方文化的共同影响，收入水平最高的一代	这代人是传统的一代，要为家庭建设花大钱；他们又是时尚的一代，懂得追求自我，享受生活
新新人类	1975～1986 年	大多数是独生子女，物质生活相对比较优越，东西方文化的差异变得越来越少	强烈的品牌意识，以自我为中心，喜欢表现自我，更关注现在的感受

2. 家庭生命周期

家庭生命周期是指从家庭筹建到家庭解体所经历的整个阶段。传统上，一个典型的家庭生命周期通常包括单身阶段、新婚阶段、满巢阶段、空巢阶段和鳏寡阶段。处于家庭生命周期的不同阶段，消费者购买行为会有差异，见表 4-3。

表 4-3　家庭生命周期不同阶段的购买行为

阶　段	购买行为
单身阶段	关心时尚，崇尚娱乐和休闲，新观念的带头人
新婚阶段	购买力强，耐用品购买力强，高档家具、旅游度假的顾客
满巢一阶	家庭用品采购高峰期，家庭需要购买婴儿食品、服装、玩具等产品
满巢二阶	购买经济实惠的产品，购买行为日趋理性化，孩子教育培养花费增加
满巢三阶	经济状况改善，家庭会更新一些大件商品
空巢阶段	出外旅游、参加老年人俱乐部等，医疗服务和保健品的需求较强烈
鳏寡阶段	收入减少，生活节俭，医疗服务和保健品的需求更强烈

3. 性别、职业和教育程度

由于生理和心理上的差异，不同性别的消费者欲望、消费构成和购买习惯也有所不同。多数男性顾客购买商品都比较果断和迅速，而女性顾客则往往仔细挑选。受教育程度较高的消费者对书籍、报刊等文化用品的需求量较大，购买商品较理智。职业不同的消费者由于生活、工作条件不同，消费构成和购买习惯也有所区别。

4. 经济能力

经济能力对于购买行为影响更为直接。一个人的经济状况取决于他的可支配收入的水平、借贷能力以及他对开支与储蓄的态度，由此决定的个人购买能力在很大程度上制约着个人的购买行为。消费者一般都在可支配收入的范围内考虑以最合理的方式安排支出，以便更有效地满足自己的需要。收入较低的顾客往往比收入较高的顾客更关心价格的高低。

5. 生活方式

生活方式是人们根据自己的价值观念等安排生活的模式，并通过其活动、兴趣和意见表现出来。生活方式是影响个人行为的心理、社会、文化、经济等各种因素的综合反映。具有不同生活方式的消费者对一些商品和品牌有各自不同的偏好。生活方式调查常用AIO量表进行，见表4-4。

表4-4　生活方式调查表(AIO量表)

	活动(A)	兴趣(I)	意见(O)
目标消费者	工作 假期 娱乐 运动 购物 社交 爱好	家庭 食物 社交 时尚 传媒 消遣方式 成就感	社会问题 政治 经济 教育 文化价值 产品利益 未来

6. 个性和自我概念

个性指一个人所特有的心理特征，它导致一个对他(她)所处环境的相对一致和持续不断反应。个性是一个人比较固定的特性，如自信或自卑、冒险或谨慎、倔强或顺从、独立或信赖、合群或孤傲、主动或被动、急躁或冷静、勇敢或怯懦等。个性可以直接或间接地影响消费者的购买行为。例如，喜欢冒险的消费者容易受广告的影响，成为新产品的早期使用者；自信和急躁的人购买决策过程较短；缺乏自信的人购买决策过程较长。

自我概念是个体对自身一切的知觉、了解和感受的总和。每个人都会逐步形成关于自身的看法，如是丑是美、是胖是瘦、是能力一般还是能力出众等。一般而言，消费者将选择那些与自我概念相一致的产品与服务，避免选择与自我概念相抵触的产品和服务。

小链接：中国消费者被划分为14种族群

新生代市场监测机构宣布在中国消费者细分市场的分群深度研究上取得了重大成果。基于在美国、日本业界领先的消费者生活形态分类研究模型——VALS，通过1997年以来在中国内地进行的关于居民媒体接触习惯和产品/品牌消费习惯的连续调查积累的大量翔实的数据，新生代对中国的消费者进行了心理层面上的分析，建立了适应中国市场分众时代复杂的经济态势下的中国消费者生活形态模型——CHINA-VALS。

这一模型把中国消费者按消费心理因素分为14种族群。其中，理智事业族、经济头脑族、工作成就族、经济时尚族、求实稳健族、消费节省族为积极形态派，占整体的40.41%；个性表现族、平稳求进族、随社会流族、传统生活族、勤俭生活族为求进务实派，占整体的40.54%；平稳现实派包括工作坚实族、平稳小康族、现实生活族这3种族群，占19.05%。

(四) 心理因素

影响消费者行为的心理因素主要包括动机、感觉和知觉、学习、信念和态度等四个方面。

这些因素不仅影响和在某种程度上决定着消费者的决策行为，而且它们对外部环境与营销刺激的影响起放大或抑制作用。

1. 动机

消费心理学认为：一个人在一定的环境刺激下产生需要，需要产生购买动机，购买动机激发人的购买行为。其基本模式为：需要＋动机＋行为。在现实生活中，每个消费者的购买行为都是由其购买动机引发的，而动机又是由人的需要而产生的。

(1) 马斯洛需要层次理论

美国人本主义心理学家马斯洛(Maslow)于1943年提出了著名的需要层次理论。马斯洛将人类需要按由低级到高级的顺序分成五个层次，即生理需要、安全需要、归属和爱的需要、尊重的需要、自我实现的需要。这五个层次需要是按从低级到高级的层次组织起来的，通常情况下只有当较低层次的需要得到了满足，较高层次的需要才会出现并要求得到满足。图4-1说明了这五个层次需要与产品营销诉求的对应关联性。

① 生理需要：维持个体生存和人类繁衍而产生的需要，如对食物、氧气、水、睡眠等的需要。

② 安全需要：在生理及心理方面免受伤害，获得保护、照顾和安全感的需要，如要求人身的健康，安全、有序的环境，稳定的职业和有保障的生活等。

③ 归属与爱的需要：希望给予或接受他人的友谊、关怀和爱护，得到某些群体的承认、接纳和重视，如乐于结识朋友、交流情感、表达和接受爱情、融入某些社会团体并参加他们的活动等。

④ 尊重的需要：希望获得荣誉、受到尊重和尊敬、博得好评、得到一定社会地位的需要，它涉及独立、自信、自由、地位、名誉、被人尊重等多方面的内容。

⑤ 自我实现的需要：希望充分发挥自己的潜能，实现自己的理想和抱负的需要。自我实现是人类最高级的需要，它涉及求知、审美、创造、成就等内容。

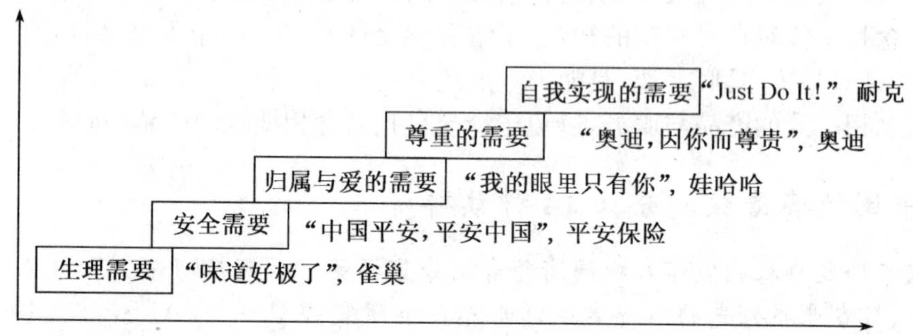

图4-1 马斯洛需求层次理论

(2) 消费者的动机

所谓动机，是指引起和维持个体活动并使之向一定目标进行的内在驱动力。而购买动机是指为了满足一定的需要而引起人们购买行为的愿望或意念，它是推动购买活动的内在动力。

需要是消费者产生购买行为的原动力，离开需要的动机是不存在的，但并不是所有的需要都能表现为购买动机，而是要具备一定的条件。这些条件主要表现在以下两个方面。

① 只有当需要的强度达到一定程度后，才能引起动机。人的需要是多方面的，甚至是无止境的，但是由于客观条件的限制，人的需要不可能同时全部获得满足。对于消费活动来

说，只有那些强烈的、占主导地位的消费需要才能引发购买动机，促成现实的购买活动。

② 需要产生以后，还必须有能满足需要的对象和条件，才能产生购买动机。例如，有的消费者想买红旗 CA7560 型高级轿车，但是这种车属于元首接待车，在市场上并不是有钱就能买到的，当然对于一般消费者来说，也就不可能产生购买该型车的动机。

(3) 消费者动机与消费行为的关系

当消费动机转换为消费行为的时候，有的动机直接促成一种消费行为，如在饥饿状态下，觅食动机会直接导致寻求和摄取食物的行为；而有些动机则可能促成多种消费行为的实现，如展示个性、显示自身价值等较复杂的动机，会推动消费者产生购买新潮或名牌服装、购置高档家具、收藏艺术品等多种行为；在某些情况下，还有可能由多种动机支配和促成一种消费行为，如城市居民购置房产，就可以出于改善住房条件、投资增值、馈赠子女等多种动机。由此可见，动机与消费行为之间并不完全是一一对应的关系，同样的动机可以产生不同的行为，而同样的行为也可以由不同的动机所引起。

2. 感觉和知觉

消费者有了购买动机后，就要采取行动。至于怎样采取行动，则受认识过程的影响。消费者的认识过程是对商品等刺激物和店容店貌等情境的反映过程，它由感性认识和理性认识两个阶段组成。感觉和知觉是指消费者的感官直接接触刺激物和情境所获得的直观、形象的反应。这种认识由感觉开始，刺激物或情境的信息，如某种商品的形状、大小、颜色、声响、气味等，刺激了人的视、听、触、嗅、味等感官，使消费者感觉到它的个别特性。随着感觉的深入，各种感觉到的信息在头脑中被联系起来进行初步的分析综合，形成对刺激物或情境的整体反映，这就是知觉。

3. 学习

人类的有些行为是与生俱来的，但大多数行为是从后天经验中得来的，这种通过实践并由经验而引起的行为变化的过程就是学习。消费者的行为绝大部分是后天习得的。通过学习，消费者获得了丰富的知识和经验，提高了对环境的适应能力。同时，在学习过程中，其行为也在不断地调整和改变。消费者学习过程是驱策力、刺激物、提示物、反应和强化诸因素相互影响和相互作用的过程。假设某消费者具有提高外语听说能力的驱策力，当这种驱策力被引向一种可以减弱它的刺激物，如计算机时，就成为一种动机。在这种动机的支配下，他将作出购买计算机的反应。但是，他何时、何处和怎样作出反应，常常取决于周围的一些较小的或较次要的刺激，即提示物，如亲属的鼓励，在朋友家看到了计算机，看到了有关计算机的广告、文章和特殊售价等。他购买了某个品牌的计算机后，如果使用后感到满意，就会经常使用并强化对它的反应。以后若遇到同样的情况，他会作出相同的反应，甚至在相似的刺激物上推广他的反应：购买同一厂家或同一品牌的其他商品；反之，如果他使用时感到失望，以后就不会作出相同的反应。

4. 信念和态度

消费者在购买和使用商品的过程中形成了信念和态度，这些信念和态度又反过来影响人们的购买行为。信念是人们对某种事物所持的看法，如相信某种电冰箱省电、制冷快、容量大、售价合理，信念形成对消费者的态度有很大的影响。态度会导致人们喜欢或厌恶、接近或远离特定的事物，从而影响消费者的行为，态度本身具有认识的、情绪的、行动顾问等三个侧面，这三者缺一不可，由此形成对特定产品、品种、品牌或广告信息的倾向和认同。

阅读材料四：Nike“恐惧斗室”广告引起中国观众反感

2011年在CCTV－5和各省市电视台播出的Nike篮球鞋广告片，被很多中国观众认为是在挑战他们的情绪和尊严。Nike这款最新广告片名为“恐惧斗室”(Chambers Fear)，主角是NBA新星——年仅19岁的詹姆斯，内容是在一个类似五层建筑里，漫画和真人交替出现的男主角，面对一个个恐惧斗室，如夸张的宣传、诱惑、嫉妒、自满和自我怀疑，毫无畏惧地逐一攻克。表达五个斗室的媒介分别是：武术、动画、Hip-Hop和篮球等。耐克公司称“广告的目的是向年轻人传递‘无畏’的信息……”如果仅仅是这些，没有问题。

问题出在情景和人物上。第一个场景是“夸张的宣传”，詹姆斯走进一楼大厅，突然从空中落下一位身着长袍的中国老道，左挡右拦詹姆斯的去路，老道“眼睛和双手如照相机般放出闪光，代表了夸张的宣传”(Nike语)，詹姆斯将篮球扔出，经柱子反弹将老道击倒，跃起上篮得分，老道倒在地上作可怜状。第二个场景是“诱惑”，詹姆斯来到二层，空中飘荡着美元和身穿中国传统服装的女子(酷似敦煌的飞天造型)，相貌则略似好莱坞动画片《花木兰》中的花木兰，这些女子暧昧地向主人公展开双臂。随着詹姆斯扣碎了篮板，“飞天形象”粉碎。第四个场景是“自满”，两条龙吞云吐雾阻碍詹姆斯，他晃过障碍上篮得分。其他场景没有“中国形象”出现。

据《华商晨报》报道，仅沈阳一地就有许多观众致电报社鸣不平。市民纷纷表示广告丑化了中国道士仙风道骨的传统形象，并且把飞天形象和美元放到一起，严重玷污了中国文化，还有中华民族的精神图腾——龙也遭到了污辱，是对中国人的文化侵略、歧视和侮辱。南方网11月30日开通的一项即时调查显示，当被问道“看到这样的广告，您有什么感想?”时，70.64%的人表示不舒服。当被问道“您认为这个广告是否侮辱国人?”，认为是“蓄意而为，可恶透顶”的占到总体的39.73%。

总之，以上的文化、社会、个人、心理等是影响消费者购买行为的主要因素，营销人员研究这些因素，有助于制定更有效的营销策略并更有效地开拓市场。

三、消费者购买决策过程

对营销人员来说，仅仅了解影响消费者购买行为的主要因素是远远不够的。营销人员还需要了解消费者是如何作出购买决策的，即目标购买者是谁？他们面临着什么样的决策？哪些人参与决策？消费者购买决策的主要步骤是什么？

(一) 消费者购买决策的参与者

以一个人为单位购买商品，商品的购买者是显而易见的。然而，有些商品的购买决策过程往往有多人参与，他们组成了一个购买决策单位。人们在一项购买决策过程中可能充当以下角色。

(1) 发起者。发起者是指首先提出或有意购买某一产品或服务的人。

(2) 影响者。影响者是指其看法或建议对最后决策具有一定影响的人。

(3) 决策者。决策者是指在是否买、买什么、买多少、为何买、哪里买等方面的购买决策作出完全或部分最后决定的人。

(4) 购买者。购买者是指实际采购人。

(5) 使用者。使用者是指实际消费或使用产品或服务的人。

了解商品或服务的购买参与者和影响者在购买中发挥的不同作用，能够帮助营销人员制定切实可行的营销策略。例如，VOLVO 汽车就注意到了所有参与购买者的需要。在它的广告中，不仅有白发的老年夫妇、稳重的中年夫妇形象，而且有充满活力的年轻人、快乐的少年，甚至婴儿也可悠然地躺在特制的座位里面。

(二) 消费者购买行为模式

消费者的行为受消费者心理活动支配。按照心理学的"刺激—反应"理论，人们行为的动机是一种内在的心理活动过程，像一只黑箱，是一个不可捉摸的神秘过程。客观的刺激，经过黑箱(心理活动过程)产生反应，引起行为，只有通过对行为的研究，才能了解心理活动过程。消费者购买行为模式如图 4－2 所示。

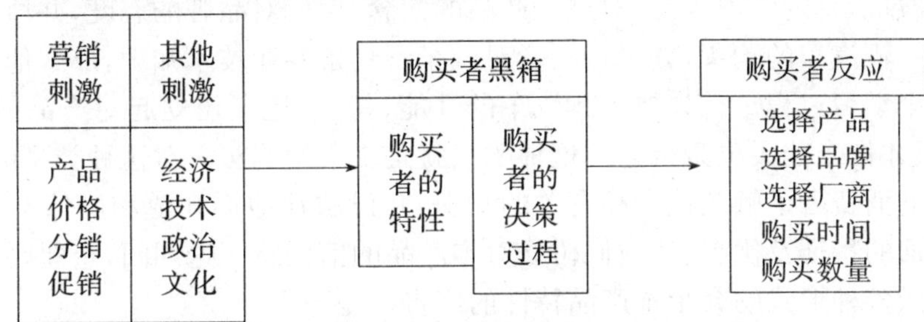

图 4－2　消费者购买行为模式

营销刺激是指企业营销活动的各种可控因素，即产品、价格、分销、促销；其他刺激指消费者所处的环境因素(经济、技术、政治、文化等)的影响。这些刺激通过购买者黑箱产生反应，即购买者行为。刺激和反应之间的购买者黑箱包括两个部分：第一部分是购买者的特性。购买者特性受到许多因素的影响，并进而影响购买者对刺激的理解和反应，不同特性的购买者对同一种刺激会产生不同的理解和反应。第二部分是购买者的决策过程，它直接影响最后的结果。

(三) 购买行为的类型

消费者在购买商品时，会因商品价格、购买频率的不同，而投入购买的程度不同。如购买一台计算机整机和购买一把牙刷的购买决策行为会大不相同。前者属于大件商品，可能需要广泛收集信息，反复比较选择，而后者则可以考虑较少，随时购买。阿萨尔根据购买者在购买过程中参与者的介入程度和品牌间的差异程度，将消费者的购买行为分为四种类型，如表 4－5 所示。

表 4－5　消费者购买行为的四种类型

介入程度 品牌差异	低度介入	高度介入
品牌差异小	习惯性购买行为	和谐型购买行为
品牌差异大	多样化购买行为	复杂型购买行为

1. 习惯性购买行为

许多产品的购买是在消费者低度介入、品牌差异小的情况下完成的。消费者对大多数价格低廉、经常购买的产品介入程度很低。在低度介入的产品中,消费者的购买行为并没有经过正常的信念→态度→行为等一系列过程。他们并没有对品牌信息进行广泛研究,也没有对品牌特点进行评价,对决定购买什么品牌也不重视。相反,他们只是在看电视或阅读印刷品广告时被动地接受信息。广告的重复,会产生品牌熟悉,而不是品牌信念。一个购买过程就是通过被动的学习而形成的品牌的信念,随后产生购买行为,对购买行为有可能作出评价,或不作评价。比如食盐的购买就是最为典型的习惯性购买行为。

2. 复杂型购买行为

消费者初次选购价格昂贵的、购买次数较少的、冒风险的和高度自我表现的商品,则属于高度介入购买。由于对这些产品的性能缺乏了解,为慎重起见,他们往往需要广泛地收集有关信息,并经过认真的学习,产生对这一产品的信念,形成对品牌的态度,并慎重地作出购买决策。比如一辆汽车的购买,如果购买者对汽车不具备专业技术知识,那么他在购买之前一般要经过一个学习过程。首先要了解汽车的性能、特点,逐渐树立起对产品的看法,经过比较权衡,最后才作出购买决策行为。这种购买就是复杂型购买。对这种类型的购买行为,企业应设法帮助消费者了解与该产品有关的知识,并设法让他们知道和确信本产品在比较重要的性能方面的特征及优势,使他们树立对本产品的信任感。这期间,企业要特别注意针对购买决定者做多种形式的介绍本产品特性的广告。

3. 和谐型购买行为

当消费者高度介入某项产品的购买,但又看不出各品牌有何差异时,对所购产品往往产生失调感。消费者购买一些品牌差异不大的商品时,虽然他们对购买行为持谨慎的态度,但他们的注意力更多的是集中在品牌价格是否优惠、购买时间和地点是否便利,而不是花很多精力去收集不同品牌的信息并进行比较,而且从产生购买动机到决定购买之间的时间较短。因而这种购买行为容易产生购后的不协调感,即消费者购买某一产品后,或因产品自身的某些方面不称心,或得到了其他产品更好的信息,从而产生不该购买这一产品的后悔心理或心理不平衡。为了改变这样的心理,追求心理的平衡,消费者广泛地收集各种对已购产品的有利信息,以证明自己购买决定的正确性。为此,企业应通过调整价格和售货网点的选择,并向消费者提供有利的信息,帮助消费者消除不平衡心理,坚定其对所购产品的信心。

4. 多样化购买行为

广泛选择的购买行为又叫做寻求多样化购买行为。如果一个消费者购买的商品品牌间差异虽大,但可供选择的品牌很多时,他们并不花太多的时间选择品牌,而且也不会专注于某一产品,而是经常变换品种。比如购买饼干,他们上次买的是巧克力夹心,而这次想购买奶油夹心。这种品种的更换并非对上次购买饼干的不满意,而是想换换口味。面对这种广泛选择的购买行为,当企业处于市场优势地位时,应注意以充足的货源占据货架的有利位置,并通过提醒性的广告促成消费者建立习惯性购买行为;而当企业处于非市场优势地位时,则应以降低产品价格、免费试用、介绍新产品的独特优势等方式鼓励消费。

(四) 消费者购买决策过程

在复杂的购买行为中,遵循一般规律,消费者要完成某一商品购买决策的全过程应经历以下五个阶段,如图 4-3 所示。

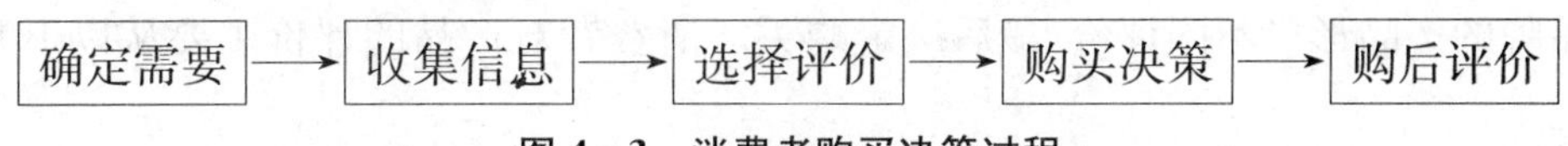

图 4-3　消费者购买决策过程

1. 确定需要

购买过程从消费者对某一问题或需要的认识开始。所谓认识需要，就是消费者发现现实情况与其所想达到的要求之间有一定的差距时，产生了相应的解决问题的需要。这种需要是购买决策的起点。需要可由内在原因或外在刺激引起，也可以是两者相互作用的结果。内在原因可能是由人体内在机能的感受所引起的。一个人的正常需要如饥饿、干渴、寒冷等上升到某一界限，就成为一种驱动力，人们从以往的经验中学会了如何对付这种驱动力，从而激励自己去购买所知道的能满足这种驱动力的某一产品。如当人们感到饥饿、干渴、寒冷时，会意识到对食物、饮料、衣服、住房等的需求。消费者的某种需要也可能由外在刺激引起。外在刺激可能是由于收入增加、企业促销力度较大或消费者的所见等，如看到新出炉的面包产生食欲、动人的新车广告引发购买汽车的想法等。

营销人员应该深入理解消费者产生某种需要的环境，找到引发这种需要的内在原因和外在刺激因素，从而运用多种营销手段，促使消费者与刺激因素频繁接触，并强化刺激因素与该需要之间的必然联系。例如，对汽车制造商而言，可以广泛而持续地宣传其产品的卓越性能和独特的造型，从而引发人们的购买欲望。

2. 收集信息

当唤起的需求动机很强烈，而且可以满足的物品又易于购买时，消费者的需求就能很快得到满足。但在大多数情况下，需求不是立即就能够得到满足的，如购买一台空调机可能要积蓄几个月，购买一套住房可能要积蓄几十年，因此，需求便储存在记忆中。这时，消费者处于一种高度警觉的状态，对于需要满足的事物极其敏感，有些消费者就会着手收集有关信息，包括同其需求相关的一般信息，如要购买空调机，就从各种广告媒体及其他信息渠道中寻求有关空调机的信息，以及同其需求相联系的具体信息，如收集空调机的各种品牌、价格、性能、款式、规格等。

对于营销人员来说，这一阶段的关键问题是要了解消费者要求的信息来源，以及这些信息来源对消费者购买决策的相对影响程度。消费者购买商品的主要信息来源一般有以下四个方面。

(1) 个人来源。指家庭成员、朋友、邻居或同事等提供的信息。

(2) 商业来源。指从推销员、广告、零售商、商品包装、展示会、商品说明书等方面获得的信息。

(3) 公共来源。指大众传播媒介、消费者评估组织等提供的有关信息。

(4) 经验来源。指消费者本人通过以前购买使用或当前试验中获得的知觉。

这些信息来源的相对影响力随产品和购买者的不同而变化。总的来看，消费者得到的关于产品的信息主要来自商业来源，而最有影响力的来源是个人来源，个人来源在服务的购买上影响更大。商业来源一般仅是告知购买者，而个人来源能为消费者评价产品。例如，医生通常从商业来源处了解到有关新药，但要向别的医生询问对该药的评价。

3. 选择评价

消费者在通过各种渠道获得有关产品的信息后，需要分析和处理所得信息，逐渐对市场上各种品牌的产品形成不同评价，最后决定购买。消费者对产品的评价主要从以下几个方面进行。

(1) 分析产品属性。产品属性是指产品能够满足消费者某种需要的特性。消费者一般都将产品看成能提供实际利益的各种产品属性组合，对不同的产品，消费者感兴趣的属性是不同的。比如下面一些产品：

照相机：照片清晰度，摄影速度，相机大小，价格；

旅馆：位置、清洁度、气氛、费用；

轮胎：安全、耐磨寿命、行驶质量、价格。

产品的各项不同属性可以满足消费者的多方位需求。然而，并不是产品属性越丰富，消费者越满意。消费者更看重产品的性价比，即产品的各项性能组合与产品价格的比例关系。消费者对某些产品的性价比并不看好，如各类 VCD 播放机，在一定价格水平上，有相当比例的功能在整个产品生命期内几乎不发挥作用。因此，企业开发的产品属性，越是符合消费者的实际需要，消费者越是满意。

(2) 建立属性等级。在现实生活中，每一个产品的所有属性并非都是最优的，消费者也不会将产品的众多属性看做同等重要，而是从产品满足需要的角度出发，对产品属性分析后，建立自己心目中的属性等级。例如，对于专业摄影者来说，他购买照相机首先考虑的是图像清晰、快速成影，其次才考虑(有的可能不考虑)价格；而对于初学摄影者来说，他首先考虑的是价格，其次才考虑图像。可见，每种商品的属性在购买者心目中的重要程度是不同的，企业应当根据购买者对不同属性的态度进行市场细分，采取多种对策影响购买者决策，提高本产品被选中的几率。

(3) 确定品牌信念。品牌信念是消费者对某品牌的某一属性已达到何种水平的评价。关于某个特定品牌的一系列信念被称为品牌形象。消费者的个人经验、选择性注意、选择性曲解、选择性记忆等会影响他对某品牌的信念，而这种信念可能与产品的真实属性不一致。

(4) 形成“理想产品”。消费者会运用效用函数，对各品牌产品就其各项属性带来的效用，进行整体评价，从众多品牌中选出其理想品牌。

4. 购买决策

购买决策是消费者购买行为过程中的关键性阶段，因为只有作出购买决策以后，才会产生实际的购买行动。消费者经过分析比较和评价以后，便产生了购买意图。但消费者购买决策的最后确定，除了消费者自身的喜好外，还受其他因素的影响，如他人态度、预期环境因素、非预期环境因素等。

(1) 他人态度。这是影响购买决策的因素之一，如丈夫想买一台大屏幕的彩色电视机，但妻子坚决反对，丈夫极有可能改变或放弃购买意向。他人态度对消费者购买决策的影响程度，取决于他人反对态度或劝告可接受性的强度。

(2) 预期环境因素。消费者购买决策受产品价格、产品的预期利益、本人的收入等因素的影响，这些影响是消费者可以预测到的，所以称为预期环境因素。

(3) 非预期环境因素。消费者在购买决策过程中除了受上述因素影响外，还会受推销态度、广告促销、购买条件等因素的影响，这些影响消费者是不大可能预测到的，所以称为非预期环境因素。比如消费者在购买化妆品过程中，原来准备购买某一品牌的化妆品，后受到各种大众传播媒介的影响，而改变了原来的态度。

因此，在消费者的购买决策阶段，营销人员一方面要向消费者提供更多的详细的有关产品的情报，便于消费者比较优缺点；另一方面则应通过各种销售服务，创造方便顾客的条件，加深其对企业及商品的良好印象，促使消费者作出购买本企业商品的决策。

5. 购后评价

购后评价是消费者就所购买产品的满意程度进行的评价。消费者购买商品后，购买的过程并没有结束，他还会通过使用或其他有关商品的信息对其购买进行检验，比较产品期望(E)和该产品可觉察性能(P)。消费者对其购买产品的满意度(S)是其产品期望(E)和该产品可觉察性能(P)的函数，即：S＝f(E,P)。

若E＝P，消费者会满意；若E＞P，消费者会不满意；若E＜P，消费者会非常满意。产品期望来自消费者根据自己从企业、朋友以及其他来源所获得的信息。如果企业夸大其产品的优点，则会导致消费者对产品的过高期望，购买后不可避免地产生不满意感。由此导致消费者不会再购买这种产品，甚至有可能退货，或劝阻他人购买这种产品。如果企业能使其产品真正体现出可觉察性能，就会使消费者感到满意，而满意的购后感觉则会在客观上鼓动、引导其他人购买该商品。有些企业可能有保留地宣传产品的优点，反倒使消费者获得高于期望的满意程度。例如，波音公司出售的每架飞机都价值几千万美元，客户的满意度是关键的。波音公司在估计他们的产品时很保守，比如在耗油量方面，他们在说明书标明可节省油5%，但实际节省8%，客户的实际满意度超出了预期，所以很满意。他们继续购买波音飞机，并告诉其他客户波音公司的承诺。

总之，消费者的购后评价对企业非常重要，正如西方企业家信奉的格言："最好的广告是满意的顾客。"因此，企业在营销中一定要加强与用户的联系，视质量为产品的第一生命，努力做好销售服务工作，力争获得消费者对产品的良好的购后评价。比如，可口可乐公司1983年首先设立800被叫方付费电话专线，认为对公司有意见的50个顾客中，只有一个会投诉，49个会转向其他企业，而800电话能够把这49个客户找回来。建立此"热线"是一项"心桥工程"，花费小，收效大，影响直接，可以让顾客了解、支持企业，可树立企业形象，效益长久。

阅读材料五：社会化媒体对消费者决策的影响

有一个女孩，她要换一个手机，她在微信上跟朋友们咨询了一下基本的情况。然后，她去搜索引擎细化搜索在微信得到的基本信息，她觉得得到信息还是不够，她查阅了交易网站、有关评测博客等，看相关的点评。现在她有了点底了，她又回到她常玩的那个SNS，继续在SNS上搜索相关的关键字，查询相关购物分享与体验信息，最后，把她看好的几个型号列出，直接在SNS上发起了一次投票，她希望大家能帮助她决策。

在充分了解了各种渠道得到的信息之后。她买了自己喜欢的手机。她还把她的购物体验，写进了博客，同时，还共享到了SNS和微博上。开始有别的人来咨询她，她还告诉了大家，她真实使用这个手机的那些体验。这些体验，包括优点和缺点。

第二节　组织市场与购买行为分析

大部分企业并不能把产品直接卖给消费者，而是先卖给组织购买者，然后由他们提供给消费者市场。组织市场泛指一个组织向其他组织推销商品或服务的任何市场。这里采用广义的观点：组织市场包括除组织同最终消费者进行交易的市场之外的所有市场。例如，当海尔公司将其产品销售给分销商或政府时，它们便作为组织营销者；但当他们将产品销售给消费者时，便作为消费营销者。组织市场在购买决策的参与者、影响购买行为的因素以及购买过程等方面与最终消费者市场有一定的相似之处，但也有很大的不同，因此，向组织市场出售产品或服务的企业面临着不同的挑战，供应商需要了解组织采购者复杂的购买过程，研究其购买行为的特点以及影响他们决策的因素，制定相应的营销策略。

一、组织市场的类型与特点

（一）组织市场类型

组织市场包括四种类型，即生产者市场、中间商市场、非营利组织市场和政府市场。

1. 生产者市场

生产者市场又称为产业市场、工业品市场或生产资料市场，是指工业企业为了获取利润进行再生产而购买产品的市场。生产者市场是一个庞大的市场，其购买者分布在各个行业中，包括农业、林业、渔业、牧业、采矿业、制造业、建筑业、运输业、通信业、银行业、保险业以及其他一些行业。生产者市场的交易内容主要为生产资料和各项生产要素（资金、劳动力、技术、信息、房地产等），它们构成生产者市场的两个细分市场。

2. 中间商市场

中间商市场又称转卖者市场，它是由以盈利为目的、购进商品后再转卖或出租给别人的所有组织和个人所组成的市场。中间商不提供产品形式效用，只提供产品的时间、地点和占有方面的效用。中间商经营的产品种类繁多，事实上，除了少数几类产品如重型或复杂的机械、定制的产品以及直接邮购或上门推销的产品由制造商直接卖给最终顾客外，绝大多数的产品都是通过销售中间商才被卖到最终购买者的手中。供应商应把中间商看做其顾客的采购代理商，而不是代表供方的销售代理商。中间商有两种基本类型：批发商和零售商。在地理分布上，中间商市场与生产者市场相比较为分散，但与消费者市场相比较为集中。

3. 非营利组织市场

非营利组织（nonprofit organization，NPO）也称为非营利部门，它是指所有不以盈利为目的而从事社会公益事业的机构、组织和团体，它们可以是现有的政府事业单位和教育机构、注册的民办科技机构等。非营利组织是组织市场内相当重要而不可忽视的一部分。世界任何一个国家的非营利组织都发挥着十分重要的作用。它们不仅构成一个重要的产业，还是活跃于现代生活的一支经济力量，是各国国民经济中一个重要组成部分。世界各国的非营利组织不仅是最大的“雇主”，也是一个最大的买主，构成了一个潜力巨大的市场，对促进竞争、活跃市场、吸纳就业、扩大内需、稳定市场、促进经济增长以及倡导文明、推动人类社会的进步发挥着至关重要的作用。著名管理学家彼得·德鲁克曾精辟地指出：非营利组织不仅在功能上代替政府解决了许多社会问题，同时，因为非营利组织的效能是政府的2倍，也削减了政府的赤字。

4. 政府市场

政府市场是指为了执行政府职能而购买或租用产品的各级政府和下属各部门组成的采购市场。各国政府通过税收、财政预算掌握了相当部分的国民收入，形成了潜力巨大的政府采购市场。政府购买的基础是获取那些能实现公众目标所必需的产品和服务。政府采购的商品和服务的范围是惊人的，包括轰炸机、黑板、家具、卫生设施、灭火器、机动设备及燃料等，用于国防、公共福利、医疗保健、基础设施建设和自然资源开发等。政府采购的目的不是为了盈利，而是为了执行政府职能，向社会提供公共产品，维护国家安全和社会公众利益。例如政府参与市场调节，稳定物价和市场；政府的扶贫以及在国际上的人道主义援助等。由于开支决策受到审查，政府组织要做大量的文书工作。在采购获得批准之前必须填制和签发精心制作的表格。供应商常会抱怨政府组织纷繁的文字工作、各种规章制度、主管人员的频繁更替等。

（二）组织市场的特点

1. 组织市场的市场结构

在消费者市场上，购买者是消费者个人或家庭，购买者必然为数众多，购买规模很小。而在组织市场上，情形正好相反，购买者少、购买规模大，比如发电设备生产者的顾客是各地有限的发电厂、面向采煤设备生产者的顾客是少数大型煤矿、某轮胎厂的命运可能仅仅取决于能否得到某家汽车厂的订单等。尽管组织市场的客户数量少，但客户的购买量很大。1993年格罗斯(Gross)等估计组织市场大约是消费者市场的4倍。组织市场购买量大，主要表现在组织市场在总交易量、每笔交易的当事人数、客户经营活动的规模和多样性、生产阶段的数量和持续的时间等方面。组织市场还按照一定的周期重复购买。例如旅馆对香皂的需求量，远比一般家庭的香皂需求量大得多。有时一位买主就能买下一个企业较长时期内的全部产量，有时一张订单的金额就能达到数千万元甚至数亿元。

组织市场的地理分布相对集中。例如很多国家在石油、橡胶、钢铁、农业等行业显示出相当强的地理区域集中性。在我国，大多数组织购买者集中在北京、天津、上海、武汉、广州、成都、深圳等国内工业较为集中的城市。美国前10位大城市也是组织购买者比较集中的地区，如纽约、芝加哥、华盛顿、巴尔的摩、洛杉矶、费城、波士顿、底特律、达拉斯、圣沃斯和休斯敦等。这种地理分布上的集中有助于购买者辨认、比较并顺利开展其购买活动。对供应商来说，则可以吸引更多的客户，例如义乌小商品批发市场等。

因此，市场容量大、客户数量少、购买规模大以及购买者在地理区域上相对集中就构成了组织市场的市场结构特征。

2. 组织市场的需求特征

(1) 组织市场的派生需求。没有消费者市场的相应需求，就没有组织市场的需求。组织市场的需求还随着消费者市场相应需求的变化而变化。组织市场的派生需求往往是多层次的，形成环环相扣的链条。消费者市场的相应需求是这一链条的起点，是组织市场需求的动力和源泉。例如，消费者市场对汽车的需求带来汽车制造商对轮胎、汽车制造设备等的需求，而这些需求又引发对橡胶业、钢铁业等相关行业产品的需求。

(2) 需求缺乏弹性。相对于消费者市场，生产者市场产品价格的上升或下降，对产品需求不会有太大的影响。组织市场的需求具有派生性。它对原料的需求主要来自顾客对产品的需求。当顾客的需求未增加，即使原料价格下跌，组织市场的需求也不会出现。此外，组织市场本身的需求还受限于有效产能与仓库固定容量，因此还要由产能的消化能力与仓储的容量状况来决定其影响，所以需求弹性较低。另外，如果原材料或零部件占最终产品的比例很小，则其价格升降对成本的影响也很有限，也不会影响到产品的需求。例如，在酒类需求总量不变的情况下，粮食价格下降，酒厂未必就会大量购买，除非粮食是酒成本中的主要部分且酒厂有大量的存放场所；粮食价格上涨，酒厂未必会减少购买，除非酒厂找到了其他代用品或发现了节约原料的方法。

(3) 组织市场的需求波动大。组织市场对工业性产品的需求，特别是新工厂对原材料和设备的需求，通常比消费产品的需求还不稳定。消费者需求只要有一点增加或减少，就会引起生产产品的工厂和设备需求的很大变动，经济学上将这种现象称为乘数效应，又称加速原理。例如，当消费者的需求增加时，零售商为了满足消费者的需求增加，就会增加其对产品的需求，从而批发商或经销商也增加对产品的需求，最后制造商也会受到影响而增加产品的需求。消费者需求增加，可能会引发相当大幅度的组织需求增加；反之，很可能会引发较大幅度的组织需求减少，因此组织购买者的需求波动要比消费者的需求波动大。

3. 组织市场购买者的成分特性

组织市场上的购买者成分复杂，并多为受过专门训练的采购人员。经过专业训练的采购人员，具有丰富的产品和购买知识。他们不仅要对购买的产品在性能、规格以及技术细节上的要求较为熟悉，而且要灵活运用谈判技巧。在涉及较为复杂的购买决策时，会涉及更多的人甚至公司高管或政府高官。可见，为了应对具有专门知识、经过专业训练的采购人员，供应商应十分重视推销人员的挑选和培训，使之具有良好的专业知识和销售知识，具有较强的人际交往能力。技术性较强的产品，其推销人员更应具有完备的技术知识。

4. 组织市场购买者的决策类型和过程

组织市场购买者的决策，通常比消费者的决策更为复杂，涉及更大数额款项、更为复杂的技术和经济问题，因此往往需要花费更多的时间进行反复论证。组织购买者的决策行为比消费者更为规范，对大额购买通常要求详细的产品规格、文字购买清单、对供应商的调查和真实的审批程序。

5. 组织市场买卖双方的关系

在组织市场上，买卖双方往往倾向于建立长期的客户关系，保持密切往来。在购买决策的各个阶段，从帮助客户确定需求，寻找能满足这些需求的产品和劳务，直至售后服务，卖方始终参与并同客户密切合作，甚至还要经常按客户要求的品种、规格定期提供产品和劳务。从长期来看，组织市场上的营销者要通过为客户提供可靠的服务及预测他们眼前和未来的需要与客户建立持久的关系，从而保持自身的销售额。另外，买卖双方的关系有时体现在互惠购买，即买卖双方经常互换角色，互为买方和卖方。例如，造纸公司从化学公司大量购买造纸用的化学物品，化学公司也从造纸公司那儿大量购买办公和绘图用的纸张。当然，互惠购买有时还可表现为三角形或多角形。假设有 A、B、C 三家公司，C 是 A 的顾客，A 是 B 的潜在顾客，B 是 C 的潜在顾客，A 就可能提出这种互惠条件：B 买 C 的产品，A 就买 B 的产品。

此外，组织市场往往通过租赁方式取得所需产品。许多企业无力购买或需要融资购买所需的昂贵产品如机器设备、车辆等，此时采用租赁方式可以节约成本。

二、生产者市场购买行为

（一）生产者购买决策的参与者

企业除专职的采购人员之外还有一些其他人员也参与购买过程。根据成员对购买过程执行职能的不同，可分为以下五种角色。

1. 使用者

是指公司中具体使用欲购某种产业用品的人员。如实验室的实验员是各种仪器的使用者，钢铁厂炼钢设备的使用者是炼钢工人。使用者往往是购买产业用品的最初提出者，他们在计划购买产品的品种、规格、品牌中起着重要作用。

2. 影响者

是指企业内部和外部直接或间接影响购买决策的人员。他们参加拟订采购计划，协助明确采购商品的规格、型号、品牌等。企业的技术员、工程师常常是采购任务的主要影响人。

3. 决策者

是指企业里有权决定购买产品或服务的人。在经常性的采购中，采购者往往就是决策者，在复杂的采购中，特别是在新采购中，采购单位的高级负责人往往亲自决定取舍。

4. 采购者

是指被赋予权力按照采购方案选择供应商并商谈采购条款的人员。采购者可能帮助确定采购商品的规格，但他们的主要任务是选定供应商，并在采购权限内具体进行交易条款的磋商。在复杂的采购中，采购单位的高级人员往往亲自参加磋商交易。

5. 信息控制者

是指采购单位有权阻止推销员或信息与采购部门成员接触的人。如企业的技术人员、秘书，甚至电话接线员都可以拒绝或终止有关供应信息。

（二）生产者购买行为的主要类型

生产者购买行为的主要类型按照购买决策的难易程度，可分为三种：新购、修正重购和直接重购。

1. 新购

新购是指购买者第一次购买某种产品或服务。这是组织市场购买中最复杂、成本风险也相对较大的一种类型。当企业受到内外方面的刺激，例如新的产品线的扩充会导致企业对新的原材料、新部件的需求，或为了满足客户的新需求而添置新的设备等。企业需要采购以往从未使用过的产品和服务时，借助于经验通常很难达到满意的效果，于是企业需要在采购之前收集大量的信息以作出购买决策。

新购过程可分为认识、兴趣、评估、试用和采用阶段。在每一阶段中信息传递工具所起的作用不尽相同。在认识阶段，大众媒体对于组织购买决策的作用最为突出；在兴趣阶段，销售人员的经验和技巧起到主要影响作用；在评估阶段，技术信息源最为重要；在试用阶段，产品本身的质量和性能是关键因素，营销人员的努力也起作用。营销人员应根据新购过程中的不同阶段采取不同的策略。新购是所有企业的机会。企业应派出强有力的营销人员，积极向购买者提供优质产品、优质服务和商品信息，争取对方的订货。

2. 修正重购

修正重购是指购买者对产品的规格、交易条件、价格或其他条款等要素进行修正的购买行为。造成修正重购的可能原因有计划外的发展问题(如质量、供应状况、存款)或者环境的变化(如经济法律、最终用户、技术变革);客户需求的变化(如数量、服务水平、交付期限)或供应商供应的变化(如价格、产品开发);供应商或客户对购买的定期复查等。

当决策者认为通过对可供选择的产品和供应商的再评估能够获得最大利益的时候,比如质量改进或成本降低,采购者倾向采取修正重购。在这种情况下,虽然生产者具备一定的经验和具体详细的采购标准,但由于和原有供应商的不愉快关系,以及是否转到新供应商和在寻求新供应商的过程中存在的不确定性,信息收集工作仍然很重要。面对这种购买类型,原供应商要清醒地认识到自己所面临的威胁,积极改进产品规格,提高服务质量,全力以赴维持现有的客户,而对于其他竞争者此时则是获取新订单的好机会。

3. 直接重购

当供应商能够及时准确地完成送货服务、保证产品质量以及提供合理而有竞争力的价格时,购买者往往进行直接重购。直接重购是建立在购买者和供应商之间良好的关系基础上的。

直接重购是指企业的采购部门按照过去的订货目录、购买方式和条件,继续向原来的供应商购买产品的购买方式。它是一种最简单、也是最普遍的购买类型。直接重购有一定的例行程序,在授权上较彻底。例如公司文具的采购往往有一固定的供应商,而这种文具的采购可能在第一次采购时会做一个较复杂的评估,主要比较各个替代的供应商与供应条件,接着做决定,然后授权公司的采购中心进行直接重购。直接重购的整个购买程序有一定的表单和步骤,因此是相当例行性的工作。对于这种购买行为,原有的供应者不必重复推销,而应努力使产品的质量和服务保持一定的水平,减少购买者的购买时间,争取稳定的关系。对于未被列入名单的供应商来说,获得销售机会的可能性极小,但还是可以通过自己的营销活动,促使购买者转移或部分转移购买。

(三) 影响生产者购买决策的因素

在正常情况下,影响生产者购买决策的主要因素有环境因素、组织因素、人际因素、个人因素等。

1. 环境因素

环境因素是指影响生产者购买的一切外部因素,主要包括经济状况、社会文化、法律政治、自然环境、技术环境等因素。这些因素影响着生产者市场的整体发展及其购买行为。环境波动时可能给生产者带来意想不到的影响。生产者需要保持对环境充分的估计和对形势的灵活把握,密切关注当前各环境状况以及预期的状况,同时监视技术发展和革新、政治法律的调整以及产业和渠道环境等因素,并作出准确及时的应对。

环境的变化影响到生产者购买决策的各个方面。经济发展的不景气,使得消费者需求不足,对产品和服务的需求相应下降,生产者可能由此减少投资,降低购买规模,调整原有计划和库存量;为适应文化、风俗习惯的差异性,特别是在国际营销环境中,生产者会针对不同的文化环境调整其购买行为和决策;政府对某行业的扩张性政策会使相应行业的生产者加大对行业需求技术的购买,从而可能导致采购经理在决策过程中的地位下降而技术人员的作用提升。

2. 组织因素

组织因素是指组织内部的各种因素，包括组织的目标、政策、业务程序、组织结构和制度等。这些因素将从组织内部的利益、经营与发展战略等方面影响组织机构购买的决策和行为。

不同类别或同一类别的生产者，他们的组织目标可能有所不同。有的追求较高的市场份额，有的追求当期利润最大化。组织目标的确定会影响到购买人员的购买行为。比如，对于追求成本领先为目标的企业，会对符合本企业要求的尽可能低价的产品感兴趣；而对于追求市场领先为目标的企业，会对技术先进、优质高效的产品感兴趣。生产企业组织规模的大小也影响购买决策过程。规模大的组织通常比较复杂，可能拥有管理、财务等各方面的专家，倾向于集体协商决策，而一些小的组织则可能由个人承担组织购买任务。企业内部成员的构成影响企业文化，比如一个软件公司的员工可能大部分是由受过高等教育的技术人才组成，这种成员结构会影响企业文化，进而对购买人员的购买行为产生影响。

此外，生产企业内部采购部门地位的演变和企业的采购方式，影响着其购买决策。过去，采购部门在企业中的地位相对较低，但激烈的竞争使得许多公司提升了其采购部门的地位，人员素质要求相对较高。采购部门成为更富有挑战的、以寻求最佳供应商为任务的机构。以往企业的各事业部进行分散采购来完成各自的采购任务，但企业为了控制存货和降低采购成本、强化企业采购力量，决定采用集中采购。集中采购使得企业的购买更专业化、规模化和规范化。企业的业务程序和制度等也可能都对企业的购买决策行为形成某种程度的限制或推动作用。作为供应商必须了解和研究购买者内部的组织因素，尤其是关注某些组织因素的变动，有针对性地做好营销工作，争取更多的市场份额。

3. 人际因素

人际因素表现为组织内部的人事关系。以采购中心为例，生产资料购买的决定，是由公司各个部门和各种不同层次的人员组成的“采购中心”作出的。“采购中心”的成员由质量管理者、采购申请者、财务主管者、工程技术人员等组成。这些成员的地位不同、权力有异、说服力有区别，他们之间的关系亦有所不同，而且对生产资料的采购决定所起的作用也不同，因而在购买决定上呈现较纷繁复杂的人际关系。生产资料营销人员必须了解用户购买决策的主要人员、他们的决策方式和评价标准、决策中心成员间相互影响的程度等，以便采取有效的营销措施，获得用户的关注。

4. 个人因素

个人因素包括各个参与决策者的年龄、受教育程度、个性和购买风格等。生产者的购买行为都是在有组织的相互影响的基础上产生的个人行为，由个人确定问题、作出决策和采取行动。虽然产业市场的购买行为是理性活动，但参加采购决策的仍然是一个个具体的人，而每个人在作出决定和采取行动时，都不可避免地受其年龄、收入、所受教育、职位和个人特性以及对风险态度的影响。例如在各成员重点关注的因素方面，生产人员（使用者）往往主要考虑交货时间和可靠性能；工程技术人员主要考虑有关产品质量的各因素；购买人员往往强调可靠性和价格等。这些因素必然对生产者购买行为产生作用。

市场营销人员应该了解采购中心各个成员的性格特点、偏好等个人情况，以便采取“因人而异”的营销措施。图 4－4 是对影响生产者购买行为的主要因素的总结。

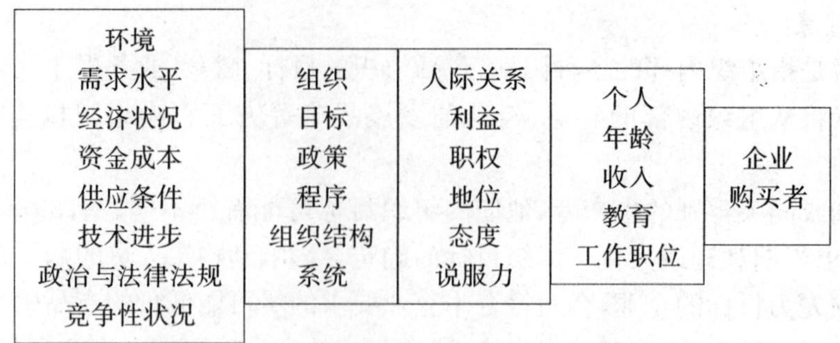

图 4-4　影响生产者购买行为的主要因素

（四）生产者购买决策过程

与消费资料的购买者一样，生产资料的购买者也有决策过程。供货企业的最高管理层和市场营销人员还要了解其顾客购买过程的各个阶段的情况，并采取适当措施，以适应顾客在各个阶段的需要，才能使之成为现实的买主。生产者购买过程阶段的多少，取决于其购买情况的复杂程度。直接重购通常只需经过绩效评价阶段，修正重购可能要经过提出需要、确定总需要、确定产品规格等阶段，而新购则要经过完整的八个阶段，如表 4-6 所示。

表 4-6　不同类型生产者购买行为经历的购买阶段

购买类型／购买阶段	新购	修正重购	直接重购
提出需求	是	可能	否
确定需求	是	可能	否
说明需求	是	是	是
寻找供应商	是	可能	否
征求建议	是	可能	否
选择供应商	是	可能	否
发出订单	是	可能	否
绩效评价	是	是	是

1. 提出需求

提出需求是生产者购买决策过程的起点。需求的提出，既可以是内部的刺激，也可以是外部的刺激引起的。内部的刺激，如企业决定生产新产品，需要新的设备和原材料；因存货水平开始下降，需要购进生产资料；因发现过去采购的原料质量不好，需更换供应者等。外部刺激诸如商品广告、营销人员的上门推销等，使采购人员发现了质量更好、价格更低的产品，促使他们提出采购需求。因此，在这个阶段，营销人员应加强推销，经常开展广告宣传，派人访问用户，增强外部刺激，发掘潜在需求。

2. 确定需求

生产者认识到某种需求之后，要进一步确定所需产品的品种数量等。简单的采购任务由采购人员直接决定，复杂的采购任务则由采购人员同企业内部的有关人员共同确定。

3. 说明需求

确认需求之后，就要对所需产品的规格型号等技术指标作详细的说明，这要由专业人员运用价值分析法进行，即将产品及其配件的功能与各自的成本或费用相对比，得出它们的经济效益，确保产品的必要性。营销人员也要运用价值分析技术，向顾客说明其产品的良好功能。

4. 寻找供应商

采购人员通过各种途径搜集有关供应商的信息，排除那些生产能力不足、供货信誉差的企业，而对那些认为合格的供应商则要通过电话、计算机查询或登门拜访的方式，进一步了解他们的产品及供货行为，最后确定信誉良好和合乎自身要求的供应商作为备选对象。供应商应努力推出强有力的广告和促销计划，以提高公司的知名度。

5. 征求建议

对已物色的多个候选供应商，购买者应请他们提交供应建议书，尤其是对价值高、价格贵的产品，还要求他们写出详细的说明，对经过筛选后留下的供应商，要他们提出正式的说明。因此，供应商的营销人员应根据市场情况，写出实事求是而又别出心裁、能打动人心的产品说明，力求全面而形象地表达所推销产品的优点和特性，力争在众多的竞争者中获得胜出。

6. 选择供应商

在收到多个供应商的有关资料后，采购者将根据资料选择比较满意的供应商。在选择供应商时，不仅要考虑其技术能力，还要考虑其能否及时供货，能否提供必要的服务。其遴选的主要条件是交货速度、产品质量、产品价格、企业信誉、产品品种、技术能力和生产设备、服务质量、付款结算方式、财务状况、地理位置等。根据上述条件遴选出数个供应商，企业在最后确定供应商之前，有时还要和供应商面谈，争取更优惠的条件。不少企业最后确定的供应商，不限一个，其目的在于：一方面有多个供应商，以免受制于人；另一方面则可以促使供应者之间展开竞争，促使他们改进服务质量。当然，企业在确定的几个供应商中，一般以一个为主，其他几个为辅。比如购买者最后确定了 3 个供应商，便向为主的供应商购买所需产品总量的 60%，向为辅的两个供应商分别购买所需产品总量的 30%和 10%。

7. 发出正式订单

这是购买决策过程中的实际购买阶段，一般是生产企业将订货单给选定的供应商，在订单上列举技术说明、需要数量、期望交货时间以及退货条款和保证条款等。目前，许多企业普遍采用“一揽子合同”，即生产企业与供应商建立长期供货关系。供应商通过一定方式的承诺，可根据生产企业的需要随时按照原定交换条件供货，这样其产品有了固定的销路，减轻了竞争的压力，而生产企业则减少了多次购买签约的成本，也减轻了库存的压力，加速了资本周转。

8. 绩效评价

产品购进后，采购者还会及时向使用者了解其对产品的评价，考查各个供应商的履约情况，以决定今后是否继续采购某供应商的产品。考查有两个方面的内容：一方面对购买的工业品的质量要验证，看是否符合明细表和设计图纸的要求；另一方面对所付出的购买金额和差旅费等进行分析，是突破还是节余，查明原因，以决定继续购买还是改换供应单位。为此，供应商在产品销售出去以后，要加强追踪调查和售后服务，以赢得采购者的信任，保持长久的供求关系。同时，对本次购买活动进行总结。

阅读材料五：同仁堂的采购法

北京同仁堂是中药行业著名的老字号，创建于清康熙八年（1669年）。在300多年的历史长河中，历代同仁堂人恪守“炮制虽繁必不敢省人工，品味虽贵必不敢减物力”的古训，树立“修合无人见，存心有天知”的自律意识，确保了同仁堂金字招牌的长盛不衰。自雍正元年（1721年）同仁堂正式供奉清皇宫御药房用药，历经八代皇帝，长达188年，这就造就了同仁堂人在制药过程中兢兢业业、精益求精的严细精神。其产品以“配方独特，选料上乘，工艺精湛，疗效显著”而享誉海内外。在300多年的发展过程中，同仁堂积累了许多经商的经验，下面介绍同仁堂采购药材的方法。

河北省安国县的庙会，是全国有名的药材集散市场。每年冬春两季，各地药农、药商云集于此。北京同仁堂的药材采购员在采购中使用了一连串的技巧，并善于积极反馈信息，所购的药材比别的药店便宜许多。他们一到安国县，并不急于透露自己需要采购什么，而是先注意收集有关信息。他们往往开始只是多少购进一点比较短缺的药材，以“套出”一些“信息”。例如，本来需要购进5 000千克黄连，他们往往只买进50千克等货，而且故意付高价。“价高招商客”，外地的药商药农闻讯，便纷纷将黄连运到安国县。这时同仁堂的采购员却不再问津黄连，而是大量买进市场上其他滞销的且又必须购买的药材。等其他生意做得差不多时，再突然返回来采购黄连。此时，他们已得到信息反馈：黄连由于大量涌进市场，形成滞销之势。各地来的药商，为了避免徒劳往返，多耗运输费用，或者怕卖不出去而亏本，都愿意低价出售。经过这一涨一落，同仁堂就大量收购市场上各种滞销的药材。药商们吃了亏，影响到第二年药农的积极性，自然就会减少产量。同仁堂的采购员又能够预测到第二年的情况。这样一来，这些减产的药材第二年又会因大幅度减产而价格暴涨，而这时同仁堂的库存早已备足。

三、中间商市场购买行为

中间商市场的购买行为与生产者市场的购买行为有相似的地方，也有一定的区别。相似的方面主要有中间商采购组织也有多人参与决策；其购买过程与生产者市场的购买过程基本相同；环境、组织等因素同样影响其购买行为。二者的区别体现在中间商市场的购买行为在采购业务类型、采购决策及其参与者等方面。

（一）中间商市场的购买决策内容

中间商采购商品的目的是为了将所购商品转卖给他的顾客，为此，中间商必须按照自己顾客的要求来制订采购计划。在购买活动中，中间商要做的决策是：经营范围及花色品种的决定、卖主选择、交易价格与条件的选择。其中，商品搭配是最主要的决策，它决定中间商的市场地位。批发商和零售商可从下面四种组合策略中作出选择。

（1）独家搭配。即只经销一家制造商的产品品种，以求得较好的供货条件。一般只是规模较小的少数企业采用这类策略。

（2）深度搭配。即经销一个产品族，产品来自许多制造商，这给顾客在购买某种商品时提供较大的选择余地，从而增强对顾客的吸引力。这种策略目前较具竞争力。

（3）广泛搭配。即经营范围广泛，但商品品种尚未超出行业界限。这种策略使中间商具有一定的经营范围，也使顾客方便购得相关商品。

（4）混合搭配。即经销众多的彼此不相关的产品品种系列。这种策略能减少中间商因外界环境变化所带来的经营风险，但要求企业有雄厚的经营实力。

例如，一家照相机商店可能只经销柯达相机（独家型品种组合）；或经销许多品牌的相机（深度型品种组合）；或经销照相机、收音机和立体声设备（广泛型品种组合）；或者再加上电炉和冰箱（混合型品种组合）。

（二）中间商市场的购买类型

在采购业务中，中间商要根据不同的购买类型，作出相应的决策。中间商市场的购买类型有以下三种。

（1）新产品采购。中间商根据某种新产品销路的好坏决定是否进货以及如何进货。

（2）最佳供应商选择。若中间商需要经营的产品已经确定，有可能经常要进行最佳供应商的重新选择。导致中间商作出此类购买决策的原因：一是由于各种局限，中间商不能经营目前所有供应商的产品，只能从中选择一部分供应商的产品以供经营。二是中间商打算提供自有品牌商品，选择为自己制造品牌产品的最佳生产企业。比如，英国的马莎百货公司从严格选择的供应商那里购进商品，然后打上马莎的品牌印记，以“马莎”的品牌形象销售商品。

（3）寻求较好的供应条件。对于这类决策，中间商并不想更换供货商，只是试图从原有供应商那里获得更为有利条件的购买类型。当同类产品的供应商增多或其他供应商提出了更有吸引力的价格和供货条件时，中间商希望原有供货商改善供货条件，比如，更为合适的信贷条件、更为优惠的价格折扣等。

（三）中间商市场的购买决策的参与者

中间商市场购买决策参与者的多少取决于中间商的经营规模和采购项目的规模与重要程度。对小批发商和零售组织而言，采购往往由一个或几个兼做其他工作的雇员担任，或者由业主亲自从事商品选择和采购业务。但对于较大规模的中间商通常有一个像生产商那样的采购中心，采购工作由专职的采购部门执行。事实上，不同类型的中间商有不同的购买决策及决策参与者。以连锁超市为例，中间商市场参与购买决策的人员或机构主要有下述三种。

（1）专职采购员。专职采购员（或称商店经理）负责决定商品搭配，接待推出新品牌的企业的推销人员，并有权决定是否接受新品牌产品。多数公司的做法是，授权专职采购员对那些明显不能接受或明显可以接受的项目作出决定，而一些重要项目则需要提交采购委员会审议，并由采购委员会作出决定。在国内连锁店和独立的超级市场上，仓库里有 2/3 的新商品是商品经理决策订购的。

（2）采购委员会。采购委员会通常由公司总部的各部门经理和商品经理组成，主要负责审查商品经理提出的新产品采购建议，作出是否购买的决策。

（3）分店经理。分店经理是连锁超市下属各分店的负责人，通常负责分店一级的采购决策。美国连锁超级市场各个分店的货源有 2/3 是由分店经理自行决定采购的。

(四) 影响购买决策的主要因素和购买决策过程

1. 影响购买决策的主要因素

中间商市场同生产者市场一样，其购买行为同样受环境因素、组织因素、人际因素和个体因素的影响。卖方必须对这些影响因素给予足够的重视，并且推出那些能够帮助中间商赚钱或降低成本的战略。此外，中间商市场的购买行为还受到购买者的购买风格的影响。

美国学者狄克森把购买者个人的购买风格分为七类。

(1) 忠诚型购买者。这类购买者忠于同一供应商，不轻易更换供货来源。

(2) 机会型购买者。这类购买者通常与几个符合其长期发展的供应商保持合作关系，并随时选择对自己最有利的供应商，而不会固定于其中任何一个。

(3) 最佳交易型购买者。这类购买者选择某一时点上可获得的最佳交易。

(4) 创造型购买者。这类购买者会就他们所需的产品、价格和服务方面向卖方提出条件。

(5) 广告型购买者。这类购买者在每一笔交易中都要求供应商补贴广告费。

(6) 斤斤计较型购买者。这类购买者总想通过谈判取得供方在价格上的特别让步。他们只接受最大价格折让的卖方，这种价格折让是他们感到别的卖方不大可能提供的。

(7) 挑剔型购买者。这类购买者选择的货源都是最物美价廉、最适销的商品。

2. 购买决策过程

对于新品种购买来说，中间商的购买过程与生产商的购买过程基本相同，需要经过八个阶段。对于选择最佳供应商和寻求最佳购买条件的购买决策可能跳过某些阶段。随着科技的发展，中间商的采购技能不断增强，如中间商大量应用电子通讯技术和设备处理采购业务。采购者通过电脑系统向供货商发出要货通知，供货商根据要货通知随时供货。这样中间商不用自己建立仓库即可及时得到供货，加速资金周转，降低经营费用。

四、政府市场和非营利组织市场购买行为

政府市场和非营利组织市场为许多企业提供了大量的营销机会。有些企业只是偶尔向政府和非营利组织出售产品和服务，而另一些企业主要依靠政府和非营利组织生存，所以，企业有必要了解和研究政府市场和非营利组织市场的特点，了解影响政府和非营利组织采购决策的主要因素及其采购决策的过程等。

(一) 政府市场的购买行为

1. 政府采购的特点

与一般企业的采购不同，政府采购有其自身的特点，主要表现为以下几个方面。

(1) 政府采购一般是按照年度预算进行的，年度预算具有法律效力，不会轻易变动，也就是说，政府在一个财政年度内的采购规模基本上是固定不变的，这是政府市场相对稳定的一个重要原因。政府的有关部门对于有意进入政府采购市场的供应商要求提供规定的资料，用以说明其能够提供的产品类别、规格、企业的实力、资信等情况。只有经审定被列入政府采购准供应商名单中的企业，才有可能参加有关政府采购的竞标活动。

(2) 政府采购往往通过竞争性的招标采购、有限竞争性采购和竞争性谈判等方式来选择合适的供应商。对于很多产品，政府有关部门会制定详细的标准和细则，包括技术规范、运送货物的时间要求、包装要求、保证书要求及其他采购要求。

(3) 已经被列入政府采购准供应商名单的企业必须能够提供完全符合这些标准和细则的产品和服务才有资格进入竞标阶段。在竞标阶段,价格基本上是唯一的竞争因素,政府一般会选择竞标价最低的企业作为供应商,除非竞标价次低的企业能拿出有力的证据说明竞标价最低的企业所提供的产品和服务不符合要求。

(4) 进入政府市场困难大,但回报丰厚。政府市场中非军需品的需求稳定,信誉好,同时还可提高供应商的声誉及社会地位。这也是政府市场的吸引力所在。

(5) 政府采购出于保护本国产业的目的,更倾向于采购本国供应商而非外国供应商的产品。《中华人民共和国政府采购法》于 2003 年 1 月 1 日起正式实施。政府采购制度自身的特点,使其在中国一经试行,就显示出极大的优越性。由于它的公平、公正、公开性,被人们称为“阳光工程”和“阳光下的交易”,规范政府采购的法律和法规被称为“阳光法案”。

2. 政府采购过程的参与者

各国的政府部门都设有采购组织来完成政府购买行为。一般来说,政府市场购买过程的参与者有两种类型:行政部门的购买组织和军事部门的购买组织。

(1) 行政部门的购买组织。他们的采购经费主要由财政部门拨款,分级政府机构的采购办公室负责经办采购事务。

(2) 军事部门的购买组织。军事部门采购的军需品包括军事装备(武器)和一般军需品(生活消费品)。各国军队都有国防部和国防后勤部(局)。国防部主要采购军事装备,国防后勤部(局)主要采购一般军需品。在我国,总装备部负责军事装备的采购与分配,解放军总后勤部负责采购和分配一般军需品,各大军区、各兵种也设立后勤部门负责自己所需军需品的采购。

小链接:美国的政府采购

在美国,政府市场由各种为执行政府的主要职能而采购或租用商品的联邦、州以及地方的政府单位组成。1980 年,美国政府单位采购了价值为 5 350 亿美元的商品及服务,占国民生产总值的 20%,从而使它成为全美最大的主顾,在各级政府单位中,联邦政府的采购支出约占总支出的 35%。

政府采购是建立在为实现公众目标所必须得到的产品和服务的基础上的。政府机构采购的产品及服务范围惊人,它们购买轰炸机、雕塑品、黑板、家具、卫生设备、衣服、材料搬运设备、灭火器、汽车设备以及燃料等。例如,1980 年美国联邦、州及地方政府单位总共花费了大约 1 430 亿美元用于教育,1 490 亿美元用于国防,640 亿美元用于公共福利,440 亿美元用于医疗保健,330 亿美元用于公路建设,350 亿美元用于自然资源开发,此外,还花了少量支出用于邮政建设、太空研制、住宅及城市改造等。每一级政府单位都有不同的支出组合,在联邦预算方面,主要用于国防支出,占联邦预算的 33%。在州预算、地方预算方面,教育支出占到 37%。可见,政府市场对任何厂家或销售商来说,都是一个巨大的市场。

3. 影响政府采购行为的因素

政府采购一般也受环境、组织、人际关系、个人特性等因素的影响,然而政府采购的独特之处在于它还受到社会公众的制约。在西方国家,监督者有国会和预算局,它们抨击政府的浪费行为或负责审查政府的开支。此外一些民间监督机构或媒体机构也往往监督政府机构，保护纳税人的利益。

在政府采购中，非经济原则起着日益重要的作用。有些要求政府采购时要照顾衰退的行业和不发达地区，照顾小企业和没有种族、年龄、性别歧视的企业。政府机构会倾向于本国的供应者，而不是外国的供应商。

4. 政府采购方式

一般的政府采购方式与非营利机构的采购方式是一样的，即公开招标、议价合约和例行采购。在我国2002年通过的《中华人民共和国政府采购法》中明确指出，政府采购主要通过公开招标、邀请招标、竞争性谈判、询价和单一来源采购等方式来选择合适的供应商。政府采购法对每种方式的适用情况都作出了相应的规定。

公开招标采购是政府采购的主要方式，具体含义是政府机构邀请那些有资格的供应商参加投标，然后按照物美价廉的原则与中标的供应商签约。政府公开招标采购的主要程序是：在需要购买商品或服务时，事先通过发布公告，把需要采购的产品、数量、规格和其他条件分开招标，然后在公开透明的原则下对投标企业的标书评标，最后选定购买对象。

邀请招标采购，也称选择性招标，是指采购人根据供应商或承包商的资信和业绩，选择若干合格供应商（不得少于三家）向其发出招标邀请书，由被邀请的供应商投标竞争，从中选定中标者的招标方式。

竞争性谈判采购，是指谈判小组（由采购人的代表和有关专家共3人以上的单数组成，其中专家的人数不得少于成员总数的2/3）从符合相应资格条件的供应商名单中确定不少于3家的供应商参加谈判的采购方式。

询价采购是指询价小组（由采购人的代表和有关专家共3人以上的单数组成，其中专家的人数不得少于成员总数的2/3）根据采购需求，从符合相应资格条件的供应商名单中确定不少于3家的供应商向其发出询价单让其报价，由供应商一次报出不得更改的报价，然后询价小组在报价的基础上进行比较，并确定最优供应商的一种采购方式，也就是通常所说的货比三家。它是一种相对简单而又快速的采购方式。政府采购法规定实行询价采购方式的，应符合采购的货物规格、标准统一、现货货源充足且价格变化幅度小的政府采购项目。

单一来源采购，也称直接采购，是指达到了限额标准和公开招标数额标准，但所购商品的来源渠道单一，或属专利、首次创造、合同追加、原有采购项目的后续扩充和发生了不可预见紧急情况不能从其他供应商处采购等情况。综上所述，供应商为了在政府采购这个巨大的市场上分一杯羹，需要密切关注政府采购的需求动向、发展趋势及相关的法律规定，答复政府提出的要求，而且还应主动提出适合政府需要的多项建议，并通过强大的信息网向政府显示公司实力，以争取更多的政府订货。例如印度尼西亚政府准备在雅加达附近招标建一个水泥厂。一家美国公司上交一份建议书，其中包括选择厂址、设计工厂、招聘建筑工程队伍、调集材料和设备，最后交给印尼政府一个建好的工厂。另一家日本公司，在拟定建议书时，除包括以上各条款之外，另外还雇用和培训工人，并通过其贸易公司替该厂把水泥向国外出口，用该工厂生产的水泥修建一条通往雅加达的公路，在雅加达建一些办公大楼。哪家公司可能中标是不言而喻的。

（二）非营利组织市场的购买行为

1. 非营利组织市场的类型

非营利组织市场按照不同的划分标准，可分为不同的市场类型。这里主要介绍按照不同职能和不同经费来源划分的非营利组织市场类型。

按照职能不同，非营利组织可以分为三类。

(1) 履行国家职能的非营利组织。指服务于国家和社会以实现社会整体利益为目标的有关组织，主要有各级政府及下属部门、消防队、监狱等。

(2) 促进群众交流的非营利组织。指一些群众性组织，主要是为了加强群体之间的思想和感情的交流，宣传某些知识和观念，或是为了维护群体利益，如宗教组织、各种协会等。

(3) 提供社会服务的非营利组织。指为某些公众的特定需要提供特殊服务的非营利组织，如医院、学校、红十字会、慈善机构和福利机构等。

按照经费来源，非营利组织主要有三种类型。

(1) 自给自足型。这些非营利组织在经费上完全是自负盈亏。比如，大多数医院必须为所提供的服务设置一个合适的收费标准，以便得到适当的收益来补偿全部开支，维持正常的运营。

(2) 部分收费型。这些非营利组织能得到政府财政拨款和有关方面的捐款，因此，所提供的服务或产品收费标准可以低于其平均成本。如我国高等教育所收取的学费仅占培养学生平均成本的很小部分，随着经济的发展，学费会逐步提高，但仍将低于其运行成本。

(3) 无偿提供型。这些非营利组织完全依靠政府的财政拨款或捐助支持运行，无偿提供服务，最典型的如消防、天气预报、地震报警等。

2. 非营利组织市场的购买特点

(1) 限定总额。非营利组织设立的目的不是为了创造利润，其正常运转的活动经费主要来自政府拨款或者社会捐助，因此经费的预算与支出都会受到严格的控制。因此，非营利组织的采购必须量入而出，不能随意突破。

(2) 保证质量和价格低廉。由于受到经费预算的限制，大多数非营利组织在采购时往往更倾向于选择报价更低的供应商，但同时为了维持组织运行和履行组织职能的需要，又对产品或者服务的质量有很高的要求。

(3) 受到控制。为了使有限的资金发挥更大的作用，非营利组织的采购人员受到较多的制约，只能按照规定的条件购买，缺乏自主性。

(4) 团体采购将成为非营利组织市场采购的一个重要的发展趋势。所谓团体采购，就是指几家甚至几十家机构组成一个联合采购单位或委托专门的采购组织进行采购。通过团体采购，可以获得价低、质优的各类产品和服务的供给。同时，团体采购还具有削减各成员的管理费用、采购规范化及更富有竞争力等优点。面对团体采购，营销人员必须充分意识到团体采购的专业性、规范性、规模大的特点，提供富有竞争力的产品及富有效率的营销策略，才可能在众多的供应商中脱颖而出。

本章小结

市场是企业经营的起点和归宿，根据购买者在市场上购买商品的特点和购买目的的不同，可将市场划分为消费者市场和组织市场。消费者市场是指满足生活需要而购买产品和服务的一切个人和家庭组成的市场。消费者市场的特点有人数众多、交易频繁但交易量小以及其消费行为具有诱导性、流动性和全球性等。消费者购买行为受其不同的文化、社会、个人和心理因素组合的影响。消费者购买行为包括复杂型购买行为、多样化购买行为、和谐型购买行为、习惯性购买行为等购买类型。典型的消费者购买决策过程包括确定需要、收集信息、选择评价、购买决定、购后评价等五个阶段。

组织市场泛指一个组织向其他组织推销商品或服务的任何市场。这类市场包括四种类型，即生产者市场、中间商市场、非营利组织市场和政府市场。组织市场的特点是市场容量大、客户数量少、购买规模大，购买者在地理区域上相对集中；其需求是派生需求，需求缺乏弹性，而且需求波动大；组织市场上的购买者成分复杂，并多为受过专门训练的采购人员。组织市场购买者的决策，通常比消费者的决策更为复杂。在组织市场上，买卖双方往往倾向于建立长期的客户关系，保持密切往来。此外，组织市场往往通过租赁方式取得所需产品。影响组织市场购买行为的因素通常有环境因素、组织因素、个人因素、人际因素等。其购买决策过程要经过八个阶段：提出需求、确认需求、说明需求、寻找供应商、征求建议、选择供应商、发出订单和绩效评价。

关键词

消费者市场　消费者购买行为　参照群体　文化　亚文化　社会阶层　需求确定　信息寻找　选择评价　购买决策　购后评价

思考题

1. 消费者市场有哪些特点？
2. 影响消费者购买行为的主要因素有哪些？
3. 试举出家庭中一个购买角色的例子。
4. 结合所熟悉的一种的产品，说明该产品的消费者行为。
5. 消费者的购买决策包括哪些主要阶段？

实训题

1. 指出下列产品分别属于哪种消费品？

① 面巾纸；② 住宅；③ 珠宝；④ 笔记本电脑；⑤ 果汁饮料。

2. 找出另外两位和你处于不同家庭生命周期的同学，并讨论你们家庭之间的消费差别。

3. 你是否遇到过购后不协调的情况？你是怎么处理的？试分析你的处理方式。

4. 你遇到过什么购买风险？你是如何规避的？

5. 个人因素和人际关系在组织市场购买上仍然起着很重要的作用，你认为其原因是什么？这种作用对企业的正面和负面影响是什么？

6. 寻找一个新产品上市失败的实例，分析这次失败是否与企业不了解消费者心理和消费行为有关。

7. 实地调查一家便利店或服装店等零售企业，访问经理或资深店员，了解该店在进货和销售时，考虑了哪些消费者心理和行为的影响因素，与书中所讲是否相同，你有什么启发，可为其提出什么建议？

8. 你自己或家庭在购买耐用消费品时决策过程是怎样的，影响你决策的相关群体主要有哪些?

9. 从消费者心理和行为的角度分析一下可口可乐和麦当劳等外来食品为什么在中国会受到欢迎。

案例分析

把握消费者心理的零售奥秘

如今的零售商已经发现了商场购物背后隐藏的科学原理。你最爱逛的商场确实聘请了帕可·昂德希尔之类的零售业研究人员,对顾客的心理进行细致剖析。

作为《花钱有理》一书的作者,昂德希尔曾经跟踪了成千上万购物者,研究其购物方式。“商品的陈列和设计不是随心所欲的,都经过认真的计算,目的是想尽办法吸引你的注意,”他说。

既然商场早有部署,那么,你也应该准备好应对之策。

1. 商品陈列的“魔力”

我们可以从昂德希尔的书中得到一些借鉴。他写了一名零售商通过T恤衫的摆放吸引顾客的故事。“在斯里兰卡,我们以每件3美元的价格进货。然后,我们把它们运来,缝上洗标,上面有英文和法文。注意,我们没有说这些T恤是在法国制造的。但是,你可以推理出这个结论,如果你愿意的话。然后……?我们把它们叠放在雅致的展台上,在展台后面的墙上,我们挂上一大幅异域美景中美女穿着这种T恤的华丽照片。”

明智购物忠告:这样的诱惑谁也无法抵御。我同意这个观点,所以,很有必要做一份月度购物清单,并在信封中预留出足够的现金。信封空了就停止消费。之所以要把预算写下来,是为了让你有购物冲动时,三思而后行。

2. “买一送一”很不错

在商场里“买一送一”的捆绑促销很常见,能成功地吸引你增加购物次数,为商场带来额外的销售收入。但是,如果你对商品及其常规价格不熟悉的话,这样的生意最好不要做,“因为你不是在省钱,而是买了计划外的东西,”昂德希尔说。

明智购物忠告:尽量选择喜欢的商家、品牌、常规价格、促销和折扣商品,而且,在购买前先去看一下商场的清仓货品区,经常会在那里看到物有所值的商品,避免因为贪便宜而多花钱,赠送的商品背后一定有你不知道的理由,更何况赠品往往是你不常用的非必需品。“问问自己,‘我真的需要两件毛衣或同件同款牛仔裤吗?’”

3. 进商场时不要右转

零售购物学研究发现,进入商场后,多数人倾向于右转,这是因为多数人习惯使用右手,”昂德希尔说。

商场会在入口右手边摆放新品和时髦商品。你会发现,那里的音乐格外响亮,展示区更加五光十色,吸引你禁不住要走过去看看。那里往往展示着商场里最贵的商品。

明智购物忠告:购物时“戴上眼罩”,直奔目标商品,严格按照购物清单来采购,不惜一切代价避免信用卡债务。

4. 为什么清仓商品总是放在后面

每个商场都会有过季的清仓商品,它们会被故意放在后面或角落里,以便使你更加注意商场过道上比较昂贵的商品。昂德希尔在书中写道，在找到清仓商品前，你不得不穿过所有新产品的货架或促销广告。

零售商们估计，当你最终到达清仓商品区时，手上早就拎得满满的，没法停下脚步寻找更合算的商品。

明智购物忠告：进入商场后先到清仓区选购。如此一来，你就对类似商品的价格心中有数，可以做出更聪明的选择。

5. 为什么清仓区总是凌乱不堪

清仓区商品的价格无疑是颇具优势的，但是，没有人愿意在一团糟的环境里购物，更没有顾客相信，这是零售商们故意所为。零售商们知道顾客想要轻松地了解商品的规格和价格，希望商品摆放整齐。所以，他们人为地把清仓区弄得乱七八糟、毫无条理，以便促使你离开清仓区，到干净整洁、价格昂贵的展示区购买全价商品。

明智购物忠告：如果你赶时间的话，千万别去商城，因为这会使你做出仓促的决定。购物是一个费时间、耗精力的事情，正如购物前要认真计划一样，购物时的反复比较、审慎选择同样非常关键。如果要买得称心如意，清仓区是一定要光顾的，静下心来才能淘到宝贝。

6. 当心收银台边上的小东东

冲动是魔鬼，这句话在购物时也适用。收银台旁边的太阳镜、口香糖、创可贴等，都是为了令你产生购物的冲动。零售商们故意将它们放在那里，在零售业术语中，它们被称为(主要购买行为之外的)"附加购买行为"，如果你发出"哇，太漂亮了"的惊呼，那么，你的信用卡债务立即会快速增加。

明智购物忠告：永远不要在没有制定购物清单的前提下走进商城，而且，尽量使用现金而非信用卡购物。这不但会减少你的冲动购物频率，还会让你不知不觉地养成良好的购物习惯。

7. 跟朋友一同购物时，要有选择性

不知你是否发现，两个最好的朋友在一起购物，会买很多不必要的东西。这是人的从众心理在起作用。零售商们明白这一点，所以，他们鼓励顾客这样做。而且，人们现在也能在网上得到朋友们的意见。

明智购物忠告：每个人都有不用的购物喜好，有的人容易不耐烦，有的人则耐心十足。如果你想跟朋友一起购物，就要平衡好两个人的购物特点，不要使自己的购物行为受到过多的干扰，必须要有主见。

思考题

分析零售商是怎样把握顾客心理、开展销售活动的。

资料阅读

个人银行产品创新研究——基于消费心理学角度

目前，银行业的竞争手段已经从单纯的价格竞争，发展到质量竞争、技术竞争、销售渠道等多方面的竞争。同时，许多新概念也逐步进入消费者的视野，如信用卡、智能卡、借贷卡、电子钱包、电子现金、电子银行、网上银行、金融超市等。在这种形势下，银行在开展业务时需要了解和掌握消费者的消费心理，以消费者的需要为导向，设计出能吸引消费者注意的个人银行产品。只有真正了解消费群体，挖掘其消费心理和消费特点，才能开发出优质的银行产品和服务，才能提出有效的市场营销计划与策略，提高银行自身的竞争力，使其占据优势地位。

消费心理学是一门专门研究市场营销活动中商品的销售对象——消费者心理活动产生、发展及其变化规律的科学。消费者心理是指消费者在处理与消费有关问题时所发生的心理活动，即消费者在找寻、选择、购买、使用、评估和处理与自身满足的相关问题时所发生的心理活动。从时间序列上看，消费者的消费行为是由消费心理引起的，同时消费心理又明确了消费者行为的方向性和目的性。消费心理学的研究对象主要分为三大部分，即消费行为中的心理过程和心理状态、消费者个性心理特征对购买行为的影响和制约作用以及消费心理与市场营销的双向关系。综上所述，围绕消费行为中的“为什么”“做什么”“如何做”的问题，形成了消费心理学丰富的研究内容。

消费者心理学的发现和研究成果对于个人银行产品创新具有很强的现实指导意义。

首先，个人银行产品创新要重视潜在客户（消费者）的心理满足感（包括好奇心、安全感、愉悦感等），如兴趣可激发消费者主动认识产品服务，有助于作出消费决策等。

其次，个人银行产品创新要重视提高消费者的忠诚度，如社区可以通过社会环境心理，促使消费者忠实于社区银行的产品。

第三，个人银行产品创新要重视不同性别、不同年龄阶段人群不同的心理表现，如年轻人追求个性表达，而老年人则偏向于谨慎的心理。

第四，个人银行产品创新方向要随着消费者结构的改变而作出相应的变化，如现代人知识水平提高，对银行产品的选择更为理智，倾向于更快捷、更专业的个人银行产品。总之，随着中国银行业的蓬勃发展，市场竞争日益激烈，赢得消费者成为银行赢得市场、赢得生存和发展机会的重要条件。

消费心理学视角下的个人银行产品的创新方向如下。

1. 产品前端简单化

随着金融改革的逐渐深化，个人银行产品的种类越来越多，往往使缺乏专业知识的消费者无法判断和进行选择。为了吸引消费者的忠诚度，个人银行产品创新出现了一个不可忽视的趋势——产品前端简单化。消费者对银行提出的需求是简单而直接的，他们所期望得到的产品也是直观易懂、方便操作的。如果银行将十分复杂的理财、证券、保险、衍生品进行简单化的一定处理，呈现在消费者面前的产品条款简单、结果明确，将会更易于消费者对个人银行产品的接受。这是由于消费者虽然对新产品具有很强的好奇心，但是消费心理学表明，早期的产品接收者最突出的表现是慎重。个人银行产品往往会具有功能强大、包含范围广的特点，但正是由于产品过于面面俱到，造成了客户操作困难，从而使谨慎的消费者望而却步。因此，个人银行产品在创新的过程中不妨删繁就简，针对消费者的个人需要开发出更加实用的银行产品。

2. 产品打包或捆绑销售

产品捆绑本质上是一种跨区销售，因为消费者同时被售以很多产品，满足一系列需要。例如抵押通常附带房屋保险或者人寿保险。从消费心理学角度来看，因为能够一次性购买很多产品，简化了整个购物过程，因此缩短了消费者对打包销售的各种产品的选择时间，更进一步促进消费者知觉整体性的形成。知觉的整体性是指尽管知觉的对象由许多个别属性组成，但是人们并不把对象感知为若干个相互独立的部分，而是趋向于把它知觉为一个统一的整体。知觉整体性的形成有利于消费者避免外界因素的干扰，在复杂多变的市场环境中保持对某些产品的一贯认识，因此，银行也就通过个人银行产品的捆绑打包服务加强了与消费者之间的联系，赢得了消费者的忠诚。此外，个人银行打包产品往往对消费者很有针对性，即专门适应某一类消费者的需要。从消费心理学角度来说，这样的产品有利于通过明确消费者的目标，培养间接兴趣来维持消费者的有意注意。有意注意是促进消费者购买的直接条件，它的形成主要决定于预先拟定的消费目标。当产品迎合消费者的消费目标时，消费者将更倾向于购买该产品。

3. 发展网上银行

发展网上银行是个人银行产品创新的重要方向。从消费心理学角度来看：首先，当今个人银行产品消费者趋向年轻化，年轻的消费者具有追求个性，表现自我的心理特征，因此，他们更倾向于选择高科技的产品；其次，随着个人银行产品的消费者知识水平的提高，个人银行产品的消费者渐渐趋向于理智型，他们善于观察、分析、比较，而网上银行使消费者能够更直接、更全面地了解产品，满足消费者的需要；再次，消费者的消费动机具有内隐性，即消费者不愿让别人知道自己真实的动机，甚至其对自己的消费动机也缺乏明确的认识，动机处于潜意识状态，而网上银行的隐秘性以及产品展示的全面性，可以弥补消费者这方面的不足。

目前，网上银行产品可分为三大类：基础产品（管理过去的产品，如接入银行的账单）；中层次产品（管理现在的产品，如资金转移）；高层次产品（管理未来的产品，如用个人财务软件下载数据等）。与发达国家不同，中国的银行还没有提供上述高层次产品的服务，或仅向少数人提供有限的服务，因此，中国的网上银行业务还有很大的发展空间。

4. 建立社区银行

社区金融可以概括为社区公众及驻地法人组织在日常生活和经营活动中所产生的全部金融（对银行、信托、证券、保险等）需求，以及各金融机构通过多种形式满足这些需求的活动的总和。当前银行的社区金融服务主要表现为在各社区网点建立社区银行。从消费者心理学的角度来讲，社区金融服务可以极大地满足个人银行产品消费者的便利心理和安全心理。首先，社区银行一般提供方便快捷的金融服务，如水、电、燃气、暖气、有线信息、物业管理、分期投保、定期投资、分期偿还贷款等服务。其次，社区居民作为一个整体，已建立了一种相互信任、相互依存的关系，当社区银行融入该社区后，将会使该社区中个人银行产品的消费者对该银行产品安全性的疑虑降低。此外，消费者都具有社会消费心理，而社区作为一个小型的社会，是消费者的所属群体。所属群体对消费者既有群体压力的作用，又有服从心理的作用，从而使社区的消费者在不知不觉中行动趋向于一致。因此，社区银行对赢得个人银行产品消费者的忠诚具有重要作用。

[资料来源：MBA智库百科，http://wiki.mbalib.com，2010-06-07]

第五章　市场营销调研与预测

在现代营销活动中，营销范围从区域市场辐射全国乃至国际市场的现实，使营销者与消费者之间的距离拉大了；人们的生活水平以及消费理性程度的日益提高，使市场需求更加多样化、复杂化。复杂的市场状况，必然形成日趋激烈的市场竞争。市场营销环境的快速变化，使得营销信息的实时需要更加重要，由于现在的企业已经从价格竞争发展到非价格竞争，当企业加强对品牌、产品差别化、广告和促销等竞争工具的应用时，为了更有效地应用这些营销工具就需要信息。而现代科学技术的发展，也为企业建立科学的营销信息系统提供了良好的条件。

引导案例

LED 显示屏未来发展方向预测

LED 显示屏市场竞争的白热化，不得不让众多还在竞争大潮中追逐弄浪的企业思考 LED 显示屏的未来发展，对此 LED 显示企业联诚发就对未来发展进行了以下六点预测：

(1) 向节能方向发展

(2) 向轻巧方向发展

(3) 向薄透方向发展

(4) 向专利保护方向发展

(5) 向快速精准拼接方向发展

(6) 向标准化方向发展

联诚发研发团队紧贴时代脉搏，顺应客户实际需要，掌控产品研发方向，赋予新产品更多的优点，真正做到让 LED 显示屏实用又好用。

现代信息社会中，作为人机信息视觉传播媒体的显示产品和技术得到了迅速发展，二十一世纪的显示技术将是平板显示的时代。LED 显示屏作为平板显示的主导产品之一，无疑会有更大的发展空间，并有可能成为二十一世纪平板显示的代表性主流产品。

[资料来源：中研网，http://www. chinairn. com/news/20140526/183552765. shtml，2014. 5. 26]

第一节　营销信息系统的结构和要素

一、市场营销信息

信息是各种相互联系的客观事物在运动变化中，通过一定传递形式而提示的一切有特征性内容的总称。营销信息属于经济信息的范畴，指的是在一定时间和条件下，同营销活动有关的各种消息、情报、数据和资料的总称。一般可以把营销信息分成两大部分。

（一）外部环境的信息

即来自企业外部反映客观环境变化的各种同营销活动有关的信息。外部信息的范围十分广泛，企业可以根据自身条件和需要，在不同时期内选择一些对营销活动影响最大的因素作为调研的重点。

1. 政府的方针、政策、法令、计划与相关文件

政治背景的变更往往会对企业的营销活动产生至关重要的影响。如政府某些政策、法令的修改会使一些产品无销路而退出市场，另一些产品则因此得到许可开发而进入市场。因此，这类信息必须引起企业的重视。同时，各级政府和主管部门所发布的经济统计资料、调查报告等，把握它们可以了解过去与当前情况以及经济发展趋势，是企业应当作为常规性收集的重要信息。

2. 市场竞争情况

市场经济社会中，参与营销活动的企业间相互竞争是必然的，而且随着市场经济的不断发展，这种竞争将会越来越激烈。企业要加快自身的发展，并在市场竞争中立于不败之地，就必须想尽一切办法去获取竞争者信息，诸如竞争对手的经营规模（设备先进程度、生产规模、劳动效率等），产品特点（外观、内质、价格水平等），应变能力（生产多档产品、适应市场需求等），技术设备（技术队伍、新产品开发、试验室建设等）。把握了竞争对手的情况，企业就占据了营销活动中的先机并通过对比明确了自身开展营销活动的优劣势。

3. 市场需求状况

现代营销活动企业的营销决策是以市场需求为核心的，因此市场需求状况信息是企业调研的重要内容，包括消费者需要什么、在何时需要及其愿意按何种条件接受企业产品或服务等。消费者需要既指同营销企业所提供产品的相关需求，如产品的质量、性能、包装等，也指同企业尚未开发生产和投入市场的产品相关的需求。消费者需要的时间既指具有购买支付能力的时间，又指消费者乐意或习惯上的购买时点。消费者愿意接受的条件既指产品相应的价格水平，也指企业同时能提供的服务。当然，市场需求状况也包括影响消费者购买行为产生的其他因素，如购买动机、爱好、家庭、收入、受教育程度等。

4. 科技发展水平

科学技术的不断发展，导致了新产品、新行业的不断涌现，同时一些落后的产品和行业将被淘汰出局。企业必须及时掌握有关科技情报，诸如同行业同类产品更新换代的过程（全新产品、重大产品改进等）和国内外科技的最新成就（产品结构、质量及功能提高，新材料、新工艺、新技术的应用等），并据以不断改进现有产品和开发新产品，才能跟上时代发展的步伐。

(二) 内部管理的信息

即通过企业内部管理的各项经济指标反映营销情况的信息。内部资料可以帮助研究人员迅速而经济地取得企业积累的各种数据、资料,从中可以明确存在的机会与问题,比较预期和实际完成水平,是取得营销信息的一个重要来源。

1. 生产成果

包括产品产量(销量)、产品质量、品种等三部分。产量指标用以说明生产劳动成果的数量标志。质量指标用以说明产品本身物理、化学性能和生产过程工作好坏两个方面的标志。品种指标用以说明满足社会需要、逐步扩大新品种取得效果的标志。

2. 物资利用

指原材料、燃料、动力、设备等在生产过程中的消耗情况。如材料储备指标、材料单耗指标、材料利用率指标、设备利用率指标等,直接反映了企业营销成本的高低,也是企业必须掌握的重要信息。

3. 人力资源

劳动是创造物质财富的主要源泉,是生产力的决定性因素。每个企业都应该合理而节约地使用人力资源,争取以尽可能少的劳动耗费去产出尽可能多的营销成果。这类信息包括职工人数指标、工资总额指标、工时利用指标、劳动生产率指标等的变动情况。

4. 财务状况

财务状况的好坏,直接影响着企业的经济效益,反映了企业的营销实绩。这类信息包括资金、成本、利润等三大指标,是企业营销必不可少的参考数据。

把营销信息分成内外两部分,目的在于便于信息的调研管理。营销信息的内容极其广泛,可以通过各种途径获得,报纸杂志、文件报表、协作单位、专业机构及企业内部会计、营销、运输、人事等部门都是营销信息的重要来源,企业应该根据自身条件和需要收集适量的有用信息。

二、市场营销信息系统

市场营销信息系统(MIS,Marketing Information System)是指由人、机器、程序构成,为市场营销决策(常规性)收集企业内外资料并进行常规管理(筛选、分类、储存、分析、评价、传递)的系统。它通过相关的分系统进行数据信息收集、整理、分析、结论,达到对营销活动进行有效地计划、执行和控制。

营销信息系统一般由内部报告系统、营销情报系统、营销调研系统和营销分析系统所构成,它们各司其职,共同完成企业内外部环境的沟通,形成了完整的营销信息流循环过程(图 5-1)。

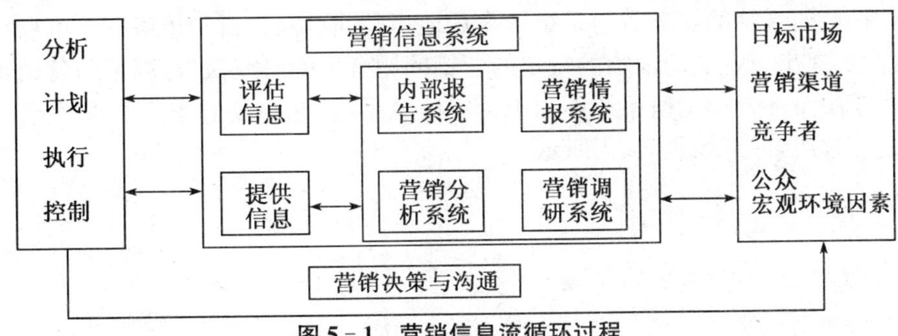

图 5-1 营销信息流循环过程

（一）内部报告系统

内部报告系统亦称内部会计系统，它是企业营销管理者经常要使用的最基本的信息系统。内部报告系统的主要功能是向营销管理人员及时提供有关订货数量、销售额、产品成本、存货水平、现金余额、应收账款、应付账款等各种反映企业经营状况的信息。通过对这些信息的分析，营销管理人员能够发现市场机会、找出管理中的问题，同时可以比较实际状况与预期水准之间的差异。

内部报告系统的核心是订单——发货——账单的循环。销售人员把订单送至企业，负责管理订单的机构把有关订单的信息送至企业内的有关部门，然后企业把账单和货物送至购买者的手中。这是一般营销企业的常规操作程序，然而是否具有措施以保证这一循环中的各个步骤快速而准确地完成，则明显地反映着企业不同的营销能力和营销效率。

内部报告系统还包括及时、全面、准确的销售报告，以帮助决策者把握最佳的决策时机，提高企业的竞争优势。就现实情况而言，由于信息网络的普及，企业基本上都建立了比较健全的销售报告系统，完全有条件在瞬间就清晰地集中反映分散在各处的关联企业过去及现在的销售和库存数据。

通过分析内部报告系统所提供的信息，能发现重要的机会和问题。但应注意尽量避免该系统提供重复信息，那样会造成营销成本上升和相关人员陷入繁琐的销售资料堆中。

（二）营销情报系统

内部报告系统的信息是企业内部已经发生的交易信息，主要用于向管理人员提供企业运营的"结果资料"；营销情报系统所要承担的任务则是及时捕捉、反馈、加工、分析市场上正在发生和将要发生的信息，用于提供外部环境的"变化资料"，帮助营销主管人员了解市场动态并指明未来的新机会及问题。

小链接：企业营销情报系统的数据来源

（1）市场开发方面的情报，即各子市场的布局、规模、发展变化趋势等。

（2）竞争者方面的情报，包括国内外同行业的规模、地理位置、技术现状、新产品开发、设备更新等，以及同类产品的性能、质量、价格、成本等。

（3）用户方面的情报，包括最终用户使用产品的目的、使用环境和使用条件，对产品功能、安全性、寿命、造型等方面的要求等。

（4）新产品开发的情报，如有关领域中新科学、新技术、新材料、新设备的科研成果、专利及发展动向等。

（三）营销调研系统

市场营销调研系统的任务就是系统地客观地识别、收集、分析和传递有关市场营销活动各方面的信息，提出与企业所面临的特定的营销问题有关的研究报告，以帮助营销管理者制定有效的营销决策。营销调研系统不同于营销信息系统，它主要侧重于企业营销活动中某些特定问题的解决，区别如表 5－1 所示。

表 5-1　营销调研系统与营销信息系统的区别

市场营销调研系统	市场营销信息系统
1. 着重处理外部信息	1. 处理内部及外部信息
2. 关心问题的解决	2. 关心问题的解决与预防
3. 零碎的、间歇的作业	3. 系统的、连续的作业
4. 非以计算机为基础的过程	4. 是以计算机为基础的过程
5. 营销信息系统的信息源之一	5. 包含营销研究及其系统

(四) 营销分析系统

营销分析系统也称营销管理科学系统，它通过对复杂现象的统计分析、建立数学模型，帮助营销管理人员分析复杂的市场营销问题，作出最佳的市场营销决策。营销分析系统由两个部分组成，即统计库和模型库。其中统计库的功能是采用各种统计分析技术从大量数据中提取有意义的信息。模型库包含了由管理科学家建立的解决各种营销决策问题的数学模型，如新产品销售预测模型、广告预算模型、厂址选择模型、竞争策略模型、产品定价模型以及最佳营销组合模型等，如图 5-2 所示。

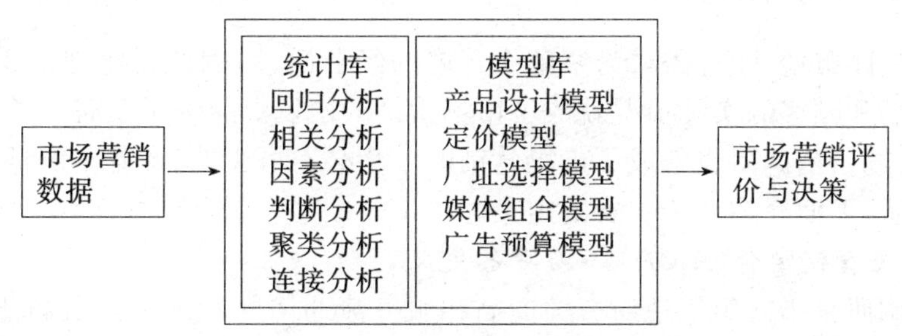

图 5-2　市场营销分析系统

1. 统计工具库

这是一组统计方法，用来从所收集的各种数据资料中抽取有意义的信息，以供营销决策的需要。统计方法本身就是一门专业技术，在营销分析系统中常用计算平均数、测量离散度、资料交叉列表等统计方法。另外，也常运用各种多变数统计技术去发现资料中的重要关系，如回归分析、相关分析、因素分析、聚类分析等。

2. 模型库

模型的设计是用来表达某些系统或过程的一组变量及它们之间的相互关系，帮助回答“假设某条件下，可能有哪些情况？什么是最佳情况？”等问题。营销分析系统的模型库就收集能帮助营销人员制定更好的营销决策的各种模型，包括最佳产品特征模型、定价模型、销售区域优化模型、广告媒体组合模型、营销组合预算模型等。

营销分析系统的建立和运用是运用科学方法对某些营销问题的理解、预测和控制，需要营销者对统计学、管理学及计算机应用等科学知识的综合掌握和研究。

企业的营销决策者通过该过程密切注视和了解营销环境中的各种动向、收集和处理相关信息，据此而作出企业的营销决策，制订具体营销计划和方案，然后以营销决策和沟通信息作用于营销环境，最终使企业的营销目标得以实现。

小链接：什么是一个有效的市场营销信息系统

一个有效的市场营销信息系统应具备以下素质：

1. 能向各级管理人员提供从事工作所必需的一切信息；

2. 能够对信息进行选择，以便使各级管理人员获得与他能够且必须采取的行为有关的信息；

3. 提供信息的时间限于管理人员能够且应该采取行动的时间；

4. 提供所要求的任何形式的分析；

5. 所提供的信息一定是最新的，且所提供的信息的形式都是有关管理人员最容易了解和消化的。

第二节　市场营销调研

一、市场营销调研的含义

市场营销是以市场、顾客需求为基础而开展的经营活动，因此科学地认识市场和顾客、准确地把握市场和顾客的实际情况就成了市场营销的出发点。为了了解与掌握市场和顾客的实际情况，市场营销调研也就成了市场营销的一个必不可少的、最基本的环节。究竟什么是市场营销调研，下面介绍几个主要的定义。

1. 美国市场营销学会(AMA)1960 年的定义

市场营销调研是指有组织地对有关商品和服务流通诸问题的数据资料进行收集、记录和分析。

这一定义简单明了，但有其缺陷，一是其内容停留在市场营销调研职能的说明上，而缺乏对市场营销调研目的的说明；二是数据资料局限于有关商品和服务流通的各种问题，而没能全面地把握与营销有关的诸多问题。

2. 美国市场营销学会(AMA)1987 年的定义

市场营销调研，是指通过信息，即阐明特定市场机会和问题的信息，把市场营销者同消费者和社会结合起来。市场营销调研具有创造、调整和评价市场营销行动，或者观察了解市场营销状况、改善市场营销程序的职能。

上述定义的特点体现在三个方面：其一，根据市场营销调研同市场营销的关系规定了市场营销调研的目的和作用；其二，信息的范围不是局限在流通领域，而是特定的市场机会和问题；其三，较全面完整地表述了市场营销调研的含义。

二、市场营销调研的职能

1. 弄清市场营销机会和市场营销问题

所谓市场营销机会，就是指新产品导入的必要性，现有产品的重新定位，新市场的开拓，通过强化促销活动来缓和对价格的抗拒，或者通过增加对广告和人员推销的预算来提高需求水平等。市场营销问题包括品牌形象混乱、销售渠道不完备、广告活动达不到目标市场、较低的品牌知名度等。

2. 发现新的市场机会或了解消费者对企业新产品的消费意向

企业为了在激烈的市场竞争中发展壮大，必须不断地推出符合消费者需求的新产品，才能在竞争中发现机会。企业推出新产品前，只有通过市场调查才能了解新产品在市场上的生命周期所处的阶段、了解消费者对新产品的接收程度以及新产品的市场空间等，才能把握市场机会，使企业迅速提高自身的竞争力，提高企业的市场占有率。

3. 了解竞争产品市场表现

企业产品要稳固地占领市场，提高市场竞争力，必须了解竞争对手产品目前的价格、促销等策略，分析市场细分状况，寻找适合本企业发展的目标市场，恰当进行产品定位，这样才可以知己知彼，在竞争中占有优势。

4. 评估、监测市场运营状况

企业营销方案一旦形成，就需要不断地监控实施效果。企业营销管理者需要通过市场调查，获知市场经营状况的及时反馈，了解某一种营销策略的执行情况，及时进行方案调整，否则可能会带来不必要的资源浪费。

三、营销调研的类型和内容

(一) 营销调研的类型

市场营销调研可根据不同的标准，划分为不同的类型。如：按调研时间可分为一次性调研、定期性调研、经常性调研、临时性调研；按调研目的可分为探测性调研、描述性调研、因果性调研。以下对后一种分类作详细介绍。

1. 探测性调研

企业在情况不明时，为找出问题的症结，明确进一步调研的内容和重点，需进行非正式的初步调研，收集有关资料进行分析。探测性调研研究的问题和范围比较大，研究方法比较灵活，在调研过程中可根据情况随时进行调整。有些比较简单的问题，如果探测性调研已能弄清其来龙去脉，可不再作进一步调研。

2. 描述性调研

在已明确所要研究问题的内容与重点后，通过详细的调查和分析，对市场营销活动的某个方面进行客观的描述，是对已经找出的问题作如实的反映和具体的回答。一般要进行实地调查，收集第一手资料，摸清问题的过去和现状，进行分析研究，寻求解决问题的办法。描述性调研是市场营销调研经常采用的一种类型。如某企业产品销量下降，通过调研，查清主要原因是产品质量差、售后服务不周到等，可将调研结果进行描述，如实反映情况和问题，以利于寻求对策。

3. 因果性调研

企业营销活动存在许多引发性的关系，大多可以归纳为由变量表示的一些函数。这些变量既包括企业自身可以控制的产品产量、价格、促销费用等，也包括企业无法完全控制的产品销售量、市场竞争格局与供求关系等。描述性调研可以说明这些现象或变量之间存在相互关系，而因果性调研则在描述性调研的基础上进一步分析问题发生的因果关系，说明某个变量是否影响或决定着其他变量的变化，解释和鉴别某个变量的变化究竟受哪些因素的影响，以及各种影响因素的变化对变量产生影响的程度。

（二）营销调研的内容

1. 产品调研

包括对新产品设计、开发和试销，对现有产品进行改良，以及对目标顾客在产品款式、性能、质量、包装等方面的偏好趋势进行预测。定价是产品销售的必要因素，因此也需要对供求形势及影响价格的其他因素的变化趋势进行调研。

2. 顾客调研

包括对消费心理、消费行为的特征进行调查分析，研究社会、经济、文化等因素对购买决策的影响，这些因素的影响作用到底是发生在消费环节、分配环节还是生产领域。除此之外，还要了解潜在顾客的需求情况（包括需要什么、需要多少、何时需要等）、影响需求的各因素变化的情况、消费者的品牌偏好及对本企业产品的满意度。

3. 销售调研

包括对购买行为的调查，即研究社会、经济、文化、心理等因素对购买决策的影响；也包括对企业销售活动的全面审查，如对销售量、销售范围、分销渠道等方面的调研；还有对产品的市场潜量与销售潜量以及市场占有率的变化情况的调研，也都是销售调研的内容。销售调研还应该就本企业相对于主要竞争对手的优劣势进行评价。

4. 促销调研

主要是对企业在产品或服务的促销活动中所采用的各种促销方法的有效性进行测试和评价。如广告目标、媒体影响力、广告设计及效果，公告关系的主要运作及效果，企业形象的设计和塑造等，都需要有目的地进行调研。

小链接：网络环境下的市场调研

当前在网络上所进行的市场调查主要是利用了网络的信息传输能力和电脑的信息表达能力。一种常用的网络调查方式是通过Email来进行的，它基本上是传统邮寄调查的电子化。调查样本框的来源可以是购买的Email名单，调查问卷可以是纯文本格式或HTML格式，也可以是一个专门的问卷调查软件，作为Email的附件发送。

另一种调查方式是建立市场调查网站，把调查问卷做成网页，上网用户每次访问该网站就可以参与调查。这种调查方式的最大问题是代表性不足，参与调查的对象仅限于该网站的访问者。

还有一种Email和网站相结合的调查方式，通过Email来选取调查样本，问卷内容放在调查网站上，Email中有一个链接指向相关的调查网页。网络调查过程中还可以广泛应用其他各种WEB媒体，如邮件列表、新闻组、BBS、热门网站上的广告条等，还可以综合利用传统媒介如报纸杂志等来宣传调查网页，吸引各个层面不同背景的人参与调查。

但是网络环境下市场调查中存在着代表性不足的问题，由于上网用户往往集中于受过良好教育、从事高科技工作的年轻人，相对于社会总体，这部分人的数目只占其中一小部分。在网络上如何防止受访者重复参与调查是另一个重要的问题，如果受访者重复参与调查并恶意多次参与，则调查的准确性将受到很大的影响。同时，垃圾邮件、隐私问题都影响网络调查的准确性。

网络环境下市场调查的新思路：

1. 参考邮寄清单的方法在网上建立Email清单，由专业公司建立和维护。新兴的P2P

应用如QQ、OICQ等提供了一种在线聊天的工具，吸引了大量的网络用户。

2. 网上的小组座谈会调查。

3. 网上社区。

[资料来源：黄建华.网络环境下的市场调查方法.微计算机信息，2003，19(7)]

四、市场营销调研的方法

(一) 确定调查对象

调查对象的代表性直接影响调查资料的准确性。根据调研的目的及人力、财力、时间情况，要适当地确定调查样本的多少和确定调查对象。

1. 普查和典型调查

普查是对调查对象进行逐个调查，以取得全面、精确的资料，信息准确度高，但耗时长，人力、物力、财力花费大。典型调查是选择有代表性的样本进行调查，据以推论总体。只要样本代表性强，调查方法得当，典型调查可以收到事半功倍的效果。

2. 抽样调查

大多数的市场调查是抽样调查，即一种专门组织的非全面调查，它是按照一定的方式，从调研总体中抽选出一部分单位作为样本进行调查，并根据所得的结果推断总体情况和特征的一种专门性的调查活动。

抽样方法按照是否遵循随机原则分为随机抽样和非随机抽样。

(1) 随机抽样方法。随机抽样就是按照随机原则进行抽样，即调查总体中每一个个体被抽到的可能性都是相同的，是一种客观的抽样方法。随机抽样方法主要有简单随机抽样、等距抽样、分层抽样和整群抽样。

① 简单随机抽样：从含有N个元素的总体中直接随机抽取n个元素组成样本，类似于抽签。

这种方法一般适用于调查研究总体中各个体之间差异程度较小的情况，或者调查对象不明，难以分组、分类的情况。

② 等距抽样：把总体的单位进行编号排序后，再计算出某种间隔，然后按这一固定的间隔抽取个体的号码组成样本的方法。

③ 分层抽样：先将总体中所有单位按某种特征或标志划分为若干类型或层次，然后再在各个类型或层次中采用简单随机抽样或系统抽样的方法抽取子样本，将其合成样本。

④ 整群抽样：当总体的所有基本单位自然组合或被划分为若干个群后，从中随机抽取部分群并对群内全部或部分单位进行调查的一种抽样组合方法。

(2) 非随机抽样方法。常用的非随机抽样主要有以下几种。

① 任意抽样。任意抽样也称便利抽样，这是纯粹以便利为基础的一种抽样方法。街头访问是这种抽样最普遍的应用。这种方法抽样偏差很大，结果极不可靠。一般用于准备性调查，在正式调查阶段很少采用。

② 判断抽样。判断抽样是根据样本设计者的判断进行抽样的一种方法，它要求设计者对母体有关特征有相当的了解。在利用判断抽样选取样本时，应避免抽取“极端”类型，而应选择“普通型”或“平均型”的个体作为样本，以增加样本的代表性。

③ 配额抽样。配额抽样与分层抽样法类似，要先把总体按特征分类，根据每一类的大

小规定样本的配额，然后由调查人员在每一类中进行非随机的抽样。这种方法比较简单，又可以保证各类样本的比例，比任意抽样和判断抽样样本的代表性都强，因此实际上应用较多。

④ 雪球抽样。是指一种在稀疏总体中寻找受访者的抽样方法。

小链接：样本容量的确定

在市场调研中，样本容量是关系到调研精确度和市场研究公司效益的一项重要指标，因此，确定样本容量是抽样方案的一个重要问题。一般情况下，确定样本量需要考虑调查目的、性质和精度要求，以及实际操作的可行性、经费承受能力等。一般来说，样本容量受决策的重要性、调查的性质、变量个数、数据分析的性质以及资源限制等的影响。如重要的决策需要较大的样本量；探索性调查，所需样本量较小；结论性调查，如描述性的调查，所需样本量较大。调查所涉及的变量较多时，样本量就应该大一些。

具体的样本量的确定主要取决于以下因素。

1. 研究对象的变化程度，也叫变异程度，即总体方差的大小。也就是说，研究的问题越复杂，总体方差越大时，样本量越大。

2. 允许的误差大小，即精度要求。允许误差的大小与样本量成反比，当调查结果要求比较准确，又有掌握抽样调查技术的队伍的时候，允许误差可小些，样本容量就可大些；反之，允许误差就大些，样本容量就小些。

3. 要求推断的置信度。置信度越大，要求的样本量也越大。一般情况下，置信度取95%。

4. 总体的大小。总体越大，样本量也相对增加，但是，增大呈现出的不是线形关系，而是呈现出一定对数特征。

5. 抽样的方法。抽样方法决定设计效应的值，如果我们设定简单随机抽样设计效应的值是1，分层抽样由于抽样效率高于简单随机抽样，其设计效应的值就应该小于1，合适恰当的分层，将使设计效应小于1的幅度变大，多阶抽样由于效率低于简单随机抽样，设计效应的值就大于1，所以抽样调查方法的复杂程度决定其样本量大小，而且在同等条件下，不重复抽样比重复抽样需要样本单位数少。

6. 抽样的组织形式。不同的抽样组织形式所要求的样本量也不相同。如采用类型抽样和等距抽样比简单随机抽样需要的样本数少。

7. 发生率和回收率。发生率指的是调查所需“合格”人员的比例，发生率决定了对给定的样本量所需的接触次数。回收率是指合格调查对象完成调查的比率。根据调查经验，调查表的回收率通常都很低，采用邮寄调查法则更低，有时超过30%已是比较理想了。因此，确定样本数目应考虑到回收率问题，在回收率低的情况下，应适当加大样本数目。

[资料来源：陈克明，宁震霖. 市场调查中样本容量的确定. 中国统计，2005(3)]

(二) 选择调查方法

1. 询问法

即以面谈或问卷的方式向被调查者提出询问，以获得所需资料的方法。询问调查法分为面谈调查、电话调查、邮寄调查、留置问卷调查及深层询问法等五种。这五种方法各有所长，可以根据调查课题的特点进行评定，选择最佳方法。

2. 观察法

观察调查法是指带有一定的目的到现场进行观察、记录，以取得调查资料的方法。观察调查法根据调查结果的标准化程度而分为控制观察和无控制观察两类。前者须拟定观察提纲、确定观察的总体范围和具体对象、制定观察表或卡片，进行有目的、有计划的观察。后者对观察项目、程序和步骤等不作严密的规定。

3. 实验法

实验法是指在给定的条件下，通过实验对比，对营销环境与营销活动过程中某些变量之间的因果关系及其发展变化进行观察分析。如通过一项推销方法在特定地区及时间的小规模实验，并用市场营销原理分析其是否值得大规模推行，即销售实验。

4. 固定样本连续调查

用抽样方法，从总体中抽出若干样本组成固定的样本小组，在一段时期内对其进行反复调查以取得资料。调查技巧可采用个别面谈、问卷调查、消费者日记或观察记录调查。固定样本连续调查能掌握事项的变化动态，分析发展趋势，但如持续时间长，被调查者会感到厌烦。

第三节　市场需求的衡量与预测

一个企业开展营销调研的主要原因之一是为了确定它的市场机会。一旦调研工作结束以后，企业在选择它的目标市场以前，必须仔细地评价每一个机会。因此，企业特别需要衡量与预测每个机会潜在的规模、成长和利润。

一、衡量市场需求

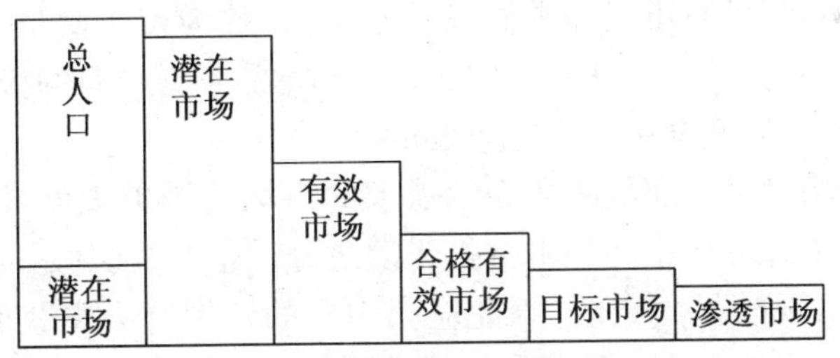

图 5－3　市场定义的层次

营销人员经常谈论潜在市场、有效市场、服务市场和渗透市场。为了弄清这些术语，让我们先从市场的概念开始：一个市场就是某一产品的全体实际和潜在购买者的集合，如图 5－3 所示。

从这个定义出发，市场的规模是随着一个特定市场供应品的购买者人数而定的。潜在市场就是指那些表明对某个在市场上出售的商品有某种程度兴趣的顾客群体。

仅有顾客的兴趣还不足以确定一个市场。潜在顾客必须有足够的收入买得起这个产品，并且他们对这个产品的获得有一定的通路。如果一个产品无法分销到某个地区，该地区的潜在顾客就不能得到这个产品。有效市场是由一群对某一产品有兴趣、有收入和通路的潜在市场顾客所组成。

对于同样出售的商品，公司或政府可以限制销售给某些顾客。例如，政府可能禁止向21岁以下的青少年销售摩托车。这样，21岁以上的成年人就组成了合格有效市场——成为对在某个市场上出售的商品有兴趣、有收入和可取得该商品的合格的顾客群体。

公司一旦确定了有效市场后，它可选择追求整个有效市场或者集中全力于某些细分市场。目标市场（又称为服务市场）是公司决定要在合格有效市场上追求的那部分。

公司及其竞争者总会在其目标市场上售出一定数量的产品。渗透市场就是指那些已经买了这种公司产品的顾客群体。

一个市场的这些定义是营销计划工作的有用工具。如果一个组织对它目前的销售情况不满意，它可以考虑采取一些措施：可以争取从它的服务市场中吸引更大比例的人员；可以降低潜在顾客的合格标准；可以向其他的有效市场拓展；也可以降低价格以扩大有效市场的规模；还可以用大量广告使不感兴趣的消费者或并非是目标市场的消费者变为感兴趣者，从而扩大潜在市场。例如，某些饮料公司成功地通过新的广告活动扩大了它们的市场。

二、需求衡量的有关词汇

（一）市场需求

市场需求的确切定义应当是：某个产品的市场需求是指一定的顾客在一定的地理区域、一定的时间、一定的市场营销环境和一定的市场营销方案下购买的总量。认识市场需求概念的关键在于市场需求不是一个固定的数值，而是一个函数，即市场需求受以上诸因素的影响。因此，市场需求也被称为市场需求函数或市场反应函数。

即使没有任何需求刺激，不开展任何市场营销活动，市场对某种产品的需求仍会存在，这种情形下的销售额称为基本销售量（亦称市场最小量）。高水平的行业营销费用会产生先是报酬率递增随后是报酬率递减的高水平的需求。当营销费用超过一定的水平后，就不能再进一步促进需求，因此，可对市场需求假设一个上限，称为市场潜量。市场潜量就是在一个既定的环境下，当行业营销努力达到无穷大时，市场需求所趋向的极限。“在一个既定的环境下”一语在市场潜量的概念中是十分重要的。

市场最小值与市场潜量之间的距离表示需求的市场营销灵敏度，即行业市场营销对市场需求的影响力。市场有可扩张的和不可扩张的之分。企业组织假如在不可扩展的市场上销售，可以认为市场的规模是固定的，因此应集中它的营销努力去获取一个期望的市场份额。需要强调的是，市场需求函数无法看出时间对市场需求的影响。

（二）市场预测

市场预测是估计的市场需求，但它不是最大的市场需求。最大的市场需求是指对应于最大的市场营销费用的市场需求。市场潜量是指在一定的市场营销环境条件下，当行业市场营销费用逐渐增高时，市场需求达到的极限值，如图5-4所示。

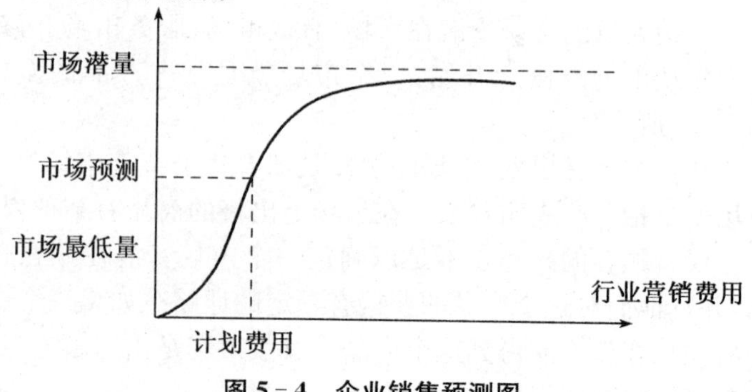

图5-4 企业销售预测图

（三）企业需求

企业需求是指在市场需求总量中企业所占的份额，方程式：$Qi=SiQ$。式中：Qi 是公司 i 的需求，Si 是公司 i 的市场份额，Q 是市场总需求。市场竞争中，企业的市场占有率取决于该公司的产品、服务、价格、沟通等与竞争者的关系。假如其他因素相同，则企业的市场份额取决于它的市场费用在规模与效益上与竞争者的关系。营销模型建立者必须开发和衡量销售反应函数，以研究企业的销售受它的营销费用水平、营销组合和营销效益影响的程度。

企业的市场占有率与其营销努力成正比，而营销努力又与营销费用支出呈正比例关系：

设：$S_i=\dfrac{M_i}{\sum M_i}$　M_i—i 公司营销费用

由于不同企业的营销费用支出所取得的效果不同，以 α_i 代表公司营销费用的效率即企业 i 支出 1 元的营销有效性，则 i 企业的市场占有率计算公式为：

$$S_i=\frac{\alpha_i M_i}{\sum \alpha_i M_i}$$

此外，如果营销费用分配于广告、促销、分销等方面，它们有不同的效率及弹性。如果考虑到营销费用的地区分配，以及以往营销努力的递延效果和营销组合的协同效果等因素，则上述表达式还可以进一步完善。

（四）企业预测与企业潜量

企业销售预测是公司以其选定的营销计划的假定营销环境为基础所预期的销售水平。这里，销售预测不是为确定营销计划或营销努力水平提供基础，而是由营销计划所决定的，它是既定的营销费用计划产生的结果。与销售预测相关的还有两个概念：一个是销售定额，即公司为产品线、事业部和推销员确定的销售目标，是一种规范和激励销售队伍的管理手段，分配的销售定额之和，一般应略高于销售预测；另一个是销售预算，主要是为当前采购、生产和现金流量作决策，销售预算一般略低于销售预测，以避免过高的风险。

企业潜量是指企业的营销努力相对于竞争者不断增大时，企业需求所达到的极限。当企业的市场占有率为 100%时，企业潜量也就是市场潜量，但这只是一种少见的极端情况。

三、估计当前的市场需求

（一）总市场潜量

总市场潜量是指在一定期间内，一定水平的行业市场营销力量下，在一定的环境条件下，一个行业中所有企业可能达到的最大销售量。

一个常用的估计方法是：估计潜在的购买者数量乘上一个购买者的平均购买数量，再乘上每一平均单位的价格。

例如，如果每年有 1 亿人买书，平均每人每年买 3 本，平均每本的价格为 10 元，那么，图书的总市场潜量是 30 亿元。在这里，最难估计的是特定产品或市场的购买者人数。

（二）地区市场潜量

企业不仅要计算总的市场潜量，还要选择欲进入的最佳区域，并在这些区域内最佳的分配其市场营销费用，评估其在各个区域的市场营销效果。为此，企业有必要估计各个不同区域的市场潜量。目前较为普遍地使用两种方法：一种是主要为企业服务的厂商所采用的市场累加法，另一种是主要由为消费者服务的厂商所采用的多因素指数法。

1. 市场累加法

所谓市场累加法,是指先确认某产品在每一个市场的可能购买者,之后将每一个市场的估计购买潜量加总合计。如果公司有一张全部潜在购买者的清单和他们将购买什么的可靠估计,则可直接应用该法,不过这些条件往往并不容易获得。目前可以利用的资料,主要有全国或地方的各类统计资料、行业年鉴、工商企业名录等。

2. 多因素指数法

所谓多因素指数法,是指借助与区域购买力有关的各种指数来估计其市场潜量的方法。与企业销售者一样,消费品公司也必须估计地区市场潜量。因为他们的顾客如此众多,以致开列名单是不可能的。最常用的估算方法是简单指数法,例如,一家药品制造商可以假设药品的市场潜量直接与人口有关,某地区人口占全国人口的 2.28%,则公司就可以假设这个地区的药品市场潜量也占全国市场的 2.28%。然而,一个单一因素是很难成为销售机会的完全指标的,一个地区的药品销售量不仅受人口影响,还受个人收入所得和每万人中医生数的影响。因此,需要发展一个多因素指数法,而且应对每一个因素赋予一个特定的权数。权数要加到每一个变量之上。

例如,美国公布全美各地和大城市的购买力指数,并提出了以下计算公式:

$B_i=0.5y_i+0.3r_i+0.2p_i$

其中,B_i 为 i 地区的购买力占全国购买力的百分比;y_i 为 i 地区个人可支配收入占全国的百分比;r_i 为 i 地区零售额占全国的百分比;p_i 为 i 地区人口占全国的百分比;0.5、0.3、0.2 分别为三个因素的权数,表明该因素为购买力的影响程度。假设,某地区的个人可支配收入占整个美国的 2.00%,零售销售额占 1.96%,人口占 20.28%,则该地区的购买力指数为:$0.5\times2.00+0.3\times1.96+0.2\times2.28=2.04$。这就是说,该地区的药品销售占全国的 2.04%。

(三) 行业销售额和市场份额

除了估计总的潜量外,公司还需要知道整个行业的销售额,以正确估量自己的市场地位、辨认竞争对手和估计竞争对手的销售额。

企业一般是通过国家统计部门公布的统计数字、新闻媒体公布的数字、行业主管或者是行业协会所收集和公布的数字等,了解行业的销售额。通过对比分析,可以估算自己在本行业中的绩效,假如一个公司在一年中增加了 5%的销售额,而行业的销售额的年增长率为 10%,那么,这个公司实际上正在丧失行业中相应的地位。

对销售额估计的另一种方法是向审计总销售量和品牌销售量的营销调研公司购买报告,一般来说,企业用品的营销人员估算行业销售额和市场份额要比消费品营销人员困难得多,因为前者没有专业的营销调研公司可以依靠。

四、估算未来的市场需求

在大多数市场上,总需求和企业需求并不稳定,于是,可靠的预测成了公司成功的关键。市场预测则是在市场调查的基础上,运用科学的方法对市场需求和企业需求以及影响市场需求变化的诸因素进行分析研究,对未来的发展趋势作出判断和推测,为企业制定正确的市场营销决策提供依据。

市场需求预测是在营销调研的基础上,运用科学的理论和方法,对未来一定时期的市场需求量及影响需求诸多因素进行分析研究，寻找市场需求发展变化的规律，为营销管理人员提供关于未来市场需求的预测性信息，并以此作为营销决策的依据。

（一）购买者意向调查法

购买者意向调查法是指通过一定的调查方式（如抽样调查、典型调查等）选择一部分或全部的潜在购买者，直接向他们了解未来某一时期（预测期）购买商品的意向，并在此基础上对商品需求或销售作出预测的方法。在缺乏历史统计数据的情况下，运用这种方法，可以取得数据资料，作出市场预测。

在预测实践中，这种方法常用于中高档耐用消费品的销售预测。调查预测时，应注意取得被调查者的合作，要创造条件解除调查对象的疑虑，使其能够真实地反映商品需求情况。

应用购买者意向调查法时：

首先，要把消费者的购买意向分为不同等级，用相应的概率来描述其购买可能性。一般分为 5 个等级："肯定购买"，购买概率是 100%；"可能购买"，购买概率是 80%；"未确定"，购买概率是 50%；"可能不买"，购买概率是 20%；"肯定不买"，购买概率为 0。具体见表 5－3。

表 5－3　购买意向分级表

购买意向	肯定购买	可能购买	未定	可能不买	肯定不买
概率描述(P)	100%	80%	50%	20%	0

其次，向被调查者说明所要调查的商品的性能、特点、价格，市场上同类商品的性能、价格等情况，以便使购买者能准确地作出选择判断，并请被调查者明确购买意向，即属于上表 5 种购买意向中的哪一种。

第三，对购买意向调查资料进行综合，列出汇总表，如表 5－4 所示。

表 5－4　购买意向汇总表

购买意向	肯定购买	可能购买	未定	可能不买	肯定不买
概率描述(P)	100%	80%	50%	20%	0
人数(户数)x_i	x_1	x_2	x_3	x_4	x_5

从上表中，我们可以清楚知道，表示"肯定购买"有 x_1 人(户)；"可能购买"有 x_2 人(户)；……"肯定不买"有 x_5 人(户)。

最后，计算购买比例的期望值，再计算购买量的预测值。购买比例的期望值公式如下：

$$E=\frac{\sum P_iX_i}{\sum X_i}$$

其中，P_i 为不同购买意向的概率值；X_i 为不同购买意向的人数(户数)。

购买量预测公式如下：$Y=E\cdot N$

其中，E 为购买比例的期望值；N 为预测范围内总人数(总户数)。

例题 1：某电器销售公司要预测某市下半年音响设备的销售量，对该市居民进行音响设备购买意向调查。该市居民为 12 万户，样本为 300 户。调查资料显示：肯定购买 4 户，可能购买 10 户，未定 20 户，可能不买有 110 户，肯定不买 156 户。

解：① 计算购买比例期望值：

$$E=\frac{\sum P_iX_i}{\sum X_i}=14.7\%$$

② 计算下半年音响设备销售量预测值：

$Y=E\cdot N=14.7\%\times 12=1.764$(万件)

该市下半年音响设备销售量预测值为1.764万件。

用购买者意向调查法预测产业用品的未来需要，其准确性比消费品要高。因为消费者的购买动机或计划常因某些因素(如竞争者的市场营销活动等)的变化而变化，如果完全根据消费动机作预测，准确性往往不是很高。一般来说，用这种方法预测非耐用消费品需要的可靠性较低，耐用消费品方面稍高，产业用品方面则更高。

(二) 销售人员综合意见法

在不能直接与顾客见面时，企业可以通过听取销售人员的意见估计市场需求。销售人员综合意见法的主要优点如下：

(1) 销售人员经常接近购买者，对购买者意向有较全面深刻的了解，比其他人有更充分的知识和敏锐的洞察力，尤其是对受技术发展变化影响较大的产品。

(2) 由于销售人员参与企业预测，因而他们对上级下达的销售配额有较大的信心完成。

(3) 通过这种方法，也可以获按产品、区域、顾客或销售人员划分的各种销售预测。

例题2：某公司组织销售部的有关人员对下一年度某种产品销售额进行预测，有关预测资料如下表。假定参加预测的人员的能力大致相同，则下年度该产品的销售额是多少？

参与预测者	预测项目	销售额(万元)	概率
销售人员A	最高销售 可能销售 最低销售	3 000 2 100 1 200	0.2 0.5 0.3
销售人员B	最高销售 可能销售 最低销售	4 000 2 500 1 800	0.3 0.5 0.2
销售人员C	最高销售 可能销售 最低销售	2 500 2 100 1 600	0.3 0.4 0.3

解答：根据题意，首先列表计算各个销售人员的期望值Ei(见下表)

参与预测者	预测项目	销售额(万元)	概率	销售额×概率
销售人员A	最高销售 可能销售 最低销售	3 000 2 100 1 200	0.2 0.5 0.3	600 1 050 360
	期望值E_1			2 010

（续表）

参与预测者	预测项目	销售额（万元）	概率	销售额×概率
销售人员 B	最高销售 可能销售 最低销售	4 000 2 500 1 800	0.3 0.5 0.2	1 200 1 250 360
	期望值 E_2			2 810
销售人员 C	最高销售 可能销售 最低销售	2 500 2 100 1 600	0.3 0.4 0.3	750 840 480
	期望值 E_3			2 070

其次，由于各个销售人员的预测能力大致相同，则该产品下年度的销售额预测值为：

$$F=\frac{\sum_{i=1}^{n}E_n}{n}=\frac{E_1+E_2+E_3}{3}=\frac{2\,010+2\,810+2\,070}{3}=2\,296.7(\text{万元})$$

其缺点在于：① 销售人员的判断总会有某些偏差，受到最近销售成败的影响，他们的判断可能会过于乐观或悲伤，即常常走极端；② 销售人员可能对经济发展形势或企业的市场营销总体规划不了解；③ 为使其下一年度的销售大大超过配额指标，以获得升迁或奖励的机会，销售人员可能会故意压低其预测数字；④ 销售人员也可能对这种预测没有足够的知识、能力和兴趣。

尽管有这些不足之处，但是这种方法仍为人们所利用。因为各销售人员的过高或过低的预测可能会相互抵消，这样使预测总值仍比较理想。有时，有些销售人员预测时的偏差可以预先识别并及时得到修正。

（三）专家意见法

企业也可以利用诸如经销商、分销商、供应商及其他一些专家的意见进行预测。

专家意见法的主要优点：① 预测过程迅速，成本较低；② 在预测过程中，各种不同的观点都可以表达并加以调和；③ 如果缺乏基本的数据，可以运用这种方法加以弥补。

专家意见法的主要缺点：① 专家意见未必能反映客观事实；② 责任较为分散，估计值的权数相同；③ 一般仅适用于总额的预测，而用于区域、顾客群、产品大类等的预测时，可靠性较差。

（四）市场实验法

即在新产品投放市场或老产品开辟新市场、启用新分销渠道时，选择较小范围的市场推出产品，观察消费者反应，预测销售量。在预测一种新产品的销售情况和现有产品在新的地区或通过新的分销渠道的销售情况时，利用这种方法效果最好。

（五）时间序列分析法

它是以过去的资料为基础，利用统计分析和数学方法分析预测未来需求。这种方法的依据：① 过去的统计数据之间存在着一定的关系，而且这种关系利用统计方法可以揭示出来；② 过去的销售状况对未来的销售趋势有决定性影响，销售额只是时间的函数。

产品销售的时间序列，可以分成四个组成部分：① 趋势。它是人口、资料积累、技术发展等方面共同作用的结果。利用过去有关的销售资料描绘出销售曲线就可以看出某种趋势来。② 周期。企业销售额往往呈现出某种波状运动,因为企业销售一般都受到宏观经济活动的影响,而宏观经济活动总呈现出某种周期性波动的特点。周期因素在中期预测中尤其重要。③ 季节。指一年内销售量变动的形式。季节形式为预测短期销售提供了基础。④ 不确定事件。包括自然灾害、战争恐慌、一时的社会流行风尚和其他一些干扰因素。这些因素一般无法预测,属不正常因素。应当从过去的数据中剔除这些因素的影响,考察较为正常的销售活动。

时间序列分析就是把过去的销售序列 Y 分解成为趋势(T)、周期(C)、季节(S)和不确定因素(E)等部分,通过对未来这几个因素综合考虑,进行销售预测。这些因素可构成线性模型,即 Y=T+C+S+E,也可构成乘数模型,即 Y=T×C×S×E,还可以是混合模型,即 Y=T×(C+S+E)。

(六) 直线趋势法

直线趋势法是对观察期的时间序列资料表现为接近于一条直线或近似直线的上升和下降时采用的一种预测方法。其关键是求得趋势直线,以利用趋势直线的延伸求得预测值。

直线趋势法是假设所要预测的变量与时间之间成线性函数关系,并以此为基础预测未来。因此,用这种方法时,应先计算相关系数,以判别变量与时间之间是否基本上存在线性联系。只有存在线性联系时,才能采用这种方法进行预测。

直线趋势的方程式是:$Y_t=a+bx$

式中,x 为自变量,是选定的任何值;Y_t 为因变量,对于选定的 x 值,相应变量 Y 的平均估计值,即第 t 预测周期的预测值;a、b 为未知参数。

计算步骤:

(1) 根据一致的数据,计算相关系数 r。

$$r=\frac{\sum x_i y_i - n\overline{x}\,\overline{y}}{\sqrt{[\sum x_i^2 - n(\overline{x})^2][\sum y_i^2 - n(\overline{y})^2]}}$$

若 r 接近 1,则可用一条直线 $y=a+bx$ 来描述预测变量随时间的变动趋势。

(2) 根据历史数据,利用一元回归法求出 a、b 值;当 n 为奇数时,中间一期的 x 为 0,其余时间序数相互间隔为 1;若 n 为偶数,中间两期的 x 分别为 −1 和 1,其余时间序数间隔为 2。

(3) 利用求得的直线方程,可预测未来期间(x)的预测变量(y)的值。

例题 3:某乡镇企业 1998~2002 年实现的销售额统计资料如下表,试运用直线趋势法预测 2003 年可能完成的销售额。

年度	1998	1999	2000	2001	2002
销售额(万元)	560	620	685	747	808

解答:直线趋势预测方程为:$y=a+bx$

其中:x 为年度,y 为预测目标(乡镇企业的销售额)。参数求解公式为:

$a=\sum y_i/n$

$b=\sum x_i y_i/x_i^2$

由于观察期资料 $n=5$，为一奇数，则中间一期的观察值为 0，其余时间序数相互间隔为 1，求解参数 a、b 所需的数据，列表计算如下：

年度	时间序数 x_i	y_i	x_i^2	x_iy_i
1998	−2	560	4	−1 120
1999	−1	620	1	−620
2000	0	685	0	0
2001	1	747	1	747
2002	2	808	4	1 616
$\sum$	0	3 420	10	623

$a=3\ 420/5=684$

$b=623/10=62.3$

即预测方程为：$y=684+62.3x$

2003 年的时间序数对应于 $x=3$，则 2003 年的销售额预测值为：

$y=684+62.3\times3=870.9$（万元）

例题 4：某自助商店 1997～2002 年实现的利润如下表，试用直线趋势法预测 2003 年可能实现的利润是多少？

年度	1997	1998	1999	2000	2001	2002
利润（万元）	95	105	119	131	145	158

解答：直线趋势预测方程为：$y=a+bx$

其中：x 为年度，y 为自助商店的利润。参数求解公式为：

$a=\sum y_i/n$

$b=\sum x_iy_i/x_i^2$

由于观察期资料 $n=6$，为偶数，则中间两期的观察值分别为 −1 和 1，其余时间序数相互间隔为 2。求解参数 a、b 所需的数据，列表计算如下：

年度	时间序数 x_i	y_i	x_i^2	x_iy_i
1997	−5	95	25	−475
1998	−3	105	9	−315
1999	−1	119	1	−119
2000	1	131	1	131
2001	3	145	9	435
2002	5	158	25	790
$\sum$	0	753	70	447

$a=753/6=125.5$

$b=447/70=6.39$

即预测方程为：$y=125.5+6.39x$

2003 年的时间序数对应于 $x=7$，则 2003 年该商店可能实现的利润是：

$y=125.5+6.39\times7=170.23$（万元）

(七) 统计需求分析法

统计需求分析法是运用一整套统计学方法，发现影响企业销售的最重要的实际因素及其影响力大小的方法。该方法经常分析的因素是价格、收入、人口和促销等。

本章小结

市场信息包括内部资料和外部资料两个部分，市场营销信息系统为市场营销决策收集企业内外资料并进行常规管理，即为市场营销管理者和经营者在必要时提供必要数量的、进行某种决策所必需的市场营销信息。市场营销信息系统一般由内部报告系统、营销情报系统、营销调研系统和营销分析系统构成，它们各司其职，共同完成企业内外部环境的沟通，形成了完整的营销信息流循环过程。同时为了了解和掌握市场和顾客的实际情况，市场营销调研成了市场营销的一个必不可少的、最基本的环节。通过市场营销调研可解决企业存在的问题，发现市场机会。市场营销调研的内容包括宏观环境调研、市场调研、竞争者调研、消费者调研、市场营销策略调研。市场营销调研的主要方法包括询问调查法、市场观察调查法和市场实验法。市场调研工作结束以后，公司在选择它的目标市场以前，必须仔细地评价每一个机会。因此，公司特别需要衡量与预测每个机会潜在的规模、成长和利润。市场需求的测量包括估计当前的市场需求、总市场潜量、地区市场潜量和行业销售额和市场份额。市场预测是在市场调查的基础上，运用科学的方法对市场需求和企业需求以及影响市场需求变化的诸因素进行分析研究，对未来的发展趋势作出判断和推测，为企业制定正确的市场营销决策提供依据。市场预测主要有购买者意向调查法、销售人员意见法、专家意见法、市场实验法、时间序列分析法、直线趋势法、统计需求预测法等。

关键词

市场信息　市场营销信息系统　市场需求　市场调查　市场预测　时间序列分析

思考题

1. 简述市场营销信息系统的概念及构成。
2. 简述市场调查及预测的含义及市场预测的功能。
3. 简述市场预测的内容及程序。
4. 怎样正确选择市场预测的方法？
5. 试述市场预测的主要类型。

实训题

1. 请对某一日常生活用品品牌设计一份关于消费者态度的调查问卷。
2. 选择一个实际的调研问题（如饮料类的广告促销等），做一下间接资料的收集和分析。

3. 选一家手机零售店、书店或医药连锁零售店做一次深度访谈。

4. 选择学校附近同学们经常光顾的一家店，做一份面向消费者（大学生）的满意度调查。设计问卷100份，实施调查并整理、分析问卷（用Excel或SPSS软件统计分析）。

案例分析

2010年情人节巧克力的突破

每年的西方情人节，都是巧克力销售最火爆的时候，而2010年2月14日，西方情人节和中国春节恰好是同一天，有相关机构对如何过2010年春节兼情人节作了一次调查。其调查收集的数据结果分析如下：

(1) 2月14日，是陪家人过春节还是陪情人或恋人过情人节的人数总体不分上下，虽然过春节的人多8票，但是却昭示了两种文化的碰撞。

(2) 对于希望与恋人共度情人节，又不能在2月14日那天相聚，有68%的人选择了春节前过。

(3) 87.3%的人选择在2月1日～12日这段时间过情人节。

(4) 85.4%的人选择在2月14日前后收到情人节礼物，其中72.3%的人选择在2月4日～9日收到礼物。

(5) 68.3%的人选择在情人节前把礼物送给对方。

(6) 参与调查的人以24岁以下居多，比例为57.9%。

(7) 参与调查的人月收入在6 000元以下，占84.5%，其中3 000元以下的比例为63.6%。

(8) 情人节礼物以巧克力为主，占据40.1%。

思考题

1. 根据本章所学习的内容，为了预测2010年2月14日的巧克力需求，如何设计调研过程？选用什么样的调研方法？案例中出现的调查结果是否和你的预测相一致？

2. 从案例中的调查结果来看，对于巧克力生产企业来说，各有怎样的销售困境和机遇？你将怎样的营销战略及战术来应对可能出现的销售困境？

第六章　市场营销战略规划

通过对本章的学习，能够掌握企业战略计划的基本内容、营销战略计划的基本内容、企业战略计划与营销战略计划的关系等，竞争者分析、竞争战略的三种基本形式以及处于不同市场地位的企业所可能采取的竞争战略的相关知识，并且具备为企业制定竞争战略和对竞争对手攻击性行为制定反击战略的能力。

引导案例

一个涂料企业的战略选择

一个生产涂料的小企业，在分析了涂料市场的前景之后，发现这个市场很有吸引力：一方面，这个市场成长很快，规模不断扩大，令许多企业都跃跃欲试地想进入这个市场；另一方面，当时“立邦漆”在市场的份额已经接近50％，非常稳定。经过周密的策划，这家企业做了几件事情，发起了进攻：第一件事是对“立邦漆”的购买者进行分析，分析他们购买的动机和原因，结果发现人们普遍欣赏“立邦漆”的质量和品牌，但对其价格是不太满意的；第二件事是统计分析“立邦漆”的销售情况，结果发现，最畅销的产品只有5种，其他产品销售量远低于这5种产品；第三件事是走访现有“立邦漆”的代理商和那些没有代理“立邦漆”的涂料经销商，了解他们的需要，听取意见，结果发现，由于“立邦漆”的种类多，对资金的需求大，库存确实是一个大问题；最后，走访那些没有买“立邦漆”的消费者，问他们为什么不买“立邦漆”，他们说他们更看重的是产品的内在质量，可能对品牌看得不是很重。

经过这些周密细致的市场调研后，总结了4个因素，这家公司作出了战略选择：第一，生产与“立邦漆”同样质量的产品，并通过权威机构和宣传手段使得消费者认同其质量；第二，只生产市场上5种最畅销的产品，从“立邦漆”的销售状况中得出结论，这样生产线上的管理措施就变得很容易了，品种少，产量大，库存也相应地下降，使得总成本大大降低；第三，价格上的定位是“立邦漆”的2/3，目的是吸引实惠型的消费者；第四，发起强大的市场共识，如果客户买的产品是本公司生产的5种产品中的一种，则想办法吸引客户以后继续购买本公司生产的其他种类产品。大多数消费者都认定一分价钱一分货，如果一个企业不能给消费者一个满意的说法，消费者是不会轻易相信的。我国目前比较流行的是让利销售，这家公司则考虑如何通过降低成本，而不是考虑如何让利。在市场经济比较发达的环境中，如果企业想通过提价来提高利润，会受到消费者的制约，而如果先通过降价来提高市场占有率，则会受到股东的制约，因为让利给消费者会损害股东的利益。

经过几年的不懈努力，这家公司占有了全国1/3的市场，一举成为涂料市场的三巨头之一。

第一节　企业战略规划

一、企业战略规划

(一) 企业战略规划的含义

"战略(Strategy)"一词原系军事用语,源于古希腊文,原意是指"将军指挥军队的艺术"。随着企业的发展和市场竞争的加剧,商场如战场,企业的存亡取决于市场竞争的成败,因此相关的军事战略思想被广泛运用到企业管理规划中。随着1966年美国经济学者安索夫所著《企业战略论》的问世,"企业战略"一词开始在企业管理学中得到广泛的运用。

目前尚无统一的企业战略规划定义,归纳前人的定义,我们可以得出企业战略规划的基本含义,即通过对企业内外环境的分析和系统研究,着眼未来,为谋求企业的生存和长远发展,对企业的发展目标、发展途径和措施等进行的总体规划和谋略。

企业战略规划着眼于企业发展的全局,它既是企业生存和发展的战略选择,也是企业实现长期总体目标的谋略和对策。企业战略所要解决的问题主要有:企业处于何种环境中,面临怎样的挑战和机遇;企业有怎样的发展目标以及采取何种措施顺利实现这些目标。

(二) 企业战略计划的特点

1. 全局性与纲领性

企业经营战略是指导企业经营活动全局的纲领,不研究某项具体经营业务活动。企业经营战略侧重于企业经营的目标、业务发展重点、重要的实施步骤和方法,它是企业经营活动的总方向和指南。

2. 预见性和长远性

企业战略的拟定要着眼于企业在未来环境中的生存和发展,所以它具有未来性和竞争性。另外,企业战略谋求的是企业长期的生存和发展,所以它追求的是长远利益。

3. 相对稳定性和风险性

企业经营战略在一定时期内必须具有一定的稳定性,才能有效地指导企业经营活动,但是由于构成战略的因素和外部环境是在不断变化的,因此企业经营战略必须具备一定的"弹性",随着环境的变化,对企业战略的局部或非根本方面进行调整,以保证企业战略与环境相适应。另外,企业战略是面向未来的,不可避免地具有一定的风险性。

二、企业战略规划过程

企业战略规划过程指企业的最高管理层制定企业的任务、目标、业务组合计划和新业务计划的过程,是企业和各业务单位为了生存和发展而制定长期总体战略所采取的一系列重大步骤。

(一) 规定企业使命

企业使命就是要说明一个问题:本企业的业务是什么?企业的最高层在企业使命报告书中要按照目标顾客的需要来限定和阐述本企业的使命,如"本小汽车制造企业的使命是满足顾客轻松驾驶的需要"。企业使命一旦确定,就会在未来相当长的一段时间里成为企业奋斗的方向，除非环境发生剧烈变化，否则不需进行调整。

（二）确定企业目标

确定企业目标就是将企业的使命具体化为一系列的各组织层次的目标。企业各组织部门通过目标管理对其目标实现完全负责。企业的常见目标有以下几种。

1. 投资收益率

投资收益率＝利润额÷投资总额

2. 市场占有率

市场占有率又包括绝对市场占有率和相对市场占有率。

绝对市场占有率是指在一定时期内企业某种产品的销售额（或销售量）在一定范围内的市场上同类产品总销售额（销售总量）中所占的比例。绝对市场占有率反映了企业在市场上所占的地位，其增减变化反映了企业市场地位的变化。

绝对市场占有率＝（企业的某种产品的销售额÷该产品市场全部销售额）×100％

相对市场占有率是指企业的绝对市场占有率与同行业最大竞争对手绝对市场占有率之比。它反映企业的市场竞争形势，其增减变化反映了企业竞争能力的变化。

相对市场占有率＝企业的绝对市场占有率÷同行业最大竞争对手的绝对市场占有率

3. 销售增长率

销售增长率是指当期产品销售增加额与前期产品销售额的对比关系。它的增长意味着企业能实现更多的利润。

销售增长率＝（当期销售额－前期销售额）÷前期销售额

4. 产品创新

产品创新是指开发新产品或对原有产品进行改进，提高产品质量，增加产品功能以及扩展服务内容等。在激烈的市场竞争中，要提高企业的竞争力，必须有创新意识，同时提高企业的研发能力。

（三）规划投资组合

由于大多数企业都同时经营着多项业务（或产品），企业在规划总体战略时必须考虑如何把企业有限的人力、物力和财力资源，合理地在各项业务中进行分配，以形成竞争优势。这就需要对各业务状况进行评价、分析，以确定它们的发展前景，从而决定企业的投资组合结构。目前评估投资组合主要有两种模式。

1. “市场成长率-相对市场占有率矩阵”模型

它是由美国波士顿咨询公司提出的一种模式，又称“波士顿矩阵”，如图 6－1 所示，纵坐标为市场成长率，可以以年为单位。市场成长率主要指该业务（或产品）所在的市场或行业，在一定时期整个销售增长的百分比。横坐标为相对市场占有率。相对市场占有率更能说明竞争形势和实力对比。如企业的某项业务（或产品）的相对市场占有率为 0.6，就表明它的市场占有率为最大竞争者市场占有率的 60％；相对市场占有率为 1.5，就表明它的市场占有率比最大竞争者的市场占有率多出 1.5 倍，是市场领袖。矩阵中的各个小圆圈代表企业的各项业务（或产品），圆心位置代表着市场成长率及相对市场占有率的情况，各小圆圈的面积表示各业务单位销售额的大小。

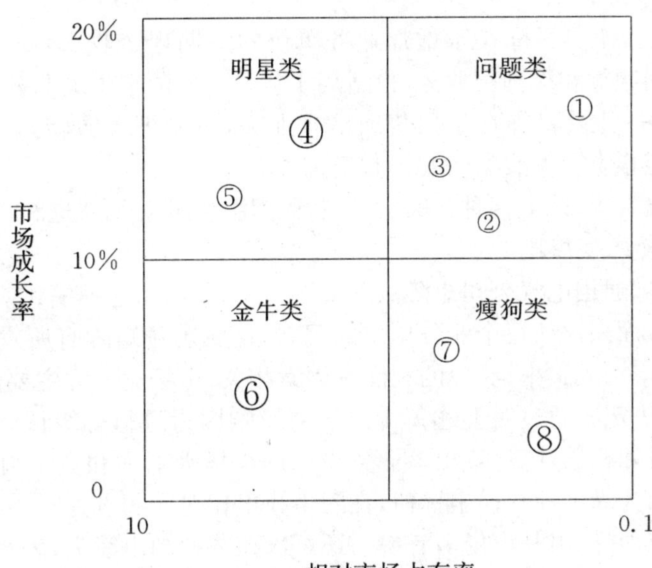

图 6-1　市场成长率-相对市场占有率矩阵

下面我们对矩阵的四个象限内的四类业务情况进行分析：

(1) 问题类业务。这类业务的特点是高市场成长率和低相对市场占有率，一般属于初入市场的业务(或产品)，通常需要企业大量的资源投入，以适应竞争和占领市场，未来发展前景难以预料，所以企业对这些业务单位要慎重考虑，是继续增加投入，还是维持现状或是减少甚至停止投入。

(2) 明星类业务。若问题类业务经营成功，就可以转变为明星类业务，这类业务的特点是市场成长率和相对市场占有率都很高。因此需要企业投入大量资金，短期内给企业带来的收益有限，但是随着产品生命周期进入成长期，这类业务极有可能转为给企业带来财源的金牛类业务。

(3) 金牛类业务。通常指企业的这类业务具有较高的相对市场占有率，但它的市场成长率已经下降到某一点(通常认为是 10%以下)。由于这类业务的市场成长率较低，意味着不再需要大量的资源包括资金的投入；而相对市场占有率较高说明这些业务单位有着较多的盈利，从而为企业带来大量的财源，可以支持其他的业务单位，因此每个企业都十分重视这类业务。

(4) 瘦狗类业务。指市场成长率和相对市场占有率都较低的业务单位。即使它们还能为企业创造一些收入，但利润较少甚至亏损。

各业务单位在市场成长率一相对市场占有率矩阵中的位置随时间的变化而变化。一般有两种可能趋势：一种是对企业有利的变化趋势，即问题类——明星类——金牛类；另一种是对企业不利的变化趋势，即明星类——问题类——瘦狗类。为了趋利避害，企业必须对不同的业务单位采取不同的投资战略。投资组合战略有以下几种。

(1) 发展战略。其目标是扩大业务单位的市场占有率，主要适用于问题类业务，通过对它增加投资，提高市场占有率，使它转变为明星类业务。

(2) 维持战略。其目标是保持现有业务单位的市场占有率。通常这种战略适用于金牛类业务。

(3) 收割战略。主要目标在于增加业务单位的短期现金收入,而不考虑长期的影响。这一战略适用于问题类和瘦狗类业务,也适用于状况不佳的金牛类业务。

(4) 放弃战略。主要目标在于出售或清理业务,以便把资源转到更有利的业务领域。这种战略适用于拖累企业发展的问题类和瘦狗类业务。

以上分析可以看出,以上四种战略常被灵活运用,彼此互相渗透和交织。

2. 多因素投资组合矩阵

这种模式也称"通用电气公司矩阵法",如图 6-2 所示。这种模式使企业从市场吸引力和竞争能力两个方面来评估每个业务单位的现状,比波士顿矩阵有所发展。市场吸引力主要与市场潜力、年市场成长率、历史的利润率因素相关;市场竞争力主要由市场占有率、产品质量、分销能力等决定。通过对上述每个决定或影响因素进行等级评分(最低 1 分,最高 5 分),依据权数进行加权累计,计算出该业务单位的市场吸引力和竞争力的得分。每个业务单位以这两个分数为纵坐标和横坐标值,在图中找出相对应的点为圆心,然后画出与其市场成正比的大小的圆,并标出其市场占有率。还可以在圆内画出箭头,表示出该业务单位下一步的战略指向。

根据市场占有率的大小以及各个业务单位的竞争力的强弱,将多因素投资组合矩阵分为九个区域,组成三种战略地带。

(1) "绿色地带"。由左上角的三个区域组成。这个地带市场吸引力和业务单位的竞争力都令人满意,一般是采取"绿灯通行",通过增加资源投入和发展、扩大战略,来支持这些业务的发展。

(2) "黄色地带"。由左下角到右上角的三个区域组成,这个地带的市场吸引力和业务单位的竞争力总体处于中等水平,一般采取"黄灯维持",即维持原投入水平,延续原有战略。

(3) "红灯地带"。由右下角三个区域构成。这个地带的市场吸引力和业务单位的竞争力都偏小或偏弱。一般采取"红灯禁止",通过减少或停止资源投入,来收割或放弃这类业务。

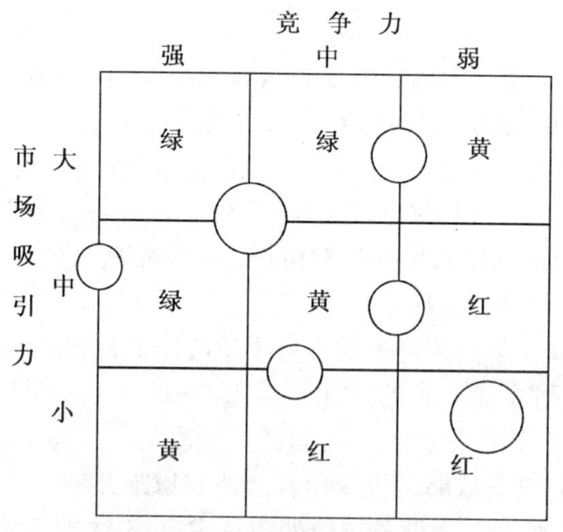

图 6-2 多因素投资组合矩阵

(四) 筹划业务成长战略

通过投资组合战略的评估,明确了每类业务的取舍、发展或收缩,下一步企业就应该考虑如何发展新业务，来替代已萎缩或将放弃的现有业务，如表6－1所示。

表6－1　企业业务单位成长战略选择类型

密集型发展战略	一体化发展战略	多元化发展战略
A. 市场渗透	A. 后向一体化	A. 同心多元化
B. 市场开发	B. 前向一体化	B. 水平多元化
C. 产品开发	C. 水平一体化	C. 综合多元化

1. 密集型发展战略

主要在现有业务范围内寻找企业的市场机会来进行发展，如表6－2所示。

A. 市场渗透。例如可以保持现有产品或服务不变，通过增加顾客购买次数、购买量来吸引更多的潜在顾客，如广告宣传“头发要用洗发精洗两次才更清爽”。

B. 市场开发。可以在现有的销售区域内寻找新的细分市场，也可以进入以前从未进入的新市场，如跨国营销。

C. 产品开发。向现有市场提供新产品和改进产品，以满足顾客需要、增加销售。如改进现有产品质量，增加现有产品的品种、款式、规格和型号等，或利用新技术开发新产品替代现有产品。

表6－2　密集型发展战略

市场 / 产品	现有产品	新产品
现有市场	市场渗透战略	产品开发战略
新市场	市场开发战略	多元化战略

2. 一体化发展战略

如果企业现在从事的行业仍然有发展前途，那么通过一体化方式来整合供应链，不仅可以提高效率，还可以提高企业收益。一体化发展战略主要有三种类型。

(1) 前向一体化

企业通过并购若干经销商，来控制分销渠道。如制造商、批发商自建销售渠道或制造商将业务范围向前延伸，如从生产面料到制造服装。

(2) 后向一体化

企业通过兼并和收购一些原材料供应企业，拥有或控制供应系统，实行供应与生产一体化，不仅可以为企业争得更多利益，还可以避免在原材料短缺时受制于供应商，有利于企业在竞争中取胜。

(3) 水平一体化

企业通过收购、兼并同类型其他企业。在政府允许或合法的前提下，合并同类业务，组建大型联合企业等，这样可以扩大规模和实力，抵抗竞争，争取一些有利的市场机会。

3. 多元化发展战略

如果企业所处的行业发展空间有限或发现了更好的市场机会，企业可以考虑在现有的业务领域之外发展更有潜力的业务，选择多元化发展战略。

(1) 同心多元化。指企业利用现有的技术优势和经验等为基础来开发新产品,增加新业务等,就像同心圆一样向外扩展业务范围,由于新业务与原来的经营范围密切相关,所以风险小,较易成功。

(2) 水平多元化。指企业对现有市场和顾客采用不同技术开发新产品,增加新业务,这些技术与企业现有技术关系不大,如生产医疗器械的企业开始生产药品。企业面对的市场变化不大,但在生产、技术方面具有一定的风险。

(3) 综合多元化。指企业开发与现有业务无关联的新业务,而且进入新的市场,这就意味着企业面临着较大的风险。如一家房地产企业进入了电脑制造业,同时还兼营医疗器械业务。

多元化经营要求企业综合分析自身的优劣势,避开威胁,抓住市场机会,使企业获得更有利的发展。

第二节　企业战略与市场营销战略的关系

一、市场营销战略的含义

所谓市场营销战略,是在服从企业战略目标的前提下,由营销部门和营销管理人员对企业内外部经营环境进行综合分析,确定市场营销目标,采用最佳营销因素组合,制定为实现企业战略目标的营销规划与策略。

市场营销战略的重要性在于:首先,它是实现企业经营战略的重要保证;其次,市场营销战略的制定与实施,同时也是市场营销管理过程;第三,企业经营战略与市场营销战略是密不可分的。

(一) 企业战略与市场营销战略的区别与联系

企业战略与营销战略的相同点是它们都要评价企业内外环境的变化带来的市场机会和威胁,目的就是要利用市场机会使企业得到发展。但由于它们的任务和目标不同,要分析和评价的问题范围也不同。

企业战略是为了完成企业整体的经营目标,明确企业总的业务经营范围,确定企业总的发展方向、发展路径、预期目标和资源配置。因此,企业战略计划一方面侧重于分析、评价宏观环境和市场环境,明确地预测未来的发展方向,从中寻找有利于实现企业总目标的各种市场机会;另一方面现实地分析企业自身的优劣势,从而制定出企业总的发展战略。

市场营销战略则是在企业确定的业务组合范围内按照企业战略已规定的任务目标、经营规划等去从外部环境中去分析、评价各种产品业务发展的市场机会,结合企业自身资源的优劣势,综合考虑各项影响因素,制定企业的市场营销战略。

企业战略与营销战略的区别如表 6 - 3 所示。

表 6-3　企业战略与营销战略的区别[①]

	企业战略	营销战略
制定者	企业最高层	市场营销部门
内容	企业任务、企业目标、企业发展战略(包括投资组合计划、业务增长计划)	产品、用户、市场等,以确保利润为重点
目标	使企业获得长期稳定的发展	利润、销售量、市场占有率、目标市场竞争优势等
特点	创新——基准	具体实行——手段
所处地位	战略性的全局计划	服从经营战略,是其重要的组成部分

二、制定市场营销战略计划

(一) 市场营销战略计划的主要内容

市场营销战略计划的核心内容是制定和选择市场营销组合。企业的细分市场战略、目标市场选择战略、市场定位战略和市场进入方法和时间等都围绕着市场营销组合策略来进行。大多数企业在制定市场营销组合策略时都要分析企业内部和外部环境,结合企业自身的优劣势等进行规划。

(二) 制定市场营销战略计划的程序

1. 确立企业的目标和任务

企业目标是由若干目标项目组成的一个目标体系,从不同角度反映企业的战略拓展和业务追求所要达到的目的和指标。企业的目标是制定营销战略目标的出发点。在企业的任务和目标确定后,才能制定出正确而可行的营销目标。

2. 分析企业的经营状况和实力

企业的经营状况主要包括产品的市场占有率、销售额、成本和利润水平、产销率和市场前景等。企业实力是指企业的工厂设施设备、资金、技术力量、管理人员素质和美誉度等。通过系统分析明确企业自身的优劣势。

3. 分析市场环境

主要是分析企业所面临的宏观市场环境(如经济、政治法律、科技等因素)和微观市场营销环境因素(顾客、竞争对手、中间商等),以抓住有利的市场机会,为企业制定市场战略提供客观依据。

4. 选择目标市场

围绕企业的战略和目标,结合企业经营的内外部条件,通过细分市场,找出适合企业发展的新机会,进一步确定和选择目标市场。

5. 设计市场营销组合

选择目标市场后,根据目标市场公众的需求及特点,对市场营销组合的各要素如产品、价格、分销和促销进行设计。

---

① 谢桂华,施斌. 市场营销学. 北京:中央民族大学出版社,2004

6. 制订市场营销计划

根据上述分析和选择，制订市场营销计划书。

企业战略计划过程与营销战略计划过程归纳整理如图 6－3 所示。

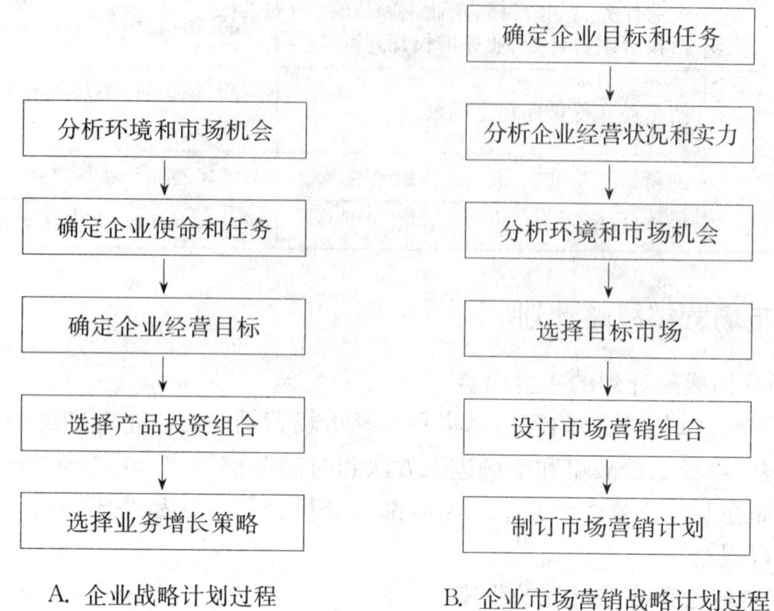

图 6－3　企业战略计划过程与营销战略计划过程

阅读材料一：没有对手的营销战必然失败
——可口可乐与百事可乐的双赢战

一位国际著名的营销大师指出，所谓营销计划一定是针对某一个产品或某一个竞争对手进行的，没有对手的营销战必然失败。就好像没有配角的戏剧没有人爱看一样。在激烈对手进行的营销战中，往往对立的双方都是胜利者。这一点可以从可乐世界的国际性大战中得到证实。

我们知道，可乐世界的两大最主要畅销饮料是可口可乐与百事可乐。可口可乐比百事可乐早 12 年。它们之间的竞争激烈，竞争时间之久令世人瞩目，长达 80 多年。

美国著名市场消费战略学家阿・拉依斯及杰克・特拉特断言说："百事可乐与可口可乐竞争的过程中，正在赢得这场可乐战的胜利。"

纵观可口可乐部队与百事可乐大军之间绵延数十年的战争，可以发现，在百事可乐向市场、向可口可乐的进攻中，也发动过价格战。尤其值得注意的是，正是百事可乐 30 年代的价格攻击，才使得其得以脱颖而出。这里，我们提及的就是这场战役，一场重要的可乐价格战。

早期的可口可乐内含有从古柯树中提炼出来的可卡因和从可拉果中提炼出来的咖啡因，它"美味、提神、健脑、强身，对所有的神经衰弱、病理性头痛、神经痛、癔病、忧郁症均有疗效"(早期的营销计划如是说),因而一上市便赢得了人们的喜欢。

20世纪初,可口可乐的销售更加可喜。

1902年,它就已经成为全美牌子中叫得最响的饮料产品。

1915年,一名来自印第安纳州叫特雷豪特的一名设计师,发明了一种新颖的6.5盎司容量的瓶子来到可口可乐公司,获得了可口可乐盛器专利权。新瓶的可口可乐备受人们喜爱。于是,各种伪装品纷纷上市,一时全美各地盛行风靡。仅1916年一年,就有153种冒牌产品被法庭惩处。

自20世纪20年代起,可口可乐在国际市场上纵情驰骋,无人敢于挑战。

30年代爆发了世界资本主义范围的经济大萧条,美国也不例外。异军突起的百事可乐伺机向可口可乐发动了商战大猛攻,将当时最高价的百事饮料降价为5美分,而可口可乐只能装6.5盎司,百事可乐装12盎司。百事可乐在降价的同时,大肆渲染销售气氛,在电台播放旧曲新词的英国打猎歌《John Peel》。"百事可乐击中要害,分量12盎司,实实在在,花上5分镍币也能买两份,百事可乐饮料对您竭诚相待。"

这是百事可乐向可口可乐发起的第一次饮料工业中的价格大战。百事可乐大出风头,名声高扬,订量大大增加。从此以后,百事可乐与可口可乐一直在进行或缓或紧的战争,时至今天。

百事可乐在首次价格大战中之所以取得成功,有以下三点原因。

(1) 它成功地选择了年轻人这一可观的市场,前途广阔。因为少年儿童和青年喜欢的是数量而不是质量。

(2) 成功的进攻战必须是在竞争对手的实力范围内寻觅到这一弱点,然后奋起而攻之。可口可乐的弱点是什么?① 可口可乐掉以轻心,认为可乐瓶本身就属于自己最强的实力。但是,被亚特兰大可口可乐部队据为专利、被盛誉为"最佳设计使用包装"的可乐瓶一只只能盛6.5盎司而装不下12盎司的可乐。面对百事可乐的价格攻势,可口可乐也许只有忍痛废掉大约10亿只6.5盎司容量的瓶子,才能增加瓶装可乐量,百事看准了此点。结果,百事的这番行动点石成金,使可口可乐的实力转为弱点。② 面对百事的低价攻击,可口可乐能否采取强有力的降价措施予以反击呢?当然不能,因为在市场上,它报出的5美分1瓶6.5盎司的软饮料品种和产品实在太多,牵一发而动全身。结果,可口可乐只能以不变应万变了。

(3) 对已左右市场的可口可乐公司来讲,它始终应该有效地利用其战略攻势,不失时机地实施自我进攻。它本该在百事发动攻势之前就早早地推出第二牌子的可乐,即在30年代那场经济危机刚刚爆发的当口,利用低价的百事风味的可乐创出自己的第二个牌子。但正如人们看到的那样,可口可乐错过了封锁阻隔百事推出低档可乐商标的良机。

第三节 竞争性市场营销战略

一、一般竞争性营销战略

(一) 成本领先战略

成本领先战略是指企业通过扩大生产和经营规模,从而实现规模经济和范围经济,提高经营效益,加强管理,进而降低总成本,在市场谋求竞争优势的战略。成本领先战略作为可供企业选择的战略,有其自身的优势和局限性。

1. 成本领先战略的优势

(1) 采取成本领先战略的企业可以获得高于产业平均利润水平的利润。采取该战略的企业因为成本较低,在以同等价格出售产品时,可以获得较高的利润率。

(2) 可以使企业拥有较大的降价空间,因而能够提升企业抵抗价格战攻击的能力。

(3) 采取该战略的企业可以以较低的价格销售产品,从而扩大市场份额,进而享受规模效益所带来的好处。

(4) 赋予企业使用价格战武器的权力。不可否认,价格战是市场竞争中非常有效的进攻手段,通过价格战可以阻止潜在进入者的进入,或者将竞争者赶出市场。

2. 成本领先战略的劣势

(1) 如果竞争者采取同样的战略,会抵消企业降低成本所带来的竞争优势。

(2) 采取该战略会诱发企业发动价格战的冲动,最终导致整个行业无利可图。

(3) 当竞争者采取差异化战略和集中化战略时,会抵消企业通过成本领先战略所建立起来的竞争优势。

(4) 成功实施该战略会导致企业将注意力集中于对市场份额的争夺,而忽视了对于长期战略的思考。

3. 成本领先战略的使用条件

(1) 市场需求具有价格弹性,价格优势能够带来市场规模方面的优势。

(2) 行业内企业生产的产品差异性不大,因而价格成为决定企业市场地位的重要因素。

(3) 实现产品差异化的途径很少,给其他企业采用差异化战略造成了困难。

(4) 大多数客户以相同的方式使用产品。

(5) 消费者面临较低的转换成本,能够很方便地选择价格低廉的产品。

(二) 产品差异化战略

当企业之间的产品成本越来越接近,市场竞争的重点就在于差异化。差异化战略是指企业提供与同行业企业不同的产品或服务,满足顾客特殊的需求,形成竞争优势的战略。

1. 产品差异化战略的优势

(1) 形成进入障碍。企业在品种、质量、价格、包装、交货期、服务等方面具有独特的优势,顾客对该产品或服务具有很高的忠诚度,从而使该产品和服务具有较强的进入障碍。

(2) 降低顾客敏感程度。由于顾客对该产品或服务具有很高的忠诚度,当这种产品价格发生变化时,顾客对价格的敏感度不高。企业可以利用产品差异化战略,在行业的竞争中形成一个隔离带，避免竞争的侵害。

(3) 增强讨价还价能力。产品差异化战略能为企业产生较高的边际收益，降低企业的成本，增强企业对付供应方讨价还价的能力。同时，由于购买方的忠诚使其别无选择，对价格的敏感度低，企业可以削弱购买方的讨价还价能力。

(4) 防止替代品的威胁。企业的产品与服务具有特色，能够赢得顾客的信任和钟爱，便可在与替代品的较量中处于有利地位。

只要条件允许，产品差异化战略就是一种可行的战略。它不仅能满足用户的特殊需要，而且在一定时期内是同行竞争者难以取代的，具有很好地防御各种竞争力量的作用，在行业中可获得超过一般水平的利润和较强的市场竞争地位。

2. 产品差异化战略的劣势

企业实施产品差异化战略中，面临的主要风险：一是企业没有形成适当的差别化；二是在竞争对手的模仿和进攻下，行业的条件及市场环境发生变化时，企业不能保持或丧失了差异化，出现趋同化；三是差异化具有排他性，与高市场占有率相矛盾，为了获取产品差异化，有时可能要放弃获得较高市场占有率的目标。

企业在保持差异化上，普遍存在四种威胁。

(1) 企业形成产品差异化的成本过高。差异化就是有自己独具的特色，形成特色就需要创新和投入，进行广泛地研发、设计产品形象、选择高质量原材料和争取顾客等工作，代价和成本高，价格就高，这样大多数购买者难以承受产品的价格，企业也就难以盈利。竞争对手的产品价格降得很低时，购买者会在低价与差异化之间进行选择，有些购买者不再愿意为具有差异化的产品支付较高的价格。

(2) 竞争对手可以推出类似的产品。有些差异化极易模仿，竞争对手通过模仿、学习可以很快推出类似的产品，降低企业产品差异化的特色，使整个行业的产品或服务趋同化。

(3) 竞争对手推出更具差异化的产品，使得企业原有的购买者转向竞争对手。

(4) 购买者需求发生变化，不再需要本企业长期赖以生存的那些产品差异化的因素。

3. 产品差异化战略的实施条件

(1) 企业自身条件。企业在产品的研究开发上具有较强的创新能力；企业在生产技术上具有较高的适应能力和应变能力；企业在市场营销中要有明确的目标市场和准确的定位，能采取有效的营销手段和方法，满足目标顾客的需求和变化，从而形成消费者对差异化、特色化的忠诚需求。

(2) 面临的市场竞争条件。消费者对同类产品和服务的市场需求是多样的、差异的；差异化的产品或服务足以形成一定的需求市场；差异化途径较多，从生产、技术、营销上都是可以实现的。

(三) 集中化战略

集中化战略是指企业将其力量集中在几个细分市场服务上，而不是追求全部市场。在这种战略的指导下，企业从了解这些细分市场的需要入手，在选中的细分市场上，运用成本领先、产品差异化或两者兼有的战略。与此同时，企业又不断地寻找可为其服务的其他补缺市场。这一战略实施的前提条件为：企业能够以更高的效率、更好的效果为某一细分市场的顾客提供产品或服务。

1. **集中化战略的实施范围**

当市场符合以下四个条件时，企业就可以采用集中化战略。

(1) 市场上存在不同的客户群，不同的客户群之间存在不同的需求或以不同的方式来使用产品。

(2) 在企业所选择的目标市场上，不存在采取相同战略的企业。

(3) 企业的资源不允许其追求更广泛的市场。

(4) 行业中各细分市场在规模、成长率和获利能力等方面存在很大的差异，导致某些细分市场比其他市场更有吸引力。

2. **集中化战略的优势**

(1) 集中精力发挥优势，独具市场竞争地位。由于企业集中力量服务于少数细分市场，企业能深入了解需求情况，在生产技术、销售渠道和促销上的专业化可以集中提供及时、良好的服务，效率更高、效果更好。企业一旦控制一定的势力范围，在竞争中居于有利地位。在此势力范围内，其他竞争者不易与其竞争，竞争地位比较稳定。

(2) 实行专业化，节约费用，获取较高收益。在生产和营销上实行专业化，可以节约营销费用，提高投资收益率，增加盈利，还可以防御行业中各种竞争力量，使本企业在本行业中获得高于一般水平的收益。

(3) 防御替代品的威胁。这种战略可以用来防御替代品的威胁，也可针对竞争对手最薄弱的环节采取行动，形成自己在某一方面的独有竞争优势。

3. **集中化战略的劣势**

(1) 竞争者可能找到更有效的方式，在服务于狭窄的目标市场方面超过实施集中化战略的企业。

(2) 顾客的偏好发生变化，例如从企业的特定产品转移到一般产品，从而使企业的差异化战略失败。

(3) 采取集中化战略的企业所生产的产品的特色与个性，不足以抵消低价格对消费者的吸引力。

二、市场地位竞争性营销战略

(一) 市场领导者战略

市场领导者的主要目标在于保住市场上的优势地位，可供其采用的战略主要有以下三种。

1. **扩大整体市场规模**

市场领导者在市场上处于主导地位，因此整体市场规模扩大的最大受益者就是市场领导者。扩大市场需求的途径是为产品寻找新用户、新用途，促使现有用户增加使用量或消费得更多、更频繁。例如，柯达胶卷多年来一直致力于扩大胶卷的整体市场。

2. **扩大市场份额**

市场领导者也可通过进一步扩大市场占有率来增加销售额。尤其在一些规模较大的市场上，每提高一个百分点的市场占有率就意味着销售收入成倍的增长。而且，进一步研究表明，提高市场占有率与增加利润率有对应关系。但是，市场领导者在追求提高市场占有率之前必须认真筹划，以免发生成本上升过快，导致市场占有率上升而利润却下降的问题。在现有市场上扩大市场份额，就意味着向其他企业发起进攻，虽然市场领导者是处于市场主导地位的企业，也须慎重行事。

在选择进攻对象时，市场领导者需要注意以下两个问题。

（1）被进攻企业实力的强弱。进攻实力弱小的企业风险较小，但相应的成果也较小；相对来说，进攻实力强大的企业风险较大，但企业可以借此巩固自己的领导者地位。

（2）进攻近者还是远者。所谓"近""远"，指与本企业经营范围、产品的相近程度。一般企业容易将经营范围与自己最为相似的竞争者作为进攻对象。这样做的风险是成功后可能反会引来更强有力的新公司介入，树起更危险的"敌人"。

3. 保持市场份额

市场领导者必须注意保护自己已有的市场阵地和占有率。否则，其扩大整体市场规模的努力将成"为他人作嫁衣"。保持市场份额的上策是以攻为守，不断创新，确保在新产品构思、顾客服务、效率和成本等方面始终处于行业领先地位。同时注意抓住对手的弱点，主动出击。

可供企业采用的防御战略有以下六种。

（1）阵地防御，即不断改进现有产品，强化品牌知名度，防止竞争对手的进攻。

（2）侧翼防御，即通过改善生产和经营中的薄弱环节来防止竞争对手对市场份额的侵占，或者发展与竞争对手相类似的业务来牵制竞争对手的进攻行为。

（3）先发制人，即在竞争对手发起市场攻击之前，向竞争对手发起进攻。

（4）反击式防御，关注竞争对手的进攻态势，在适当的时候通过强有力的反击阻断对手的进攻。

（5）运动防御，即通过拓展业务范围或实施多元化经营开拓新的业务范围，以此来扶持原有业务的发展。

（6）收缩性防御，即主动放弃无利可图的业务，将力量集聚到主业上。

（二）市场挑战者战略

挑战型的企业大多在市场上处于第二位、第三位，甚至更低名次。它们的共同之处是决心向主导企业或其他竞争者发动进攻，获取更大的市场份额。它们与市场追随者最大的区别在于后者选择维持现状，而非引起争端。挑战者的决策主要由两方面内容组成：确定进攻对象和目标；选择适当的进攻策略。

1. 确定进攻对象和目标

市场挑战者发动进攻的总目标是扩大市场占有率并提高利润率，但又因进攻对象的不同而有所差异。

挑战者企业可选下述三类企业中的一类作进攻对象，重要的是一定要有明确的目标。

（1）攻击市场领导者。这是比自身实力还要强大的对手，因此风险很大，当然成功的效果也很明显。进攻的策略主要有两种：一是开发出比市场领导者的产品品质、性能更优良的新产品、新服务；二是寻找市场领导者经营活动中的决策失误，然后充分利用这些时机扩大自己的市场份额。

（2）攻击与自己实力相当的竞争者。主要是那些经营不善或资源不足的企业，以争夺它们的顾客。

（3）攻击一些仅在有限细分市场上从事经营活动的中小企业，这可以通过企业兼并来实现。

2. 选择适当的进攻策略

菲利普·科特勒把进攻的策略归纳为以下五种。

(1) 正面进攻。即集中攻击对手的强项而不是弱点，如在产品开发、定价、广告等方面较量。正面进攻的胜负取决于谁的力量更强。因此，若无在相应项目上优于(至少一倍的优势)对手的资源、能力，贸然采取此策略，就会造成企业在市场上的失败。

(2) 侧翼进攻。多数企业实际上不可能一开始就正面强攻，而是采取侧翼进攻，即选择对手之弱点或"缺口"，以己之长，攻彼之短。如进攻偏僻地区市场或某个细分市场，有时这些地区市场几乎没有竞争者的推销力量，或这些细分市场并未被竞争者明确意识到，因此是最容易取得攻击胜利的薄弱之处。随着本企业在这些市场上销售的增长，竞争者的市场份额将逐渐被侵占。

(3) 包围进攻。包围进攻的目标要比侧翼进攻大，即看准敌方一块阵地后，从前后左右几条战线上同时进攻，强迫其全面防守，却又顾此失彼。如产品包围战，就是针对竞争者的产品，推出质量、风格、特点各异的数十种同类产品，以此包围对手的产品，最后夺取市场。

(4) 迂回进攻。是一种间接进攻策略，即并不进攻竞争者现有的市场或地盘，相反，对这些产品和市场采取回避态度，绕过竞争者，或是开发新产品去满足未被任何竞争者满足的市场；或是开展多元化经营，进入与竞争者不相关的行业；或是寻找新的、未被竞争者列入经营区域的地区市场。这种策略也能帮助企业逐渐增强自己的实力，一旦时机成熟，即可转入包围进攻或正面进攻。

(5) 游击式进攻。游击战在军事上是以小胜大、以弱胜强的有效战略，在市场营销中也不例外。其典型做法是向竞争者的不同领域或不同部位发动小规模、时断时续的攻击，骚扰对手，使之不得安宁，疲于应对，最终逐渐被削弱和瓦解。如突然在某一地区加大促销力度，在某个特定时点降低商品售价，或对某位经销商努力推销作出特殊许诺。游击战特别适合弱者向强者发动的进攻，以较小代价耗费对方资源。但若进攻者要击败对手，最终须有强大的进攻作后盾，因此，可以说游击策略是一场强大攻击前的准备。

以上五种策略，市场挑战者可选择其一来实施，也可以综合运用各种进攻策略。这取决于市场挑战者自身的资源约束和其所要达到的战略目标。

(三) 市场追随者战略

市场追随者战略的核心是寻找一条避免触动竞争者利益的发展道路。但追随并不等同于被动挨打，况且，追随者通常又是挑战者攻击的目标，因此，追随者要学会在不刺激强大竞争对手的同时保护好自己。

但是，这不等于说市场跟随者就无战略可言。每个市场跟随者必须设法给自己的目标市场带来某些特有的利益，如地点、服务、融资等；还必须尽力降低成本并保持较高的产品质量和服务质量。市场跟随者也不是被动地单纯追随主导者，它必须找到一条不至于引起竞争性报复的发展道路。以下是三种可供选择的跟随战略。

(1) 紧密跟随。这种战略是在尽可能多的细分市场和营销组合方面，模仿市场领导者，完全不进行任何创新，也不会发动任何攻击。只要它不从根本上侵犯主导者的地位，就不会发生直接冲突。它只是利用市场领导者的投资和营销组合去开拓市场，自己跟在后面分一杯羹，因此称之为主导者的寄生者，甚至发展成为"伪造者"，专门制造赝品。

（2）距离跟随。在目标市场、产品创新和分销渠道等基本方面都追随主导者，而在包装、广告、价格上保持一定的差异。只要跟随者有距离的跟随，不积极进攻，也不发起挑战，市场领导者并不介意。在钢铁、化肥、化工等同质产品行业，各公司之间为避免两败俱伤，纷纷模仿主导者，采取一样的产品、价格、服务和促销，相安无事，市场份额相对稳定。

（3）选择跟随。即有选择性的跟随，而不是全面和盲目跟随。在某些方面择优跟随，而在另一些方面又自行其是，有自己的改进和创新，但又不进行直接的竞争。这类跟随者之中的企业有可能成为未来的挑战者。

（四）市场补缺者战略

许多行业都存在大量的小企业，它们专门关注市场上被大企业忽略的某些细小部分，在这些小市场上通过专业化经营来获取最大限度的利益，也就是在大企业的夹缝中求得生存和发展。市场补缺者也称市场利基者，指精心服务于市场的某些细小部分，而不与主要的企业竞争，只是通过专业化经营来占据有利市场位置的企业。理想的利基市场具备以下特征：具有一定的规模和购买力，能够盈利；具备发展潜力；强大的公司对这一市场不感兴趣；本公司具备向这一市场提供优质产品和服务的资源和能力；本公司在顾客中建立了良好的声誉，能够抵御竞争者入侵。

市场补缺者战略的关键是专业化市场营销，具体就是在市场、顾客、产品、渠道等方面实行专业化。

（1）最终用户专业化。专门致力于服务某类最终用户，如计算机行业有小企业专门针对某一类用户进行营销；航空食品公司专门为民航生产提供给飞机乘客的航空食品。

（2）垂直专业化。专门致力于生产与分销链上的某些垂直层的服务，如铸件厂专门生产铸件、铝制品厂专门生产铝锭和铝制部件等。

（3）顾客规模专业化。专门为某一种规模的客户服务，如某些小企业专门为那些被大企业忽略的小客户服务。

（4）特定顾客专业化。专门为某一公司或主要客户服务。

（5）地理市场专业化。只为某一地区或地点的客户服务。

（6）产品或产品线专业化。只经营某一种类型的产品或某一类产品线，且形成独具特色的产品或服务。

（7）客户订单专业化。专门按客户订单生产预定的产品。

（8）质量和价格专业化。专门生产经营某种质量和价格的产品，如专门生产高档高价的雕花实木家具。

（9）服务项目专业化。专门提供某一种或几种其他企业没有的特色化服务项目。

（10）分销渠道专业化。专门服务于某一类分销渠道，如某些高档酒只在大酒店销售。

市场补缺者是弱小者，面临的主要风险是当竞争者入侵或目标市场的消费习惯变化时有可能陷入绝境。因此，实施市场补缺者战略，要完成以下任务。

（1）创造补缺市场。敏锐捕捉消费者的需求信息，加大科技创新，努力开发专业化程度高的新产品，从而创造出更多需要这些专业化产品的市场需求者。

（2）扩大补缺市场。在开发出特色的专业化产品并赢得在特定市场的竞争优势后，还要进一步提高产品组合的深度，努力增加新的产品项目，以迎合更多具有特殊需要的市场购买者的偏好，提高忠诚度和市场占有率。

(3) 保护补缺市场。密切关注竞争对手的动向和市场需求的变化，善于以差异化形成优势，以技术创新构筑竞争壁垒，以服务、营销创新形成特色，寻找和利用竞争对手的弱点，勇于向自我挑战，全力以赴保护特定的市场地位。

阅读材料二：阅读材料二："穷人银行"泰隆"捡剩菜"的发展之道

农妇刘巧红在踏进浙江泰隆商业银行(下称"泰隆")前犹豫了很久。为了贷10万元钱，她到处碰壁，几乎已经失去信心。令她没有想到的是，不到三天时间，贷款打入了她的账号。"只找了个担保人，没有要我抵押什么东西。"靠着这笔钱，31岁的刘巧红和丈夫在台州市路桥机电五金城做起了电缆生意。

刘巧红贷款的这家银行的主要客户是失地农民、创业型小工商户。从1993年创立至今，浙江泰隆商业银行累计发放贷款600多亿元，其中90%以上投向小企业，而且大部分是无抵押贷款。为此，这家浙江民营金融机构被一些专家称为中国版的"穷人银行"。

泰隆原名泰隆城市信用社，是一家1993年成立于浙江省台州市路桥区的纯民资金融机构。2006年8月，它升格为城市商业银行。

"整块的'大肉'被国有商业银行吃了，我们就吃'骨头缝中的肉'。"泰隆董事长王钧说。但有意思的是，这家"捡剩菜"吃的民营金融机构活得还挺滋润。泰隆开业之初只有2间租赁房、7名员工、100万元注册资本金。2006年，它税前总利润1.32亿元，存、贷款业务均占到整个路桥区的20%以上，在当地11家银行类金融机构中，位居第二。

扣准"声誉机制"做文章——不良资产率不到0.83%

2006年8月升格前，银监会派人对泰隆的资产进行了详尽的核查。在这次被王钧称为"扒光了衣服"的核查中，泰隆银行的不良资产率被认定不到0.83%。

微小企业倒闭的风险极大。泰隆用什么来控制风险？

当记者采访刘巧红，问到为什么不多贷点时，她说：借多了，人都会抖(怕还不起)。这句话里实际上藏着泰隆得以成功的玄机。

"在路桥这边，一个人名声坏了，不仅会被人看不起，还可能找不到合作伙伴，什么事情也做不了。这种惩罚对失信者是最大的惩罚。我们敢不要抵押，靠的就是这个。"泰隆银行风险总监金轩宇说。

复旦大学金融研究院教授熊继洲则说，在中国农村，欠钱不还这种恶行足以让一个人身败名裂。在一些交往频繁的紧密型群体中这种"声誉机制"也能起到重大作用。

浙江泰隆商业银行几乎100%的客户都是当地农民、下岗职工或在路桥小商品市场从事贸易的人，担保人则一般是他们在当地的熟人。正是因为扣准了乡村中的这种"声誉机制"，泰隆才得以规避无担保贷款的风险。

除了扣准"声誉机制"外，泰隆还有一个重要经验，就是贷款实行"笔笔清"制度。

"只要提供个担保人，不用任何抵押，这个老客户可以一次性贷100万元。但他这样分两次贷就不行了。这涉及一个银行的风险控制原则问题。国有银行里一个大企业多次贷款的时间往往是交叉的，但我们这里坚决不允许。这容易出现放贷过大，企业以老贷款'要挟'新贷款的情形。而任何一个企业都有成长期、兴盛期、衰老期，这种放款方式最终可能导致大笔坏账的产生。”金轩宇说，泰隆银行有个严格的规定，就是“余贷未清，新贷不放”。

填补“金融正规军”的空档——客户家冰箱里放了什么都知道

熊继洲曾经对浙江的民营及非正规金融机构作过深入调研。他认为，在中国的农村以及大部分县域经济体中，国有银行分支机构不可能对当地中小企业发展起到重要作用。“撇开不愿意为中小企业服务不说，国有银行本身的架构也决定了他们很难在这一方面取得成功。过长的管理链条带来的信息失真、效率低下问题令这些银行不能适应交易额小、发生密度高的小额贷款。”

“夸张一点说，我们的信息员对核心客户家中冰箱里放了什么东西都知道。”金轩宇说。至2006年12月，在泰隆有贷款余额的企业达8 000多户。对这些有贷款余额的企业，泰隆近200名信贷员会定时走访，了解行业景气度、企业生产销售动态及企业主个人情况。

这一点，国有商业银行难以做到。这一点，也正是泰隆等民营金融机构的优势所在。“金融正规军”留下的巨大空档，在台州是由泰隆商业银行、台州商业银行等民营金融机构填补的。据了解，向泰隆借贷过的中小企业，总数已经超过3万户，其中有些企业主借贷次数已有100多次。

有关数据表明，如果算上个体经营户，2005年，路桥区平均万人中有企业数已近千家，远远高于全国平均数和浙江省平均数，个体私营企业创造的GDP占经济总量的99%以上。“泰隆这样的区域性商业银行的作用是让微小企业的创业者贷到款，有能力发展的起跑点，同时它也有力地支持了新农村建设，促进了区域城市化进程。”当地政府有关官员认为，路桥是和这些小商品经营者共同成长的，在发展过程中，泰隆等商业银行起到了巨大的作用。

99%贷款依靠第一还款源收回——专家认为“泰隆模式”能够复制

泰隆有一个数据外界可能很难想到，从历史情况看，该行99%以上的小企业贷款实现正常收回依靠的是第一还款来源，即使在极少数的问题贷款中，依靠借款人自身偿还的也占90%以上。这意味着，泰隆银行的担保实际上只是一种“形式担保”。社会有一种看法，认为微小客户借钱不还的可能性较大。泰隆的数据说明这是一种偏见。

熊继洲认为，从中国乡村现状看，“声誉机制”普遍存在且相当有效，而从事小额贷款业务的金融机构实际上也不会构成系统风险。只要监管条例、游戏规则详尽有效，就出不了大事。因而，泰隆等民营金融机构的模式可以复制。

“在浙江一些民营金融机构的运作中，我们可以看到尤纳斯‘穷人银行’的影子。他们在做一些国有商业银行做不了的事。”熊继洲说。

2007年1月末，泰隆银行走出路桥区，在台州的一个贫困县三门开设了第一个跨区域分支机构。“这是我们验证自身商业模式的重要一仗。”王钧说。他说这句话的时候，已经是夜晚7点。此时，路灯放亮，泰隆银行总部的营业厅仍灯火通明。

为穿篮球鞋的人服务——泰隆银行董事长王钧谈民营金融机构发展

“我们服务的不是穿西服的，而是穿篮球鞋的。”浙江泰隆商业银行董事长王钧用这句话归纳了泰隆银行的定位。

日前，浙江泰隆商业银行首个跨区域支行在浙江台州的欠发达地区三门县开业。王钧对那边的贷款业务作出了一个“奇怪”的要求：不鼓励员工做 500 万元以上的贷款业务。

“一直以来，泰隆贷款做的就是小额业务，其中 100 万元以下的占到 90%以上。员工去做那种大业务，就偏离了泰隆的定位。”王钧说。他认为，精准、专注的市场定位是任何企业生存、发展的关键。

事实上，浙江泰隆商业银行在寻求自身的定位时经历了一个比较漫长的过程。王钧坦率地说出泰隆在选择发展方向的初期是很彷徨的。“大约在七八年前，我接触到了尤纳斯穷人银行’的一些信息。当时他还没有现在这么大名气，但我看了他的经验后，很兴奋，好几天没有睡着觉，感到泰隆这样走有了一个大致的方向。”王钧说，倒不是自己有什么雄心壮志，但在国有商业银行占据大部分市场份额的情况下，尤纳斯的“穷人银行”模式对中国民营金融机构的发展有着重要启示意义。

“我们的出路就在于做专做精。”王钧说。

本章小结

本章主要介绍了企业战略规划的含义、特点和过程，其中规划企业投资组合的两种方法：市场成长率-相对市场占有率矩阵法，多因素投资组合矩阵法；企业战略与市场营销战略的关系以及企业营销战略计划的主要内容。在市场经济条件下，企业时刻面临着激烈的市场竞争，要使企业实现从优秀到卓越的跨越，就必须为企业制定一个正确的竞争战略。这个过程包括：对竞争者的分析、在三种可能的竞争战略中做出取舍及评估竞争对手的反应。对竞争对手的分析包括对竞争对手的战略和目标的分析；三种可能的竞争战略包括成本领先战略、差异化战略和集中化战略；竞争对手的可能反应包括主动攻击和防御。总之，知己知彼，百战不殆，企业竞争战略的制定必须建立在对竞争者深入分析的基础之上。

关键词

企业战略规划　成本领先战略　差异化战略　产品差异化　集中化战略　市场领导者　市场挑战者　市场追随者　市场补缺者

思考题

1. 什么是行业及行业结构？有哪几种行业结构？
2. 简述竞争者的四种分类方法。
3. 竞争战略的一般形式有哪些？
4. 简述企业实行产品差异化战略的方法。
5. 不同市场地位的竞争者的战略选择是什么？

实训题

1. 通过收集间接资料，来调查一家企业制订战略计划的过程。

2. 选择一家本土企业，对其进行 SWOT 分析。

3. 如果你选择一个商业模式进行创业的话，（在市场调查的基础上）试制定你的营销战略。

4. 选择一家企业，运用波特竞争力模型分析它所处行业的吸引力。

5. 选择本地（或国内、省内、市内）某著名企业所在行业，识别和分析一下其中的市场领导者、市场挑战者、市场追随者、市场补缺者。

案例分析

跨国公司在我国营销战略的新变化

在中国加入 WTO 的五年来，跨国公司面对新的经营环境，纷纷调整在我国的营销战略，出现了新的微观运作机制。

1. 调整经营目标，提升在我国的战略地位

（1）重新确定其在中国的经营目标。如 2003 年，松下公司在中国调整销售目标为 700 亿元人民币；通用电气公司为 50 亿美元的目标；2002 年飞利浦在华营业额达到了 67 亿美元，在 2003 年飞利浦集团管理委员会主席柯慈雷公布的 5 项中国策略中，计划到 2005 年飞利浦整体业务达到 120 亿美元的营业收入，也就是说飞利浦在中国的业务总量 4 年后将要达到翻一番的目标。韩国三星公司是在华经营规模居第二位的外资公司，三星集团在华营业额 2002 年底达到了 63 亿美元，2003 年超过 100 亿美元，2005 年的目标为 140 亿美元。日资企业原来一直把中国作为出口基地，而现在则更重视在中国国内的销售策略，中国现在不仅是日本企业的生产基地，还在逐步向兼具销售基地的功能演变。

（2）跨国公司已不再满足于合资与参股，谋求企业控制权的欲望开始逐步显露。一些跨国公司的目标是“必须控股、必须是行业龙头企业、未来预期年收益率必须高于 15%”，这三条目前正在成为一些跨国公司在我国并购活动的基本要求。

2. 产品策略由中高端市场逐步向中低端市场转变

跨国公司刚进入中国时，常常聚集在中国的中心城市，而且越发达、越是中心城市越容易成为聚集地，在产品策略上基本一致地选择了以“三高人群”为目标市场。近几年，随着我国经济的迅速发展和人们收入的提高，人们消费观念和消费需求发生巨大的变化，中西部市场、二级城市市场，甚至农村市场已成为一些跨国公司的投资、渗透热点。以汽车市场为例，据统计资料显示，最近 3 年来，中端及中低端细分市场增长总量超过了 4 倍，2004 年，中端及中低端市场的总销售量近 186 万辆，较 2003 年同期增长 29.6%，大大高于乘用车市场 14%的平均增长幅度，占整体市场份额的 74%，成为我国国内最为活跃的汽车市场。

以外商直接投资为例，据统计资料研究，2000 年以前我国实际使用外资金额只有 10%左右分布在中西部地区，并且主要集中在省会城市。2001 年，我国实际使用外资金额的 12.85% 分布在中西部。2003 年上升到 14%，投资由省会城市向市甚至县一级城市或开发区扩散。到 2004 年，世界 500 强企业已有 60 多家在成都、重庆落户，有 30 多家在西安落户，三星、东芝、三洋等许多知名企业在中西部都建有工厂。相应地，其产品策略也开始逐渐向中端甚至中低端细分市场转变。

3. 营销组合的核心从产品、技术要素逐步转向价格因素

20世纪80～90年代中期，中国处于卖方市场时代，跨国公司以产品为核心竞争要素，辅以品牌要素、渠道要素和价格要素，形成了产品为主导型市场组合策略。在20世纪90年代中期以后，跨国公司为了保持在中国市场的原有优势，将营销组合策略的核心要素由产品转向技术，确立了技术主导型营销组合策略，市场竞争也开始按照高质量高价格、低质量低价格细分，形成了跨国公司产品占据高端、国内企业占据低端的格局。进入21世纪以来，我国国内企业日益壮大，不仅有了著名的产品品牌，而且产品质量有了极大的提高，甚至在一些产品市场形成了对跨国公司的替代，取得了明显的竞争优势。我国国内企业在继续保持低端市场绝对份额优势的同时，采取高品质低价格营销组合策略，在二三线城市向跨国公司一直占据的高端市场逐步蚕食，并且取得了明显的收效。在中国广告战、价格战之中，许多跨国公司也通过降价以巩固市场，形成了价格主导型营销组合。跨国公司的价格主导型营销组合策略，其实质是以高品质低价格对付国内企业已经开始的高品质低价格营销组合策略，其意图在于既保住高端市场份额，又进入低端盈利，并限制国内竞争对手的进一步发展。

4. 营销渠道从选择分销商经销向建立本地化营销网络和独立销售渠道发展

跨国公司初次进入我国市场时，由于资金有限及其他原因，大多数使用我国现有的分销系统，委托当地分销商销售产品。然而，自我国加入WTO以来，跨国公司做出相应的战略调整，通过各种手段重新获得分销权或建立自己的分销体系。如汽车行业，2001年德国大众同上汽集团合资成立上汽大众销售有限公司，开始建立在中国的大众营销网络；本田同广州汽车集团合资生产并完善国内销售网络；2005年通用汽车的雪佛兰首批上市时，就建立独有的销售及服务网络，遍布全国的100家上海通用汽车雪佛兰特约销售服务中心同时开业，销售网络覆盖全部省会城市；法国标致雪铁龙汽车集团2005年也着力培育185家3S经销商和28家4S店，这些做法显示其加强了在华的营销攻势。跨国公司所采用的营销网络方式有4类：一是完全重新建立；二是借助原有营销网络进行改造和扩张；三是采取合资建立本土化的销售网络，以突破东道国行业的限制；四是提升服务价值。

5. 更加注重顾客和公共压力集团的关系，由交易营销向关系营销转变

传统的交易营销观念强调的是产品的交易关系，交易结束双方的关系也就结束，企业注重对市场的开拓，关注的是市场份额。而关系营销注重对顾客份额的开拓，关注的是市场总价值、企业长期利润乃至企业的生存。

我国加入WTO以来，许多跨国公司面对新的形势和环境，面对激烈的竞争，纷纷加强了在我国的CRM(客户关系)管理，以顾客为导向，通过与顾客的双向沟通和一对一营销，与顾客建立长期稳定的互惠互利关系。另外则策略上海协调运用经济的、心理的、政治的、公共关系等手段，以博得我国的经济政治组织、政府、工会、消费者组织及媒体等各方面的合作和支持，来加强其营销攻势。

6. 建立企业战略联盟，跨国公司市场垄断日益加强

随着世界经济一体化进程的加快，跨国公司意识到彼此间平等合作的重要性，大公司为保持和发展生存空间，采用企业跨国联合，建立企业战略联盟的合作形式，共同维护市场秩序。这种联合形式既能使双方从中受惠，弥补相互之间市场的不足，实行分工合作、资源互用、利益共享，同时还提高了竞争优势，避免了无谓残杀，降低国际贸易的风险成本，提高了开拓市场的能力。其主要形式有以下两种:一是跨国公司与我国企业之间建立的战略联盟,如我国的一汽、二汽及上海汽车等许多大型汽车制造公司与一家甚至几家跨国汽车公司合资合作;二是跨国公司之间建立的国际战略联盟,如美国通用与日本丰田、铃木,美国福特与日本日产等结成国际战略联盟。

战略联盟一个最明显的结果就是,在我国的许多行业和领域,跨国公司的垄断地位已经十分明显。如汽车领域,美国两大汽车公司外加大众、戴姆勒-克莱斯勒、雷诺、丰田等少数厂商控制着我国90%以上的汽车生产和销售;在移动通信领域,诺基亚、摩托罗拉、爱立信、飞利浦等占据我国市场的绝大部分;在影像业上,日本的富士和美国的柯达两大公司几乎占据我国影像胶卷的绝大部分市场;在快餐领域,肯德基和麦当劳占据我国快餐的主要市场;在零售业上,2005年我国大中城市的大型连锁超市80%的市场份额已经被外资占据;在饮料行业,可口可乐已经占有70%以上的中国饮料市场份额。

[资料来源:《市场营销导刊》,谭云清,2006(3):74－76]

思考题

1. “入世”以来中国市场的营销环境有哪些新特点?

2. 跨国公司在我国市场的营销战略新变化有哪些表现?请分析这些变化和调整的主要依据。

第七章 目标市场营销战略

随着经济的发展,消费者或客户的需求越来越多样化。在这种情况下,一个企业无论其规模有多大,都不可能生产出能够满足所有消费者或客户的产品,因此,大多数企业都采用目标市场营销。目标市场营销战略分为三个步骤:市场细分、目标市场选择、市场定位,具体包括市场细分的概念、原理、标准、方法、程序等,目标市场选择的模式、影响因素,市场定位的含义、方式和步骤等。

引导案例

市场细分——微博定制鲜花销售

一没资金,二没人脉,三没经验,是不少大学生创业面临的三座大山。2008 年,大学毕业生李道琪选择了先工作后创业的传统模式,选择当起了"护花使者",卖进口花、开花艺课引来高端客户群体。

工作两年后辞职开起花店

2008 年,李道琪毕业于西安财经学院统计学专业,毕业两年期间从事过记者、银行等工作。虽然工作还算体面,也有一份比较稳定的收入,但是她觉得发展方向并不明了,工作两年后应该考虑自己创业。李道琪发现,亲友之间赠送鲜花已经成为了一种日常习惯,越来越多的人探亲访友喜欢送花。"大多数花店都销售的是国产普通鲜花,同质化竞争激烈,而高端市场却是'小荷才露尖尖角'。"李道琪告诉记者,正是她偶然发现了这个商机,而且对鲜花十分喜欢,所以打算开一家花店。

正准备创业的时候,李道琪首先就遭到了家人的反对。辞职让家人觉得有些不可理解,父母认为,有一个稳定体面的工作对于一个女孩子来说已经算很不错了,这个时候选择去开店卖花这简直是不可理喻。店能不能开起来,经营情况能不能好,这些都是家人非常不放心的问题。

为了实现自己的这个愿望,打消父母顾虑,她亲自去了上海等城市详细了解这个项目及发展的前景。为了学习花艺,她还去上一些专业课程。这些经历让她体会到了创业并非一件简单的事儿。

定位高端推出定制鲜花

"如今传统行业竞争太激烈,开实体店不仅投资高而且风险大。"李道琪认为,而现在网络微博等社交平台影响力逐步加深,利用网络平台起步的时候门槛低,成本也低,如果利用网络平台再做高档鲜花的营销应该是个很不错的机会。2011 年 2 月,李道琪拿出自己工作中积攒的积蓄,搭建了一个借助网络平台进行营销的花店。

据李道琪介绍，由于定位高档鲜花营销，鲜花的品质是她最重视的，鲜花都是直接从荷兰、厄瓜多尔等地直接订购。“目前客源主要是年轻人，他们对生活的品质要求比较高。而鲜花的销售不仅针对个人生活中的需要，也会面向很多婚礼、宴会花艺布置等活动中的需要。”李道琪认为，鲜花必须要精准传达出消费者的心意，结合收花人的性格、气质及其喜欢的颜色等为顾客推荐最合适的搭配或者款式。“独一无二的‘定制式’的鲜花，是我们经营最为独特的理念。”

做这样一件自己喜欢的事也给这个姑娘带来了很多生活中的乐趣，她和团队伙伴还经常开课传授花艺，教消费者自己动手用鲜花装扮生活。李道琪说，鲜花带给人们的美好无时不在，鲜花传递的爱情、友情故事，让她忘却了工作的疲惫感到很幸福。

仅靠微博营销月入不菲

李道琪每天的工作是认真打理她的微博。目前，她已经有了一个工作室，团队由 6 个人组成，建立了一个收货、客服、设计、制作、配送等较为完整的营销团队。由于定位高端路线，李道琪销售的鲜花最贵一枝进口花可以卖到上百元人民币。据她粗略统计，一天的成交量大约有十几单，每单约收入人民币 400～500 元，遇到特殊节日的时候还会更多一些。她的花店仅靠微博营销，每个月就能创造 15 万元的营业收入。

“创业不容易，但要善于发现商机，把握机会。一线城市有很多较为成熟的项目，适当引进来会有发展的潜力。”谈起自己创业两年来的经历，李道琪认为创业并不是简单的事，既需要自身的努力，还要把握住市场上的机会才能有更多的发展。

谈到未来，李道琪希望可以在条件成熟的时候开一家实体门店及分支门店，利用自身的技能开办一些花艺培训班，还会考虑做一些关于鲜花的产品。

［资料来源：《西安晚报》，王赫、马旭东，2013 - 07 - 26］

［案例思考］

1. 上文中的定制鲜花是怎样进行市场细分的？

2. 选择目标市场时要考虑哪些因素？定制鲜花店为什么把目标市场锁定在都市青年消费者？

（这些问题先不急于回答，也许学过本章后，你就会有自己的思考和答案）

第一节 市场细分

一、市场细分的概念与作用

市场细分的概念是美国市场学家温德尔·史密斯(Wendell R. Smith)于 20 世纪 50 年代中期提出来的。所谓市场细分就是指按照消费者欲望与需求把一个总体市场划分成若干个具有共同特征的子市场的过程。因此，分属于同一细分市场的消费者，他们的需要和欲望极为相似，分属于不同细分市场的消费者对同一产品的需要和欲望存在着明显的差别。

这里必须指出的是，细分市场不是根据产品品种、产品系列来进行的，而是从消费者(最终消费者和工业生产者)需求的角度进行划分的，是根据市场细分的理论基础，即消费者的需求、动机、购买行为的多元性和差异性来划分的。市场细分对企业的生产、营销起着极其重要的作用。

小链接：国际市场细分

国际市场细分具有两个层次的含义，即宏观细分与微观细分。宏观细分是要决定在世界市场上选择哪个国家或地区作为拟进入的市场。这就需要根据一定的标准将整个世界市场划分为若干子市场，每一个子市场具有基本相同的营销环境，企业可以选择某一组或某几个国家作为目标市场。国际市场宏观细分的标准有地理标准、经济标准、文化标准和组合法等。微观细分类似于国内市场细分，即当企业决定进入某一海外市场后，它会发现当地市场顾客需求仍有差异，需进一步细分成若干市场，以期选择其中之一或几个子市场为目标市场。消费品市场有地理环境、人口状况、消费者心理、购买情况等四大标准，工业品市场有地理环境、用户状况、需求特点和购买行为等四大标准。

1. 市场细分是制定市场营销战略的关键环节

市场营销战略包括选定目标市场和决定适当的营销组合两个基本观念。在实际应用上，有两种途径：① 从市场细分到营销组合，即先将一个异质市场细分为若干个“子市场”，然后从若干子市场中选定目标市场，采取与企业内部条件和外部环境相适应的目标市场策略，并针对目标市场设计有效的市场营销组合；② 从营销组合到市场细分，即在已建立了营销组合后，对产品组合、分销、促销及价格等做出多种安排，将产品投入市场试销；依据市场反馈的信息，研究消费者对不同营销组合的反应有何差异，进行市场细分，选定目标市场；再按照目标市场的需求特点，调整营销组合。

2. 市场细分有利于发现市场营销机会

市场营销机会是已出现于市场但尚未加以满足的需求。这种需求往往是潜在的，一般不易发现。运用市场细分的手段便于发现这类需求，并从中寻找适合本企业开发的需求，从而抓住市场机会，使企业赢得市场主动权。

3. 市场细分能有效与竞争对手相抗衡

在企业之间竞争日益激烈的情况下，通过市场细分，有利于发现目标消费者群的需求特性，从而调整产品结构，增加产品特色，提高企业的市场竞争能力，有效地与竞争对手相抗衡。

4. 市场细分能有效地拓展新市场，扩大市场占有率

企业对市场的占有不是轻易就能得来的，必须从小到大，逐步拓展。通过市场细分，企业可先选择最适合自己占领的某些子市场作为目标市场。当占领这些子市场后再逐渐向外推进、拓展，从而扩大市场占有率。

5. 市场细分有利于企业扬长避短，发挥优势

每一个企业的营销能力对于整体市场来说，都是有限的。所以，企业必须先将整体市场细分，然后再确定自己的目标市场，把自己的优势集中到目标市场上，以便在激烈的市场竞争中充分发挥企业优势，取得竞争的胜利。特别是有些小企业，更应该注意利用市场细分原理，选择自己的市场。

二、市场细分战略在实践中的发展

从总体上看，有什么样的市场条件，就会产生什么样的营销战略思想。市场细分战略作为现代市场营销理论的产物，其产生与发展经历了以下几个主要阶段。

1. **大量营销阶段**(Mass Marketing)

早在19世纪末20世纪初，西方经济发展的重心是速度和规模，企业市场营销的基本方式是大量营销，即大批量生产品种规格单一的产品和通过大众化的渠道推销。由于大量营销降低了成本和价格，在当时的市场环境下，获得了较丰厚的利润。不难看出，在大量营销的环境下，企业没有必要、也不可能重视市场需求的研究，市场细分战略不可能产生。

2. **产品差异化营销阶段**(Product Different Marketing)

在20世纪30年代，发生了震撼世界的资本主义经济危机，西方企业面临产品严重过剩。市场迫使企业转变经营观念，企业营销方式经历了从大量营销向差异化营销的转变。产品差异化营销较大量营销是一种进步。但是，由于该策略的前提是以企业现有的能够提供的设计、技术为基础进行的生产，结果是使企业向市场推出了具有不同质量、外观和品种规格等与竞争者不同的产品或产品线。由于其产品差异化缺乏市场基础，因此不能大幅度地提高产品的适销率。由此可见，在产品差异化营销阶段，企业仍没有重视市场需求的研究，市场细分战略仍无产生的基础和条件。

3. **目标营销阶段**(Target Marketing)

20世纪50年代以后，在科学技术革命的推动下，生产力水平大幅度提高，产品日新月异，生产与消费的矛盾日益尖锐，以产品差异化为中心的推销体制远远不能解决西方企业所面临的市场问题。于是，市场迫使企业再次转变经营观念和经营方式。由产品差异化营销转向以市场需求为导向的目标营销，即企业在研究市场和细分市场的基础上，结合自身的资源与优势，选择其中最有吸引力和最能有效地为之提供产品和服务的细分市场作为目标市场从事经营，设计与目标市场需求特点相互匹配的营销组合等。于是，市场细分战略应运而生。

市场细分理论的产生，使传统营销观念发生了根本变革，在理论和实践中都产生了极大的影响，以至于被西方理论家称之为“市场营销革命”。

市场细分理论产生之后经过了一个不断完善的过程。最初，人们认为把市场划分得愈细愈能适应顾客需求，从而取得更大收益。但是，20世纪70年代以来，由于能源危机和整个资本主义市场不景气，营销管理者深感过分的细分市场必然导致企业总经营成本上升，因而导致总收益下降。因此，西方企业界又出现了一种“市场同合化”的理论。这一理论不是对市场细分理论的简单否定，而是从成本和收益的比较出发，主张适度细分，是对过度细分的反思和矫正。这一理论在20世纪90年代全球营销环境下，又有了新的内涵，适应了全球化营销趋势的发展。

总之，这些变化都反映了市场细分理论的演变，是该理论趋于成熟完善的表现。

三、市场细分的基本模式

市场细分的实质就是要对消费者需求进行细分，即按消费者的需求特征将市场划分为有若干个具有某种相同性质的消费者组成的规模较小的细分市场的过程。如在有关市场细分模式的研究中，我们可以依据顾客对某产品最重要的几种属性的重视程度来划分市场，以形成不同偏好的细分市场，结果出现三种不同模式的细分市场，即同质偏好（Homogeneous preference），市场中所有消费者的偏好大致相同；分散偏好（Diffused preference），消费者对产品的需求极不相同；集群偏好（Clustered preference），自然市场区隔，市场中显示不同的偏好。

如图7－1所示，以奶油蛋糕为例。

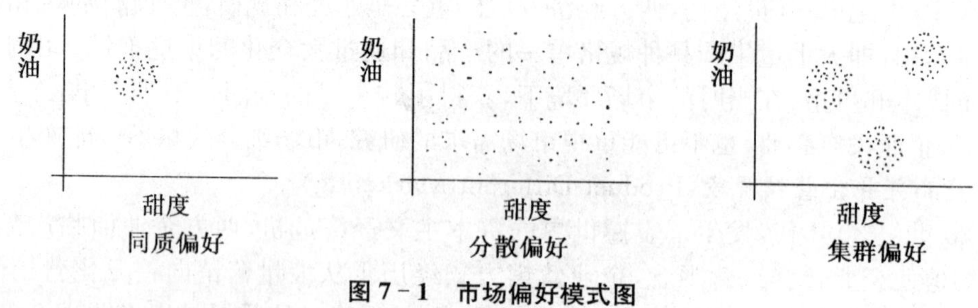

图7－1　市场偏好模式图

四、市场细分的依据

（一）消费者市场细分依据

由于消费者或用户的需求存在差异性，一种产品的整体市场也可以细分。引起消费者需求差异的变量很多，企业一般是组合运用有关变量来细分市场，而不是单一采用某一变量。概括起来，细分消费者市场的变量主要有四类，即地理变量、人口变量、心理变量、行为变量。以这些变量为依据来细分市场就产生出地理细分、人口细分、心理细分和行为细分等四种市场细分的基本形式。

1. 按地理变量细分市场

按照消费者所处的地理位置、自然环境来细分市场，比如，根据国家、地区、城市规模、气候、人口密度、地形地貌等方面的差异将整体市场分为不同的小市场。地理变量之所以作为市场细分的依据，是因为处在不同地理环境下的消费者对于同一类产品往往有不同的需求与偏好，他们对企业采取的营销策略与措施会有不同的反应。

地理变量易于识别，是细分市场应予考虑的重要因素，但处于同一地理位置的消费者需求仍会有很大差异。比如，在我国的一些大城市，如北京、上海，流动人口逾百万，这些流动人口本身就构成一个很大的市场，很显然，这一市场有许多不同于常住人口市场的需求特点。因此，简单地以某一地理特征区分市场，不一定能真实地反映消费者的需求共性与差异，企业在选择目标市场时，还需结合其他细分变量予以综合考虑。

2. 按人口变量细分市场

按人口统计变量，如年龄、性别、家庭规模、家庭生命周期、收入、职业、教育程度、宗教、种族、国籍等细分市场。消费者需求、偏好与人口统计变量有着很密切的关系，比如，只有收入水平很高的消费者才可能成为高档服装、名贵化妆品、高级珠宝等的经常买主。人口统计变量比较容易衡量，有关数据相对容易获取，企业经常以它作为市场细分依据。

（1）性别。由于生理上的差别，男性与女性在产品需求与偏好上有很大不同，如在服饰、发型、生活必需品等方面均有差别。像美国的一些汽车制造商，过去一直是迎合男性要求设计汽车，现在，随着越来越多的女性参加工作和拥有自己的汽车，这些汽车制造商正研究市场机会，设计具有吸引女性消费者特点的汽车。

（2）年龄。不同年龄的消费者有不同的需求特点。如青年人对服饰的需求与老年人的需求差异较大，青年人需要鲜艳、时髦的服装，老年人需要端庄素雅的服饰。

（3）收入。高收入消费者与低收入消费者在产品选择、休闲时间的安排、社会交际与交往等方面都会有所不同。比如，同是外出旅游，在交通工具以及食宿地点的选择上，高收入者与低收入者会有很大的不同。正因为收入是引起需求差别的一个直接而重要的因素，在诸如服装、化妆品、旅游服务等领域根据收入细分市场相当普遍。

（4）职业与教育。指按消费者职业的不同、文化背景的不同以及由此引起的需求差别细分市场。比如，由于消费者文化背景的差异所引起的审美观具有很大的差异，如不同消费者对居室装修用品的品种、颜色等会有不同的偏好。

（5）家庭生命周期。一个家庭，按年龄、婚姻和子女状况，可划分为七个阶段。在不同阶段，家庭购买力、家庭人员对商品的兴趣与偏好会有较大差别。

单身阶段：年轻，单身，几乎没有经济负担，新消费观念的带头人，娱乐导向型购买。

新婚阶段：年轻夫妻，无子女，经济条件比最近的将来要好。购买力强，对耐用品、大件商品的欲望、要求强烈。

满巢阶段Ⅰ：年轻夫妻，有6岁以下子女，家庭用品购买的高峰期。不满足现有的经济状况，注意储蓄，购买较多的儿童用品。

满巢阶段Ⅱ：年轻夫妻，有6岁以上未成年子女。经济状况较好。购买趋向理智型，受广告及其他市场营销刺激的影响相对减少。注重档次较高的商品及子女的教育投资。

满巢阶段Ⅲ：年长的夫妇与尚未独立的成年子女同住。经济状况仍然较好，妻子或子女皆有工作。注重储蓄，购买冷静、理智。

空巢阶段：年长夫妇，子女离家自立。前期收入较高。购买力达到高峰期，较多购买老年人用品，如医疗保健品。娱乐及服务性消费支出增加。后期退休收入减少。

孤独阶段：单身老人独居，收入锐减。特别注重情感、关注等需要及安全保障。

除了上述方面，经常用于市场细分的人口变数还有家庭规模、国籍、种族、宗教等。实际上，大多数公司通常是采用两个或两个以上人口统计变量来细分市场。

3. 按心理变量细分市场

根据购买者所处的社会阶层、生活方式、个性特点等心理因素细分市场就叫心理细分。

（1）社会阶层。社会阶层是指在某一社会中具有相对同质性和持久性的群体。处于同一阶层的成员具有类似的价值观、兴趣爱好和行为方式，不同阶层的成员则在上述方面存在较大的差异。很显然，识别不同社会阶层的消费者所具有的不同特点，对于很多产品的市场细分将提供重要的依据。

阅读材料一：中国十大社会阶层

社科院专家陆学艺和他领导的研究小组在2001年底发表《当代中国社会各阶层研究报告》，“以职业分类为基础，以组织资源、经济资源和文化资源的占有状况为标准”，将当代中国划分为10大社会阶层：

1. 国家与社会管理者阶层

2. 经理人员阶层
3. 私营企业主阶层
4. 专业技术人员阶层
5. 办事人员阶层
6. 个体工商户阶层
7. 商业服务业员工阶层
8. 产业工人阶层
9. 农业劳动者阶层
10. 城乡无业、失业、半失业者阶

[资料来源:陆学艺,《当代中国社会阶层研究报告》,社会科学文献出版社]

(2) 生活方式。通俗地讲,生活方式是指一个人怎样生活。人们追求的生活方式各不相同,如有的追求新潮时髦,有的追求恬静、简朴,有的追求刺激、冒险,有的追求稳定、安逸。例如,西方的一些服装生产企业,为“简朴的妇女”“时髦的妇女”和“有男子气的妇女”分别设计不同服装;烟草公司针对“挑战型吸烟者”“随和型吸烟者”及“谨慎型吸烟者”推出不同品牌的香烟,均是依据生活方式细分市场。

(3) 个性。个性是指一个人比较稳定的心理倾向与心理特征,它会导致一个人对其所处环境作出相对一致和持续不断的反应。每个人的个性都会有所不同。通常,个性会通过自信、自主、支配、顺从、保守、适应等性格特征表现出来。因此,个性可以按这些性格特征进行分类,从而为企业细分市场提供依据。在西方国家,对诸如化妆品、香烟、啤酒、保险之类的产品,有些企业以个性特征为基础进行市场细分并取得了成功。

4. 按行为变量细分市场

根据购买者对产品的了解程度、态度、使用情况及反应等将他们划分成不同的群体,叫行为细分。许多人认为,行为变量能更直接地反映消费者的需求差异,因而成为市场细分的最佳起点。

(1) 购买时机。根据消费者提出需要、购买和使用产品的不同时机,将他们划分成不同的群体。例如,生产果汁之类清凉解暑饮料的企业,可以根据消费者在一年四季对果汁饮料口味的不同,将果汁市场划分为不同的子市场。

(2) 追求利益。消费者购买某种产品总是为了解决某类问题,满足某种需要。然而,产品提供的利益往往并不是单一的,而是多方面的。消费者对这些利益的追求时有侧重,如对购买手表有的追求经济实惠、价格低廉,有的追求耐用可靠和使用维修的方便,还有的则偏向于使用时显示社会地位等,不一而足。

美国营销学者拉塞尔·哈雷曾经在对购买牙膏的消费者所寻求的利益进行研究之后,成功地将牙膏市场进行了细分。哈雷的调研揭示了四种主要类型的利益细分市场:一种所寻求的利益是防蛀,一种注重洁齿,一种注重牙膏的口味和外观,最后一种注重经济实惠的价格。每种追求利益的群体都有其特定的人口统计的行为和心理特征。

(3) 使用者状况。市场可被细分为产品的非用户、以前的用户、潜在的用户、初次用户和经常用户。对潜在的用户和经常用户应采取不同的营销策略。通过用户状况细分,企业可以了解用户的状况、形成的原因,从而研究采取的策略。对大企业来说除了经常用户外,还需要发展潜在用户。对小企业来说，要充分了解用户，提供满意的服务，因为维持老顾客比发展新顾客的成本低。

(4) 使用数量。根据消费者使用某一产品的数量细分市场，通常可分为大量使用者、中度使用者和轻度使用者。大量使用者人数可能并不很多，但他们的消费量在全部消费量中占很大的比重。例如，美国一家公司发现，美国啤酒的80%是被50%的顾客消费掉的，另外一半的顾客的消耗量只占消耗总量的12%。因此，啤酒公司宁愿吸引重度饮用啤酒者，而放弃轻度饮用啤酒者，并把重度饮用啤酒者作为目标市场。公司还进一步了解到大量喝啤酒的人多是工人，年龄为25～50岁，喜欢观看体育节目，每天看电视的时间不少于3～5小时。很显然，根据这些信息，企业可以大大改进其在定价、广告传播等方面的策略。

(5) 品牌忠诚程度。忠诚程度市场还可根据消费者的忠诚进行细分。消费者可能会忠实于品牌(汰渍)、商店(沃尔玛连锁店)和企业(福特)。因此，可以根据忠诚程度对购买者进行细分。一些消费者是绝对忠诚的，他们只认唯一的一种品牌；一些是在一定程度上忠诚，他们对一种产品的二、三种品牌忠诚，或者最喜爱一种品牌，但有时也会买其他品牌的产品；还有一些则对任何品牌都不忠诚，他们或者每次都想买些不同的东西，或者只要是有卖的，他们便买，不分什么品牌。企业要注意找到忠诚的顾客，发现其他客户不忠诚的原因，尽可能建立一批稳定的客户源。

(6) 购买的准备阶段。消费者对各种产品了解程度往往因人而异。有的消费者可能对某一产品确有需要，但并不知道该产品的存在；还有的消费者虽已知道产品的存在，但对产品的价值、稳定性等还存在疑虑；另外一些消费者则可能正在考虑购买。针对处于不同购买阶段的消费群体，企业进行市场细分并采用不同的营销策略。

(7) 态度。企业还可根据市场上顾客对产品的热心程度来细分市场。不同消费者对同一产品的态度可能有很大差异，如有的很喜欢持肯定态度，有的持否定态度，还有的则处于既不肯定也不否定的无所谓态度。应针对持不同态度的消费群体进行市场细分并在广告、促销等方面有所不同。

(二) 生产者市场细分的依据

细分消费者市场的标准，有些同样适用于生产者市场。生产者市场常用的细分变量是用户变量，主要包括行业、用户规模、地理位置等。

1. 行业细分

生产者市场的用户购买产品通常是为了生产用于出售的产品或服务，用户所处行业不同，其生产者需求会有很大的差异。

2. 规模细分

按规模划分可将生产者市场分为大型企业、中型企业、小型企业。顾客规模指以顾客对企业的产品需求量的大小来判断的，这是细分产业市场的又一个重要变量。许多企业为大小不同的用户分别建立了专门的服务系统，以便更好地适应各种规模的用户的特点。例如，办公家具制造商将其用户分成两类：像银行这样的大客户，由该公司的全国性用户经理与地区经理一起管理；其他较小的用户则通过地区推销人员联系。

3. 地理细分

地理区域、资源、城市规模、交通条件、城乡区域、生产力布局等。产业用户的地理分布往往受一个国家的资源分布、地形气候和经济布局的影响制约。例如，我国钢铁业主要集中在东北钢铁工业区、上海钢铁工业区等,这些不同的产业地区对不同的生产资料具有相对集中的需求。

除了用户变量外,生产者市场还有多种细分标准。美国博纳玛(Bouoma)和夏波罗(Shapiro)两位学者,提出了一个生产者市场的主要细分变量表,如表7-1所示。比较系统地列举了生产者市场的主要变量,并提出了企业在选择目标顾客时应考虑的主要问题。

表7-1　生产者市场细分标准

人口统计因素	行业:购买这种产品的哪些行业是我们的重点? 公司规模:我们的重点是多大规模的公司? 地理位置:我们应把重点放在哪些地区?
经营因素	技术:哪种顾客重视的技术是我们的重点? 使用者/非使用者情况:我们应把重点放在大量、中度、轻度使用者还是非使用者上? 客户能力:我们的重点是需要多种服务的顾客,还是很少几种服务的顾客?
采购方式 (用户组织因素)	采购职能组织:我们的重点是采购高度集中的公司,还是高度分散的公司? 权力结构:我们的重点是技术人员占主导地位的公司,还是财务人员抑或营销人员占主导地位的公司? 现有客户关系的性质:我们应把重点放在那些已经建立良好客户关系的公司,还是去追逐那些最具吸引力的客户? 总采购政策:我们的重点是什么样的客户,是喜欢租赁、服务合同的,还是喜欢系统采购,抑或是喜欢招投标的? 采购动机(利益偏好):我们的重点是重视质量的公司,还是重视服务的,抑或是重视价格的?
情境因素 (用户的购买状况)	紧急程度:是否应把重点放在那些交货要求/提供服务需求非常紧迫的公司上? 特别用途:我们是否应把重点放在本公司产品的某些应用上,而不是全部应用? 订单大小:我们的重点是大宗订单,还是小额订单?
个性特征 (参与购买决策成员的个人特点)	买卖双方的相似性:其员工和价值观都与本公司相似的客户,是否应当是我们的重点? 风险态度:我们的重点是风险偏好型,还是风险规避型的客户? 忠诚度:那些对供货商忠诚度很高的公司,是否应成为我们的重点客户?

五、市场细分的原则

企业可根据单一因素,亦可根据多个因素对市场进行细分。选用的细分标准越多,相应的子市场也就越多,每一子市场的容量相应就越小;相反,选用的细分标准越少,子市场就越少,每一子市场的容量则相对较大。如何寻找合适的细分标准,对市场进行有效细分,在营销实践中并非易事。一般而言,成功、有效的市场细分应遵循以下基本原则。

1. 可衡量性

指细分的市场是可以识别和衡量的,亦即细分出来的市场不仅范围明确,而且对其容量大小也能大致作出判断。

2. 可实现性

指细分出来的市场应是企业营销活动能够抵达的,亦即企业通过努力能够使产品进入并对顾客施加影响的市场。一方面,有关产品的信息能够通过一定媒体顺利传递给该市场的大多数消费者;另一方面,企业在一定时期内有可能将产品通过一定的分销渠道运送到该市场。否则,该细分市场的价值就不大。

3. 可盈利性

即细分出来的市场,其容量或规模要大到足以使企业获利。进行市场细分时,企业必须考虑细分市场上顾客的数量,以及他们的购买能力和购买产品的频率。如果细分市场的规模过小,市场容量太小,细分工作繁琐,成本耗费大,获利小,就不值得去细分。

4. 可区分性

指各细分市场的消费者对同一市场营销组合方案会有差异性反应,或者说对营销组合方案的变动,不同细分市场会有不同的反应。如果不同细分市场顾客对产品需求差异不大,行为上的同质性远大于其异质性,此时,企业就不必费力对市场进行细分。另一方面,对于细分出来的市场,企业应当分别制订独立的营销方案。如果无法制订独立的方案,或其中某几个细分市场对是否采用不同的营销方案不会有大的差异性反应,便不必进行市场细分。

思考:市场细分是营销万能的上帝吗?

市场细分并不是越细越好,现实中就有许多的营销者往往陷入众多细分市场中而不能自拔。通过市场细分可以使企业选定其需要的某一个或几个细分市场,以达到企业的经营目标。但如果过分强调市场细分,即认为分得越细越好也是错误的。

第一,过细的市场没有足够的市场容量。市场过细,会导致某一目标市场的市场容量过小,如果目标市场的市场容量过小而无法达到企业的盈利目标,那么这个细分市场是不能进入的。

第二,过细的市场使市场缺乏可衡量性。各子市场的需求彼此之间没有显著的差异性,细分市场之间的特征交叉太多,不利于企业在各子市场之间进行比较和选择,也难于制定营销组合战略的策略;同时,也不利于不同子市场中的潜在顾客正确理解和接受企业发出的各种市场信号,导致促销失败。

第三,过细的市场导致产品成本和费用增加。企业针对各个不同的目标市场,投放不同的产品,制定不同的价格,采用不同的分销渠道,去满足不同顾客的需求,这样会增加生产成本和经营费用;同时,要针对不同的市场分别进行市场营销研究分析、制定广告策略等,这也使营销成本大大增加。从经济学角度上讲,在整个产品的价值链上,如果过多的环节都在增加成本,那么产品的利润空间必然是减小的。

所以,市场细分不是万能的上帝!

第二节　目标市场选择

目标市场是企业准备从事营销活动的一个特定的市场。目标市场与细分市场既有联系又有区别。市场细分是按照消费者需求与消费者行为差异性划分消费者群体的过程;目标市场则是企业根据外部条件和内部条件选择一个或两个以上细分市场作为营销对象的决策,目标市场是在市场细分的基础上确定的,是对细分市场选择的结果。

一、评价细分市场

评价细分市场是进行目标市场选择的基础。企业在评估不同的细分市场时，必须考虑以下三个因素。

1. 细分市场的规模和增长率

细分市场是否具备适度的规模是企业要考虑的首要问题。因为企业开发一个新的市场，要付出较高的广告、宣传等费用，如果市场规模过小，企业进入后得不偿失，无利可图，这样的子市场没有开发价值。细分市场的规模应恰当，规模大、增长快的细分市场并不是对每个企业都有吸引力。所谓适当的规模是相对于企业实力而言的。大型企业可以选择销售量大的细分市场，以发挥其生产能力，而对小型企业来说，需求规模过大也有一些弊端：一是需要大量的投入；二是对大企业的吸引力强烈，导致这些细分市场竞争过于激烈。只有对企业发展有利的潜力规模才是具有吸引力的细分市场。要正确评估一个市场的需求潜力，不可忽视消费者（用户）数量及其购买力水平这两个因素中的任何一个。

2. 细分市场结构的吸引力

根据迈克尔·波特的竞争优势理论，决定某一市场能否长期赢利取决于五种竞争力量，具体如图 7－1 所示，关于市场竞争的五力模型的解释如表 7－2 所示。

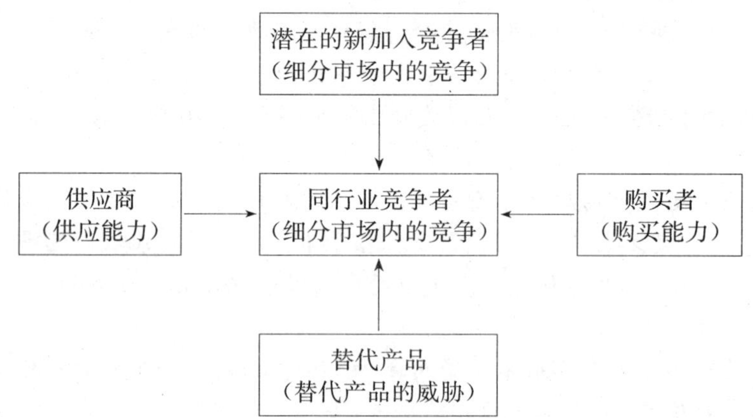

图 7－1　市场竞争的五力模型

表 7－2　市场竞争的五力模型介绍

细分市场内竞争对手的威胁	如果细分市场内已经存在众多的实力雄厚的竞争对手，该细分市场是没有吸引力的
新竞争加入者的威胁	细分市场吸引力的大小随着进退壁垒的高低而变化。如果该细分市场进入的壁垒较高，新竞争者加入的威胁较小；反之，则威胁较大。最具吸引力的细分市场是进入壁垒高而退出壁垒低的市场
替代产品的威胁	现实和潜在的替代产品会制约细分市场的价格和利润的上升，而且须关注替代产品的价格趋势。如果替代产品行业的技术发展很快，或者竞争加剧，那么该细分市场的价格和利润就很可能下降
购买者议价能力提高形成的威胁	购买者议价能力高就会要求更高的产品质量和服务水平，致使竞争者相互竞争，细分市场的吸引力将丧失
供应商议价能力提高形成的威胁	如果公司的供应商能够提高产品的价格或降低供应的数量，公司所在的细分市场是不具有吸引力的

3. 企业的目标和资源

企业进行市场细分的根本目的就是要发现与自己的资源优势能够达到最佳结合的市场需求。企业的资源优势表现在其资金实力、技术开发能力、生产规模、经营管理能力、交通地理位置等方面。既然是优势，必须是胜过竞争者的。消费需求的特点如能促进企业资源优势的发挥将是企业的良机，否则，会出现事倍功半的情况，对企业是资源的浪费，甚至可能造成很大的损失。若与企业的长期目标不一致，或不具备在该细分市场中获胜所应具备的资源条件，企业则应放弃该细分市场。

二、市场覆盖模式

公司在对不同细分市场评估后，可考虑以下五种目标市场覆盖模式，如图 7－2 所示。

1. 市场集中化

最简单的方式是公司选择一个细分市场集中营销。公司通过密集营销，更加了解本细分市场的需要，并树立了特别的声誉，因此便可在该细分市场建立巩固的市场地位。另外，公司通过生产、销售和促销的专业化分工，也获得了许多经济效益。如果细分市场补缺得当，公司的投资便可获得高报酬。同时，密集市场营销比一般情况风险更大。个别细分市场可能出现不景气的情况。

2. 选择专业化

采用此法选择若干个细分市场，其中每个细分市场在客观上都有吸引力，并且符合公司的目标和资源。但在各细分市场之间很少有或者根本没有任何联系，然而每个细分市场都有可能赢利。这种多细分市场目标优于单细分市场目标，因为这样可以分散公司的风险，即使某个细分市场失去吸引力，公司仍可继续在其他细分市场获取利润。

3. 产品专业化

用此法集中生产一种产品，公司向各类顾客销售这种产品。例如显微镜生产商向大学实验室、政府实验室和工商企业实验室销售显微镜。公司准备向不同的顾客群体销售不同种类的显微镜，而不去生产实验室可能需要的其他仪器。公司通过这种战略，在某个产品方面树立起很高的声誉。如果产品——这里是指显微镜，被一种全新的显微技术代替，就会发生危机。

4. 市场专业化

是指专门为满足某个顾客群体的各种需要而服务。企业专门为这个顾客群体服务，而获得良好的声誉，并成为这个顾客群体所需各种新产品的销售代理商。例如某公司可为大学实验室提供一系列产品，包括显微镜、示波器、本生灯、化学烧瓶等。但如果大学实验室突然经费预算削减，它们就会减少从这个市场专门化公司购买仪器的数量，这就会产生危机。

5. 市场全面化

是指公司想用各种产品满足各种顾客群体的需求。但是在激烈的市场竞争环境下，即使是一些大公司也很难采用完全市场覆盖战略。

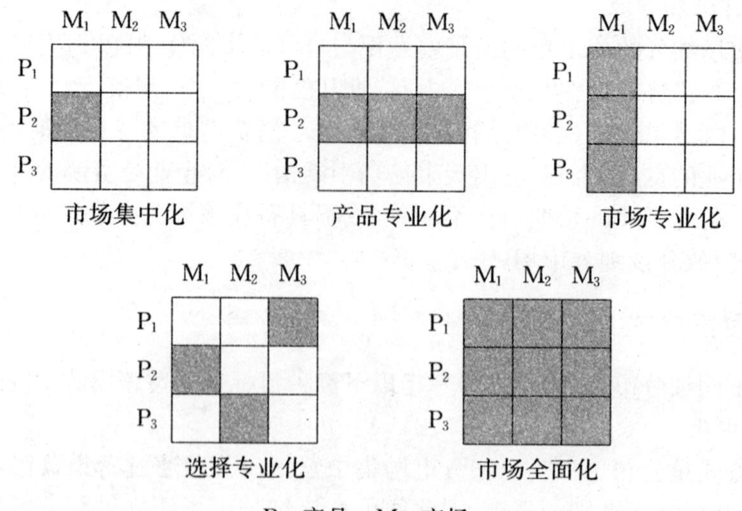

图 7-2 目标市场选择的五种模式

三、目标市场营销战略

经过市场细分并评价了细分市场的销售潜力、发展前景和市场吸引力后，应考虑如何进入目标市场，即决定我们应采取的进入策略。目标市场营销战略主要包括无差异营销策略、差异营销策略和集中营销策略等三种，其类型及特点如表 7-3 所示。

表 7-3 目标市场战略选择类型及特点

	无差异营销策略	差别营销策略	集中营销策略
概念	是企业以一种产品、一种市场营销组合，试图在整个市场上吸引尽可能多消费者的策略。这个策略以整个市场为销售对象，着眼于消费者需求的同质性，对消费者需求的异质性忽略不计	是企业推出多种产品、采用不同的市场营销组合，以满足各个细分市场不同需求的策略。 差别市场营销战策略的理论基础是根据消费者需求的差异性，捕捉市场营销机遇。这个策略针对消费者的不同需求来组织生产，希望通过每个细分市场获得良好的销售业绩和市场定位，以树立企业的整体形象，带动所有产品的销售	是企业集中力量推出一种或少数几种产品和市场营销组合手段，对一个或少数几个子市场加以满足的策略。这个策略往往为小企业采用。它着眼于消费者需求的差异性，重点放在某一个或几个消费者群，他们不想在较大市场上占有较小份额，而宁愿在一个或少数几个细分市场上获得较大的市场占有率
优点	大批量的生产、储运和销售，生产成本低，还可以节约市场调研、促销、广告等费用，有利于在廉价上争取更多的消费者	它是一种多元化经营，能较好地满足不同消费者群的需求与爱好，易适应市场需求的发展变化，有利于增强企业的市场竞争能力	经营对象集中，有利于深入了解目标市场的需求和爱好，有针对性地创造出产品特色，也较易在某个特定市场取得有利地位，获得较高的投资收益率

(续表)

	无差异营销策略	差别营销策略	集中营销策略
不足	不能满足不同消费者之间的差异需求与爱好;难以适应市场需要的发展变化,而且极易造成市场竞争激烈及市场饱和	多品种、少批量生产,导致生产成本增加和销售费用增加。由此,差别营销在提高销售量的同时,也提高了生产成本。目前,西方一些企业正在力图开拓新路,即只发展少量品种,又能满足较多消费者的需要	风险大。采用这种策略的企业,不是追求在较大的市场上占有较小的份额,而是在较小的细分市场上占有较大的市场占有率
案例	一般只适用于少数消费者需求差异不大而需求量较大的产品。采用此战略最典型的例子是可口可乐公司	如手表厂生产多种款式和型号的手表投放市场,以满足各种不同类型的消费者需求。又如,西方的汽车公司,根据消费者不同的收入和爱好,设计生产了标准车、赛车、豪华车、小型车、微型车等以及不同的型号,满足不同的市场需求	如日本有一家生产雨衣的小企业,在该行业根本排不上名次,后改为生产婴儿尿布,成为该领域的领头企业,市场占有率达到80%

无差异营销策略面向市场上有同样或类似需要的消费者,差别营销策略面向市场上有不同需要的消费者,两者的共同点都是面向整个市场,都适用于大中型企业。因此,国有企业应进入基础性、公益性的行业,进行垄断经营来控制国民经济的命脉,而不应进入竞争性的行业,避免与中小非公有制企业竞争。集中营销策略更适用于小型企业,因为小企业拥有的资源有限,集中营销策略更有吸引力。在这种策略下,企业可以集中精力实行专业化、系列化的生产和销售,如汽车公司集中于小型汽车市场、服装公司集中于生产中老年服装等。集中营销策略的优点是可以了解特定市场上消费者需要的特点,搞好经营和服务工作,增强企业的竞争实力,提高市场占有率。同时,由于实行专业化生产和销售,能够降低成本,增加效益,而且能够发挥本企业在资源方面的优势。其缺点是目标过于集中,风险较大。一旦这些目标市场发生变化,如消费者的爱好转移、价格下跌或竞争对手的加入等,企业就会陷入困境。

四、选择目标市场策略时需考虑的因素

由于目标市场策略选择的多样性和企业情况的复杂性,决定了企业在具体选择目标市场策略时,要通盘考虑,权衡利弊,才能作出最佳选择。一般来说,企业进入目标市场策略的选择,取决于企业的资源状况、产品的特点、市场特点、产品生命周期、竞争对手的营销策略以及市场供求状况等因素。

1. 企业资源

企业资源主要指企业的人力、物力、财力和技术状况。企业实力雄厚,供应能力强,可采用无差异营销策略和差别营销策略;如果企业实力有限,无法覆盖整个市场,应采用集中营销策略。

2. 市场特点

如果消费者对产品的市场需求比较接近,口味相同,每次购买的数量也大致相同,对销

售方式也无特别要求，就可以采用无差别营销策略；反之，市场需求的差别很大，就应采用差别营销或集中营销策略。

3. 产品生命周期

产品生命周期是产品从投入市场到退出市场的全过程。如果在市场上推出的是新产品，由于竞争者少，可采取无差别营销策略；当产品进入成熟阶段后，就应改为差别营销策略，以开拓新的市场，或者实行集中营销策略，以保持原有市场，延长产品生命周期。

4. 产品特点

不同性质的产品，将影响到市场策略的选择。对同质性产品，其差异较小，如食用油、面粉、盐和火柴等商品，虽然由于原材料和加工不同，使产品质量上存在差别，但这些差别不明显，只要价格适当，消费者一般无特别的选择或过多的要求，因而可用无差异市场营销。如果产品设计变化较多，如家用电器、高档、优质用料服装、照相机、汽车和食品等，其性能、质量差别甚大，价格也有显著不同，消费者以产品的价格、质量和外观等要素为根据，常要反复评价、对比，然后抉择，则宜采用差异市场营销或集中市场营销。

5. 竞争对手的营销策略

企业生存于市场竞争环境中，对市场策略的采用受到了竞争对手的制约。企业可以根据自身实力和优势选择与竞争对手相同或不同的目标市场策略。此外，企业还可根据市场竞争者数目来选择市场营销战略。当同类产品的竞争者很多时，满足各细分市场顾客群的需要就显得十分重要，因此为了增强竞争能力，可以选择差异性市场营销战略或集中性市场营销战略。当同类竞争者很少时，企业可采取无差异性市场营销战略。

第三节　市场定位

一、市场定位的概念和方式

（一）市场定位的概念

“定位”这一术语最早见于艾尔·里斯（Al Ries）和杰克·特劳特（Jack Trout）在《工业营销》（Indus-trialMarketing）杂志1969年6月号发表的一篇论文。1972年，他们又为美国专业刊物——《广告时代》（Advertising Age）撰写了题为《定位时代》的系列文章，指出：“定位来源于零售商品领域，在那里被称为产品定位。这个概念在书面上是指与竞争者相比较的产品的形式、包装大小和价格。”“今天我们进入了意识到产品和公司形象的重要性的时代，但是最重要的是根据潜在顾客的需求在他们的心目中创造出一个位置。”1976年，JohnP. Maggard分析了内部定位（Internal positioning）、外部定位（External positioning）、迎头定位（Head-on positioning）以及社会责任定位（Social accountability positioning）等概念，并借助大量案例证明定位是与营销战略有关的一种指导方法或手段。Achenbaurn（1974）曾尝试给定位下一个精确的定义，但成效并不理想。现在我们看到的关于价格定位、品牌定位、产品定位等概念都是和营销战略（包括4P组合）紧密相关的，正是定位使得营销战略更加切实可行了。

菲利普·科特勒认为，定位就是对公司的产品进行设计，从而使其能在目标顾客心目中占有一个独特的、有价值的位置的行动。他在1980年为《定位》一书撰写前言时，申明了“定位”的意义，即它是存在于4P组合之前的环节，影响着所有的后续步骤，包括促销、传播、广告。定位是一种战略性的营销活动。

1996年，特劳特和瑞维金(Steve Rivkin)出版了《新定位》一书，将“消费者请注意”的定位观转为“请注意消费者”，提出了重新定位(也译为“再定位”)的问题。他们进一步强调：“定位是对大脑的定位，而不是对产品的定位。市场营销的最终战场是大脑。”综上所述，学术界最早提出的是“定位”这一概念，其内涵与目前教学实践中经常谈到的“市场定位”“产品定位”“竞争定位”等术语非常接近。我国营销学先驱、中国人民大学邝鸿教授早在1987年出版的《市场学概论》一书中就曾论述过“市场定位”“产品定位”“竞争定位”的内涵，同时也谈到这三个概念在国外营销学界经常交替使用。

所谓市场定位(Marketing positioning)，通常还被称为产品定位或竞争性定位。作为市场营销理论的重要概念和方法，市场定位是根据竞争者现有产品在市场上所处的地位和消费者或用户对产品某一特征或属性的重视程度，努力塑造出本企业产品与众不同的、给人印象鲜明的个性或形象，并把这种形象和个性特征生动有力地传递给目标顾客，使该产品在市场上确定强有力的竞争位置。

市场定位就是企业为了适应消费者心目中的某一特定地位而设计自己的产品和营销组合的行为。这里的“位”，不是地理位置，而是产品在消费者感觉中所处的地位，是一个抽象的心理位置的概念。市场定位是树立企业形象、品牌形象、产品形象的基础。

企业在进行市场定位时，一方面要了解竞争对手的产品具有何种特色，另一方面要研究目标顾客对该产品的各种属性的重视程度(包括对实物属性的要求和心理上的要求)，在对以上两方面进行深入研究后，再选定本企业产品的特色和独特形象。至此，就可以塑造出一种消费者或用户将之与其他同类产品联系起来、按一定方式去看待的产品，从而完成产品的市场定位。

(二) 市场竞争定位的方式

市场定位作为一种竞争战略，显示了一种产品或一家企业同类似的产品或企业之间的竞争关系。定位方式不同，竞争态势也不同。下面分析三种主要竞争定位方式。

1. 避强定位

这是一种避开强有力的竞争对手的市场定位。其优点是能够迅速在市场上站稳脚跟，并能在消费者或用户心目中迅速树立起一种形象。由于这种定位方式市场风险较少，成功率较高，常常为多数企业所采用。

2. 迎头定位

这是一种与市场上占据支配地位的，亦即最强的竞争对手“对着干”的定位方式。显然迎头定位有时会是一种危险的战术，但不少企业认为这是一种更能激励自己奋发上进的可行的定位尝试，一旦成功就会取得巨大的市场优势。例如，可口可乐和百事可乐之间持续不断的争斗、“肯德基”与“麦当劳”的对抗等。实行迎头定位，必须知己知彼，尤其应清醒估计自己的实力，不一定试图压垮对方，只要能够平分秋色就已是巨大的成功。

3. 重新定位

通常是指对销路少、市场反应差的产品进行二次定位。很明显，这种重新定位旨在摆脱困境，重新获得增长与活力。这种困境可能是企业决策失误引起的，也可能是对手有力反击或出现新的强有力竞争对手造成的。不过，也有的重新定位并非因为企业已经陷入困境，相反，却是因为产品意外地扩大了销售范围而引起的。例如，专为青年人设计的某种款式的服装在中老年消费者中流行开来，该服装就会因此而重新定位。

小链接：市场定位、产品定位与竞争地位

市场定位——科特勒为市场定位所下的定义是：公司设计出自己的产品和形象，从而在目标顾客中确定与众不同的有价值的地位。市场定位就是企业对自身应该在目标市场心目中占据何种位置的抉择，或者在满足市场需求方面企业有哪些独特的优势来体现；而产品定位是在完成市场定位的基础上，企业选择用什么样的产品来达到企业希望在目标市场消费者心目中形成的位置。理论上讲，应该先进行市场定位，然后才进行产品定位。市场是一群有具体需求而且具有相应购买力的消费者集合。因此，市场定位可以直观地理解为对把东西卖给谁、满足哪些子市场的独特需要的定位。而产品定位则更多的是对我们生产什么产品来卖给目标顾客这一物的问题的定位，它以人的定位为基础，但在具体内容上体现为物即产品，两者不能混为一谈。

产品定位——产品定位是企业对选择怎样的产品特征及产品组合以满足特定市场需求的决策。产品定位是对市场定位的具体化和落实，以市场定位为基础，受市场定位指导，但比市场定位更深入和细致。简单地说产品定位要通过设计产品的特征使其区别于其他产品。产品定位实质上是从产品差异的角度出发讨论定位问题。

在产品定位中，一般来说应该定位以下内容。

1. 产品的功能属性定位：解决产品主要是满足消费者什么样的需求？对消费者来说其主要的产品属性是什么？

2. 产品的产品线定位：解决产品在整个企业产品线中的地位，本类产品需要什么样的产品线，即解决产品线的宽度与深度的问题。

3. 产品的外观及包装定位：产品的外观与包装的设计风格、规格等。

4. 产品卖点定位：提炼出产品 USP(独特销售主张)。

5. 产品的基本营销策略定位：确定产品的基本策略——做市场领导者、挑战者、跟随者还是补缺者？以及确定相应的产品价格策略、沟通策略与渠道策略。

6. 产品的品牌属性定位：主要审视产品的上述策略的实施决定的品牌属性是否与企业的母品牌属性存在冲突，如果冲突，如何解决或调整？

竞争定位——强调竞争的市场定位(故也被称为竞争定位)，是指在目标市场中为产品找到一个与其他竞争产品相比，具有明确、独特而又恰当的位置。也就是说，竞争定位要根据所选定目标市场上的竞争者产品所处的位置和企业自身条件，从各方面为企业和产品创造一定的特色，塑造并树立一定的市场形象，以求在目标顾客心中形成一种特殊的偏爱。因此，竞争定位的实质是要想办法找出本企业产品与其竞争对手产品之间的差异，这些差异应是消费者所需要的且对他们来说是重要而又较少或没有满足的，并使这些差异有效到达消费者。

[资料来源：蓝进，试论市场定位、产品定位和竞争定位之间的关系，《商业研究》，2007 年第 10 期]

二、市场定位的步骤

实现产品市场定位,需要通过识别潜在竞争优势、企业核心优势定位和制定发挥核心优势的战略等三个步骤实现。

1. 识别潜在竞争优势

这是市场定位的基础。通常企业的竞争优势表现在两方面:成本优势和产品差别化优势。成本优势使企业能够以比竞争者低廉的价格销售相同质量的产品,或以相同的价格水平销售更高质量水平的产品。产品差别化优势是指产品独具特色的功能和利益与顾客需求相适应的优势,即企业能向市场提供的在质量、功能、品种、规格、外观等方面比竞争者能够更好的满足顾客需求的能力。为实现此目标,企业首先必须进行规范的市场研究,切实了解目标市场需求特点以及这些需求被满足的程度。一个企业能否比竞争者更深入、更全面地了解顾客,这是能否取得竞争优势、实现产品差别化的关键。另外,企业还要研究主要竞争者的优势和劣势,知己知彼,方能战而胜之。可以从以下三个方面评估竞争者:一是竞争者的业务经营情况,譬如,估测其近三年的销售额、利润率、市场份额、投资收益率等;二是评价竞争者的核心营销能力,主要包括产品质量和服务质量的水平等;三是评估竞争者的财务能力,包括获利能力、资金周转能力、偿还债务能力等。

2. 企业核心优势定位

所谓核心优势是与主要竞争对手相比(如在产品开发、服务质量、销售渠道、品牌知名度等方面),在市场上可获取明显的差别利益的优势。显然,这些优势的获取与企业营销管理过程密切相关。识别企业核心优势时,应把企业的全部营销活动加以分类,并对各主要环节在成本和经营方面与竞争者进行比较分析,最终定位和形成企业的核心优势。

3. 制定发挥核心优势的战略

企业在市场营销方面的核心优势不会自动地在市场上得到充分表现。因此,企业必须制定明确的市场战略来充分表现其优势和竞争力。譬如,通过广告传导核心优势战略定位,使企业核心优势逐渐形成一种鲜明的市场概念,并使这种概念与顾客的需求和追求的利益相吻合。

三、市场定位战略

差别化是市场定位的根本战略,具体表现在以下六个方面。

1. 产品差别化

是指企业提供的产品与服务在产业中具有独特性,即具有与众不同的特色的一种发展战略。产品的差异化可以表现在产品设计、技术特性、品牌形象、促销及服务方式等某一方面或某几方面。

产品差别化的途径有如下两种。

(1) 产品的内在因素差别化

包括产品性能、设计、质量及附加功能等方面具有独特性。

(2) 产品的外在因素差别化

创造良好的商品形象,即充分地利用产品的定价、商标、包装、销售渠道及促销手段,使其与竞争对手在营销组合方面形成差异化。

① 可采用定价、改进包装、树立名牌的方法实现差异化。

② 通过广告、宣传形成产品差异化。利用各种信息传播媒体,使顾客感到产品差异。

③ 通过服务形成差异。如免费送货、分期付款、保修等。

④ 通过分销渠道实现差异化。如雅芳不上柜台。

2. 服务差别化

在产品差别化有困难时,取得竞争成功的关键常常依赖于增加价值服务和改进服务质量。服务差别化主要表现在订货方便、交货、安装、客户培训、客户咨询、维修保养等。

随着市场经济的发展,服务已成为产品竞争力的一个重要组成部分。企业通过训练有素的员工为消费者提供优质服务,满足消费者需求,是提高产品竞争能力的一个重要方法。根据消费者需求,差别化服务应是产品的售前、售中和售后全过程服务,也是同类产品中最全面最优秀的服务。售前咨询,要向消费者说明产品性能、使用方法等;售中态度要和蔼,要文明用语,支付方便等;售后要精美包装,送货上门,建立用户档案,提供维修保证等。创造差别化服务对消费者的偏好具有特殊意义,是赢得用户、扩大市场占有份额、在激烈的市场竞争中站稳脚跟的重要策略。差别化服务要增加感情投入,人是有感情的,因而有感情色彩的商品和销售服务形式最为消费者所乐意接受,它不但使消费者获得物质上的享受,同时还能使其得到精神上的满足。

3. 人员差别化

公司可以通过培养训练有素的人员来获得强大的竞争优势。例如,新加坡航空公司之所以享誉全球,就是因为其拥有一批美丽高雅的航空小姐;麦当劳的雇员都彬彬有礼;迪斯尼乐园的雇员则都精神饱满;而通用、思科的推销人员都享有卓越的声誉。经过严格训练的人员具有六个方面的特性:称职(competence),具有所需要的技能和知识;谦恭(courtesy),雇员热情友好,尊重别人,体贴周到;诚实(credibility),雇员诚实可信;可靠(reliability),雇员始终如一、正确无误地提供服务;负责(responsibility),雇员能对顾客的请求和问题迅速作出反应;沟通(communication),雇员力求理解顾客并清楚地为顾客传达有关信息。

4. 形象差别化

企业形象是企业内在素质和外在表现的综合作用与反映。它是由一些与企业相关的基本要素构成的,是人们对企业的看法的综合反映。企业设计和塑造好能体现自己特点的差别化形象,对于提高企业知名度和市场竞争能力有着重要意义。企业形象的塑造首先要从内部做起,通过建设企业文化、培育具有本企业特点的企业精神,营造团结、和谐的内部环境,从而增强企业向心力、凝聚力和员工的归属感,培养奋发向上的团队精神。其次,要塑造差别化的产品形象。产品是一个企业的脸面,产品的质量、可靠性和服务信誉直接影响和决定消费者对一个企业的信赖程度。企业想以独特的方式在公众中塑造起良好形象,必须确保产品优良的品质和提供差别化服务。再次,要通过广告宣传、公关活动等多种形式多渠道塑造企业形象。要充分利用广播电视等现代化的传播媒介宣传企业形象,增强公众对企业的感性认识、信赖程度,扩大企业影响,提高企业知名度。要积极开展公关和促销活动,经常把有关企业的重大事件,如新产品推出、新设施落成、重要集会和纪念活动等宣传出去。经常组织产品介绍、展销活动等,不仅有利于产品销售,开拓和巩固市场,而且有利于企业对外各种关系的处理,增强企业活力和发展后劲。

本章小结

为有效地实行目标市场营销，企业必须相应地采取三个重要步骤：第一步，市场细分，即将整个市场区分为若干个不同的购买者群体，他们各自需要不同的产品，故需对其采用不同的市场营销策略。这一步骤的主要任务是，企业必须确定各种区分市场的方法，描绘出这些有实际意义的细分市场的轮廓，并最后衡量每个细分市场对企业的吸引力。市场细分主要是如何细分消费者市场和产业市场，即主要依据的变量。第二步，选择目标市场，即评选出一个或几个细分的小市场，作为企业进军的目标。选择目标市场首先要对目标市场进行评估，包括市场潜力、市场竞争状况等，然后根据企业的实际情况采用相应的目标市场战略。第三步，市场定位，即为本企业的产品确定一个有利的竞争位置和制定一套详细的市场营销策略。市场竞争定位有迎头定位、避强定位和重新定位三种定位方式，市场定位的主要策略是产品差别化、服务差别化、渠道差别化、人员差别化、形象差别化和价格差别化。

关键词

市场细分　细分标准　目标市场　市场定位　差别化

思考题

1. 细分消费者市场主要依据哪些变量？
2. 细分产业市场主要依据哪些变量？
3. 简述企业目标市场战略的三种模式。
4. 企业应怎样进行市场定位？
5. 企业有哪些市场定位战略可供选择？

实训题

1. 请描述大学生群体的消费特征。
2. 选择一家服务型的企业，说明该企业是如何进行市场细分和市场定位的。
3. 某小汽车制造商想进行小汽车市场的利益细分，试提出一些主要的利益细分市场。
4. 结合目标市场选择理论，谈谈你对职业选择的看法。
5. 通过观察和一些调研，试想你打算开一家店（服装、饮食或其他），你是用哪些细分变量进行市场细分，你又如何选择目标市场和进行市场定位。

案例分析

孩子的钱最好赚——一家儿童理发店

提要：针对儿童这个领域的市场正在不断被细分，商机不断被挖掘。北京有家专门为0～8岁儿童理发的儿童理发店，让理发对于会哭闹的儿童来说成了一种玩乐享受。除了满足儿童的个性化理发需求，该店还兼卖玩具和儿童纪念品，目前已经开出了4家连锁店。

孩子的钱最好赚。看到这句话，估计不少商家都会会心一笑。目前，越来越多的家庭呈现出4+1，甚至是6+1的模式，即爷爷奶奶、姥姥姥爷、爸爸妈妈6个大人围绕着一个孩子转，孩子无可争议地成为家庭的中心，家庭资源不断向孩子倾斜。

正是因为孩子在家庭中的核心地位，越来越多的商家把眼光瞄准孩子，从早期的儿童服装、儿童游乐场、儿童益智玩具到这几年比较新颖的儿童游泳等，针对儿童这个领域的市场正在不断被细分，商机不断被挖掘。

在北京北五环外的傲城融富中心B座，有家儿童理发店，专门为0～8岁的儿童提供理发服务，满足儿童的个性化理发需求。同时采用理发、玩具和纪念品组合经营的方式，目前在京城已经开出了4家连锁店。

边看动画片边理发

在这家名为“宝贝不哭”的儿童理发店里，记者看到，整个的装修风格以温馨、明快为主，主打的桔色是多数儿童用品店喜欢采用的主色调，墙上贴着各种儿童喜欢的卡通贴画。比较起来，这里更有些儿童游乐场的味道。

店里负责人卢先生介绍说，除了店面环境更适合孩子，让孩子进店来不会感到紧张外，与普通的理发店相比较，儿童理发的特色体现在多方面：首先是理发师，理发师经过婴幼儿以及儿童头部护理及理发的双重培训，有着丰富的婴幼儿理发和儿童理发从业经验，“我们聘请理发师时，更愿意用那些自己也有孩子的人，有和没有孩子的人，在体会孩子的感觉上是不一样的”。

工具方面，儿童理发店使用的是婴幼儿专用理发器和儿童专用的理发器，带有防护套，起保护作用，“避免传统工具因外形及刀锋设计可能对婴儿造成的伤害”。

“理发座椅是专业的儿童理发座椅，可以上中下调节；而婴幼儿理发的座椅就是一辆小汽车造型，可以动，还有音乐。这样孩子不觉着是在理发，而是在玩具车里面玩，可以消除孩子对理发的恐惧感。”在理发的过程中，考虑到孩子不可能像成人那样坐着不动，但是有一些细剪的地方，需要孩子安静和配合，店里特意安排两名工作人员，一名负责剪发，一名则专门负责管理孩子情绪，拿各种玩具逗孩子。而且，在理发座椅前的工作台上面有一台电视机，对于特别闹腾的孩子，可以给他们看动画片。据了解，一般男孩10分钟左右剪完，用的是理发器，但个性化发型要更长时间。女孩一般需20分钟左右，因为除理发器外，有时还需要剪刀配合修理。

记者还了解到，在这里，除了普通的理发外，还可以做儿童造型以及个性化发型，像女孩的编发。男孩特色雕发等。“雕发主要是在儿童头上修剪出一些造型，像去年奥运会时，有些男孩子头上顶着五环、火炬图案，很个性化，有趣可爱。”卢先生介绍，由于今年是牛年，所以他们专门推出了牛的头型图案，“好多孩子剪，非常受欢迎。”据了解，儿童理发店的目标消费人群主要是0～8岁的孩子，而从开店以来的情况看，0～3岁的孩子最多，“这一年龄段正是坐不住的时候，最难剪。经常有家长打车带孩子来剪发，剪一个头发才28元，可是他打车来回就要100多元。但是看到孩子剪了发，父母高兴极了。”在店里张贴出的价目表上，记者看到，普通理发28元，宝宝造型要38元，而特色雕发稍贵些，需要48元。

组合经营兼售玩具纪念品

记者注意到，在儿童理发区域外，一进店的左边是一货架，上面摆满了诸如胎毛笔、胎毛画、脐带章、手足印泥、水晶制作等婴幼儿纪念品，而在右边的一面墙上，则挂满了花花绿绿的女孩生活用品，像发卡、头饰、皮筋等。

紧邻着理发区域的则是玩具空间，桔色货架上面摆满了各种儿童益智玩具。据介绍，这里的玩具是供出售的。

“店里除了理发主业外，增加了婴幼儿纪念品及多种儿童益智玩具和生活用品的销售，主要就是为了增加利润，分散经营风险。”卢先生分析说，像普通的理发店，烫染这一块的利润很高，几乎占到整个店收入的60%～70%。而儿童这一块，染烫很少，主服务就是剪发，剪发花费的功夫多，利润却很少。因此单纯靠理发很难保证盈利，需要提供多种附加值高的产品。

记者了解到，店里比较好的婴幼儿纪念品的价格在600～1 000元，相比较28元一个的剪发，利润空间相当大。卢先生介绍，在他们已经开的几家儿童理发店中，都是采用的儿童理发加纪念品和玩具这样的组合经营模式。

发现市场的现实需求

说到开儿童理发店的缘起，卢先生介绍，跟自己老板的出国经历有关。老板出国的时候，发现在国外，理发市场非常健全成熟，不同年龄段的人群各有属于这一人群的理发店。像儿童有儿童的理发店，老年人也有专门针对他们的理发店，而且有特色。比如老人理发店的地面是防滑的，避免老人摔倒；甚至有的店还配有专门的氧气瓶，防止老人在理发过程中发生意外需要吸氧。

“而我们的市场上，只有一种理发店，对象可以从1岁到80岁。在老人与儿童这两个人群的比较中，我们很自然选择了儿童这一块。一方面，现在的家庭都是6+1模式，孩子是家庭的中心；最主要的方面就是，公司原来就是做儿童软件和玩具开发的，对这一群体很了解。”卢先生分析说。

当然，在开店之前，少不了的是进行市场调查。卢先生介绍，他们的调查主要是在北京进行的，但是他们发现，不只是北京，其他的大城市也都存在同样的问题：针对儿童这一消费群体，有儿童摄影店、儿童服装店、儿童玩具店，甚至出现了专门针对儿童的游泳馆，唯独儿童理发这一块市场是空白。

“但是，有孩子的人都知道，孩子理发是让家长比较头疼的问题，提到理发，有时候是和打针一样让孩子哭闹不肯的事情。而现实中，普通理发店的设备都是为成人设计的，小孩子用起来不仅不方便，而且容易受伤，同时卫生方面也存在不安全的隐患。”卢先生说，调查让他们发现市场存在着巨大的现实需求。

选址商住两用公寓

在决定做儿童理发项目后，对于店址的选择，卢先生介绍，他们基本上有3个思路：思路一就是大型商场和超市。虽然儿童理发店的主要顾客是儿童，但是他们不会自己来店里，通常都是由父母带着来。因此，地址选择应该考虑的不是儿童最多的地方，而是年轻父母经常光顾的地方。而商场和超市人流量大，是比较理想的开店选址。第二个选址思路就是中高档小区，而且最好小区具备一定的辐射能力。思路三就是将店面选在妇幼保健院或者社区医院旁边。从出生到上小学，基本上每个儿童每年都要打一次甚至是几次预防针，还要定期到医院进行保健检查，而打针的地点有的城市安排在妇幼保健院，有的城市则放在社区医院。“这样会起到一种宣传的作用，让更多的家长知道有专门针对儿童的理发店。”最终，卢先生他们按照第二条思路进行选址，把第一家儿童理发店选在了北京朝阳区的傲城融富中心。据了解,奥运会之后,北京市的北部区域,在原来亚运村商圈的基础之上,形成了以奥林匹克国家森林公园为核心的新的“亚奥商圈”,而傲城融富中心地处亚奥商圈中央位置,紧邻奥林匹克国家森林公园。

儿童理发店所在的傲城融富中心B座,经营定位为商务公寓,办公、居住皆可。这里交通便利,紧邻地铁5号线、快速公交3号线以及多条公交线路,安立路、北五环为这一区域构建了一条快速出行通道,连通了北三环、北四环、京昌高速、京承高速。

“这里还可以辐射到周边大型社区,像北部的天通苑社区、东部的北苑社区等。经常有周边社区的人带孩子来这里理发。”卢先生介绍说。

卢先生称,他们之所以选择这里,还有一个原因就是,可以办公。作为儿童理发店的总部,这里同时承担着管理职责。而对于新开的店,他们重点考虑的就是大型居住社区。比如现在他们正在考虑的新店址是方庄小区。方庄小区是北京最早的商品房小区,也曾经是亚洲最大的小区,目前这里是北京综合配套设施比较完善的大型居住社区。

(资料来源:理财周刊)

思考题

1. 分析该案例中儿童理发店的市场细分依据有哪些?
2. 儿童理发店的目标市场选择有何特点?

第八章 产品策略

产品是市场营销组合中最重要的因素。企业的市场营销活动是以满足市场需求为目的的，企业在制定营销组合时，首先需要回答的问题是发展什么样的产品来满足目标市场需求。一个满足顾客需求甚至引导顾客需求的产品在激烈的市场竞争中占有极大优势，良好的产品策略配合合适的价格、分销和促销策略，能更有效地占据目标市场。通常营销组合中的其他因素也是以产品为基础进行决策，因此，产品策略是整个营销组合策略的基石。

引导案例

宝洁公司的产品策略挑战

2012 年 10 月 25 日，宝洁公司公布了 2012—2013 财年第一财季报告。这一财务季度宝洁营业收入为 207.4 亿美元，同比下降 3.7%。各个板块中，由 OLAY 玉兰油及 SK-II 两大品牌领衔的美容化妆品业务跌幅最大，净销售额较去年同期 53.15 亿美元锐减 3.75 亿美元，跌至 49.4 亿美元；此外，宝洁洗漱类和健康护理类产品的净销售额也分别出现了 7.4% 和 3.5%的下滑。

中国区的情况也不甚乐观。在宝洁“大日化”综合产品线的布局中，几乎所有护肤品、洗涤用品、洗护用品等品类的中国区市占率及发展增速也都有不同程度停滞甚至下滑。

在这样的背景下，宝洁决议裁减 2%至 4%的非制造业部门员工，并称或将回购公司股票金额达到 60 亿美元。宝洁公司称，裁员计划和股票回购计划是改善企业结构和削减成本计划的一部分。

曾供职于宝洁十年的品牌咨询专家向记者表示：“过去五年，宝洁在市场投入、产品创新方面“不进则退”，加上各方面成本不断上涨的因素，最终致使利润业绩下滑也在情理之中。企业决策层过分偏重于节约成本，将对企业各个环节的发展带来不利的影响。”

宝洁巨大的光环下，或已隐现“大企业病”。

后续乏力

进入中国 24 年来，宝洁最初一直是主导者，但创新不足使其逐渐沉沦。今年是宝洁进入中国的第 24 个年头，正满中国年历中的两轮。

作为宝洁全球区域市场销售量第二、销售额第四的核心市场之一，宝洁对外公布的中国战略以及在华投资力度一直颇受好评。宝洁大中华区总裁施文圣(Shannan Stevenson)曾在接受记者采访时表示：“从 2010 到 2015 年的这五年内，宝洁将在中国累计投资 10 亿美元。”但宝洁的“中国化”程度却一直不算太高，依然是外资味道十足。一个最明显的例证就是，宝洁一直没有将四大市场之一的中国列为单独核算单元，致使宝洁在中国市场上的业绩一直是一个谜。

截至目前，宝洁在华产品线共涉及帮宝适、汰渍、碧浪、护舒宝、潘婷、飘柔、海飞丝、威娜、佳洁士、舒肤佳、玉兰油、SK-II、金霸王、吉列等二十余个品牌，分别归为“美尚、健康、家居”三大产品模块。

曾几何时，宝洁带入中国的任何一个产品都是“市场主导”。1988年，海飞丝洗发水作为宝洁进入中国的敲门砖率先打响市场；1989年飘柔、OLAY两大重要品牌引入，很快对尚处于懵懂状态的中国日化业和消费者进行了启蒙式教育。1992年至1994年的三年间，舒肤佳沐浴乳以及碧浪、汰渍洗衣粉亦先后进入中国。进入中国的最初十年，几乎在护肤品、洗护产品、洗涤产品每个品类一经投放后，宝洁都能迅速登上并牢牢占据绝对市场份额。其洗护发产品在华的综合市场占有率一度突破了50%，堪称惊人。

但中国市场风向转变之快，也令宝洁无所适从。尤其是充分竞争的日化行业，随着本土品牌的崛起，宝洁的地位正遭遇挑战。根据此前欧睿咨询公布的相关数据显示：宝洁在华牙膏市场的占有率已从20.8%下降到19.7%，洗涤产品系列的市场份额则被进一步挤压至7.6%。

以宝洁最具竞争力的“大日化”产品线为例，联合利华对其洗护产品构成了强力的挑战，尤以清扬洗发水对抗海飞丝一役最为突出。

“在进入中国之前，东南亚市场上清扬已经击败了宝洁。联合利华选择将清扬引入中国后，其男女区分去屑等产品营销的概念很快就得到了接受。同时，在营销投放方面联合利华也给予了很大的支持。这部分份额等于是直接从宝洁海飞丝方面抢来的。”陆坚表示，“另外，联合利华旗下多芬品牌的增长势头也比较不错。清扬、多芬的这些操盘团队曾经都是宝洁出身，被挖角后直接操盘清扬对抗海飞丝。”

日化产品作为快速消费品，必须面对消费者“喜新厌旧”的变化。产品年龄过大并不是问题，关键在于宝洁对既有“老产品”的开发创新严重不足，消费者自然会去选择有创新产品的企业。

一位接近宝洁的资深业内人士告诉记者：“最近五年中，宝洁几乎没有真正推出让市场消费者眼前一亮的新品牌，产品的更新换代速度不够，而这无疑会直接影响消费者对品牌的忠诚度和购买热情。”

“大日化”的衰退已成定局，而“小日化”类的护肤品也不见起色。目前在华销售的护肤品中，宝洁仅有OLAY玉兰油与SK-II两个品牌。SK-II此前经历铅超标事件后销量骤减，现在几乎是OLAY一个品牌支撑。

陆坚指出，随着中国购买力的提升，使原来只能购买OLAY品牌的消费者转向雅诗兰黛、兰蔻这些中高端品牌了。业内的一个共识是，在中国女性购买力大幅提升的背景下，中高端价位的产品反而会越来越好销售。“而OLAY产品线价位整体偏低，大趋势变化下其获益的部分相对较少，这也导致OLAY最近三年利润率降得很多。”

利润下滑与原材料成本高企的双重夹击之下，宝洁被迫进行了多轮裁员。今年以来，宝洁已经连续宣布两轮裁员，累计最高裁员14%，总数接近8 000人。

本土化难题

宝洁内部亚洲和北美两个团队在抢市场，美国总部控制局面，本土化难推进。对中国市场定制化产品的缺失，一直被认为是宝洁的最大短板。

陆坚向记者表示，目前国内护肤品销售的一个热点就是汉方中国风，比如上海家化(600315.SH)旗下的佰草集、相宜本草、百雀羚，专卖店渠道的美肤宝、欧莱雅旗下的羽西等品牌都是其中的翘楚。而宝洁在这方面并没有抓住热点迅速开发推出相应产品。

仔细研究不难发现，宝洁中国的在售产品线中“中国元素”的使用却远落后于其他对手，市场份额之战也打得越发艰难。但以前并不对宝洁构成威胁的欧莱雅、强生、资生堂等品牌，近年来推出中草药等适应中国市场的产品，并加大对本土优质企业的兼并收购。而宝洁在这一轮对抗中显然败下阵来。

全球前五大外资日化企业中，日本资生堂很早前便为中国市场新立专属品牌欧珀莱(AUPRES)，后又在2006年为中国化妆品专卖店渠道专设新品牌悠莱。欧莱雅集团收购羽西品牌之后，很快整合推出了灵芝、雪耳等汉方系列护肤品，并着力凸显羽西品牌出身中国、中草药精粹的产品宣传点。

宝洁最大的竞争对手联合利华也没有闲着。联合利华上海研发中心的一大定位便是在于重点开展中草药和天然活性物的基础研究。“目标是将研究成果导入联合利华生产的食品、饮料、调味品和个人护理产品，以增强其保健功能。”联合利华首席执行官波尔曼(Paul Polman)曾如此表示。

宝洁也不是没有努力过，飘柔和佳洁士牙膏也一度开发“汉方中药”概念，但都没有抢过霸王、中华牙膏等纯本土品牌的风头。值得一提的是，如今鲜有人记得的润妍品牌洗发水，是宝洁旗下唯一针对中国市场原创的日化品牌。1997年开始，宝洁历时三年，投资2亿人民币打造润妍品牌产品，但一经面世市场反应平平，不久就被喊停并以旗下另一品牌伊卡璐取而代之。

上述资深业内人士告诉记者，宝洁作为全球业务架构非常庞大的一家企业，信奉的是“全球化，大品牌”策略。这样做的弊端便是：公司不会愿意单纯为了中国或者其他任何一个市场的新需求来做开发并推出量身定制的本土化产品，这也造成了宝洁对一些市场的新需求存在无意疏忽或有意放弃。

以近几年下滑严重的OLAY玉兰油为例，OLAY玉兰油系列产品的不断推出背后是来源于宝洁全球产品开发的框架系统，核心开发选择放在美国总部，最终决策权也定在美国。“在现在宝洁的组织管理架构之下，各区域市场本身没有真正当地团队可直接掌握拍板的权力，一切都由美国总部在上游进行负责。”

该人士进一步指出：“公司内部高层都非常清楚，造成如今尴尬局面的一个很重要的原因，便是由于宝洁内部亚洲和北美两方面团队在抢市场。前几年日本、中国市场的团队可自行开发产品。而后来经过内部斗争，如今又被美国总部抽回了这部分的权限。”

而宝洁的对手之一欧莱雅在权力下放以及本土化拓展方面均更胜一筹。除了每年全球业绩财报外，欧莱雅中国还为中国区单独辟出一份财务报告，公布细分产品在各领域发展情况。在并购领域，小护士、羽西品牌纷纷外嫁欧莱雅。在这些方面，宝洁则被指显得有些过分保守和拘谨了。

宝洁目前正在试图复兴。宝洁中国总部一位相关人士告诉记者，公司正力推“40、20、10”计划。同时，记者独家从该人士处获悉，宝洁将于一两月内推出全新高端品牌、目标亚洲市场的“东方既道”，草本概念将作为一大卖点。

[资料来源：21世纪网——《21世纪经济报道》(2012年12月01日)]

[案例思考]

请评价一下宝洁公司在中国市场的产品策略及挑战？未来应如何？

(如果你想有更好的解答，请仔细阅读本章)

第一节　产品概念

在现代市场营销学中，产品概念具有极其宽广的外延和深刻而丰富的内涵，它指能够提供给市场，能够满足消费者或用户某一需求和欲望的任何有形物品和无形产品。

一、产品的整体概念

学术界曾用三个层次来表述产品整体概念，即核心产品、形式产品和延伸产品(或附加产品)，这种研究思路与表述方式沿用了多年。但近些年来，菲利普·科特勒等学者更倾向于使用五个层次来表述产品整体概念，认为产品概念包含如下五个基本层次。

1. 核心产品

核心产品是指向顾客提供的产品的基本效用或利益。核心产品是产品的最基本层次。它代表“购买者真正要购买”，消费者购买某种产品，并不是为了占有或获得产品本身，而是为了通过产品获得需求上的满足。明确核心产品是制定产品策略的基础。从根本上说，每一种产品实质上都是为解决问题而提供的服务。譬如，人们购买口红并不是购买那种胶质体，甚至不是涂到嘴唇上的那种颜色。露华浓公司对此有一个精彩的回答，“在工厂里，我们生产化妆品，在商店里，我们出售希望”；同样，购买生日蛋糕主要不是为了吃，而是为了烘托一种气氛。因此，企业营销人员向顾客销售的任何产品，都必须具有反映顾客核心需求的基本效用或利益。

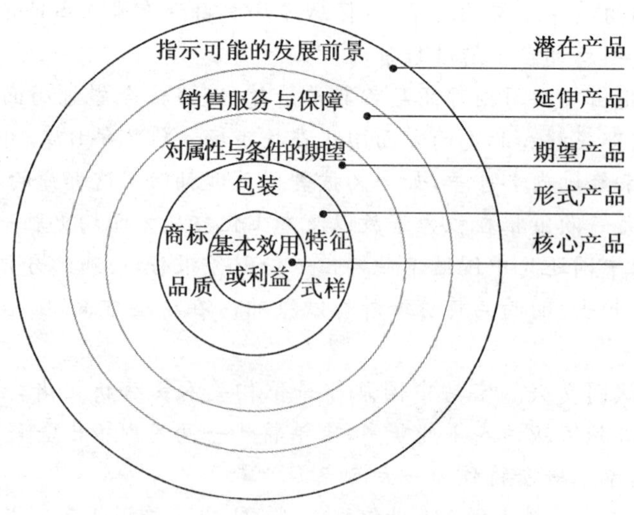

图 8-1　整体产品概念的五个层次

2. 形式产品

形式产品是指核心产品借以实现的形式或目标市场对某一需求的特定满足形式。形式产品由五个特征所构成，即品质、式样、特征、商标及包装。即使是纯粹的劳务产品，也具有相类似的形式上的特点。形式产品比核心产品更为直观和形象，更易为顾客所理解，因而也是企业和顾客沟通、传递核心产品需求的有效工具。形式产品的丰富多彩也有利于形成品牌差异化。

产品的基本效用必须通过特定形式才能实现，市场营销人员应努力寻求更加完善的外在形式以满足顾客的需要。

3. 期望产品

是指购买者在购买该产品时期望得到的与产品密切相关的一整套属性和条件。譬如，在餐馆就餐的顾客希望得到整洁舒适的就餐环境、茶水及餐巾纸等服务。因为大多数餐馆均能满足顾客这些一般的期望，所以顾客在选择档次大致相同的餐馆时，一般不是选择哪家餐馆能提供期望产品，而是根据餐馆的菜品特色和交通方便而定。

4. 延伸产品

是指顾客购买形式产品和期望产品时附带获得的各种利益的总和，包括产品说明书、保证、安装、维修、送货、技术培训等。延伸产品的概念主要是来自于两个方面，一个是买者除了希望满足某种基本需要外，还希望得到相关需求的满足；二是消费者购买某个产品不仅满足于把一个具有核心产品和形式产品等属性的产品搬回家，他还需要厂家或商家对这一产品所提供的使用保证和完整的使用方法。许多产品畅销并非是各公司在其工厂中所生产的产品，而是附加在产品上的包装、服务、广告、顾客咨询、资金融通、运送、仓储及其他具有价值的形式。例如美国 IBM 公司的经营理念是"IBM 意味着最优秀的服务。"

5. 潜在产品

是指现有产品包括所有附加产品在内的，可能发展成为未来最终产品的潜在状态的产品。潜在产品指除了现有产品的可能的演变趋势和前景，如彩色电视机可发展为电脑终端机等。

产品整体概念的五个层次，比较准确地体现了以顾客为中心的现代营销观念。这一概念的内涵和外延都是以消费者需求为标准的，由消费者的需求来决定。没有产品整体概念就不可能真正贯彻现代营销观念。

根据产品整体概念，营销者就会发现许多增加产品附加值的机会，从而有效地占领细分市场。随着产品的不断成熟，竞争不是发生在各个企业生产什么核心产品，而是发现伴随产品所能提供的各种附加利益，如包装、顾客咨询、顾客信贷等其他价值形式。

二、产品的分类

在现代营销观念下，营销人员以产品的各种特征为基础将产品分为不同的类型。产品分类的思维方式是每一个产品类型都有与之相适应的市场营销组合策略。

1. 根据产品耐用性和是否有形分类

产品可以根据其耐用性和是否有形分为三类：非耐用品、耐用品和服务。

（1）非耐用品。非耐用品一般是有一种或多种消费用途的低值易耗品，例如面巾纸、肥皂和口香糖等。非耐用品一般消费者一次需求量小，消费较快，购买频率高，因此非耐用品企业应广泛分销，增加更多的零售网点，需要加强广告以吸引顾客试用并形成偏好。

(2) 耐用品。耐用品通常指使用年限较长、价值较高的有形产品，通常有多种用途，例如冰箱、商品房等。耐用品倾向于较多的人员推销和服务等。

(3) 服务。服务是为出售而提供的活动、利益或满意，例如理发与美容。服务的特点是无形、不可分、易变和不可储存。一般来说，服务可分为售前、售中和售后服务。

2. 消费品分类

消费品可区分为便利品、选购品、特殊品和非渴求品等四种类型。

(1) 便利品。指顾客经常购买或需要随时购买的产品，例如香烟、牙膏和报纸等。便利品可以进一步分成常用品、冲动品以及救急品。常用品是顾客经常购买的产品，例如，某顾客也许经常要购买可口可乐、"佳洁士"牙膏。冲动品是顾客没有经过计划或搜寻而顺便购买的产品，如商场促销时，消费者购买的打折品。救急品是当顾客的需求十分紧迫时购买的产品，如创可贴、应急灯等商品。救急品的地点效用也很重要，一旦顾客需要能够迅速实现购买，所以救急品一般放在便利店销售。

(2) 选购品。指顾客在选购过程中，对适用性、质量、价格和式样等基本方面要作认真权衡比较的产品。通常选购品是那些价格较高的商品，例如家具、服装、商品房等。选购品可以划分为同质品和异质品。购买者认为同质选购品的质量相似，但价格却明显不同，所以有选购的必要。销售者必须与购买者商谈价格。但对顾客来说，在选购服装、家具和其他异质选购品时，产品特色通常比价格更重要。经营异质选购品的经营者必须备有大量的品种花色，以满足不同的爱好。

(3) 特殊品。指具备独有特征或品牌标记的产品。此类产品通常是有特别需要的人才会购买。使用特殊品的人一般通常对这类产品知识有相当的了解，属习惯性购买，所以通常购买时选择时间较短，例如特殊品牌和特殊式样的花色商品、药品、摄影器材等。

(4) 非渴求品。指消费者不了解或即使了解也不想购买的产品。传统的非渴求品有墓地、墓碑以及百科全书等。对非渴求品需要付出诸如广告和人员推销等大量营销努力。

3. 产业用品分类

各类产业组织需要购买各种各样的产品和服务用于生产或制造另一种产品。产业用品可分成三类：材料和部件、资本项目以及供应品与服务。

(1) 材料和部件。指完全转化为制造商产成品的那类产品，包括原材料、半制成品和部件，如农产品、构成材料(铁、棉纱)和构成部件(马达、轮胎)。构成材料与构成部件通常具有标准化的性质。

(2) 资本项目。指部分进入产成品中的商品。包括两个部分：装备和附属设备。装备包括建筑物(如厂房)与固定设备(如发电机、电梯)。该产品的销售特点是售前需要经过长时期的谈判，具有一流的销售队伍，设计各种规格的产品，提供售后服务。附属设备包括轻型制造设备和工具以及办公设备。这种设备在生产过程中仅仅起辅助作用。这一市场的地理位置分散，用户众多，订购数量少。质量、特色、价格和服务是用户选择中间商时所要考虑的主要因素。

(3) 供应品和服务。指不构成最终产品的那类项目，属于低值易耗品，譬如打字纸、铅笔等。供应品相当于工业领域内的方便品，顾客人数众多、区域分散且产品单价低，一般都是通过中间商销售。由于供应品的标准化，顾客对它无强烈的品牌偏爱，价格因素和服务就成了影响购买的重要因素。商业服务包括维修或修理服务和商业咨询服务，维修或修理服务通常以订立合同的形式提供。

第二节 产品组合

一、产品组合及其相关概念

1. 产品组合、产品线及产品项目

产品组合是指一个企业提供给市场的全部产品线和产品项目的组合或结构，即企业的业务经营范围。企业为了实现营销目标，充分有效地满足目标市场的需求必须设计一个优化的产品组合。产品线又称产品品类，是指密切相关的能够满足同类需求的一组产品，即在企业产品目录上列出的每一个产品。例如，同一产品线的产品功能类似、顾客群相同、销售渠道相同等。产品项目是指产品线中不同品种、规格、质量和价格的特定产品。例如，某采购中心经营家电、百货、鞋帽、文教用品等，这就是产品组合；而其中“家电”或“文教用品”等大类就是产品线；每一大类里包括的具体品牌、品种为产品项目，如家电包含多个品牌及多项品种。

2. 产品组合的宽度、长度、深度和相关性

一般评价产品组合包括四个要素：宽度、长度、深度和相关性。

产品组合的宽度是指产品组合中所拥有的产品线的数目的多少，多则宽，少则窄。如表8-1中产品组合的宽度是4。

产品组合的长度是指产品组合中产品项目的总数。以产品项目总数除以产品线数目可得到产品线的平均长度。表8-1所显示的产品组合总长度为20，每条产品线的平均长度为20÷4=5。

产品组合的深度是指一条产品线中每种产品所能提供的规格、花色的多少。如表8-1中的男士西装有4种型号、3种颜色，那么这种产品的深度就是4×3=12。通过计算每种产品所提供的差异性，就可以算出企业产品组合的平均深度。

产品组合的相关性是指各条产品线在最终用途、生产条件、分配渠道或其他方面相互关联的程度。例如，某家用电器制造商拥有电视机、电冰箱、洗衣机等多条产品线，但每条产品线都与家电有关，且属于家用电器范畴，这一产品组合具有较强的一致性。相反，实行多元化经营的企业，其产品组合的相关性则较小。

表8-1 某服饰商场产品组合的长度和宽度

服装	鞋类	帽子	针织品
男士西装	男士皮鞋	礼帽	棉毛衣
女士西装	女士皮鞋	毛线帽	棉毛裤
男士休闲装	男士运动鞋	遮阳帽	保暖内衣
女士休闲装	女士运动鞋	童帽	塑身内衣
儿童服装	童鞋		
女士时装	雨靴		

根据产品组合的四种要素，企业可以采取四种方法发展业务组合：加大产品组合的宽度，扩展企业的经营领域，实行多样化经营，充分发挥企业的潜在资源优势，分散企业投资风险，增加企业效益；增加产品组合的长度，使产品线丰满充裕，成为产品线更全面的公司；加强产品组合的深度，占领同类产品的更多细分市场，满足不同顾客的市场需求，增强行业竞争力，如国内专门生产袜类产品的某公司就是通过不断拓展产品组合的深度来拓展市场；产品组合相关性的高低，则可决定企业在多大领域内加强竞争地位和获得声誉。因此，所谓产品组合决策就是企业根据市场需求、竞争形势和企业自身能力对产品组合的宽度、长度、深度和相关性方面作出的决策。

二、产品组合策略

产品组合状况直接关系到企业销售额和利润水平，企业必须对现行产品组合作出系统的分析和评价，决策是否加强或剔除某些产品线或产品项目。优化产品组合的过程，通常是分析、评价和调整现行产品组合的过程。优化产品组合包括如下两个重要步骤。

1. 产品线销售额和利润分析

即分析、评价现行产品线上不同产品项目所提供的销售额和利润水平。如一条拥有五个产品项目的产品线。第一个产品的销售额和利润额分别占整个产品线销售额和利润的45%、30%，第二个产品项目的销售额和利润均占整个产品线销售额和利润的30%。这两个产品项目占整个产品线销售额的75%和利润的60%，如果这两个项目突然受到竞争者的打击或市场疲软，产品线的销售额和利润就会迅速下降。因此，在一条产品线上，如果销售额和盈利高度集中在少数产品项目上，则意味着产品线比较脆弱。为此，公司必须细心地加以保护，并努力研发具有良好前景的产品项目。最后一个产品项目只占整个产品线销售额与利润的5%，如无发展前景，可以剔除。

2. 产品项目市场地位分析

即将产品线中各产品项目与竞争者的同类产品作对比分析，全面衡量各产品项目的市场地位。

表8-2　产品项目分析

价格＼品种	男士皮鞋	男士休闲布鞋	男士运动鞋
高	B	B	X
中	C、X	B、X	C
低	A、B	A	B

表8-2以鞋类产品生产企业的男士鞋产品线为例进行分析：男士鞋的两个重要属性是品种（有男士皮鞋、男士休闲布鞋、男士运动鞋等）和价格（高、中、低），表8-2列出了X公司和其竞争对手A、B、C公司各自的产品项目定位情况，可见X公司的男士鞋类产品项目集中在男士皮鞋、男士休闲布鞋的中等价格区域以及男士运动鞋的高价区域，A公司的同类产品集中在低价区域，B公司品种齐全，C公司则以中等价格为主。

三、产品组合决策

1. 扩大产品组合

包括开拓产品组合的宽度和加强产品组合的深度,前者指在原产品组合中增加产品线,扩大经营范围;后者指在原有产品线内增加新的产品项目。当企业预测现有产品线的销售额和盈利率在未来可能下降时,就须考虑在现有产品组合中增加新的产品线,或加强其中有发展潜力的产品线。

2. 缩减产品组合

市场繁荣时期,较长较宽的产品组合会为企业带来更多的盈利机会。但是在市场不景气或原料、能源供应紧张时期,缩减产品线反而能使企业效益增加,因为剔除那些获利小甚至亏损的产品线或产品项目,企业可集中力量发展盈利能力强的产品线和产品项目。

3. 产品线延伸策略

当某个公司想在现有产品以外增加新产品时,有三种不同的产品线延伸策略可供考虑,即向下延伸、向上延伸和双向延伸等三种实现方式。

(1) 向下延伸。是在高档产品线中增加低档产品项目。实行这一决策需要具备以下市场条件:利用高档名牌产品的声誉,吸引购买力水平较低的顾客慕名购买此产品线中的廉价产品;高档产品销售增长缓慢,遇到强烈竞争,或企业原来推出的高档产品已树立起其质量形象,或者想借此填补市场空隙时采用。但这种做法有可能损害产品的原有形象,引起竞争者的反击或经销商的抵制。实行这种策略也有一定的风险,需要辅之以一套相应的营销组合策略,例如对销售系统的重新设置等。所有这些将大大增加企业的营销费用开支。

(2) 向上延伸。是在原有的产品线内增加高档产品项目。实行这一策略的主要目的是:高档产品市场具有较大的潜在成长率和较高利润率的吸引;企业的技术设备和营销能力已具备加入高档产品市场的条件;企业要重新进行产品线定位。采用这一策略也要承担一定的风险,要改变产品在顾客心目中的定位是相当困难的,处理不慎,还会影响原有产品的市场声誉,同时也存在低档产品市场中的竞争者反击的可能性。

(3) 双向延伸。即原定位于中档产品市场的企业掌握了市场优势以后,同时向上及向下发展高品质及低品质的产品。成功的品牌延伸可以使企业成为某类产品的市场领导者。

阅读材料一:抓住时机进行产品线延伸

通用电气公司医疗系统部是医用CT扫描仪的市场领导者。通用电气公司了解到一家日本公司正打算进攻其市场。该公司猜测日本公司生产的扫描仪产品体积更小,电子化程度更高,而且更便宜。因此该公司最好的防御战略是在日本的产品进入市场前就推出一种相似的机器。公司有些经理认为低价的产品会损害公司大型CT扫描仪的销售量和利润。但公司的一个经理通过一个问题就打消了大家的顾虑:“究竟是让我们自己去损害好呢,还是让日本公司来做?”

4. 产品线填补策略

产品线填补策略是在现有产品线范围内增加一些新的产品项目,这些产品项目可以填补市场的空缺。填补决策对企业有很多好处:可以帮助企业获取更多的利润;树立企业产品丰富的形象;充分利用企业的剩余生产能力;填补市场空缺,防止竞争者入侵。在实施填补决策时应特别注意,增加的新产品项目与原产品之间要满足两个条件:一是每一个产品项目必须具备显著的差异,例如某保温杯生产企业已经包括 0.75 升和 0.5 升的保温杯,就不必增加 0.6 升的保温杯;二是增加的产品项目能够满足某种市场需求,如内衣生产线中增加保暖内衣项目就满足消费者对保暖内衣的需求。

5. 产品线现代化决策

这一决策强调把现代化科学技术应用到生产过程中去。在某种情况下,虽然产品组合的宽度、长度都非常合适,但是产品线的生产形式却可能已经过时,这样就必须对产品线进行现代化改造。如手工作坊式的家具生产企业应当考虑引入现代化设备,才不至于在竞争中败给新兴家具厂。对于科技含量不高的企业,产品线现代化可以逐渐现代化或迅速现代化。尤其对于高科技产品的生产企业,产品线迅速现代化势在必行。

6. 产品项目决策

整体产品的概念告诉我们不但要确定产品将要提供的利益,还要这些利益通过产品的有形属性来通报和传递,产品的有形属性包括质量、特色和款式等。

(1) 产品质量

产品质量是指产品实现其功能的能力,是对产品的耐用性、可靠性、精确性、操作性和修理的简便性以及其他有价值的属性的概括。从本质上说,质量仅指产品的故障率、安全性。从某种意义上说,产品质量应该符合或高于标准或说明,同一档次的产品应当是无差别的。

质量决策的主要问题是确定产品的质量水准。企业确定产品质量水准的主要依据是产品的质量定义和要求,即影响消费者购买产品决策的产品非价格属性,这样企业才能向消费者提供满意的产品。

产品质量决策面临的另一个问题是如何把自己的质量水平向目标市场通报,让消费者知道企业产品的质量情况,必须用消费者容易了解的方式。通常对消费者进行质量通报有以下几种方式:① 有形标志和暗示;② 其他营销组合要素;③ 生产企业的形象;④ 生产商的声望、信誉、企业文化等;⑤ 产品产出地。

阅读材料二:符合消费者心理的产品质量设计

由于女性消费者常以衬里的质量情况来判断裘皮大衣的质量情况,设计师便用昂贵丝衬里缝合高级裘皮大衣;同样小汽车生产商设法使车门关上时能发出"砰"的一声,因为许多购买者在展销会上通过对小汽车用力关门来测试小汽车的质量状况。福特公司把野马汽车设计成"赛车",并通过汽车式样、凹背座椅、皮驾驶盘来传达这种赛车特点。根据该车的功能,野马牌汽车还不是名副其实的赛车。反之,西德拜尔发动机公司的BMW 牌车倒是真正的赛车,但是由于没有设计好,因此看上去不像赛车。

(2) 产品特色

特色是竞争的灵魂。今天似乎所有的产品都被赋予各种各样的特色来出售。你会发现每一个产品的广告都会指出产品的特色,如冰箱有保鲜型、抽油烟机有强吸力型等,企业必须决定产品应具备哪些特点，选择的特点应可能引起更多消费者的购买兴趣。

第三节　产品生命周期策略

一、产品生命周期的概念及其阶段划分

(一) 产品生命周期

产品生命周期是指某产品从进入市场到被淘汰退出市场的全部运动过程。产品只有经过研究开发、试销，然后进入市场，它的生命周期才算开始。产品退出市场，标志着市场生命周期的结束。在现代市场经济条件下，企业必须随着产品生命周期的变化，适时调整市场营销方案，并且重视新产品开发。

(二) 产品生命周期阶段

产品生命周期一般分为四个阶段：产品导入期，市场成长期，市场成熟期和市场衰退期。

1. 产品导入期

在市场上推出新产品，便进入导入期。在产品导入期，顾客对产品还不了解，只有少数对新产品比较感兴趣的顾客可能会购买，但销量较小。为了拓展市场，需要更多的促销投入。在此阶段，由于市场及技术方面的原因，产品不能大批量生产，因而成本高，销售额增长缓慢，企业不但难以获利，反而可能亏损。

2. 产品成长期

成长期是指该产品在市场上迅速为顾客所接受、销售额迅速上升的阶段。这时大多数顾客对产品已经熟悉，大量的新顾客开始购买，市场逐步扩大。产品已具备大批量生产的条件，生产成本相对较低，企业的销售额迅速上升，利润也迅速增长。在这一阶段，由于竞争者看到有利可图，也开始纷纷加入竞争，使同类产品的市场供给量增大。在这种情况下，产品的价格维持不变或下降。

3. 产品成熟期

产品成熟期是指大多数购买者已经接受该项产品，市场销售额缓慢增长或下降的阶段。目前市场上销售的大多数商品都处于生命周期的成熟阶段，成熟阶段可以分为三个时期：成长、稳定和衰退。

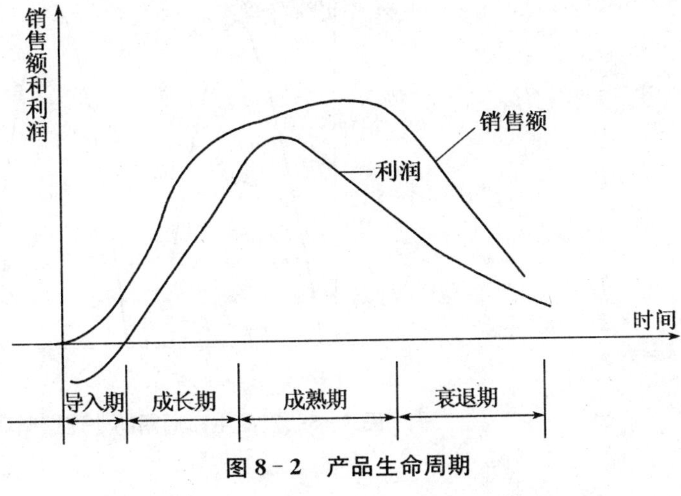

图 8－2　产品生命周期

4. 产品衰退期

产品衰退期是指销售额急剧下降、利润渐趋于零的时期。随着技术进步，新产品或替代品的出现，使顾客的消费习惯发生改变，转向其他产品，从而使原来产品的销售额和利润率下降。于是，产品进入了衰退

期，直至退出市场。典型的产品生命周期见图 8－2。

（三）产品生命周期的其他形态

并非所有产品的生命周期都是标准的 S 型曲线，其中三种常见的产品生命周期形态如图 8－3、图 8－4 和图 8－5 所示。

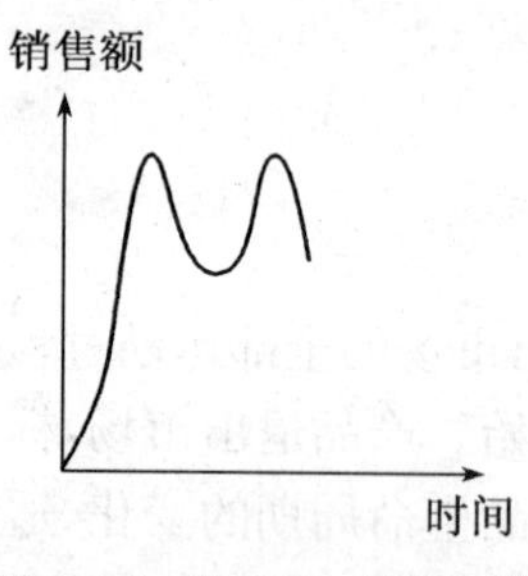

图 8－3 “循环—再循环”

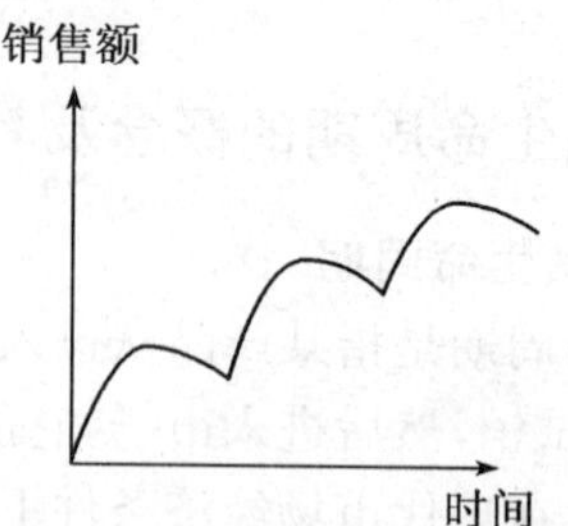

图 8－4 “扇形”运动曲线

1. 产品生命周期的循环形态

当一种产品进入衰退期，销量大幅下滑时，企业为了延长产品的寿命，引入新技术增加产品特色或加大营销力度，采用更有效的营销手段，以吸引或维护原有顾客的继续使用，使产品进入一个新的转换周期（通常规模和持续时间都低于第一周期，见图 8－3）。例如，圆珠笔的销售就显示了这种循环形态特征，因为早期的圆珠笔有漏油的缺陷，后经改进被广大的消费者接受，又开始了新一轮的循环。今天圆珠笔仍然被不断地改进以更符合人们的需求。

2. 产品生命周期的扇形形态

如图 8－4 显示的另一种产品生命周期的形态——扇形，它是由于产品新的特征、用途或用户的不断发现，使得产品的销售量成波浪式上升。此形态常常可以说明一些新饮料、药品等的销售。如小苏打可作为冰箱的除臭器。

3. 产品生命周期的非连续循环形态

大多数时髦商品呈非连续循环，这些产品一上市即热销，如图 8－5，而后很快退出市场。厂商既无必要也不愿意作延长其成熟期的任何努力，而是等待下一周期的来临。

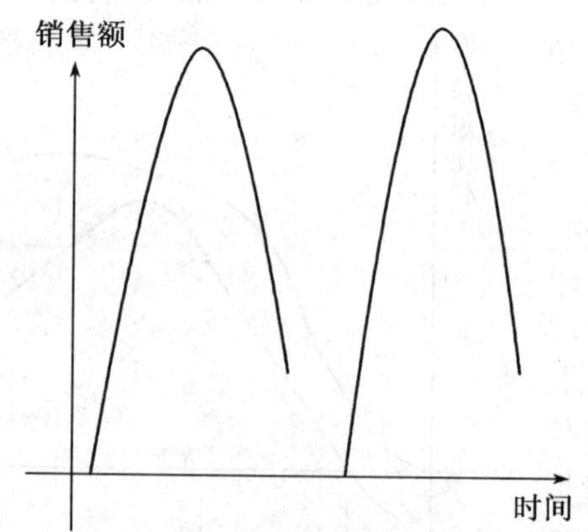

图 8－5 产品生命周期的非连续循环形态

(四) 产品种类、形式、品牌生命周期

一般而言，产品种类(如电视机)、产品形式(如液晶电视)和产品品牌(如长虹)的生命周期各不相同。产品种类具有最长的生命周期。很多产品种类如食盐、汽车、冰箱等产品成熟阶段可以无限期地持续下去，其销售量增加与人口增长率成正比关系。产品形式比产品种类能够更准确地体现标准的产品生命周期历程。例如，黑白电视机在经历了典型的介绍期、成长期、成熟期之后，由于彩色电视机的普及而进入衰退期，退出市场。产品品牌相对于前两者而言则显示了较短的生命周期历程。

二、产品生命周期各阶段的市场特征与营销策略

(一) 导入期的市场特点与营销策略

1. 导入期的市场特点

① 消费者对该产品不了解，大部分顾客不愿放弃或改变自己以往的消费行为，产品销售量低而相应地增加了单位产品生产成本；② 尚未建立理想的营销渠道和高效率的分销模式；③ 价格决策难以确立，高价可能限制了购买，低价可能难以收回成本；④ 广告等促销费用开支较大；⑤ 产品技术、性能还不够完善；⑥ 利润较少，甚至出现经营亏损，企业承担的市场风险最大。但这个阶段市场竞争者较少，企业若建立有效的营销系统，即可以将新产品快速推进导入阶段，进入市场发展阶段。根据上述特点，导入期一般有四种可供选择的营销策略，见图 8－6。

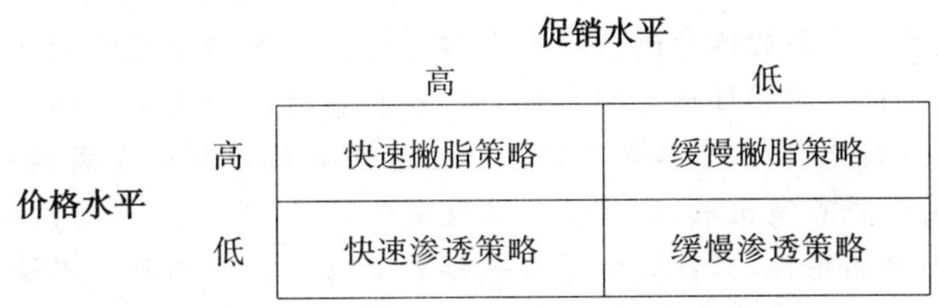

价格水平＼促销水平	高	低
高	快速撇脂策略	缓慢撇脂策略
低	快速渗透策略	缓慢渗透策略

图 8－6　导入期可选择的市场策略

2. 导入期的市场营销策略

(1) 快速撇脂策略。即以高价格和高促销费用推出新产品。实行高价格是为了在每一单位销售额中获取最大的利润，高促销费用是为了引起目标市场的注意，迅速扩大销量，提高市场占有率。成功地实施这一策略，可以赚取较大的利润，尽快收回新产品开发的投资。实施该策略的前提条件是：市场上有较大的需求潜力，如多数潜在消费者还不了解这种产品，已经了解的消费者急于求购，并愿意为此付出高价；企业面临潜在竞争者的威胁，需要及早建立消费者对名牌的偏好。

(2) 缓慢撇脂策略。即以高价格、低促销费用的方式将新产品推入市场。高价格和低促销水平结合可以使企业获得更多利润。实施该策略的前提条件是：市场规模相对较小，竞争威胁不大；市场上大多数消费者已熟悉该新产品或品牌(高促销已经没有必要)；适当的高价能为市场所接受。如德国拜尔药厂生产的阿司匹林自投入市场后，价格虽然较高，但因药效好，在世界各地畅销多年。

(3) 快速渗透策略。即以低价格和高促销费用推出新产品。目的在于先发制人，以最

快的速度打入市场,该策略可以给企业带来最快的市场渗透结果和最高的市场占有率。实施这一策略的前提条件是:产品的市场容量很大;潜在消费者对产品不了解,且对价格十分敏感;潜在竞争比较激烈;随着生产规模的扩大和生产经营的积累,产品的单位生产成本会下降。

(4) 缓慢渗透策略。即企业以低价格和低促销费用推出新产品。低价是通常能促进市场较快地接受市场较快地接受新产品;低促销则能支持在低价情况下获得相对较多的利润。实施这一战略的前提条件是:市场潜量较大;市场上此品牌具有较高的知名度;市场对价格敏感,高价难以打开市场;存在着潜在竞争。

阅读材料三:宝洁的润妍洗发精成长期营销策略失误分析

宝洁公司开发的润妍洗发产品,其诉求的主要功能是植物黑发。就现有成功运作的品牌而言,消费者真正的购买诱因更多地集中在植物、天然或品牌形象上,而黑头发的作用并不明显。事实上,黑头发我们都喜欢,也都认同,就像东方美一样,但是单纯东方美已经是我们所具有的特质,也是无法去感受到改变的,因此不会因为这个原因去尝试购买,即使买了,也会因为效果不明显而放弃。由此我们不难发现,黑头发仅仅是符合现有消费者的认同和情感联想,而其他的支撑或利益才是购买诱因。这也就是为什么看夏士莲广告的有24%左右的人愿意尝试购买,而润妍的不过2%的原因。

其实,润妍刚刚上市之初的策略还是较为有效的,突出中草药的概念而不是简单的黑头发,其促销及赠品也都是在这一点上突破的。但是,遗憾的是,也许宝洁以为形象的作用更为明显,于是在中草药的概念尚未深入人心之际就开始转变策略,将润妍的品牌完全形象化,在推广时犯了炫耀性销售的毛病。广告和赞助活动高潮迭起,但却不能给消费者真正的接触,美则美,却似乎只是搭建了一个海市蜃楼。润妍在高调的推广中没有把消费者最重视的利益点突出来,这就使产品脱离了根基,轰轰烈烈的广告中掩盖了润妍的植物中草药配方的特性,只留给消费者一幅美丽却苍白的图画。据调查发现,大部分消费者都不知道润妍的中草药成分,更谈不上知道它的功能了,消费者印象深刻的就是黑发。也许这是润妍失败的又一根源。

(二) 成长期的特点与营销策略

1. 成长期的特点

① 消费者对新产品已经熟悉,销售量增长很快;② 竞争者数量扩大,市场竞争加剧;③ 产品已定型,技术工艺比较成熟;④ 建立了比较理想的营销渠道;⑤ 市场价格趋于下降;⑥ 为了适应竞争和市场扩张的需要,企业的促销费用水平基本稳定或略有提高,由于促销费用分摊到更多销量上,平均促销成本下降,企业利润迅速上升。

2. 成长期的营销策略

企业营销策略的核心是尽可能地延长产品的成长期。具体说来,可以采取以下营销策略。① 改善产品品质。根据用户需求和其他市场信息,不断提高产品质量,如改变或增加产品的新款式、新型号、新用法等。② 加强促销环节,树立强有力的产品形象。促销策略的重心应从建立产品知名度转移到建立消费者的品牌偏好上,树立产品形象,同时加强售后服务,争取新的顾客。③ 渠道策略。进一步评估渠道,巩固原有渠道,增加新的销售渠道和网点，以满足顾客需求，保持企业的竞争优势。④ 选择适当的时机调整价格，以争取更多顾客。企业应结合生产成本和市场价格的变动趋势，分析竞争者的价格策略，在适当的时机可以采取降价策略，以吸引那些对价格敏感的消费者。⑤ 寻找新的细分市场。通过市场细分，寻找新的尚未满足的子市场，根据这部分细分市场顾客的需求组织生产，迅速占领新市场。

企业采用上述市场扩张策略，会加强产品的竞争能力，但也会相应地加大营销成本。因此，在成长阶段，面临着"高市场占有率"或"高利润率"的选择。从长远来看，实施市场扩张策略有利于企业的市场占有率，更有利于企业长期利润的获得。

（三）成熟期的市场特点与营销策略

1. 成熟期的阶段划分和市场特点

成熟期可以分为三个时期：① 成长成熟期。这一时期是成长中的成熟，此时由于市场逐渐饱和而造成销售增长率下降，销售额增长缓慢，还有少数后续的购买者继续进入市场。② 稳定成熟期。这一时期是稳定中的成熟，市场已经饱和，大多数潜在消费者已经试用该产品，竞争激烈，未来的销售空间受限。③ 衰退成熟期。这一时期是衰退中的成熟，此时销售的绝对水平开始下降，顾客开始购买其他产品或替代品。一些缺乏竞争能力的企业将渐渐被取代，新加入的竞争者较少。

2. 成熟期的营销策略

鉴于上述情况，有三种基本策略可供选择：市场改进、产品改进和营销组合改进。

（1）市场改进策略。也称市场多元化策略，即开发新市场，寻求新用户。通常某产品品牌销量＝品牌使用人数量×每个顾客的使用率，因此企业必须努力增加品牌使用人数量和加大每位顾客的使用率。

增加品牌使用人数量可以通过三种方法：第一，把非顾客变成顾客。企业可以通过努力把许多非该品牌或产品的使用者变成该品牌或产品的使用者。例如，某品牌绿色食品生产商努力寻找新顾客，告诉他们食用该品牌绿色食品对健康的益处。第二，进入新的细分市场。如强生公司就曾经将它的婴儿洗护用品推向成人消费市场。第三，争取竞争对手的用户，如柯达成功地说服了一些富士胶卷的顾客改用柯达产品。

增加产品使用率也有三种方法：第一是努力使顾客频繁使用该产品；第二是尽量使顾客增加每次使用的数量；第三是努力开发产品的新用途。

（2）产品改进策略，也称为"产品再推出"，是指改进产品的特性或服务后再投放市场，以吸引新顾客，留住老顾客。其主要形式有：① 质量改进。即注重产品质量的提升。② 特点改进。重点在于增加产品的新特点，尤其是扩大产品的高效性、安全性和方便性。③ 产品款式的改进。主要在于满足顾客对于产品外观的美的需求，对产品外观和款式进行改进。如品牌服装通常非常重视服装款式的改进，使之贴近或引导时尚。④ 服务改进。对于一些高档的耐用消费品或产业用品来说，良好的服务如上门维修、技术咨询等会对消费者的购买有促进作用。

（3）营销组合改进策略。是指通过改变定价、销售渠道及促销方式等来延长产品的成长期和成熟期。一般通过改变营销组合中的一个或几个因素来吸引或扩大消费者购买。例如，可通过扩大销售渠道、增加销售网点、调整广告等促销策略来达到延长产品成熟期的目的。但这种改进易被竞争者模仿。

(四) 衰退期的特点与营销策略

1. 衰退期的市场特点

① 产品销售量由缓慢下降变为迅速下降，消费者的兴趣已完全转移；② 利润已下降到最低水平；③ 多数竞争者无利可图，被迫退出市场；④ 留在市场上的企业逐渐减少产品附带服务、削减促销预算等，以维持最低水平的经营。

2. 衰退期的营销策略

① 集中策略。即把资源集中使用在最有利的细分市场、最有效的销售渠道和最易销售的品种、款式上。② 维持策略。即保持原有的细分市场和营销组合策略，将销售维持在一个低水平上。选择适当的时机，便停止该产品的经营，退出市场。③ 榨取策略。即大大降低销售费用，如广告费用削减为零；大幅度精简推销人员等，以最低成本来增加当前利润。

如果企业决定停止经营衰退期的产品，应在立即停产还是逐步停产问题上慎重决策，并应处理好善后事宜，使企业有秩序地转向新产品经营。

三、产品生命周期理论的缺陷

产品生命周期理论是营销学家以统计规律为基础进行理论推导的结果，提供了一套实用的营销规划观念。营销人员可以根据产品生命周期的不同阶段，设计不同的营销组合。但是产品生命周期理论也有其缺陷。首先，产品生命周期的各阶段的起始和终止点划分不清楚，在具体操作过程中也难以确认；其次，一些产品的生命周期并不是标准的钟形曲线，难以将产品生命周期理论运用于所有产品；第三，产品生命周期理论难以确定是适应于产品的某一层次、某一产品项目或某个品牌等；第四，产品生命周期理论缺乏定性分析；第五，产品生命周期易造成企业误判，使一些企业当产品一时销售不佳时，误认为产品衰退期已到来而抛弃该产品。

第四节　新产品开发策略

一、新产品的概念及种类

市场营销学中使用的新产品概念是指与现有产品相比，具有新功能、新特征、新用途，能满足消费者新的需求的产品。对企业来说，新产品是指企业向市场提供的较原有产品具有较大差别的产品。

首先，从产品整体的概念上来理解，新产品并不一定是新发明的产品。市场上出现的前所未有的崭新的产品是较少的，有些产品在形态和功能上有所改变，人们也习惯地把它看作新产品。其次，有些产品在某些地区首次销售，也可以认为是在这个地区销售的新产品。第三，从生产和销售的角度，凡是本企业从来没有生产和销售过的产品，由于标出本企业的品牌，也可以算是新产品。

新产品基本类型可以根据产品的创新程度作如下分类。

(1) 全新产品。运用新一代科学技术革命创造的整体更新产品，即采用新原理、新结构、新技术、新材料制造的前所未有的新产品。

(2) 换代新产品。也称部分新产品，指在原有产品的基础上，部分采用新材料、新技术制成的性能有显著提高的新产品。

(3) 改进新产品。指对现有产品在质量、结构、品种、材料等方面做出改进的产品。它主要包括质量的提高、用途的增加、式样的更新、材料的易取得等。

(4) 仿制新产品。企业模仿市场上正在销售的产品的性能、工艺而生产的产品。这类产品就整个市场来说，已不是新产品，但对企业来说，设备是新的，工艺是新的，生产的产品也与原来不同，所以也是企业的新产品。

企业新产品开发的实质是推出与原有产品不同内涵与外延的新产品。对大多数企业来说，是改进现有产品而非创造全新产品。

二、新产品开发的组织

1. 新产品开发的组织形式

(1) 产品线经理。有些实力雄厚、产品线丰富的大公司，将产品开发的主要职责委派给产品线经理负责。但产品线经理更多地强调对现有产品线的管理，往往缺乏开发新产品的专业知识与技能。

(2) 新产品经理。有些跨国公司设有隶属于产品群经理领导的新产品开发经理，例如美国强生公司。这种模式的优势，一是能使新产品开发的功能专业化，二是使新产品经理能集中投入更多的时间与精力。

(3) 新产品开发委员会。对于那些全球化公司来说，新产品开发战略关系到公司与其他全球竞争者的力量对比和在全球竞争中的地位，因此，他们在产品线或产品群经理之上设置一个最高层次的新产品开发管理委员会，专门负责新产品开发的计划、组织及管理实施。

(4) 新产品部。一些大中型企业设立新产品开发专职部门，其主要职责是产生和筛选创意、指挥和协调研发等工作，新产品部直接受公司最高管理层领导。

(5) 新产品开发小组。由公司内各部门智囊人员组成，制定新产品开发预算、工作任务、期限和市场投放策略并组织实施。

2. 新产品开发的原则

(1) 必须以满足消费者的需求为出发点。企业研发新产品应注重市场调查，了解消费者的需求，请顾客参与设计和开发新产品，这样设计、开发的新产品才有强大的市场生命力。

(2) 必须符合国家有关环保和能源方面的政策。企业的新产品研发要符合国家的相关政策如能源政策、环境保护和产品的安全卫生标准等，这些都是新产品开发所必须关注的。

(3) 新产品必须便于使用和制造。新产品必须要有良好的性能、安全可靠、美观大方、操作简单等特点。在制造方面，新产品的结构要合理，形状和精度要便于制造，以利于提高劳动生产率。

3. 新产品开发的趋势

(1) 多功能化。扩大产品的使用范围，增加产品的功能，由单功能、少功能发展为多功能。如手机基本的功能是通信，但现在的手机具有拍照、听音乐、上网等多重功能。

(2) 小型化和微型化。产品向小型化和微型化发展的出发点是使之便于携带、储运和安装等。

(3) 多样化。企业应发展多品种、多款式的产品来满足市场的多种需要。

(4) 节能化。就是使产品节约能源,这是新产品设计与开发的一个重要方向。

三、新产品开发的程序

为了提高新产品开发的成功率,必须建立科学的新产品开发管理程序。不同行业的生产条件与产品项目不同,管理程序也有所差异,但一般企业研制新产品的管理程序大致如下。

(一) 新产品构思

构思是为满足一种新需求而提出的设想。在产品构思阶段,营销部门的主要职责是:首先,积极地在不同环境中寻找好的产品构思,提出初步设想的线索;其次,积极地鼓励公司内外人员发展产品构思,如顾客、专家、竞争对手、企业营销人员、经销商以及企业高层管理人员等;第三,将所汇集的产品构思转送公司内部有关部门,征求意见,使其内容更加充实。

营销人员寻找和搜集新产品构思的主要方法有如下几种:① 产品属性排列法。将现有产品的各项属性排列出来,然后探讨尝试改良产品属性的方法,在此基础上形成新的产品创意。② 强行关系法。先列举若干不同的产品,然后尝试把某一产品与另一产品或几种产品强行结合起来,产生一种新的构思。譬如,组合家具的最初构想就是把衣柜、写字台、装饰柜的不同特点及不同用途相结合,设计出既美观又较实用的组合型家具。③ 多元分析法。这种方法首先将产品的重要因素抽象出来,然后具体地分析每一种特性,再形成新的创意。

(二) 新产品方案筛选

筛选的主要目的是选出那些有价值、可行性强的方案进行分析、论证来进行分析,摒弃那些可行性小或获利较少的产品构思。筛选应遵循如下标准:① 市场成功的条件。包括产品的潜在市场成长率,竞争程度及企业能否获得较高的收益等。② 企业内部条件。主要衡量企业的资源、企业的技术条件及管理水平是否适合生产这种产品。③ 销售条件。企业现有的销售结构是否适合销售这种产品。④ 利润收益条件。产品是否符合企业的营销目标,其获利水平及新产品对企业原有产品销售的影响。

在筛选阶段,应力求避免两种偏差:一种是将有前途的产品设想放弃了,失去了成功的机会;另一种是误选了没有开发价值的产品,若仓促投产易导致失败。筛选时要根据一定的标准对各种产品的设想方案逐项进行审核。筛选是新产品方案实现的第一关。

(三) 产品概念的形成与测试

产品概念是指已经成型的产品创意,即用文字、图像、模型等予以清晰阐述。任何一种产品创意都可以转化为几种产品概念,在形成了产品概念以后,企业应对新产品概念进行测试、征求顾客意见,以从多种新产品概念中选出最具竞争力的产品。比如,本产品概念描述是否清楚?在同类产品中是否便于了解?可以通过调查问卷的方式帮助企业确立吸引力强的产品概念。

如一家食品厂打算生产一种美味健康的方便中式快餐盒饭(有米饭和炒菜),这种产品有较高的营养价值,又具有特殊鲜美的味道,食用简单方便,只需用开水加热饭盒底部的加热包,十分钟左右即可加热饭菜。

这是一种冷藏方便中式快餐盒饭的构思,为了形成鲜明的产品形象,则需要转化为产品概念。为此,企业在产品概念中应回答以下问题:

① 目标市场消费是白领、学生、病人还是一般打工者?

② 使用者从产品中得到的主要利益是营养、方便、美味还是价格实惠?

③ 适合在午餐、晚餐还是夜宵食用?

根据这些问题,企业就可以形成这样几个明确的产品概念:① 为白领和学生族提供的一种可快速加热的中式快餐盒饭,提供充分的蛋白质、维生素等营养价值,同时美味可口,为他们提供更好的午餐选择;② 为医院中的病人提供一种可口、营养且易消化的午餐盒饭;③ 为夜间加班族提供方便、营养、美味的晚餐。

每一个产品概念都要进行定位,以了解同类产品的竞争状况,优选最佳的产品概念。选择的依据是未来市场的潜在容量、投资收益率、销售成长率以及对企业设备、资源的充分利用等,可采取问卷方式就新产品概念向目标市场的消费者进行调研,如上述三种产品概念的问卷可以包括以下问题:你认为这种加热式的中式快餐盒饭与一般快餐食品(如快餐面等)相比有什么优点?该产品是否能够满足你的需求?与同类产品比较,你是否看好此产品?你能否对产品属性提供某些改进的建议?你认为价格是否合理?产品投入市场,你是否会购买(肯定买、可能买、可能不买、肯定不买)?

(四) 初拟营销规划

企业选择了最佳的产品概念之后,必须制订把这种产品引入市场的初步市场营销计划,并在未来的发展阶段中不断完善。初拟的营销计划包括三个部分:① 描述目标市场的规模、结构、消费者的购买行为、产品的市场定位以及短期(如三个月)的销售量、市场占有率、利润率预期等。如上述材料中的快速加热式中式快餐盒饭的目标顾客主要是白领和学生,以午餐为主,市场地位是比市场现有的中式快餐更美味、方便;比西式快餐更具营养价值且价格合理。预计目标市场当年销售 1 000 万盒,亏损不超过 200 万元,第二年预计销售额 1 500 万盒,盈利 400 万元以上。② 概述产品预期价格、分配渠道及第一年的营销预算。如预计零售平均价格为每盒 6 元,经销商可享受 12%的折扣。第一年广告预算为 500 万元,主要用于本省市场。③ 分别阐述较长期(如 3～5 年)的销售额和投资收益率,以及不同时期的市场营销组合等。产品长期的销售量预计为快餐食品总销量的 5%,即市场占有率为 5%;如果竞争情况允许,第二年可以通过继续品种多样化来有计划地提高产品价格,改广告预算每年增加 15%,同时可适当削减营销调研费。

(五) 商业分析

是指从经济效益分析新产品概念是否符合企业目标。即详细审核预计销售量、成本、利润和投资收益率等是否符合企业的既定目标,若符合就可以进一步开发。企业预测未来的销量,需调查同类产品的销售历史,掌握相关销售的历史记录,以尽量减少风险。作出销售预测之后,就可以预计新产品成本。根据预计成本及销量,可分析出新产品是否能赢利。商业分析贯穿新产品开发的整个过程。

(六) 新产品研制

主要是将通过商业分析后的新产品概念交送研究开发部门或技术工艺部门试制成为产品模型或样品,同时进行包装的研制和品牌的设计。它包括新产品试制的工艺准备、样品试制和小批试制等几方面的工作。新产品试制是为了实现大批量投产的一种准备工作,因而要从工艺装备、技术设施、生产组织等方面考虑实行大批量生产的可能性,否则,即使新产品试制出来,如果准备不充分,也无法大批量生产。同时,新产品试制也是对设计方案可行性的检验，是新产品开发中必不可少的一步。

(七) 市场试销

样品测试如果得到一种满意的结果，即可投入小批量，上市试销。试销就是把产品和营销方案在更加符合实际的条件下推出，以观察市场反应。在试销过程中还可以取得关于市场定位、销售渠道、广告宣传、价格、品牌等方面的资料和数据。新产品试销具体决策的内容如下：① 试销的地区范围。试销市场应是企业目标市场的缩影。② 试销时间。试销时间的长短一般应根据该产品的平均重复购买率决定，再购率高的新产品，试销的时间应当长一些，因为只有重复购买才能真正说明消费者喜欢新产品。③ 试销中所要取得的资料。一般应了解首次购买情况（试用率）和重复购买情况（再购率）。④ 试销所需要的费用开支。⑤ 试销的营销策略及试销成功后应进一步采取的战略行动。

市场试销规模的大小，一是取决于投资风险的大小；二是取决于试销成本的大小和时间的长短。有些开发成本很低或确有成功把握的新产品，可少量试销或不适销；而有些需大量投资的新产品，则可能要经过数年的反复试销，才能作出全面投产上市的决策。这种试销的成本虽高，但与仓促投产上市失败所遭受的损失相比，还是值得的。

西方企业对消费品的市场试销，通常有三种形式：标准市场试销、控制市场试销和模拟市场试销。

1. 标准市场试销

指企业选定少数几个有代表性的城市，请当地中间商协助开展试销，并要求将新产品摆到货架的最好位置上。企业要在销售区域同时开展广告促销活动，然后通过对顾客和经销商调查来了解新产品的试销情况。同时根据试销情况，预测产品正式投产上市后的销售量和利润情况，发现潜在问题并制订修订计划。

标准试销法的缺点是：所需时间长，一般要 1～3 年才能完成；大范围的试销所需投资太多；给竞争对手以研究试销品的机会，如果试销的时间过长，竞争者还可能采取一些对抗性的竞争措施如降价、加大广告促销力度，甚至买下全部试销产品。尽管有一些缺点，但标准市场试销法仍在西方广泛应用。

2. 控制市场试销

通过专门的市场调研或营销公司开展的试销工作。这些专门机构根据企业所要进行试销的商店数目及其地理位置，其他一切事项该组织均可负责安排。该组织不仅负责将产品送到试销店，而且负责产品的促销和陈列等，同时还负责收集相关销售数据，最后将试销结果提交企业。

控制市场试销仅需半年至一年即可完成，费用也大大低于标准市场试销。但是一些企业认为，在特定的城市、特定商店和固定顾客中试销，效果不准确，不一定能代表实际的未来市场和目标顾客。

目前控制市场试销已采用信息技术手段，如持有公司购物卡的顾客到新产品试销商店购物，监视器就将顾客的类型、人数和购买行为记录下来输入电脑，由电脑进行分析得出数据。这样，公司就可掌握它所控制的每家商店每周的销售情况。

3. 模拟市场营销

在模拟市场上试销新产品。模拟市场可选用一家现有的商店或模拟的商店，由企业或调研组织选择一些有代表性的消费者参加试销活动，邀请他们观看相关商业广告，包括一些不同产品的著名的商业广告片和若干新广告，该企业新广告也放在其中。然后给消费者分发少量的钱并邀请他们到一家商店购物，他们可以买或不买任何物品。企业要注意有多少消费者购买了本企业的新产品和竞争者品牌。这是衡量本产品广告对竞争者广告有效性的一个可靠方法。然后，调查消费者购买或不购买的理由。几个星期以后，再回电话向他们询问，以确定他们对产品的态度、使用情况、满意程度和再次购买的可能性。这种方法的优点是非常精确，可测出新产品的使用率以及反复购买率、广告效果等。

另外，新产品市场试销的方法还有试用和展销。试用是营销者从目标市场中选定一些客户，请他们在一段时间内使用企业的新产品，然后征集他们对产品的意见和对技术咨询及其相关服务的需要；展销通过专门举办的贸易展销会来展示新产品，展销会可以通过吸引购买者参观选购，来了解他们对本企业新产品的反应和购买意向。

（八）商业性投放

新产品试销成功后，就可以正式批量生产，全面推向市场。这时，企业要支付大量费用（包括广告费和推销人员培训费等），而新产品投放市场的初期往往利润微小，甚至亏损。例如，据资料显示，著名的麦当劳快餐店，在介绍一种新式快餐时，每周广告费高达500多万美元。因此，企业在此阶段应对产品投放市场的时机、区域、目前市场的选择和最初的营销组合等方面作出慎重决策。忽视或不具备这些条件，新产品的开发就难以取得成功。

阅读材料四：日本索尼公司成功推出“Walkman”的启示

“Walkman”随身听是日本索尼公司在20世纪70年代开发的新产品。索尼公司把新产品的推出与当时正在流行的散步和旱冰等健身、室外活动需要音乐结合起来，成功地进入市场。索尼公司新产品发布会选择在东京的某公园内，以强调“随身听”满足室外活动需要的特色；同时公司雇佣许多模特，让他们佩戴“Walkman”，在公园内边听音乐边运动，既渲染了气氛，又给受众留下了深刻的印象。“Walkman”就这样顺利地进入了市场。

新产品失败的原因通常有以下几种：

（1）市场分析失误，没有选准目标市场。这主要是因为市场调查和预测不准确，没有把握消费者的需求，从而导致决策失误。

（2）产品本身的缺陷。如产品没有特色、性能和质量达不到标准、装潢不佳等。

（3）成本太高。新产品的价格制定出现失误，价格过高或过低对新产品的失败都有影响。

（4）竞争对手的抗衡。企业低估了竞争对手的力量，不了解竞争对手的营销策略，在竞争中处于劣势。

（5）营销组合策略选择和运用不当。如渠道的选择不适宜、促销失误等。

除此以外，管理水平和生产等原因也影响新产品的开发成功。

阅读材料五：富士高成功缩短新产品开发周期

加快新产品的开发周期是厂家的制胜关键。无论是原件制造(OEM)还是原创设计制造(ODM)的产品，缩短新产品开发周期成了缩减成本和快速占有市场份额的重要环节。

电声产品生产商富士高有限公司邀请优质管理顾问有限公司(TQM)提供顾问服务以改善新产品的开发过程及周期。在富士高和TQM顾问的持续努力下，富士高于短短9个月内成功地把新产品的开发周期大幅缩短了47%。最近，富士高再次邀请了TQM为其建立跨部门的新产品开发机制，从而把新产品开发周期进一步缩短，提升新产品的开发效率。

TQM的专业顾问协助富士高分析及重新设计其新产品的开发过程，建立跨部门职能小组，提高资讯流的效率，改善赏罚体制，并在项目管理中推行先进资讯技术软体的应用，更进一步提高缩短新产品开发周期的成效，从而增进营运效益和市场竞争力。

总的来说，缩短新产品的开发周期给富士高带来多项好处，包括增加盈利、改善产品开发、提高市场占有率及顾客满意程度等，百利而无一害。

四、新产品采用与市场扩散

(一) 创新产品特征与市场扩散

(1) 创新产品的相对优点。新产品的相对优点愈多，例如在功能、可靠性、便利性、新颖性等方面比原有产品更具有优越性。

(2) 创新产品的适应性。创新产品必须与目标市场的消费习惯以及人们的产品价值观相吻合，这样会有利于市场扩散。

(3) 创新产品的简便性。通常新产品的结构和使用方法简单易懂，才有利于新产品的推广扩散，消费品尤其如此。

(4) 创新产品的明确性。这是指新产品的性质或优点是否容易被人们观察和描述，是否容易被说明和示范。凡信息传播较便捷、易于认知的产品，其采用速度一般比较快，例如，流行发型不用说明，即可知晓，因而流行较快；反之，某些农药新产品，因不能立时看到效果如何，市场扩散就会比较慢。

(二) 购买行为与市场扩散

1. 消费者采用新产品的程序与市场扩散

新产品是指个人从第一次听到一种新产品到最终接受和采用的过程。人们对新产品的采用过程，客观上存在着一定的规律性。美国市场营销学者罗吉斯调查了数百人接受新产品的实例，归纳出人们接受新产品的程序和一般规律，认为消费者接受新产品一般表现为五个重要阶段：认知—兴趣—评价—试用—正式采用。

(1) 认知。这是个人获得新产品信息的初始阶段。新产品信息情报的主要来源是广告，或者通过其他间接的渠道获得，如商品说明书、技术资料等。显然，人们在此阶段所获得的情报还不够系统，只是一般性的了解。当然，在认识阶段，消费者要受个人因素(如个人的性格特征、社会地位、经济收入、性别、年龄、教育程度等)、社会因素(如政治、经济、社会、科技、文化、经济等)和沟通行为因素的影响,研究表明较早意识到创新产品并购买使用者通常有较高的文化水平和社会地位,他们的信息来源较丰富,能及时收集到新产品的有关资料。

(2) 兴趣。指消费者不仅认识了新产品,并发生了兴趣。在此阶段,消费者会积极地寻找有关资料,并进行对比分析研究新产品的具体功能、用途、使用等问题。如果满意,符合产生初步的购买动机。要努力使消费者意识到:① 创新产品在功能、可靠性、便利性等方面比原有产品优越;② 创新产品与消费者行为及观念的吻合程度高;③ 创新产品简便易懂,方便易操作;④ 在条件许可时,可采用免费赠送样品和新产品测试的方式获得消费者的信任和提升消费者的兴趣;⑤ 通过广告和人员推销等方式提高消费者对新产品的认知度。

(3) 评价。这一阶段消费者主要权衡采用新产品的边际价值。例如,消费者通过采用新产品获得的利益和可能承担风险的比较,从而对新产品的吸引力作出判断。

(4) 试用。指顾客开始小规模地试用新产品。通过试用,顾客评价自己对新产品的认识及购买决策的正确性如何。企业应尽量降低失误率,详细介绍产品的性质、使用和保养方法。

(5) 采用。顾客通过试用收到了理想的效果,放弃原有的产品,完全接受新产品,并开始正式购买、重复购买。

2. 顾客对新产品的反映差异与市场扩散

在新产品的市场扩散过程中,消费者由于受个人因素、社会因素、消费心理与行为等多种因素的影响制约,不同顾客对新产品的反映具有很大的差异。按照人们对新产品反应时间的先后,罗杰斯将顾客划分为五种类型:领先采用者、早期采用者、早期大众、晚期大众和最后采用者。

(1) 领先采用者。也称为"消费先驱",通常对新产品非常敏感、富有个性,勇于革新冒险,性格活跃,消费行为很少听取他人意见,经济宽裕,社会地位较高,受过高等教育,易受广告等促销手段的影响,他们一般占消费者总人数的2.5%左右,是企业投放新产品时的极好目标。企业应把促销工具和传播手段集中于创新采用者身上。如果他们采用后效果较好,就会大力宣传,影响到后面的使用者。

(2) 早期采用者。他们大多是某个群体中具有很高威信的人,有一定的社会地位,受到周围朋友的拥护和爱戴,生活较为富裕,以领先采用新产品为荣。这类人约占消费者总数的13.5%。这类消费者对广告及其他渠道传播的新产品信息较有兴趣,促销媒体对他们有较大的影响力,但与创新者比较,持较为谨慎的态度。

(3) 早期大众。这部分消费者受过一定的教育,经济条件一般,但由于特定的经济地位所限,对新产品态度谨慎;对意见领袖的消费行为有较强的模仿心理,他们经常是在征询了早期采用者的意见之后才采纳新产品。他们的总人数占全部潜在消费者总数的34%。研究他们的心理状态、消费习惯,对提高产品的市场份额具有很重要的意义。

(4) 晚期大众。这类采用者的采用时间较平均采用时间稍晚。其基本特征是多疑、行动迟缓,他们要等大多数人对新产品进行检验并得到满意的效果后,才决心采用。这类人约占消费者总数的34%。

(5) 最后采用者。受传统观念束缚,是采用新产品的落伍者,这类消费者通常消费观念比较保守,习惯传统的消费行为模式,他们一般社会地位和收入水平最低,不太关注媒体宣传。他们在产品进入成熟期后期或进入衰退期时才会采用。

本章小结

市场营销中研究的产品是能够提供给市场以满足消费者需要和欲望的任何东西。具体地说，就是提供给市场以满足消费者或用户某一需求和欲望的任何有形物品和无形物品。用五个层次来表述产品的整体概念更加准确，即核心产品、形式产品、期望产品、延伸产品和潜在产品。

产品组合（也称产品品种搭配）是指一个企业提供给市场的全部产品线和产品项目的组合或结构，即企业的业务经营范围。大部分企业都经营一种以上的产品，这就可以把产品组合描述成具有一定宽度、长度、深度和关联度。产品组合的四度理论是企业制定产品战略的工具，以决定哪些产品线需要发展、维持、收获和剔除。

产品的生命周期是指产品从投入市场到退出市场所经历的全部过程，即产品的市场寿命。产品生命周期一般分为四个阶段：导入期、成长期、成熟期和衰退期。产品生命周期的四个阶段有不同的特征及与其相对应的营销策略。

营销学所定义的新产品是在某个市场上首次出现的或者是企业首次向某市场提供的，能满足某种消费需求的整体产品。整体产品中任何一部分的创新、变革和改良，都可视为新产品。具体而言，新产品有以下四种类型：全新产品、换代新产品、改进新产品、仿制新产品。

成功的新产品开发要求企业建立一个有效的组织，以管理新产品的开发过程。企业可以选择使用产品经理、新产品经理、新产品开发委员会、新产品部等形式。

新产品开发的过程包括八个阶段：新产品构思、新产品方案筛选、产品概念的形成与测试、初拟营销规划、商业分析、产品研制、市场试销、商品性投放。每一阶段的目的是确定此新产品构思是否应该进一步发展或放弃。企业要想达到的是差的新产品构思被继续发展以及好的构思不被抛弃。

关键词

产品整体概念　产品组合　产品线　产品组合的长度　产品组合的宽度　产品组合的深度　产品组合的相关性　产品项目　产品生命周期　新产品　新产品开发

思考题

1. 研究产品生命周期理论对市场营销有何实际意义？
2. 试述产品生命周期各阶段的主要特征？
3. 产品生命周期各阶段可供选择的营销策略有哪些？
4. 开发新产品应遵循哪些原则？
5. 新产品开发的方式和策略有哪些？
6. 新产品开发程序包括哪些阶段？
7. 企业正式推出新产品时，应就哪些方面作出决策？

实训题

1. 2013 年，空调销售旺季到来之际，某知名品牌空调宣布推出“零售后服务”计划，请对此进行评论。

2. 调查一家便利店的产品组合。

3. 调查一家大型超市的产品组合，通过调查超市和便利店的产品组合，你能得出什么结论。

4. 通过间接调查，分析某著名品牌产品的生命周期，考查它目前的营销策略有何特点，是否与书本中所讲相似？

案例分析

可采眼贴膜——素问堂的产品策略及营销之道

在上海的化妆品市场，近年又杀出了一匹蓝马。说它蓝，主要其色调是蓝的，清新、典雅的包装很出挑，以纯名贵中药植物为画面表现，集人参、黄芪、当归、珍珠、芦荟等 26 种植物于一体，很恰当地增强了产品功效力。放在终端货柜，明显地区别于其他化妆品。更为重要的是，它最初上市有效地回避了与竞争品牌短兵相接的风险，错开了愈演愈烈市场竞争，不进百货商场，保留了营销实力，不但为后续扩张节省了费用，而且赢得了丰厚的回报。作为一个以小投入、大产出的化妆品品牌，在极短的时间内取得如此效果，分析其营销策略，会有不少启示。我们不能总是寄希望于传统的营销思路，在今天的市场环境下，如何寻求新的营销之路，是众多中小化妆品企业面临的问题。上海素问堂作为江浙沪总代理，将可采反常营销操作，值得研究一番。

可采的名字由来很有四川文化色彩，直接可以理解为：可以让你光彩！经策划人员创意，则变成了“阿采、阿采姑娘”——一个富有诗意的典故，令品牌大为增色，文化韵味也浓郁了。只是用“阿”有些落俗，故将“阿”字去了“耳”旁，成为了今天的“可采”。

可采是护理眼部肌肤的。可采上市，带有浓厚的保健品味道，按照保健品的营销方式做化妆品市场，多少有些新鲜感，而且消费者的防御心理也降到最低点，有效回避了保健品行业的信任危机，功效可信度反而更高。在保健品领域，竞争总是呈白热化，几千种产品，却只有 24 种审批功能，重复率实在太高，各路诸侯只好纷纷使出绝招，独创新卖点、概念，新的理念一浪高过一浪，从“黄金”到“白金”，从“核酸”到“基因”，每年皆出新品，各领几年风骚。同样，化妆品行业虽也存在过度炒作的迹象，但人们的意识还没有转化为危机。为了美，宁愿相信化妆品的功效，感觉不错就行，只要宣传有道理，试试又何妨？

在化妆品领域，广告软文也越来越流行了。去年在上海媒体上大做文章的索芙特、丁家宜，运用保健品的软文营销炒概念；今年上海可采的包装以名贵中药植物为主体，给人以纯粹的保健品印象，并按中医原理提炼产品理念，利于突出产品的功效，区别于传统的化妆品模式，给人耳目一新的感受。同时，建立一套科学的功效理念，深入浅出地讲明产品机理，让消费者一目了然。美丽是女性的话题，概念新颖独特，也易形成流行，而且产品成分直观，科学依据充分，至少可以信任。

在终端形象上，吸取保健品与化妆品的精华，并注意与包装视觉的风格统一，在功效上重点突出原料或成分，在外观上提升了档次，精美华贵、清爽宜人。

在通路选择上,可采充分把握市场机会,独创优势,避开商场,减少了化妆品的高额投入,走药房终端,首选成本颇低的药房铺货,减少前期成本,避开竞争风险,减少了通路成本,增强了眼贴膜的功效可信度,在终端促销上也得心应手。待品牌知名度上升,有了一定的销量后,再进军超市、商场,在化妆品领域,无疑是另类策略。可采的通路策略一直追求稳中求胜,步步为营,废点、盲点几乎没有,这也是素问堂小投入、大操作的可取之处。

作为女性美容护眼品,可采应该为消费者提供更多的便利性,离 22 岁以上的目标女性还要更近些。商场是女性逛市的主要去处,一些名牌化妆品,就多数集中在商场销售。所以,当可采上市后不久,待销量迅速倍增后,立即普及超市,入主商场,这是素问堂的必由之路。超市、商场举办推广活动,更利于可采品牌知名度的直线上升,也会招徕爱美女士,刺激她们的拥有欲望,创造源源不断的利润。

其实,不论你做什么化妆品,只要摸索了一款自己独特的营销策划,运用组合思维,另类营销,必然会胜利在望。素文堂的营销之道,值得寻味。

可采眼贴膜溶新闻炒作、中药科普于一体,以传统理论为基础,诉求平复眼袋、消除黑眼圈、鱼尾纹等功能,将内外调理原理以新闻、功效软文相结合的方式在《新闻报》、《申江服务导报》、《新民晚报》等报上作适度宣传,犹如一支新秀,短期内令品牌脱颖而出,也打动了不少爱美女士的芳心。

其实,谈功效并非只有可采,许多化妆品都在用,祛痘消斑、除皱、恢复肌肤弹性等诉求随处可见;谈概念的也不在少数,如美白、保湿、基因。但可采却另辟蹊径,借用“药功能”观念,动用报纸、小册子与 POP,并强力推出促销活动。报纸广告开道,地面派送、促销跟进,电视广告补充,三者相辅相成。

在现代大都市,黑眼圈、眼疲劳、眼袋与鱼尾纹一直是爱美女士的烦恼,各种眼霜、爽肤水、睫毛膏的涌现,无疑让护眼市场更加热闹。几乎所有的眼部护理品都在诉求保湿、补充维生素 C、E,可采却从中药调理入手,独创汉方“养眼法”概念,以多种中药植物科学配比而成,完全从保健的角度切入市场。显然,中医理念国人更易接受,加上可采独特的营销方式,上海的爱美女士不动心才怪呢。

[分析提示] 本案例主要用于分析产品的独特营销策略,在产品、分销、包装和促销上的创新策略。

思考题

1. 请概括可采眼贴膜的产品特点?(成分、功能、品牌及包装等)
2. 试评价可采眼贴膜营销之道?

第九章　产品品牌策略

产品品牌、商标与包装都是产品整体概念下“形式产品”或“有形产品”的重要组成部分。品牌策略和包装策略也是企业产品策略的重要内容。了解品牌与包装的含义及其在市场营销中的作用，掌握制定和实施产品品牌与包装策略的原理与方法，有利于优化产品组合，也有利于优化营销组合，为企业更好地开展营销活动打下基础。

引导案例

《中国好声音》的品牌塑造

“哈林是来做主持的，杨坤是来做宣传的，那英是来唠嗑的，刘欢是来开家长会的，华少(主持人)就是来卖凉茶的。”

在广电总局限娱令下，浙江卫视的《中国好声音》成了一朵逆势绽放的奇葩。徐海星、李代沫、吴莫愁、吉克隽逸、金池等人的身价也迅速飙升到20万元左右，直逼一线歌手的身价。媒体披露，将于9月29日上映、由范冰冰主演的电影《二次曝光》就宣布，已邀人气歌手李代沫、吉克隽逸演唱主题曲。作为赞助商之一的苏宁易购，并不甘于节目中的简单植入，其近期一口气签下李代沫、吴莫愁、吉克隽逸和张玮等4位实力唱将，为9月份3C产品宣传造势。虽然伴随着此起彼伏的争议，但不容否认的是，《中国好声音》借助开放的思维，立足国际平台，尊重知识产权，重塑着中国电视节目的产品力，为惨烈竞争的中国电视探索了一条大投入、高产出的生命通道，并具有极高的复制性；更重要的是，《中国好声音》还将电视节目运营的触角延伸至市场最前端，并利用全媒体平台使其直抵品牌塑造的高度。未来，谁来超越《中国好声音》是中国电视界一个新的诱惑。我希望以中国原创的名义。毕竟，这个节目首先是荷兰人的胜利。

最近，我到不同的电视台展开业务交流，现场总是想起这样的呼声：说说《中国好声音》吧。加上如云忠实追随的受众和媒体高密度的曝光，该节目已成2012年中国电视不容回避的现象。

从收视率和影响力的角度，《中国好声音》完成了对湖南卫视超级女声、东方卫视中国达人秀的超越。

在坚持节目活动化——活动话题化——话题传播化的新型电视大型节目制作理念的前提下，《中国好声音》至少完成了如下突破：

一是坚持原版引进，在《中国达人秀》原版引进《英国偶像》后，这个来自荷兰的创意克服了水土不服的问题，实现了中国本土情绪与国际科学系统操作流程的完美嫁接，并在收视效果上达到了崭新的高度。有人说，这标志着创意匮乏的中国电视将从此进入版权引进年代，并倒逼中国电视结束克隆、模仿、抄袭的低水平恶性竞争，走向尊重知识产权、重视原创的阳光地带。

二是在资源创新上达到崭新高度。多年未现身娱乐节目的刘欢携手那英、杨坤、庾澄庆等一线明星成为导师，而重新包装的选手则创造了新的惊喜。

三是节目制作创新可圈可点。首先盲听创造了更多戏剧化效果，明星弱势化处理迎合公众心理，而选手励志故事的巧妙植入则使娱乐节目实现了向情感节目的跨界，并在价值观上巧妙地迎合了审查者的诉求。

四是产业链更加完整清晰，围绕节目这个核心产品，向娱乐上下游产业强势扩张，形成了投入产出比更加合理的电视运营模式。

但建构这一切最初宛如一场豪赌。

目前，没有中国电视台肯独立掏钱完成这样一个前途未卜的大制作。

幸运的是，《中国好声音》遇到了今年5月份在“王老吉”商标大战败北的加多宝。它决定加入赌局——以6 000元万巨资冠名整个活动。

在首期节目播出后的20天里，由于收视率与影响力急速攀升，《中国好声音》的广告费从每15秒15万元，飙升到每15秒36万元。短短的四周过去，面对《中国好声音》创造的巨大价值，加多宝给自己的提前下注打了“满分”。

在有效分摊了主要成本以后，《中国好声音》开始施展自己的“吸金大法”。

除了传统电视的广告收益相当可观——目前《好声音》的广告档已经全满，预约的客户一直排到了10月份，《中国好声音》将盈利空间进一步拓展到整个快消品市场和演出市场。

2005年，蒙牛酸酸乳以1 400万元冠名“超级女声”，随后追加了8 000多万元用于带有超女元素的产品包装、路演、广告宣传等，使蒙牛酸酸乳的销售量从2004年的7亿元人民币飙升至30亿元。如今蒙牛风光不再，更凶悍的加多宝将电视节目的平台和市场的舞台进一步统一起来，《中国好声音》的品牌辐射获得了崭新的通路——而不是传统的单一媒体。

在电视节目之外，四个均可以独立靠商业吸金的导师将带领选手通过线下演出的方式重装上阵，对节目制作方而言，这无疑是一个崭新的盈利点——而这是超女等节目不具备的。

更重要的是，《中国好声音》团队通过如此强势的节目塑造出未来影响力可能不输给李宇春的新星，目前已有46人与节目制作方的艺人经纪部签署了合约，不久后，还将成立专门的新公司。

[资料来源：http://blog.sina.com.cn/s/blog_4fcb878a0102ef9o.html]

[案例思考]

1. “中国好声音”是如何进行品牌推广和拓展盈利模式的？
2. 探讨营销策略与品牌竞争力的关系？

（也许你还不太清楚品牌是什么、品牌与营销的关系、品牌与企业核心竞争力的关系、如何设计和管理品牌，那么学完本章后你应该会有一些收获和认识，也会对上述思考题得出自己的分析和答案）

第一节　品牌与商标的基本概念

品牌日益成为企业生存和成功的核心要素之一，领导者品牌意味着市场地位和利润。从某种程度上说，未来的营销就是品牌的战争，因此，品牌战略应该成为企业重要的市场营销战略。

一、品牌的含义

品牌是用以识别某个销售者或某群销售者的产品或服务，并使之与竞争对手的产品或服务区别开来的商业名称及其标志，通常由文字、标记、符号、图案和颜色等要素或这些要素的组合构成。品牌是一个集合概念，它包括品牌名称和品牌标志两部分。品牌名称是指品牌中可以用语言称呼的部分，如红旗、宝马等；品牌标志是指品牌中可以被认出、易于记忆但不能用言语称呼的部分，通常由图案、符号或特殊颜色等构成，如红旗图案是红旗轿车的品牌标志。

品牌实质上代表着卖者交付给买者的产品特征、利益和服务的一贯性的承诺。知名品牌就是优质的保证。另外，品牌还蕴含着丰富的市场信息。为了深刻揭示品牌的含义，还需从以下六个方面分析。

（1）属性。品牌代表着特定的商品属性，这是品牌最基本的含义。例如，宝马牌轿车意味着工艺精湛、制造优良、昂贵、声誉高、乘坐舒适、行驶速度快等。

（2）利益。顾客购买某品牌商品实质是购买某种特定的利益。品牌利益相当程度地受制于品牌属性。如宝马车的“工艺精湛、制造优良”的属性可转化为“安全”“舒适”等功能性利益；“昂贵”及“声誉高”的属性可转化为情感性利益，即“这车令人羡慕，让我感觉到自己很重要并受人尊重”。

（3）价值。品牌体现了生产者的某些价值感。例如宝马代表着高品质、安全、舒适和声望等。品牌的价值感客观要求企业营销者必须分辨出对这些价值感兴趣的购买者群体。

（4）文化。品牌还蕴含着特定的文化。如奔驰品牌蕴含着“有组织、高效率和高品质”的德国文化，而“全聚德”给人们带来的则是“传统特色、原汁原味”的中华文化。

（5）个性。品牌代表一定的个性。不同的品牌会使人们产生不同的品牌个性联想。如“娃哈哈”象征着一种健康、幸福和希望；红豆集团以“红豆相思”的文化内涵吸引众多的中外消费者；而“喜之郎”则以幸福、喜庆和欢乐的内涵赢得了儿童消费者的喜爱。

（6）用户。品牌暗示了购买或使用这种产品的消费者类型。如在中国“耐克”鞋的消费者大多是 15～30 岁的男性消费者群体。

所有这些都说明品牌是一个复杂的符号。如果企业仅把品牌看成一个产品的名字，那就是一种对品牌的误读。品牌化的重点在于制定一整套的品牌含义，当品牌具备上述这六个方面时，就可称为深度品牌，否则只是一个肤浅品牌。如“金利来”就是一个深度品牌；而一些新品牌或非领导者品牌的品牌深度就稍差一些，因为公众不太容易了解它的独特利益、个性等。

企业常常只注重品牌属性，但消费者在购买时更注重品牌利益。这样品牌属性会变得没有价值,而且易于被竞争者模仿。另外,现有的属性还会随着时间的推移、技术的进步而变得毫无价值。但是,若只强调品牌的一项或几项利益也是有风险的。例如,如果奔驰汽车只强调其"性能优良",那么竞争者可能推出性能更优秀的汽车,或者顾客认为性能优良的重要性比其他利益要差一些,此时奔驰就需要定位一种新的利益组合。

品牌最持久的含义是其价值、文化和个性。它们构成了品牌的基础,揭示了品牌间差异的实质,如耐克的"高技术、卓越、成功"等是其独特价值和个性的反映。若耐克公司在其品牌战中未能反映出这些价值和个性,而且以耐克的名称推出一种新的廉价运动鞋,将会严重削弱耐克公司多年来苦心经营所建立起来的品牌价值和个性。

二、品牌的作用

品牌的作用可从多个方面来透视。

1. 品牌给品牌拥有者——企业带来的益处

对从事市场营销活动的企业来说,品牌的有益作用主要表现在以下几方面。

(1) 品牌有助于促进产品销售并形成良好的品牌形象和品牌忠诚。品牌以其简洁、明快、易读易记的特征而使其成为消费者记忆产品质量、产品特征的标志,当品牌形成了一定的知名度和美誉度以后,企业就可以利用品牌优势扩大市场,促成消费者品牌忠诚,使拥有该品牌的企业在竞争中得到核心竞争力。

(2) 有助于市场细分和市场定位。品牌有自己的独特风格,除了有助于销售外,还有利于企业进行市场细分,在不同的细分市场推出不同品牌以适应消费者个性差异,更好地满足消费者需求。

(3) 品牌有利于保护品牌所有者的合法权益。品牌经注册后获得商标专用权,其他任何未经许可的企业和个人都不得仿冒,从而为保护品牌所有者的合法权益奠定了客观基础。

(4) 品牌有利于监督企业产品,保证其质量特征的作用。品牌不仅因其容易为消费者所认知、记忆而有利于促进产品销售;从另一角度看,品牌也对品牌使用者的市场行为起到约束作用,督促企业着眼于企业长远利益、消费者利益和社会利益,从而规范自己的营销行为。

(5) 品牌有助于新产品开发,节约促销费用。一个新产品进入市场,不仅有市场风险,而且有较高的促销费用投入,但企业若能借助已有影响力的品牌,推出新产品,扩大企业产品组合和产品线,就可以节约促销费用。

(6) 品牌有助于企业保持竞争优势。在新产品的导入期,品牌经注册成为商标以后,可以防止竞争者模仿。在市场走向成熟期,品牌忠诚是抵御竞争者进攻的最有力的武器,同时品牌忠诚也构成了其他企业进入的壁垒。如可口可乐公司的总经理伍德拉夫曾扬言,即使我们工厂在一夜之间全部被烧光,只要我的品牌还在,我们就能迅速地恢复生产。可见,品牌价值的力量之大。

2. 品牌给消费者带来的益处

(1) 品牌有助于消费者识别产品的来源或产品制造厂家,有效地选购商品。随着商品的科技含量日益提高,对消费者来说,同种类商品间的差别越来越小。由于不同的品牌代表着不同的商品品质、不同的利益,消费者借助品牌辨别商品或服务就更加方便。

(2) 品牌有利于降低顾客购买风险,维护消费者权益。企业以品牌作为销售的基础,消费者认牌购物，有利于降低顾客购买风险。企业为了维护自己品牌的形象和信誉，注重同一品牌的产品质量水平同一化。品牌可使消费者选购时避免上当受骗，出现问题时便于索赔和更换，消费者可以在厂商维护自身品牌形象的同时获得稳定的购买利益。

(3) 品牌有利于促进产品改良，有益于消费者。由于品牌实质上代表着销售者（卖者）对交付给买者的产品特征和利益的承诺，因此，企业为了适应消费者需求变化，适应市场竞争的客观要求，必然会不断更新或创制新产品，以变更、增加承诺。这是厂商的选择，也是消费者的期望。

(4) 品牌有利于培养品牌忠诚度。影响力较大的品牌，通常对消费者有较大的吸引力，有利于消费者形成品牌偏好，培养顾客的品牌忠诚度，扩大产品的销售量和市场占有率。

三、品牌资产

品牌资产是一种超过商品或服务本身利益以外的价值。它通过为消费者和企业提供附加利益来体现其价值，并与某一特定的品牌紧密联系着。若某种品牌给消费者提供的超过商品或服务本身以外的附加利益越多，则该品牌对消费者的吸引就越大，从而品牌资产价值也就越高。较高品牌资产价值给企业带来的附加利益，最终转化为品牌对消费者的吸引力和感召力，从而将品牌资产转化为企业的竞争优势。品牌资产作为企业资产的重要组成部分，主要有以下几个基本特征。

1. 无形性

品牌价值与厂房、设备等有形资产不同，它不能使人凭感官直接感受到它的存在及大小。品牌价值是一种特殊的资产，是一种无形资产。一方面，品牌价值的这种无形性，使人们对它的价值量难以直观把握；另一方面，具有无形性的品牌资产的所有权获得和所有权转移也与有形资产不同。有形资产通常是通过市场交换的方式取得其所有权，而品牌资产则一般是经由品牌或商标使用者申请注册，由注册机关按照法定程序确立其所有权。

2. 品牌资产在使用中增值

与一般有形资产不同，品牌资产作为一种无形资产，其投资与利用常常交织在一起，难以清晰地分开。如果品牌管理水平高，品牌资产会在利用中不断增值。例如，海尔集团对将已成功的品牌不失时机地扩展到其他相关联的产品上，品牌的影响力被扩大，如此，品牌资产不但没有因此下降，反而会有所增加。

3. 品牌资产难以准确计量

与一般有形资产不同，品牌资产是难以准确计量的。这是由于：一方面，品牌资产的特殊构成决定了品牌资产难以准确计量。因为品牌反映的是一种企业与顾客的关系。这种关系的深度与广度通常需要通过品牌知名度、品牌联想、品牌忠诚等多方面予以估测，但品牌资产的这些组成部分又是相互联系、相互影响、互相渗透而难以分开的。另一方面，反映品牌资产价值的品牌未来获利能力受许多不易计量的因素影响，如品牌在消费者中的影响力、品牌策略、产品市场容量等因素的影响。这就增添了准确计量品牌资产的难度。

4. 品牌资产具有变动性

从品牌资产构成上分析可以看出，品牌形象的建立和塑造、品牌资产的积累都不是短期内能做到的。品牌从无到有，从消费者感到陌生到熟知并产生好感，是品牌运营者长期不懈努力的结果。当然品牌经营并不是只增不减，在品牌经营过程中，由于企业品牌决策的失误，如不恰当的品牌延伸，模糊了品牌定位，造成了品牌形象的降低，使企业品牌资产发生波动，甚至是大幅度下降。

5. 品牌资产是营销绩效的主要衡量指标

品牌资产形成的实质是企业不断进行营销投入或营销活动的结果，每一种营销投入或营销活动都或多或少地会对品牌资产存量的增减变化产生影响。品牌资产的大小是各种营销技术与手段综合作用的结果，它在很大程度上反映了企业营销的总体水平。品牌资产是营销绩效的主要衡量指标。

四、建立品牌认知

在新品牌推出的初期，企业营销的重点一般是建立品牌的知名度；在品牌的成长期，应努力提高品牌的知名度；在品牌的成熟期，则主要侧重于品牌的维护。建立品牌认知的关键是增加消费者的品牌记忆率。

（一）品牌知名度

指某品牌被公众知晓、了解的程度。品牌知名度是评价品牌社会影响大小的指标。因此有必要对品牌知名度进行仔细的研究。

1. 品牌知名度的层级

品牌知名度一般分为四个层次：无知名度、提示知名度、未提示知名度和顶端知名度。

(1) 无知名度。指消费者对品牌没有任何印象，原因是消费者没有接触过该品牌或品牌知名度较低，一般情况下消费者不会关注和购买此品牌的商品。

(2) 提示知名度。指消费者经提示或暗示后能想起某一品牌。一般是品牌正在建立自己的知名度，消费者有初步的印象，但记忆不深。比如，若问某消费者休闲海苔有哪些品牌时，他(她)可能想不出有什么品牌，但是经提示后能回答出“美好时光”品牌，这就说明“美好时光”具有一种提示知名度。这说明传播活动对顾客购买有一定的影响力。

(3) 未提示知名度。消费者在不需要任何提示的情况下能够想起某种品牌，甚至是这类产品的若干品牌。如对于洗发精产品，你能想起的品牌可能有飘柔、海飞丝、夏士莲、舒蕾等。说明这些品牌通过广泛传播，已被消费者记住了。

(4) 顶端知名度。是指消费者在没有任何提示的前提下，所想到或说出的第一个品牌。因为在每一个消费品领域都有一个领导者品牌，如说到快餐就首先想到“麦当劳”，说到碳酸饮料首先想到的就是“可口可乐”；说到国产汽车，首先就想到“奇瑞”；顶端知名度品牌往往也是消费者指名购买品牌，企业品牌战略的最高目标是成为具有顶端知名度的领导品牌。

2. 品牌知名度的测量

品牌知名度可以从以下三个方面来加以测量。

(1) 公众知名度的测量。所谓品牌的公众知名度，是指某品牌在公众(营销中主要指顾客)中的影响力。对公众知名度测试主要有两种方法：① 简易测量法。简易测量法是根据有关公众(主要是顾客)对有关品牌知名度的一两个问题的回答，计算出该品牌简单的公众知名度。但由于测量指标比较简单，得到的结果比较笼统，难以得知品牌公众知名度形成背后的真正原因。② 多元指标测量法。多元指标测量法是指运用多个指标的综合结果来反映品牌的公众知名度，通过加总测量法进行计算。应用复合测量法，可以针对不同的情况设计不同的指标，指标的个数通常由企业的实际需求而定。

在实际工作中，常要根据需要，对品牌的公众知名度使用不同的测量方法来进行测量。

(2) 社会知名度的测量。所谓品牌的社会知名度，是指品牌在社会层面的影响力，通常用品牌在大众媒体(如电视、广播、报纸、电视)上出现的频率来表示。品牌的社会知名度的提高主要依靠媒体传播的力度。

根据企业对品牌的定位，分别计算出该品牌在各类媒体如广播、电视、报纸、杂志甚至互联网上出现的频率，就可以得到该品牌的社会知名度。

(3) 行业知名度的测量。品牌的行业知名度是指某品牌在本行业及相关行业的影响力，通常也是通过问卷调查的方法来研究。行业知名度通常可以反映出本品牌的行业地位、本品牌与竞争品牌在知名度方面的差异。

(二) 品牌美誉度

品牌美誉度是指某品牌获得公众信任、支持和赞许的程度。它反映了公众对品牌的情感偏好，对公众的消费行为有着一定的指导作用。

1. 品牌美誉度的资产价值

品牌美誉度的资产作用主要体现在公众舆论的口碑效应上，一些调查显示口传信息引起的购买次数 3 倍于广告所引起的购买次数；口传信息的影响力是人员推销的 4 倍、报纸广告的 7 倍。品牌的美誉度越高，资产价值也越高。

2. 品牌美誉度的测量

考虑到行业内受竞争等因素的影响，考察难度较大，复杂因素较多，所以考察品牌美誉度主要是从公众美誉度、社会美誉度两个角度来进行。

(1) 公众美誉度的测量。品牌的公众美誉度可以用简单测量法和复合测量法来进行测量。

(2) 社会美誉度的测量。品牌的社会美誉度可以通过大众传播媒体对某品牌报道的性质来考察，通常以一定时间内对某品牌正面报道数量占总报道数量的百分比来考察。例如某品牌在 2008 年一年内被四大媒体(广播、电视、报纸、杂志)报道的总次数为 118 次，其中正面报道为 103 次，则该品牌的社会美誉度为 $103 \div 118 \times 100\% = 87.29\%$。

(三) 品牌的忠诚度

1. 品牌忠诚的含义

在对消费者的消费行为的研究中，发现一个现象，即有相当数量的消费者在对某类产品的购买中，在某一段时间或相当长时间内重复选择一个或少数几个品牌，很少将其品牌选择范围扩大到其他品牌。这种消费者在一段时间甚至是很长时间内重复选择某一品牌，并形成重复购买的倾向，被称为品牌忠诚。品牌忠诚体现了顾客对品牌感情偏好的程度，是企业的一个重要竞争优势。

2. 品牌忠诚度的层级

按顾客对品牌忠诚度的高低差异将品牌分为无忠诚度者、习惯购买者、满意购买者、情感购买者和忠诚购买者。

(1) 无品牌忠诚者。是指那些对品牌不敏感，购买时不专注于某一品牌而喜欢随机购买的消费者。

(2) 习惯购买者。是指那些对产品满意或至少没有不满表示的购买者。他们购买某品牌是出于一种习惯，所以他们易被竞争品牌所吸引。

(3) 满意购买者。这类买主对产品感到满意，能感觉到品牌转换成本。即这些购买者在购买时若考虑转换品牌，就会感到有时间、货币、精力等成本的投入压力，所以他们更倾向于购买已熟悉的品牌。如一些白领女性消费者较长时间青睐宝洁公司的洗化产品品牌，这是因为这些品牌已广为人知，在快节奏的生活背景下，购买此品牌节约大量顾客成本。

(4) 情感购买者。这类购买者已形成对某品牌的喜爱和偏好，已养成定期购买的习惯。当然这种消费者对品牌的喜爱是建立在对品牌的使用检验、对品牌品质的认知以及对品牌形象的长期好感基础上的。

(5) 忠诚购买者。这类买主不仅自己偏爱、重复购买某品牌，而且以使用某品牌为自豪，常积极向家人或朋友推荐此品牌，这类顾客就成为了品牌的忠诚顾客。拥有相当数量忠诚顾客的品牌就有可能成为某细分市场的领导者品牌。

在实际购买中，品牌忠诚度的五个层级并不是孤立的，它们常常以复合的形式出现。

3. 品牌忠诚度的资产价值

品牌忠诚度是一种战略性资产，若对品牌忠诚度进行有计划地开发和经营，它就会为企业带来巨大的价值。

(1) 品牌忠诚度能降低营销成本。吸引新顾客的成本远远大于留住老顾客的成本，因此拥有一批忠诚于品牌的老顾客将降低企业的营销成本。

(2) 吸引新顾客。品牌忠诚度高尤其情感购买者和忠诚购买者人数众多时，他们就会使用口口相传的形式为品牌做免费宣传，帮助其他消费者树立购买信心。特别是一些品牌推出新产品或品牌本身属于高档品时，品牌忠诚者的宣传有助于增加其他消费者的购买信心。

(3) 增加渠道谈判能力。品牌忠诚度越高越容易增加渠道中间商的进货信心，因为商家了解有相当数量的消费者会持续购买该品牌的产品，因此就会将这些品牌的商品列入商场的进货清单。这样一来必然会增加品牌制造商的渠道谈判能力，同时也有利于该品牌的系列产品或延伸产品的推出。

(4) 降低竞争威胁。品牌如果有一批忠诚的购买者，则该品牌抵御竞争产品攻击的能力就会大大增强，因为品牌忠诚度较高的消费者就会对竞争对手造成很大的市场进入阻力。同时品牌忠诚还会为企业争取到对竞争作出反应的时间。如果竞争对手开发了一种新产品，但品牌忠诚度的存在就会为企业争取到对产品进行改良的缓冲时间，使企业能在不影响现有的销售利润的前提下，开发出更具竞争力的新产品来对抗竞争者。

4. 品牌忠诚度的测量

品牌忠诚度的测量标准如下：

(1) 顾客重复购买的次数和向他人推荐程度。在一定时期内，消费者对某一品牌重复购买的次数越多，说明消费者对这一品牌的忠诚度就越高。但是在使用这个测量标准时，却由于产品本身性能、结构和耐用性的不同而不同，如饮料的重复购买频率就远大于电脑的重复购买频率，因此需要根据不同产品的购买和使用特点确定顾客重复购买次数的一个合理的界限。同时，也要关注顾客向他人推荐该品牌的情况，顾客多次向他人热心推荐该品牌，说明顾客对该品牌有较高的忠诚度。

(2) 顾客购买挑选时间。根据消费者的消费心理，若消费者购买时挑选的时间越短，说明消费者对品牌忠诚度的越高。如有消费者长期使用白猫牌洗洁精，并形成了偏好，那么他的购买过程就十分迅速。

当然在利用顾客挑选时间来测量品牌忠诚度时，也要考虑产品的属性。有些产品属于单价较低且须经常购买的便利品，如味精、袜子等，消费者几乎不关注品牌。而一些价格较高的选购品和耐用品，如化妆品、小汽车等，品牌对消费者的购买决策起着非常重要的作用。

五、品牌与商标

(一) 品牌与商标的区别

品牌与商标都是用以识别不同生产经营者的不同种类、不同品质产品的商业名称及其标志。品牌是市场概念，它强调与产品及其相关的质量、服务等之间的关系，品牌实质上是品牌使用者对顾客在产品特征、服务和利益等方面的承诺。而商标是法律概念，它是已获得专用权并受法律保护的品牌，是品牌的一部分。商标无论其是否标在商品上被使用，也不管商标所标定的商品是否有市场，它总有商标价值；而品牌则不同，不使用的品牌自然没有价值，品牌的价值是其使用中通过品牌标定的产品或服务在市场上的表现来进行评估的。

还需说明的是，在我国，商标有"注册商标"与"非注册商标"之分。注册商标是指受法律保护、所有者享有专用权的商标。非注册商标是指未办理注册手续、不受法律保护的商标。国家规定必须使用注册商标，必须申请商标注册，未经核准注册的，不得在市场销售。

(二) 商标专用权及其确认

商标专用权，也称商标独占使用权，是指经政府有关主管部门核准后的品牌名称和品牌标志，受到法律保护，其他任何未经许可的企业不得使用。因此企业要想使自己的产品品牌延续下去，必须通过国家许可的方式获得商标专用权，以求得法律的保护。

国际上对商标权的认定，有两个并行的原则，即"注册在先"和"使用在先"。

(1) 注册在先。注册在先是指商标的专用权归属于依法首先申请注册并获准的企业。在这种商标权认定原则下，某一品牌不管谁先使用，法律只保护依法首先申请注册该品牌的企业。中国、日本、法国、德国等商标权的认定即坚持这种注册在先的原则。

(2) 使用在先。使用优先是指商标的专用权归属于该品牌的首先使用者。在品牌使用(必须是实际使用)所达到的地区，法律对其商标予以保护。美国、加拿大、英国和澳大利亚等采用这种原则对商标专用权进行认定。

当然，在具体的商标权认定实践中，还有对以上两种原则主次搭配、混合使用的"使用优先辅以注册优先"和"注册优先辅以使用优先"两种原则。在品牌运营的实践中，还应注意商标到期后的续展和品牌的自我保护。

(三) 商标的侵权

凡不拥有商标使用权，而假冒他人商标、仿冒他人商标、恶意抢注他人商标(非真正的商标所有者钻法律的空子，抢先注册他人商标，取得商标所有权，然后再高价出售或勒索商标真正所有者)等行为，均构成侵权。所谓商标侵权，是指在同一种商品或类似商品上使用与某商标雷同或近似的品牌，可能引起欺骗、混淆或讹误，损害原商标声誉的行为。

第二节　品牌策略

一、品牌设计

品牌的命名和设计，是构成企业形象的一个重要部分，对企业的经营效果有着直接的关系,品牌的命名和设计是体现品牌整体概念的一项重要措施。因此,企业非常重视品牌命名,很多企业不惜花重金征求品牌命名和设计。品牌和商标的命名和设计的原则主要有如下几个。

(1) 品牌和商标的命名要首先符合市场所在地区或国家的法律和法规,以便于向有关部门申请注册商标,取得商标专用权。

(2) 品牌和商标的命名尽量与产品特征有一定的联系,按时产品的效用和产品的质量。如"北冰洋"冷饮、"红豆"衬衫、"柯达"胶卷等商标,都很贴切自然。

(3) 品牌和商标的命名要求简洁明快,便于认读、识别和记忆。

据心理学家的一项调查分析结果表明,人们接受到的外界信息中,83%的印象通过眼睛,11%借助听觉,3.5%依赖触摸,其余的源于味觉和嗅觉。因此,为了便于消费者认知、传播和记忆,品牌设计的首要原因就是简洁醒目,易读易记。适应这个要求,不宜把过长的和难以读懂的字符串作为品牌名称,也不宜将呆板、缺乏特色感的符号、颜色、图案用作品牌标识。例如"M"这个很普通的字母,麦当劳快餐连锁店对其艺术加工,选择了富有个性化的字体和颜色,鲜艳的金黄色拱形门"M"就是麦当劳(McDonald's)特有的标记。由于它棱角圆润,色调柔和,给人自然亲切之感。现如今,麦当劳这个"M"型标志已经出现在全世界 73 个国家和地区的数百个城市的闹市区,成为人们最喜爱的快餐标志。再如美国的一种著名的奶粉商标"KLIM",是用英文牛奶(MILK)一词的字母倒过来拼写而成的,即好读又好记。

(4) 品牌和商标的命名应构思巧妙,暗示属性。

一个与众不同、充满感召力的品牌,在设计上还应该充当体现品牌标示、产品的优点和特性,暗示产品的优良属性。如"方正"作为我国优质电子出版软件的品牌,其品牌设计独具匠心。"方正"整体品牌由中文、图形和英文三部分组成。首先,"方正"二字蕴含丰富:"方正"即一方之正、一方之中、一方之主,喻示北大方正电子系统为全球中文电子排版技术的主体和正宗,居世界领先地位;"方正"即方方正正、大方正派、讲究规范,体现了北大方正集团公司依法经营、诚实经商的经营之道,也反映了公司员工朴实、严谨、求实的科学精神;"方正"即八方之正,有吸纳各方优势之意,体现了公司博采众长、广招天下一流人才的博大胸怀;"方正"还有暗含基础雄厚、功底扎实、稳步发展之意。其次,"方正"的英文是(FOUNDER),其含义是"奠基者、创立者",表明北大方正是中文电子排版系统的开创者;其音译为"方的",与汉字方正实现了有机配合。最后,再从"方正"品牌的图标上看,其立体形状表现为中间的白色方框为正方形,分别与右上角和左下角的黑色部分构成正方体,与文字"方正"相一致;其平面形状表现为右上角和左下角的黑色部分像两个箭头,右上角向上的箭头表示科技项天,左下角向下的箭头表示市场立地,意味着北大方正集团的高科技产业是顶天立地的事业①。

(5) 品牌和商标的命名应富有内涵,独具特色。

品牌大多都有其独特的含义和解释或释义,有的就是一个地方的名称,有的就是一种产品的功能,有的或者就是一个典故。内涵丰富、独具特色的品牌,因其能唤起消费者和社会公众美好的联想,而备受厂商青睐。如美国一种眼镜的商标是"OIC"三个字母作为商标,英语读音恰似"Oh,I See"(噢,我看见了),构思巧妙,耐人寻味。再如我国 20 世纪 30 年代为

① 吴健安.市场营销学.北京:高等教育出版社,2005

弘扬民族品牌，由当时的天津东亚公司首创的“抵羊牌”国产毛线，文字内涵丰富，图案是两羊抵角而争，非常具有特色。再如国产化妆品品牌“美加净”、老字号“同仁堂”等都是一些蕴含丰富内涵的品牌。

(6) 品牌和商标的命名要符合风俗和伦理，造型美观大方。

品牌名称和标志要注意各地区、各民族的风俗习惯、伦理道德和思维方式，要尊重当地的传统文化，切勿触犯禁忌。这一点出口商品商标应特别注意，例如，男士领带中的“金利来”等商标，迎合了华人的心理，深受消费者喜爱。在出口商标的设计中，要特别注意针对目标市场的消费者特点命名和设计，一般情况下不宜把国内商标直接变成汉语拼音和文字，如果用音译或意译要注意在外语中的含义是否恰当。例如，原品牌名称为“Benz”的德国名车译为“奔驰”就比译为“平治”要好；而美国碳酸软饮料的领导品牌“可口可乐”的中文译名简洁、贴切、易读易记，广为传颂。

(7) 品牌和商标的命名应避免雷同，超越时空限制。

品牌设计的雷同，是实施品牌运营的大忌。因为品牌运营的最终目标是通过不断提高品牌竞争力，超越竞争对手。若品牌的设计与竞争对手雷同，将永远难以达到超越的目的。

在我国，由于企业的品牌意识还不强，品牌运营的经验还比较少，品牌的雷同现象更为严重。据统计，我国以“熊猫”为品牌名称的有 311 家，“海燕”和“天鹅”两品牌分别有 193 家和 175 家同时使用。除重名以外，还有品名极其相近的品牌。

除了注意避免雷同，为了延长品牌使用时间、扩大品牌的使用区域，在品牌的设计上还应注意尽可能超越时空限制。就时间限制来讲，用具有某一时代特征的词语作品牌名称有可能因为这类名称具有强烈的应时性，可能会随着时间的推移不断减弱品牌的感召力。空间的限制主要是指品牌超越地理文化边界的限制。由于世界各国的历史文化传统、语言文字、风俗习惯、价值观念和审美情趣不同，对于一个品牌的认知、联想必然会有很大差异。

二、品牌决策

企业从事品牌运营，科学而合理地制定品牌策略是其核心内容。品牌策略主要包括品牌有无、品牌归属、品牌命名、品牌扩展和品牌重新定位等内容。

(一) 品牌有无策略

品牌运营的第一个程序就是企业生产经营的产品是否应该有品牌，即是否应给企业产品建立一个牌子。历史上最初产品是没有牌子的，品牌和商标是商品经济发展到一定阶段的产物。我国最早的图文兼备的商标是宋代山东济南刘家针铺的“白兔”商标，约早于欧洲 200 年左右，伴随着近代和现代资本主义商品经济高度发达，品牌策略和品牌运营也越来越为企业所重视，现代市场上的所有商品都有品牌。但是在 20 世纪 70 年代以来，美国等发达国家出现“非品牌化”趋势，有些单价低廉的便利品如纸巾、快餐面等不用品牌，称为“不注册商品”，目的是节省广告、包装等费用，增强产品竞争力。在美国，无品牌的商品售价约比有品牌的商品售价低约 30%～50%。

虽然如此，在市场经济逐步完善的我国，大多数厂家和商家仍致力于建立自己的品牌和商标，因为这对卖方增加自己的核心竞争力和维护自己的权益非常重要。

(1) 注册商标受法律保护，具有排他性，保护产品特色，防止他人假冒，可保护企业间的公平竞争。

(2) 可以培养稳定的顾客群,吸引那些具有品牌忠诚的消费者。品牌具有一种心理上的作用,可通过品牌体验和品牌传播在消费者心目中树立良好形象,从而稳定和扩大销售。

(3) 有助于企业进行市场细分和定位,企业按不同的细分市场需求建立不同的品牌,以不同的品牌分别投入不同的细分市场,就可以加强对市场的控制。例如,宝洁公司的洗发精产品开发出针对不同细分市场的不同配方并命名为不同的品牌,海飞丝针对有去头屑需求的细分市场;飘柔针对有使头发更柔顺需求的细分市场;潘婷针对有使头发增加营养需求的细分市场等,从而赢得各细分市场消费者的喜爱。

(4) 知名品牌有助于强化企业形象和产品形象,增加企业竞争力,促进销售和增加利润。因为名牌商品由于受到消费者认可和喜爱,在市场上畅销而且可定一个较高的价格,所以许多国家的商标法都给予保护。

因此,建立和提升品牌影响力,使之成为全国或全世界畅销品牌是众多企业的一个目标。同时,品牌和商标可以方便顾客选购、监督产品质量、保护消费者权利,以及促进整个社会经济的发展。

(二) 品牌归属决策

确定产品应该拥有品牌以后,就涉及如何选择品牌归属问题,即品牌归谁所有,由谁管理和负责。企业的产品在归属上有三种可供选择的策略:一是制造商品牌,也称生产者品牌。二是指中间商品牌,也称自有品牌,指中间商向制造商大批购进产品,然后用自己的品牌上市。例如美国两大百货零售店西尔斯和杰西潘尼都是向制造商直接购货,然后冠以自己的品牌出售。三是上述两种品牌同时并存,即一部分产品使用制造商品牌,一部分使用中间商品牌。如国内的苏果连锁店除了有众多的制造商品牌,还有不少商品是苏果的自有品牌。

使用中间商品牌的利弊:使用中间商自有品牌的优势:① 中间商自有品牌可以很好地控制价格,并且在一定程度上可以控制供应商,让那些实力较弱的中小企业按中间商的要求生产,然后按中间商品牌销售,就可降低成本和售价,提高竞争力。② 培养顾客的品牌偏好,使之乐于来商店买些价廉质优的中间商品牌商品,从而保持品牌竞争力。

使用中间商品牌的缺点:① 中间商品牌使中间商的促销成本上升。如中间商要加大广告传播的力度,以提升品牌的影响力。② 中间商因为要从制造商大批量的订货,所以占用大量资金并承担商品积压的风险。

当然,制造商品牌和中间商品牌不可避免地发生品牌竞争,这就是所谓的品牌战。在这种竞争中,中间商有许多优势:① 由于零售店营业面积有限,零售网多数控制在中间商手中,因而制造商特别是那些小厂商很难以自己的品牌打入零售终端市场;② 中间商特别是大零售商,非常注意维护自己品牌信誉,因而易获得消费者的信任;③ 中间商品牌的价格通常定得比制造商的品牌低,因而可以赢得更多对价格敏感的顾客;④ 中间商在陈列时,往往把自有品牌放在较佳的陈列位置上,而且妥善储备。由于这些原因,制造商的品牌优势正在削弱。

(三) 品牌命名决策

无论是制造商品牌还是中间商品牌,都必须考虑对所拥有的产品如何命名的问题。是大部分或全部产品都使用一个品牌,还是各种产品分别使用不同的品牌,通常有如下四种可供选择的品牌决策。

1. 个别品牌

个别品牌名称指企业针对不同的产品分别使用不同的品牌。如武汉卷烟厂的产品有“黄鹤楼”“红金龙”“红双喜”等许多牌子，分别代表不同的质量和特色。这种策略最大的优点是：它把个别产品的成败与企业信誉分开，企业不会因为某一产品品牌信誉下降而承担风险；便于消费者识别不同质量、档次的商品；同时也有利于企业的新产品向不同的目标市场渗透。

2. 统一品牌

企业的所有产品（包括不同种类的产品）共同使用一个品牌。如日本的“日立”“索尼”，我国的“长城”“海尔”等公司生产的各类家用电器，均采用统一品牌。企业使用统一品牌的优点是：企业可以运用多种媒体来宣传同一个品牌，降低新产品的促销传播费用；可以在企业的品牌以赢得良好的市场信誉的情况下实现新产品的顺利推出；有助于强化企业形象和产品形象。采用此策略的缺点是：若企业的一种产品出现质量等问题，就有可能使其他种类的产品受到牵连；同时，对所有产品使用共同的品牌也造成消费者难以区分产品档次，给消费者造成不便。因此在使用同一品牌时消费者必须对所有产品的质量严加控制。

3. 分类品牌

对企业所生产经营的各类产品分别命名，即一类产品使用同一个品牌，如美国的西尔斯公司，对它所经营的家用电器、妇女服饰、家具等各类商品分别使用不同的牌子。实际上不同用途的各类产品，如食品和农药、化妆品和家具等，也不宜使用同一品牌。

4. 企业名称加个别品牌

是指企业对其各种不同的产品分别使用不同的品牌，但须在各种产品的品牌前冠以企业名称。其优点是既可利用企业的声誉推出新产品，节省广告费，又可以使各品牌各具特点，保持相对的独立性。

（四）品牌扩展战略

统一品牌、个别品牌、分类品牌、企业名称加个别品牌这四种品牌策略，不管企业选择了哪一种，经过科学而有效的运营都有可能获得较好的品牌知名度和美誉度。那么，一个品牌获得了较好的市场信誉，赢得了较高的品牌忠诚度以后，该品牌是否可用在其他产品上而使该品牌得以拓展或扩展呢？这也是品牌运营过程中的重要命题。品牌扩展就是指企业利用其成功品牌的声誉来推出改良产品或新产品。通常品牌扩展策略有五种选择，即产品线扩展战略、品牌延伸战略、多品牌战略、新品牌战略、合作品牌战略。

值得注意的是，品牌扩展策略是一把双刃剑。若利用已成功的品牌开发并投放市场的新产品不尽如人意，消费者不认可，也会影响该品牌的市场信誉。

1. 产品线扩展战略

指企业现有产品线使用同一品牌，当增加该产品线的产品时，仍沿用原有的品牌。这种新产品往往都是现有产品的局部改进，如增加新的功能、包装、式样和风格等。

产品线扩展的优势：① 虽然新产品的失败率通常在80%以上，但扩展产品的存活率高于新产品；② 满足不同细分市场的需求；③ 完整的产品线有利于抵抗竞争者的进攻。

产品线扩展的缺点：① 随着产品线的不断延长，可能会淡化品牌原有的个性和形象，增加消费者认识和选择的难度；② 当原来的品牌影响力过大时，会给产品线的扩展造成混乱，如果销售量较低的话，会使促销成本难以被抵偿；③ 当产品线扩展后，同一产品线各产品特征不明显时，会造成产品线中新老产品产生恶性竞争的局面。

2. 品牌延伸策略

品牌延伸策略是指企业利用已具有市场影响力的成功品牌来推出改良产品或新产品。例如，海尔集团在成功推出了海尔冰箱之后，利用这个品牌成功推出了洗衣机、电视机、电脑等新产品，使这些新产品尽快进入市场。

品牌延伸策略的优点：① 一个引人注意的好品牌能使新产品易于被市场认识和接受，若品牌扩展策略获得成功，可强化品牌影响力；② 它有利于新产品的定位，保证新产品投资决策的快捷准确；③ 能够增加核心品牌的形象，能够提高品牌整体的投资效益。

品牌延伸策略的缺点：① 如果将某著名品牌扩展使用到与其质量、形象、特征不相吻合的产品领域，则可能损害原品牌的声誉；② 若原品牌产品与品牌扩展的产品之间在资源、技术等方面没有相关性或互补性，所推出的新产品难以被消费者接受；③ 若将某些高质量的产品品牌扩展到某些价值不大、制作容易的产品上，会使消费者产生反感，如美国的 IBM 等都在品牌延伸中经历过失败的教训。

总之，品牌延伸是一把双刃剑，有一定风险，企业在进行品牌延伸时要具体问题具体分析。

3. 多品牌策略

品牌扩展作为一种成本较低市场战略，有很多优势。但并非所有的品牌都适合扩展，也并不是所有扩展的品牌都一定能扩展成功。若品牌扩展难以获得理想的预期效果，那么，新产品入市就只能采用多品牌策略。多品牌策略即是指企业同时为一种产品设计两种或两种以上互相竞争的品牌的做法。

这种策略由宝洁公司首创并获得了成功。在中国市场上，宝洁公司为自己生产的洗发液产品设计了飘柔、海飞丝和潘婷等品牌。宝洁公司洗发液产品的多品牌策略在中国市场上获得了令人瞩目的市场业绩，飘柔、海飞丝和潘婷等三个品牌的市场占有率总共达到了66.7%。企业运用多品牌策略可以在产品分销过程中占有更大货架空间，进而压缩了竞争者产品的货架面积，为获得较高的市场占有率奠定了基础，而且多种不同的品牌代表了不同的产品特色，多品牌可吸引多种不同需求的顾客，提高市场占有率。

当然多品牌策略也有一些不可避免的缺点：① 随着新品牌的引入，其净市场贡献率将呈一种边际递减的趋势。由经济学的边际效用理论可知，随着消费者对一种商品消费的不断增加，该商品的边际效用呈递减趋势。同样，一个企业随着品牌数量的增加，新增加的品牌对企业的边际市场贡献也将呈递减趋势。其中的原因可能是由于企业自身在支持新品牌时要削减原品牌的预算费用，也可能是新品牌遭到竞争者的猛烈抵抗，甚至是由于企业各品牌的互相竞争和蚕食，导致销售量增长缓慢，甚至不增反降。② 品牌推广成本较高。企业实施多品牌战略，就意味着不能将有限的资源分配给获利较强的少数品牌，各个品牌都需要一个长期的、较高的宣传费用预算，对于一些实力不太强的企业来说，难度就更大了。

4. 新品牌策略

新品牌策略是指企业为了新的目录产品设计新品牌名称。当企业在新产品类别中推出一种产品时，可能会发现原有品牌名称不适合新产品，或者说对新产品来说有更好的可供选择的名称，企业需要重新设计品牌。例如以生产空调闻名的春兰集团，当它决定开发摩托车产品时，采用春兰这个女性化的品牌名称就不太合适，于是采用了新品牌“春兰豹”。

5. 合作品牌策略

是指两个或更多的品牌进行联合。当然每个品牌的持有者都希望另一个其他品牌能强化品牌的偏好或购买意愿。对于合作品牌的产品来说，各个品牌都期望合作方品牌能强化顾客对本品牌的偏好和购买意愿。同时各个品牌也希望通过合作接触到新的受众。合作品牌有四种形式：中间商产品合作品牌，如某汽车制造商的广告说，它使用米其林轮胎；同一企业合作品牌；合资合作品牌，如日立的一种灯泡使用"日立"和"GE"联合品牌；多持有人合作品牌。

（五）品牌重新定位策略

品牌重新定位策略也称再定位策略，就是指全部或部分调整或改变品牌原有市场定位的做法。也许某一品牌在市场上最初的定位是合适的、成功的，但随着时间的推移企业不得不对其品牌进行重新定位。品牌重新定位有可能使品牌的影响力更持久，在品牌运营实践中还必须适时地做好品牌重新定位工作。如"七喜"的"非可乐"定位是品牌重新定位的成功范例。

通常由于受竞争者品牌逼近（竞争者品牌定位于本企业品牌附近，侵占了本企业的品牌市场份额）和部分消费者偏好的变化等原因的影响，即使某一品牌在市场上的最初定位很好，随着时间的推移也需要重新定位。品牌重新定位的目的是使现有产品具有与竞争者产品形成差异化，便于目标市场消费者的识别和购买。

企业在进行品牌重新定位时，要综合考虑两方面影响因素：一方面，要考虑再定位成本，即把企业自己的品牌从一个市场定位点转移到另一个市场定位点所支付的成本费用，包括改变产品品质费用、包装费用和广告费用等；另一方面，要考虑再定位收入，即把企业品牌定在新位置上所增加的收入。

阅读材料一："七喜"汽水的重新定位

美国著名的汽水品牌"七喜"，原先的定位的购买人群主要是对饮料要求刺激性小的中老年人，市场比较狭小。后来七喜公司对品牌进行了重新定位，其广告口号是"七喜，非可乐"，非可乐的市场定位突出了七喜汽水具有朝气，同时又有能提神的特点，暗示七喜汽水是传统可乐类饮料的替代物，从而获得非可乐饮料产品的市场领先地位。

三、品牌管理

品牌作为企业重要的无形资产，品牌管理的实质就是品牌资产管理。企业品牌管理的主要内容是检测品牌运营状况，参与品牌设计，申请注册商标，管理品牌和商标档案，管理商标标签的印制、领用与销毁，处理品牌纠纷、维护商标权，协助打假，品牌全员管理教育等。

目前，全球企业品牌管理的组织形式主要有职能管理制和品牌经理制两种。

（一）职能管理制

职能管理制 20 世纪 20～50 年代在西方比较盛行，品牌管理制度的主要内容是在企业的统一领导、组织与协调下，有关品牌的决策与计划都由各职能管理部门的负责人或主管人员共同参与研究制定，并分别执行。

若企业内部分工合理、权责明晰,品牌职能管理制就会在很大程度上消除凭经验管理的弊端,大幅度提高工作效率,进而有利于品牌形象和企业形象的提升。另外职能分工与权责确认,也可以是企业领导集中精力思考、解决企业发展中的重大问题,提高企业管理的层次和水平。

通常品牌职能管理制一般比较适合企业品牌数量比较少的情况。当品牌数量增多以后,地位平等的各职能部门之间的难以协调性会进一步加剧。针对多品牌管理的难题,一些大企业如宝洁公司等积极探索出新的品牌管理制度——品牌经理制。

(二) 品牌经理制

品牌经理制诞生于美国宝洁公司。宝洁的品牌管理系统是宝洁公司成功的重要因素之一。

宝洁公司的品牌经理制开始于1931年,创始者是美国宝洁公司一位广告业务经理尼尔・麦克罗伊(Neil McElroy)。麦克罗伊发现几个营销管理人员同时参与同一品牌的广告和宣传,不仅增加人力和销售成本,而且还容易使顾客混淆,这也直接影响到公司的竞争效率。因此他向公司提出建议:公司每个品牌都应设立一名品牌经理和一批助手,由他们全权负责该品牌的广告及其他营销活动。

品牌经理制的优点:① 品牌经理制的运营协调性比职能制更好。因为品牌经理负责该品牌产品的开发、生产与销售,他们从品牌和企业的整体利益出发,并借助制度的力量围绕品牌经营,协调各部门的矛盾与利益。整合各部门的力量有效实施品牌运营和管理。② 品牌经理制有利于品牌定位,实现品牌个性化。③ 品牌经理制有助于长期维系品牌的整体形象。因为品牌经理能随时监控品牌运营与市场状况,使品牌运营适应能力得以加强。

品牌经理制的缺点:品牌经理制虽然有许多优点,但也不可避免的有一些缺点,如品牌经理与财务、生产、销售等职能部门的权责难以完全划分清楚;另外,对品牌经理的业绩考评也存在一定的难度。

四、互联网域名的注册与商标

域名作为互联网的单位名称和网页所有者的身份的标识,它不仅能给人传达很多重要信息(如单位属性、业务特征等),而且还具有商标属性。因为域名的所有权属于注册者,若某企业的商标由另一不同行业的企业抢先注册,那么,该企业就可能永远失去了注册与自己产品的商标名称相一致的域名了。域名就是企业在互联网上拥有的门牌号码,是通往网络世界把握商机的一把钥匙。正因如此,许多企业都把知名商标注册成域名。许多人所知道的驰名商标,几乎都成了互联网上的域名。

办理域名注册获得域名使用权的规则与一般商品商标注册相同,仍然采用注册在先的原则,谁先注册,谁就拥有了域名的使用权。从目前来看,注册域名有两种做法:一种是在国内注册二级域名,另一种是在国际上注册一级域名。注册国际域名有利于企业跨国经营。例如,美国99%以上的企业都在互联网上注册一级国际域名。当然企业注册域名时还应注意相关法规和规定。如《中国互联网域名注册暂行管理办法》中规定,未经国家有关部门正式批准,不得使用含有"CHINA""CHINESE""CN"等字样的域名;不得使用公众知晓的其他国家或者地区的名称、外国地名、国际组织名称;未经各级地方政府批准,不得使用县级以上(含县级)行政区划名称的全称或者缩写等。

第三节　包装策略

包装是商品生产的继续，商品只有经过包装才能进入流通领域，实现其价值和使用价值。美国最大的化工企业——杜邦公司的一项调查表明：63%的消费者是根据商品的包装来选购商品的，这一发现就是著名的“杜邦定律”。一个设计良好的包装，以一种物化的形式体现着一个企业的营销策略。

一、包装的含义、种类与作用

（一）包装的含义

包装是指对某一品牌商品设计并制作容器或包扎物的一系列活动。也可以说，包装有两方面含义：其一，包装是指为产品设计、制作包扎物的活动过程；其二，包装即是指包扎物。一般来说，商品包装应该包括商标或品牌、形状、颜色、图案和材料、标签等要素。

商标或品牌是包装中最主要的构成要素，应在包装整体上占据突出的位置。

形状是包装中不可缺少的组合要素。适宜的包装形状有利于储运和陈列，也有利于产品销售。颜色是包装中对销售刺激作用最强的要素，突出商品特性的色调组合，不仅能够加强品牌特征，而且对顾客有强烈的感召力。图案在包装中代表品牌和商品的形象，能引起消费者积极的心理联想有利于促进销售。包装材料的选择，不仅影响包装成本，而且也影响着商品的市场竞争力。如酒类产品的包装材料有玻璃、陶瓷等多种材质，对酒的销售有一定的影响。

此外，在产品包装上还有标签。在标签上一般都印有包装内容和产品所包含的主要成分、品牌标志、产品质量等级、生产厂家、生产日期和有效期、使用方法等，以促进销售。

（二）包装的种类

产品包装按其在流通中的作用的不同，可以分为运输包装和销售包装两种。

1. 运输包装

运输包装又称外包装或大包装，主要用于保护产品品质安全和数量完整。运输包装可分为单件运输包装和集合运输包装。

（1）单件运输包装。是指商品在运输过程中以箱、捅、袋、包、坛、筐等单件容器对商品进行的包装。按其使用的包装材料，又可分为纸、木、金属、塑料、化学纤维、棉麻织物等制成的容器和绳索等；按其包装造型又可以分为箱、桶、袋、包、瓶等。

（2）集合运输包装。是指将一定数量的单件包装组合在一件大包装容器内而合成的大包装。这种包装方法可以实现货物整批包装，有利于降低成本，提高工作效率。目前常用的集合运输包装有集装包（或集装袋）、托盘和集装箱等。

2. 销售包装

销售包装又称内包装或小包装，它随同产品进入零售环节，与消费者直接接触。销售包装的主要作用是美化和宣传商品，便于陈列展销，吸引顾客，方便消费者认识、选购、携带和使用。

近些年来，随着超级市场的发展，销售包装的发展趋势日益呈现出小包装大量增加，透明包装逐渐增多，金属和玻璃容器趋向安全轻便，贴体包装、真空包装的应用范围越来越广泛，包装容器器材的造型结构美观、多样、科学，包装画面更加讲究宣传效果等发展趋势。

（一）包装的作用

（1）保护商品。这是包装最主要的目的和重要的功能。产品在运输过程中会受到各种外力作用以及风吹、日晒、雨淋等损害；在储存过程中，也会受到温度、湿度影响以及虫蛀、污染等。合理的包装能保护产品的使用价值，使产品实体不致损坏、散失和变质、变形等。

（2）便于储运。包装对于小件分散的商品起着集中的作用。包装纸上有有关产品的鲜明标记，便于装卸、搬运和堆码，有利于简化产品的交接手续，从而更好地提高工作效率。

（3）促进销售。产品包装还具有识别和促销作用。良好的包装往往能为广大消费者或用户所瞩目，从而激发消费者的购买欲望，成为产品推销的主要工具和有力的竞争手段，所以包装具有广告宣传的效果。

（4）增加盈利。优良、精美的包装，不仅可以使优质的产品与包装相得益彰，还能提高产品的身价，使消费者或客户愿意出高价购买，从而增加企业的销售收入。此外，实现产品包装化，还可使产品的损耗率降低，提高商品物流环节的劳动效率，从而提高了企业的经济效益。

以前，我国企业不太重视包装，包装技术落后，国家每年因此造成的损失数以百亿。例如，我国过去用木箱运送鸡蛋，损失率高达 6%～7%，采用新式塑料周转箱包装后，损失率降至 2%，仅此一项每年就减少损失 1.4 亿元。虽然经过多年改进，我国包装不善的问题得到一定的改进，但据中国包装技术协会统计，目前我国每年因包装不善造成的经济损失仍在 100 亿元以上，其中 70%是由于运输包装不合格造成的。

二、包装标签与包装标志

包装标签是指附着或系挂在商品销售包装上的文字、图形、雕刻及印制的说明。标签中包含的一些信息，不仅能够帮助消费者识别、检验内装商品，而且可以起到促销作用。

通常，商品标签主要包括商品名称、商标、成分、品质特点、包装内商品数量、使用方法及用量、制造商的名称和地址、编号、贮藏应注意的事项、质检号、生产日期和有效期等内容。印有彩色图案或实物照片的标签促销效果要好一些。

许多国家都有关于包装和标签的法令，我国 1987 年颁布了《食品标签通用标准》等国家强制性法令，生产者和经营者都必须严格执行，否则产品将被禁止上市，且相关责任者还将受到法律的制裁。

标签的设计应美观大方，文字简练，一目了然。精美的标签不仅可以增加吸引力，还可以促进销售。许多名牌产品的标签随着时间的推移都需要更新设计，增强产品竞争力，如美国宝洁公司的象牙香皂的标签自 19 世纪 90 年代至今，已更换过 18 次。

包装标志是在运输包装的外部印制的图形、文字和数字以及它们的组合。包装标志主要有运输标志、指示性标志、警告性标志等三种。

1. 运输标志

又称为唛头(Mark)，是指在商品外包装上印制的反映收货人和发货人、目的地或中转地、件号、批号、产地等内容的几何图形、特定字母、数字和简短的文字等。运输包装标志主要是便于商品在运输和保管中的辨认识别，防止错发错运，及时、准确地将商品运到指定的地点或收货单位；同时也便于商品的识别、堆码，保证商品的质量安全和实现顺利周转。运输包装标志可分为包装储运图示标志、运输包装收发货标志、危险货物包装标志等三大类。

2. 指示性标志

指根据商品的特性，对一些容易破碎、残损、变质的商品，用醒目的图形和简单的文字做出的标志。指示性标志指示有关人员在装卸、搬运、储存、作业中引起注意，常见的有“此端向上”“易碎”“小心轻放”“由此吊起”等。

3. 警告性标志

是用来标明对人体和财产安全有严重威胁的货物的专用标志，由图形、文字和数字组成。是指在易燃品、易爆品、腐蚀性物品和放射性物品等危险品的运输包装上印制特殊的文字，以示警告。按我国国家标准 GB6944—86《危险货物分类和名称编号》将危险货物分为九类：爆炸品、压缩气体和液化气体、易燃液体、易燃固体、氧化剂和有机过氧化物、毒害品和感染性物品、放射性物品、腐蚀品、杂品。

三、包装的设计原则

产品包装的设计应以包装的基本功能和作用为主。不同产品包装的功能重点不同，对包装设计有不同的要求，如有些包装以促销功能为主，有些包装以保护功能为主。生活消费品的包装设计应尽量适应目标市场和竞争的要求，应符合以下基本要求。

(1) 安全。安全是产品包装(包括运输包装和销售包装)最核心的作用之一，也是最基本设计原则之一。要求包装材料的选择及包装物的制作必须考虑产品的物理、化学、生物性能，以保证产品不损坏、不变质、不渗漏等，一方面，保证商品质量完好、数量完整，另一方面，保护环境安全。

(2) 适于运输，便于保管与陈列，便于携带和使用。在保证产品安全的前提下，应尽可能缩小包装体积，以利节省包装材料和运输、储存费用。

(3) 美观大方，富有个性。包装具有促销作用，主要是因为销售包装具有美感。因此销售包装的设计应力求赏心悦目，增加产品的美感和魅力。包装的造型、色彩、图案和文字要符合当地的风俗习惯和宗教信仰。包装还应突出产品个性。这是因为包装是实现产品差异化的重要手段。富有个性、新颖别致的包装更易吸引消费者的眼球。

(4) 包装应体现商品价值和质量。包装应与产品的档次和价值相一致，贵重的高档产品或礼品包装应华丽高雅，增加产品价值感。同时商品包装的外形、规格、分量等必须与产品实际相一致，不应使顾客产生误解。欺骗性的包装会对企业促销起反作用。

(5) 符合法律规定，关注社会利益。包装设计作为企业市场营销活动的重要环节，在实践中必须严格依法行事。例如，应按法律规定在包装上标明企业名称及地址对食品、化妆品等与人们身体健康密切相关的产品，应标明生产日期和保质期等；同时还应严格控制废弃包装物对环境的污染。另外应节约包装成本，减少包装材料的浪费，这不仅可以减少消费者不必要的负担，还有利于节约社会资源。

四、包装策略

在市场营销中，企业应根据不同的市场营销策略而采用不同的包装策略。

1. 系列包装策略

是指企业所生产的各种质量相近、用途相似的系列产品，在包装外形上都采用相同的图案、相近的颜色，以体现企业产品的共同特色，使消费者通过类似的包装联想起这些商品是同一企业的产品、具有同样的质量水平。系列包装策略不仅可以节省包装设计费用，树立企业整体形象，扩大企业影响，还有利于介绍新产品。系列包装适用于质量水平相近的产品，对于大多数不同种类、不同档次的产品一段不宜采用这种包装策略。

2. 等级包装策略

该策略是指企业为不同质量等级的产品分别设计和使用不同的包装。显然，这种依产品等级来配比设计包装的策略可使包装质量与产品品质等级相匹配，采取这种策略，产品的包装成本可能会上升，但却适应不同档次消费者的购买心理，使产品的包装同产品的内在价值和质量相适应，使那些经济条件好、购买实力强的消费者感到够档次，与自己的身份相符；使支付能力不强的消费者感到经济实惠，从而促进销售。

3. 分类包装策略

分类包装策略是指根据消费者购买目的的不同，对同一种产品采用不同的包装。如，购买商品用作礼品赠送亲友，则可选择精致包装；若购买者自己使用，则可选择简单包装。此种包装策略的优缺点与等级包装策略相同。

4. 配套包装策略

配套包装就是指把消费者使用商品时具有某种关联性的多种产品组合在同一包装容器内的做法。这种策略能够节约交易时间，有利于扩大产品销售，还能够在将新旧产品组合在一起时，使新产品顺利进入市场，如家用药箱、针线包、工具箱、化妆盒等。因为许多商品唯有配套才能使用，商家把通常要同时消费和使用的商品(即使类别不同)包装在一起，可以省去消费者多次购买所增加的成本，促进销售。但在实践中，还须注意市场需求的具体特点、消费者的购买能力和产品本身的关联程度大小，切忌任意配套搭配。

5. 再使用包装策略

也称双重用途包装，是指企业在原包装的商品用完后，空的包装容器另做其他用途。如饮料使用杯子形状的包装，使用完商品后的包装瓶可改做喝水杯。由于这种包装策略增加了包装的用途，可以刺激消费者的购买欲望，有利于扩大产品销售，同时也可使带有商品商标的包装物在再使用广告宣传的作用。

6. 附赠品包装

指企业在对商品进行包装时，在包装中附送小礼品，以促使顾客重复购买。包装内赠品包括实物、图片、奖券等，如方便面包装内附赠奖券或精美卡片。

小链接：

根据国家《产品质量法》《商标法》等法律的规定，产品或产品包装上的标识应有以下9种：

(1) 产品检验合格证。

(2) 有中文标识的产品名称、厂名和厂址。进口产品在中国市场销售，必须有中文标识。

(3) 要标明产品规格、等级、所含主要成分的名称和含量。

(4) 限期使用的产品要标明产品的生产日期、保质期和保存期。

(5) 对于易损坏商品或者可能危及人身、财产安全的商品，应有警示标志和中文警示说明。

(6) 对已被工商部门批准的注册商标，其标志为“R”或“注”。

(7) 已被专利部门授予专利的，可在产品上注明。

(8) 生产企业应在产品或包装上注明所执行标准的代号、编号、名称。我国现行标准分4级，有国家标准GB、行业标准HB、地方标准DB、企业标准QB。

(9) 已取得国家有关质量认证的产品，可在产品或包装上使用相应的安全或合格认证标志。

本章小结

品牌策略是品牌运营的方法与策略。品牌运营过程包括品牌单位、品牌设计、品牌组合、品牌管理等品牌策略。品牌是用以识别某个销售者或某群销售者的产品或服务，并使之与竞争对手的产品或服务区别开来的商业名称及其标志，通常由文字、标记、符号、图案和颜色等要素或这些要素的组合构成。

品牌资产是一种超过商品或服务本身利益以外的价值。它通过为消费者和企业提供附加利益来体现其价值，并与某一特定的品牌紧密联系着。品牌资产具有无形性、在使用中增值、难以计量等特点。在新品牌推出的初期，企业营销的重点在于建立品牌的知名度；在品牌的成长期，应努力提高品牌的知名度；在品牌的成熟期，则主要侧重于品牌的维护。建立品牌认知的关键是增加消费者的品牌记忆率。品牌忠诚是指消费者在一段时间甚至是很长时间内重复选择某一品牌，并形成重复购买的倾向。品牌忠诚有五个层级：无品牌忠诚者、习惯购买者、情感购买者、满意购买者、忠诚购买者。

商标是已获得专用权并受法律保护的品牌，是品牌的一部分。商标专用权是指经政府有关主管部门核准后的品牌名称和品牌标志，受到法律保护，其他任何未经许可的企业不得使用。品牌设计首先要符合法律、法规，富有内涵和个性，简洁易读、易记等。企业从事品牌运营，科学而合理地制定品牌策略是其核心内容。品牌策略主要包括品牌有无、品牌归属、品牌命名、品牌扩展和品牌重新定位等内容。目前企业品牌管理的组织形式主要有职能管理制和品牌经理制两种。

包装是指对某一品牌商品设计并制作容器或包扎物的一系列活动。包装有运输包装和销售包装。包装可以保护商品、便于储运、促进销售、增加盈利。包装标签是指附着或系挂在商品销售包装上的文字、图形、雕刻及印制的说明。包装标志是在运输包装的外部印制的图形、文字和数字以及它们的组合。包装策略主要系列包装策略、再使用包装策略、分类包装策略、配套包装策略、附赠品包装策略等。

关键词

品牌　品牌名称　品牌标志　商标　制造商品牌　中间商品牌　品牌资产　品牌忠诚　统一品牌　个别品牌　品牌延伸　品牌经理制　域名　包装　标签

思考题

1. 简述品牌的内涵以及品牌的属性。
2. 简述品牌与商标的异同。
3. 简述品牌对营销企业的作用。
4. 简述品牌资产的基本特征。
5. 品牌忠诚度的层级有哪些?
6. 简述品牌归属策略的主要内容。
7. 简述品牌统分决策的主要内容。
8. 简述品牌扩展决策的主要内容。
9. 包装标志的种类有哪些?
10. 包装策略有哪些?

实训题

1. 调查宝洁在中国市场的产品组合和品牌策略。
2. 调查和分析五粮液酒的品牌策略。
3. 通过间接调查分析一下我国某类出口纺织品(包括服装、鞋等)的品牌状况,提出你的建议。
4. 到超市调研一下某类日用品(如酒类、方便面类)的包装策略,并进行分析。

案例分析

李宁公司品牌战略的得与失

从1990年中国家喻户晓的"体操王子"李宁先生创立以其名字命名的体育用品公司,到2010年7月李宁公司启用新的品牌重塑,李宁公司"让改变发生"来替代"一切皆有可能",真的发生了很多重大"改变"。2010年开始,订单下滑,股价缩水。2011年,部分高管先后离任,公司实现营业收入89亿元,同比下降5.8%,净利润暴跌了65%。进入2012年,李宁更是大事连连,相继发生了裁员、库存过剩、股价摔落、CEO离任、海外受挫、预期负增。

消磨的"奥运精神"

2012年7月29日,就在全世界都在关注伦敦奥运会时,李宁公司经历了"换帅"风波后重新出山的李宁竟然出现在浙江嘉兴李宁店,围观者新奇之余,无不感叹:"李宁也老了"。

这对于已经启动"90后李宁"推广活动的品牌来说似乎不是一个好消息,虽然其曾经希望与时俱进,重塑李宁品牌形象,紧紧抓住"新生代"消费群体,确保自己销量和市场份额的持续增长,真正成长为"全球领先的体育用品品牌公司"。但事实是,中国的90后们并不认识李宁,更没有接收到李宁这一体育品牌所应该传达的"奥林匹克"体育精神。

资深策划人、品牌传播和企业战略分析学者刘如江在接受《中国企业报》记者采访时表示,表面上看,李宁公司这两年令人沮丧的表现,直接受累于品牌重塑和"90后李宁"。

"冰冻三尺,非一日之寒",李宁之所以在短短两年时间内遇到这么多问题,深层次原因还是由于一直缺乏系统和清晰的长远战略思维所致。本来2010年的品牌重塑是一个契机,但早已习惯于见招拆招的管理层,好像不太可能把这件事情做好,反而以更极端的方式暴露了隐藏已久的诸多问题。李宁是中华民族心中的一面旗帜,目前遭遇如此境地,确实令人唏嘘不已。

岁月流逝,李宁本人也渐趋变成一个“小老头”。沿用已久的“吃青春饭”这一至尊法宝,已经明显不再适应新的变化了。如何继续同运动产品消费主力的“青年人”进行有效沟通,自然也变成公司上上下下不得不去认真思考的一大课题。

错失的发展机遇

专家认为,在中国体育品牌中,虽然遭遇多种重创,但李宁公司在国内的地位一度是不可撼动的,不过,不能忽略的是,在品牌建立及品牌重塑过程中,李宁公司曾经错过了几次重要的发展机遇。

第一次,应该是来自于用“体操王子李宁”命名品牌的得与失。刘如江向《中国企业报》记者介绍,多少年来,李宁品牌形象的传播和沟通,更多依赖于李宁自己的人格魅力。这在公司和品牌创建之初,自然具有良好的“短平快”效果,策略的性价比也是最高的。20 世纪 90 年代,距离李宁体育生涯顶峰时间较近,李宁是中国人的骄傲,在“60 后”、“70 后”和“80 后”心中更是一尊神,“气场”之强空前绝后。

用今天的眼光来看,大约还算得上典型的“高富帅”,富有青春和活力。

但是,随着李宁逐渐淡出体育赛场,新生代提起“李宁”至多只知道是一个体育品牌,已经再无人能联想到奥林匹克精神,而体育品牌终端客户又始终在新生代。近 20 年时间,李宁公司没有完全完成品牌重塑。

“90 后李宁”,表面上似乎更能拉近同“90 后”消费者的距离,实现品牌形象年轻化。结果落了个两头不讨好。“60 后”、“70 后”和“80 后”们,感觉你在背叛他们、抛弃他们,在卸磨杀驴了,心中不大舒服,新的产品款型也接受不了。而“90 后”们,最大的才 20 岁刚刚露头,消费能力有限,同时他们对李宁没有太多印象,即使有些印象的,也只是老态尽显、有点秃顶的李宁,难以从个人魅力上形成认同,他们更喜欢的是刘翔、姚明、郭晶晶、林书豪。

“从品牌管理角度来看,‘90 后李宁’同样缺乏弹性和战略纵深。”刘如江对此很是担忧,“每隔 5—10 年就得调整一次,造成品牌传播和营销资源巨大浪费,形不成有效沉淀不说,而且容易导致企业出现大的波折。”

李宁公司错失的第二次机遇,就是北京奥运会后 3～4 年的黄金成长期、蜕变期。此时如果公司能够回归真正的“李宁精神”,这不但要求品牌沟通诉求回归到李宁所代表的奥运竞技蕴藏的“挑战”、“超越”、“专注”、“永不满足”和“精益求精”普世精神,还在于按照这个精神对各个业务模块进行调整,对具体策略进行全方位梳理,最终使得公司上上下下每一个毛孔、公司业务每一个细节都无不强烈地散发着此种气息。这是一种超越运动门类、年龄阶段、性别差异、血缘种族、时空局限和收入差距的强大无比的精神力量。

对此,刘如江对《中国企业报》记者表示,李宁公司 20 多年的发展历程,有很多重要的时间节点和重大事件。这些东西往往都跟每个节点上社会的流行风向有关。他们的管理层不是空气,总要受到不同时期流行的一些理论影响。譬如低价导向、多元化、多品牌、企业并购、国际化、时尚化,都深深打上了时代的烙印。这些方式在短期内确实可以大大提升李宁公司的业绩,但当时是否真的必要、企业能不能支撑起这些战略、长远来看会不会留下负资产,几乎没有人过问。如此大手笔在当时都令管理层很爽,现在看来,所暴露出来的问题,基本上都与之相关。

（资料来源:《中国企业报》2012 年 8 月 7 日,原文:李宁遭遇“规则理解障碍” 从高富帅变“小老头”）

思考题

收集更多资料,分析李宁公司品牌战略的利与弊。

第十章 定价策略

价格是市场营销组合中带来收入的因素，它直接影响企业的获利程度，也对消费者的购买决策产生影响。价格也是整个营销方案中最容易调整的因素，其他如产品、渠道或促销活动都会花费更多的时间。一个精心设计的品牌可以获得产品溢价和丰厚的利润。如果价格高，公司销售减少；价格低，公司就不会收到应得的利润。价格策略无疑是一种重要的竞争手段，企业要审慎制定其价格战略。

定价决策是复杂而困难的，营销人员必须考虑到影响定价的多种因素：企业本身、顾客、竞争和市场环境等，另外，定价也必须与企业的营销战略、目标市场和品牌定位保持一致。本章将介绍与定价有关的概念和策略，以帮助企业制作出合适的初始价格，以及如何随着时间和市场的变化而对价格作出调整。

引导案例

乳品企业是涨价还是不涨？

2007 年各个企业遇到的共同问题，毫无疑问就是涨价。对于乳制品企业来说，本身的经营利润就比较小，但从年初到年终，各个企业不得不你方唱罢我登场，在不断的涨价潮中前行。

本来乳制品的行业利润经过近几年的市场竞争，已经到了“很受伤”的地步，但市场经济的规律决定了竞争继续存在，由于奶牛饲料全球性的涨价，奶牛养殖业无形中会受到冲击，但这毕竟是一个行业，还要生存，只得接受这种情况，但无疑是增加了养殖成本，出于利益的考虑，鲜牛奶涨价成为不可阻挡的趋势，对于乳制品行业来说，这种原料的涨价，导致自己的生产成本增加。糖是乳制品企业不可缺少的辅料之一，自从 2005 年冬天以来，国内的食糖原料甘蔗价格从 160 元/吨上涨到目前的近 300 元/吨，导致食糖从 2005 年 1 月份的 2 800 元/吨以 100%的涨幅蹿升到了目前的 5 700 元/吨(2006 年 1 月价格)。辅料的涨价导致乳制品(纯奶除外)成本增加，价格上涨在所难免。

由于奶制品行业巨头在各地不断地建厂，建厂就需要奶源，在区域市场，奶源毕竟是有限的，更多的企业用更大的投入掺进来参与争夺，必使“战斗”更趋激烈。作为区域乳品企业中的佼佼者，H 企业已经有近 70 年的历史了，经过近几年的市场精耕细作，在 S 省经营得风生水起，已经开始拓展周边的省份市场了。但从 2006 年开始，乳品业内的所有企业都感到了原料涨价带来的经营压力。H 企业也不例外，虽然企业年销售近 4 亿元，但利润也就 500 万元，看似风光的背后，实际上存在很大的市场威胁。公司高层经过多次会议做出了产品涨价的决定，由于在 S 省是第一家涨价的乳品企业，市场必然会出现波动，企业也意识到这个问题，因此在涨价前半个月秘密地通知各地经销商，同时开展了一系列的促销活动，比如对消费者采取买赠、对经销商采取返利等措施。

经过前期的准备，H企业在10月份上调了产品价格，平均涨幅10%左右，由于前期做了较好的铺垫工作，市场虽有影响，但也在控制的范围内，平均下降了10%左右的销量。11月份，经过市场活动的拉动，销量有所回升，但比涨价前还是下降了6%左右。但11月份，原奶的收购价格已经突破3元/公斤的大关，一算成本，企业还是没有赢利，看市场的发展态势，原料还有涨价的可能性，企业要发展就要有利润，没有利润，企业怎么发展？在经过企业董事会的多次会议后，决定在12月份再行涨价，涨价幅度在8%左右。到12月10日，经过统计，销量下滑最严重的某区域居然达到40%，最少的也有11%，平均销量下滑30%。面对这样的市场局面，企业高层几乎束手无策。

价格已经涨了，但销量下去了，市场在不断地丢失，怎么办？难道恢复原来的价格，降价？可企业要是再这么下去，非但没有利润，连生存都成问题。涨还是不涨，这决定着企业的生存与发展，面对市场现有的局面，该如何收场？

任何营利和非营利组织都必须为产品或服务制定价格，价格无处不在，房租、学费、车票、利息、工资和佣金等都是你在购买产品或服务时支付的价格。大多数情况下，价格是由买卖双方协商制定的。在某些领域，讨价还价是一种常态。随着大型零售业的发展，为所有的买家制定单一价格逐渐成为一种相对现代的观点。近年来，互联网改变了买卖双方之间互动的方式，买方可以从成千上万的供应商中获得即时的价格比较，卖方也可以方便地监控消费者行为，并为其个人定制价格等。

第一节　制定价格

当企业研发出一种新产品、将原有的产品引入新的市场或者参与竞标时，企业必须制定价格。企业可以通过许多方式进行定价。在小公司，价格往往由老板决定；在大公司中，价格则由部门经理或产品经理共同制定。大多数市场具有不同的价格层次，如高价位、中价位、中低价位、低价位等。企业制定价格策略时，必须要考虑许多因素。一般来说，企业制定价格的过程可以分为六个步骤（见图10-1）：

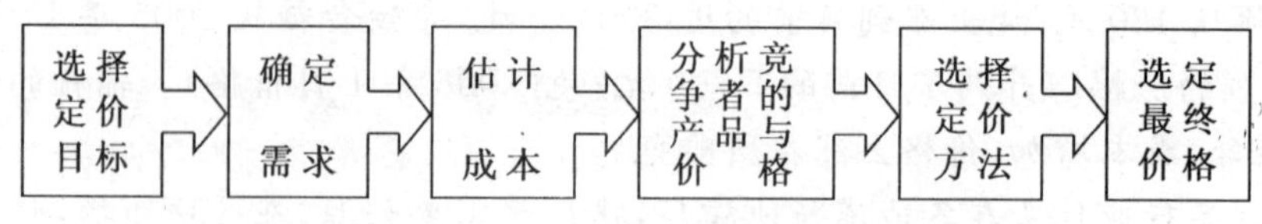

图10-1　制定价格策略的步骤

一、选择定价目标

任何公司都不能孤立地制定价格，必须按照公司的目标市场战略及市场定位战略的要求来进行。假如公司决定为高收入阶层设计、生产一款豪华跑车，那就要制定高的价格。另外，公司管理人员还要考虑公司其他经营目标，如公司生存、利润、市场占有率、产品质量等。

公司定价目标主要有以下几种：

1. 维持生存

如果公司面对生产过剩、竞争激烈，或者要改变消费者的需求时，一般把维持生存作为其主要目标。为了确保公司的经营运转，公司必须制定较低的价格，以期获得需求的增长，这种情况下，利润比起生存要次要些。只要价格能够补偿变动成本，公司就能经营下去。但是，生存目标是一个短期目标，长远来看，公司必须学会增加顾客的价值，否则将面临破产。

2. 当期利润最大化

有些公司以短期的利润最大化为定价目标，估计不同价格下的需求和成本，选择能够创造最大利润、获得最多现金和投资回报的价格。

3. 市场占有率最大化

一些公司想要获得市场份额的领导地位，他们相信占有很大的市场份额的公司能够实现最低的成本和最高的长期利润。所以，为了获得最大市场份额，尽可能制定低价格。

实行低价的可行条件如下：

(1) 市场对价格非常敏感，低价可刺激市场份额进一步扩大；

(2) 随着生产的积累，生产和分销成本将会降低；

(3) 低价抑制了现实的和潜在的竞争对手进入市场。

4. 产品-质量领导地位

一些企业可能致力于成为市场中产品——质量的领导者，这些产品或服务被认为具有很高的质量、品位和地位，价格虽高但也没有超出消费者的购买能力。一些品牌如星巴克、哈根达斯、宝马等已经成为其行业的质量领导者，将高品质、奢华和溢价相结合的同时，赢得了大量忠诚的顾客。

5. 其他目标

非营利组织和公共机构可能会有其他的定价目标。如果一所私立大学的目标是收回部分成本，那么它必须依靠私人募捐或公共赠款来收回其余成本；一所非营利医院可能以收回全部成本为定价目标；一家非营利电影院的定价目标可能是上座率达到最高；一个社会服务机构可能会使其服务价格与客户的收入相适应。

二、确定需求

市场需求对公司定价有着重要影响。不同的价格会导致产生不同的需求量，从而对公司的营销目标产生不同影响。价格和需求的反比关系可以用需求曲线来表示(如图 10－2 所示)：需求曲线反映了不同的价格水平下，市场可能的购买数量。对于正常产品，价格越高，需求越低，其需求曲线向下倾斜。对于一些奢侈品牌，需求曲线有时会向上倾斜。一些消费者认为更高的价格代表了更好的产品，然而价格过高，需求仍然会降低。

估计需求量要明确影响价格敏感度的因素，一般来说，消费者对价格低或不经常购买的产品不太敏感。消费者的价格敏感度在以下情况下也会降低：① 替代品或竞争者较少；② 未注意到价格变高；③ 改变购买习惯的速度很慢；④ 认为提高价格是有道理的；⑤ 价格只是获得、使用和保养产品的总支出中很小的一部分。所有的企业都喜欢价格敏感度低的顾客，但是，互联网使得潜在顾客提高了价格敏感度。

在测量价格和需求之间的关系时，营销人员需要知道需求对价格变化的反应或弹性是

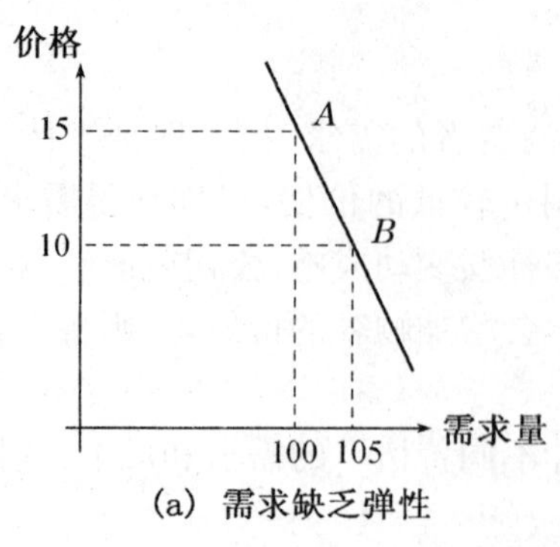

(a) 需求缺乏弹性

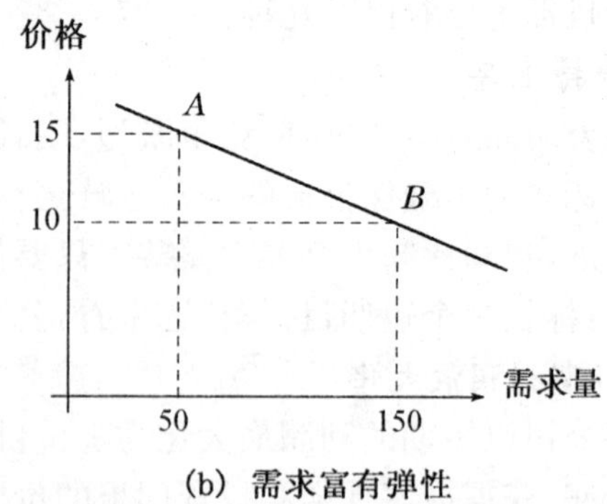

(b) 需求富有弹性

图 10-2 产品需求曲线

多少，这个用需求弹性来衡量。所谓需求弹性是指价格、收入等因素而引起的需求的相应的变动率。需求弹性分为需求的收入弹性、价格弹性、交叉弹性。

1. 需求的收入弹性

需求的收入弹性是指因收入变动而引起的需求的相应变动率。有些产品的需求收入弹性大，这意味着消费者货币收入的增加导致该产品的需求量有更大幅度的增加，一般来说，高档品、耐用消费品、娱乐支出的情况就是如此。有些产品的需求收入弹性较小，这意味着消费者货币收入的增加导致该产品的需求量的增加幅度较小，生活必需品的情况即如此。也有产品的需求收入弹性为负值，这意味着消费者货币收入的增加将导致产品需求量下降，如油、盐、大米、低档服装等物品。

2. 需求的价格弹性

在正常情况下，需求与价格是反向变动关系，价格提高，需求就会减少；价格降低，需求就会增加。这是供求规律发生作用的表现。但也有例外情况，例如珠宝、香水等高档物品提价后，其销售量有可能增加。当价格变化时，如果需求量变化幅度很小，我们称需求缺乏弹性(见图 10-2 a)；如果需求量变化幅度很大，则称为需求富有弹性(见图 10-2 b)。

需求弹性价格越高，则价格降低 1%带来的销量增长越大。如果需求富有弹性，企业应该考虑降价，较低的价格能产生更多的总收入。如果需求缺乏弹性，则企业应该考虑价格不变或适当提高价格，虽然销量有所下降，但仍会带来总收入的增加。

每一种价格都将导致一个不同水平的需求，并对它的营销目标产生不同的效果，所以企业制定的价格的高低会影响产品的销售。企业的市场营销人员在定价时必须知道需求的价格弹性，即了解市场需求对价格变动的反应。

3. 需求的交叉弹性

需求的交叉弹性是指一种商品的需求量变动对于它的相关商品的价格的变动的反应程度，它是该商品的需求量的变动率和它的相关商品的价格变动率的比值。交叉弹性可以是正值，也可以是负值，它取决于商品间关系的性质，即两种商品是替代关系还是互补关系。具有互补关系的商品称之为互补品，其交叉弹性为负值，即一种商品需求量与另一种商品价格之间成反方向变动；具有替代关系的商品称之为替代品，其值为正值，即一种商品需求量与另一种商品价格之间成同方向变动。

如打印机和墨盒之间是功能互补性商品，它们之间的需求交叉弹性系数就是负值。一般情况下,功能互补性越强的商品交叉弹性系数的绝对值越大。茶叶和咖啡、桔子和苹果等,这些商品之间的功能可以互相代替,其交叉弹性系数就是正值。一般来说,两种商品之间的功能替代性越强,需求交叉弹性系数的值就越大。若两种商品的交叉弹性系数为零,则说明 X 商品的需求量并不随 Y 商品的价格变动而发生变动,两种商品既不是替代品,也不是互补品。

需求的交叉弹性信息可以为企业的价格竞争策略提供依据。比如"长虹"厂商在考虑降价策略时,一定需要估测到它的替代产品诸如"TCL"、"海信"等厂商可能产生的反应,并进一步分析预测对手的反应如何对自己销售所产生的影响,从而判断降价策略是否可行。

三、产品成本

任何公司都不能随心所欲地制定价格,成本确定了产品定价的下限。公司希望所制定的价格能够补偿生产、分销、促销的全部成本,并能带来适当的利润。因此,公司制定价格时必须估算成本。

(一) 成本的类型

公司的成本有两种形式,即固定成本和变动成本。固定成本(fixed cost)不随生产和销售的变化而变化。例如,不论生产怎样,公司必须每月支付租金、水电费、人员工资等。变动成本(variable cost)随生产情况变动。例如,联想公司(Lenovo)生产的每台计算机都要主板、芯片、包装和其他外设投入,每台计算机的这些成本都一样,但其成本会随着生产计算机的数量而变化。总成本是一定生产水平下,固定成本和变动成本的总和。公司制定的价格,至少要能补偿一定生产水平下的总生产成本。

(二) 不同生产水平下的成本

为了制定一个适合的价格,公司管理部门需要了解不同生产水平的成本情况。例如,假定联想公司建造了一个每天可以生产 1 000 台计算机的工厂,其短期成本曲线如图 10－1(a)所示,从图中可以看出,如果工厂每天只生产几十台的话,每台计算机的成本就会很高,如果每天生产 1 000 台,平均成本则下降,这是因为固定成本分摊到更多的产品上,平均每个产品的固定成本就减少了。联想公司也可以试着生产 1 000 台以上的计算机,但平均成本会上升,因为工厂效率降低了,工人要等设备,而设备会经常出问题。

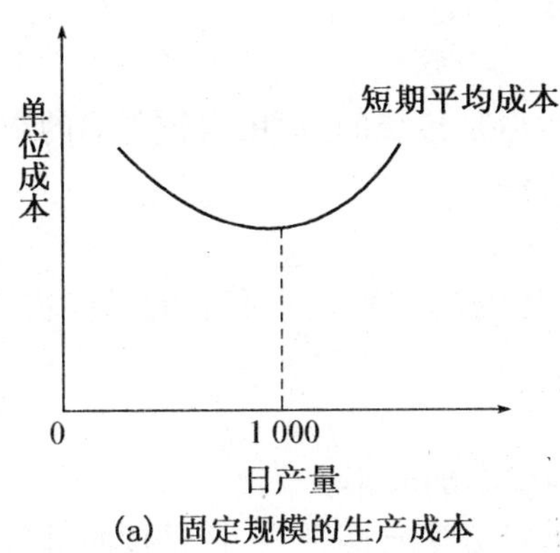

(a) 固定规模的生产成本

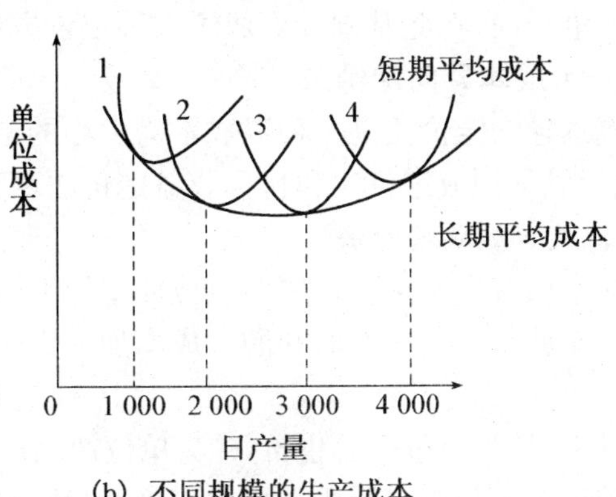

(b) 不同规模的生产成本

图 10－3　不同生产能力下的单位成本

如果联想公司每天销售 2 000 台计算机，它需要考虑建一个大一些的工厂。每天生产 2 000 台的单位成本要比生产 1 000 台的单位成本低，见图 10－1(b)，根据图中所示，该工厂具有 3 000 台的生产能力，应为此时的长期平均成本最低。如果市场需求足够的话，每天生产 3 000 台是最好的生产规模。

随着经验的积累，平均成本趋于下降。从长远看，随着采购成本的下降、流程得到改进以及工人技术的成熟，总的平均成本下降。另外，由于不同分销商对交货要求不一样，如有的零售商要求每天交货一次，有的可能要求每周交货 2 次以获得较低的价格，因此，每个零售商的成本就不一样，其利润也就不同，企业要计算每个实体不同的客户服务的实际成本，以制定一个合理的价格和利润空间。

从企业的长远发展角度来看，任何产品的定价都应以产品成本为底线，使其售价高于成本，让成本得到补偿，形成一定的利润，才能使再生产过程继续下去。

四、竞争者产品和价格

在由市场需求和成本所决定的可能价格范围内，企业必须考虑竞争者的成本、价格和可能的价格反应。如果企业提供的产品与一个主要竞争者提供的产品相似，那么企业必须把价格定得接近竞争者，否则会影响产品销售；如果本企业的产品质量较高，则产品价格可以定得较高；若产品质量较低，那么，产品价格就应定得低一些。

任何价格的制定或变化都会引起消费者、竞争者、分销商甚至政府的反应。当企业数量较少、产品同质化、购买者信息灵通时，竞争者更可能会做出反应，所以企业应及时掌握竞争者价格变化信息，并作出明智的反应。

五、选择定价方法

当分析了产品的市场需求、产品成本以及竞争者的价格后，企业就可以选定一个价格了，这是企业在制定价格时考虑的三个主要因素。产品成本决定了价格的下限(低于该价格则不可能获利)，市场需求往往决定了产品的上限，即最高价格(在该价格上不可能有需求)，而竞争者的价格则提供了企业在制定其价格时必须考虑的参照价格。企业一般通过这三种因素的一个或几个来决定定价的方法，这样就有了三种基本的定价导向：成本导向、需求导向和竞争导向，在此基础上形成了六种定价方法。

(一) 成本导向定价法

成本导向定价法是一种以成本为中心的定价方法，也是传统的、运用得较普遍的定价方式，包括成本加成定价法和目标收益定价法两种具体方法。

1. 成本加成定价法

成本加成定价法是指按照单位成本加上一定百分比的加成来确定产品的最终售价，加成的含义就是一定比率的利润。成本加成定价的公式为：

$$P=C\times(1+R)$$

其中，P 为单位产品售价，C 为单位产品成本，R 为成本加成率。

零售企业普遍采用成本加成定价法，其加成率的衡量方法有两种：一种是按照进货成本进行衡量，另一种是按照销售价格进行衡量。如果采用售价的一定比率为加成率，则公式为：$P=C/(1-R)$。

加成率确定要考虑商品的需求弹性和企业的预期利润。一般而言，经营稳定、风险小的加成率低，需求变化快、经营风险大或损耗大的加成率则高，季节性产品加成较高，周转慢、储存和搬运成本高的产品加成也较高。在实践中，同行业往往形成一个为大多数企业接受的加成率。如美国一些商品的加成率一般为照相机 28%、书籍 30%、服装 41%、珠宝饰物 46%、烟草 14%、贺年卡 50%等。

例一：某零售店经营某种手表，其进货价 P 为 120 元/只，加成率 50%，则每只手表的零售价格为 120×(1+50%)=180 元，毛利 60 元。

这种方法的优点在于计算方便；在成本没有多大的波动的情况下，有利于价格的稳定。其缺点在于不能反映市场需求状况和竞争状况。

应用成本加成进行定价是否合乎逻辑？答案是否定的。在制定价格过程中，任何忽视现行价格弹性和竞争关系的定价方法都不大可能制定出一个最适宜的价格。需求弹性总是处在不断变化之中，最合适的加成也应随之调整。最合适的加成与价格弹性成反比，如果某产品的价格弹性较高，则最合适加成就应相对低些；如果某产品价格弹性较低，则最合适加成则相对高些。

2. 目标收益定价法

所谓目标收益定价法是根据估计的总销售收入(收益)和估计的产量来制定价格的一种方法。

假设一家面包机制造商其固定成本为 30 万元，变动成本 10 元，企业计划投资 100 万元，预计销售量为 50 000 台，想要制定一个能获得 20%投资回报率的价格。那么目标收益价格可以通过以下公式求出：

$$单位成本=可变成本+\frac{固定成本}{销售量}=10+\frac{300\ 000}{50\ 000}=16(元)$$

$$目标收益价格=单位成本+\frac{目标利润率\times投资成本}{销售量(单位)}$$

$$=16+\frac{0.2\times1\ 000\ 000}{50\ 000}=20(元)$$

如果企业的成本和预测的销售量都计算得很准确，这家制造商就能实现 20%的投资收益率。但是，销售量如果达不到 50 000 台的话，则无法实现预期的投资收益率。所以，采用目标收益定价法需要绘制一张保本图，以便了解在不同销售水平上的收益变化(见图 10-3)。不论销售多少，固定成本都是 30 万元，在固定成本上附加上变动成本，变动成本随着销售量成直线上升趋势。总收入曲线从零开始，每销售一个单位，它就直线上升。

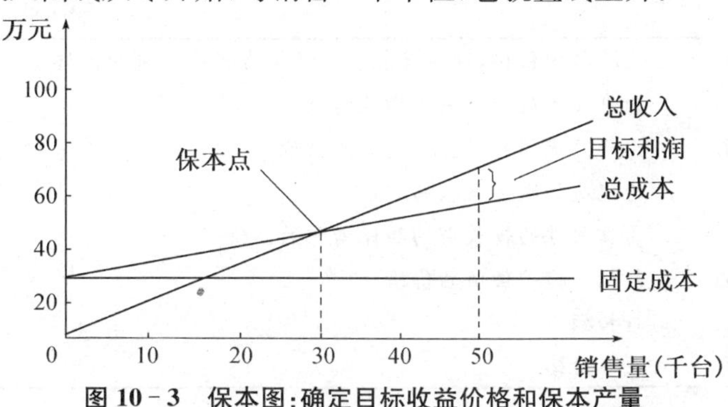

图 10-3　保本图：确定目标收益价格和保本产量

总收入曲线和总成本曲线在 30 000 单位处相交,这就是保本点,保本销售量计算公式如下:

$$保本销售量=\frac{固定成本}{价格-变动成本}=\frac{300\ 000}{20-10}=30\ 000(单位)$$

该企业当然希望在市场以 20 元的价格销售 50 000 台,这种情况下,其 100 万元的投资将盈利 20 万元。然而,这很大程度上也取决于价格弹性和竞争者的价格,但目标收益定价法却不考虑这些因素。

目标收益定价法是一种确定型定价方法。当其所依据的预计销量等于实际销量时,才能保证利润目标的实现。然而,由于实际销量本身还受到价格的影响,需求价格弹性大的产品在此价格下便难于保证预期销售量的实现。因此,此定价方法较适用于需求价格弹性较小的产品,适用于市场份额较高或具有垄断性质的企业。

(二) 需求导向定价法

需求导向定价法是以消费者的需求为中心的定价方法,即根据消费者对商品的需求强度和对商品价值的认识程度来制定公司价格。其定价的指导思想是首先通过研究市场需求确定产品的价格,然后减除目标利润,以进一步确定企业成本控制目标。主要有三种方法:认知价值定价法、反向定价法和需求差异定价法,其中需求差异定价法将专门论述。

1. 认知价值定价法

越来越多的公司意识到定价的关键不是卖方的成本,而是购买者对产品价值的认知。公司利用营销组合中的非价格因素(如广告)在购买者心目中建立并加强认知价值,价格建立在这种认知价值上。

认知价值可用来衡量一个顾客愿意付多少钱来购买一个产品或服务。市场上没有单一的认知价值,认知价值由很多因素组成,包括买方对于产品功用的预期、分销渠道、有保证的质量、顾客支持和其他方面的标准,如供应商的声誉、可信度和声望。不同的顾客对于这些因素的认知是不同的,有些看中价格,有些看中价值,而有些则忠诚于品牌。如一小瓶名牌法国香水,成本不过十几欧元,而售价高达数百欧元,其原因就是认知价值不同。所以,企业需要设计不同的战略,对那些看中价格的顾客,企业需要提供最精简的产品和服务;对那些看中价值的顾客,企业必须保持不断创新的价值并给予积极的承诺;对于出于品牌忠诚度而购买的顾客,企业必须致力于建立良好的顾客关系。

例二:美国卡特彼勒公司采用认知价值为其建筑用拖拉机定价,其一台拖拉机定价为 100 000 美元,虽然竞争者同样的拖拉机定价为 90 000 美元,但卡特彼勒却会获得比竞争者多的销售额。我们通过认知价值分解来看一下卡特彼勒公司如何让一位潜在顾客多付出 10 000 美元。

90 000 美元	拖拉机的价格,这仅是相当于竞争者的拖拉机的价格
7 000 美元	为产品优越的耐用性增收的溢价
6 000 美元	为产品优越的可靠性增收的溢价
5 000 美元	为优越的服务增收的溢价
2 000 美元	为零配件的较长期的担保增收的溢价
11 0000 美元	包括一揽子价值的价格
-10 000 美元	折扣额
100 000 美元	最终价格

这样，顾客认识到虽然购买卡特彼勒的拖拉机要比购买其他品牌的拖拉机多支付 10 000 美元的溢价，但事实上他增加了 20 000 美元的价值。

认知价值定价法的关键在于准确计算产品所提供的全部认知价值并展示给潜在顾客。企业如果过高地估计认知价值，便会定出偏高的价格；如果过低地估计认知价值，则会定出偏低的价格。为准确把握市场认知价值，必须进行市场调研。

阅读材料一：让顾客自主定价的饭店

杭州湖滨路上的瀛洲大酒楼为了在消费者和经营者之间建立起一种信任感，大胆地向社会宣布：向顾客公开所有菜肴的进货价，在顾客就餐后，由他们自己定价付钱。这一招果然引起了不小的轰动，每天顾客络绎不绝，生意十分红火，营业额也较往日有较大提高。当就餐者结账时，来自北京的某桌顾客当即争相猜价，有的说值 750 元，有的说值 800 元，也有的说值 900 元，最后决定付款 750 元。但这一桌原定价只有 500 元。

2. 反向定价法

所谓反向定价法是指企业依据消费者能够接受的最终销售价格，计算自己从事经营的成本和利润后，逆向推算出产品的批发价和零售价。这种定价方法不以实际成本为依据，而是以市场需求为出发点，力求价格为消费者接受。分销渠道中的批发商和零售商多采取这种定价方法。相应的计算公式如下：

零售商可接受的价格＝市场（消费者）可接受的零售价格×（1－批零差价率）

批发商可接受的价格＝零售商可接受的价格×（1－进销差价率）

如消费者对某品牌数码照相机可接受的价格是 2 000 元，若零售商要求的毛利率为 20%，批发商要求的毛利率为 10%，则该数码照相机的销售价格应为：

零售商可接受价格＝消费者可接受价格×（1－20%）＝2 000×0.80＝1 600 元

批发商可接受价格＝零售商可接受价格×（1－10%）＝1 600×0.90＝1 440 元

（三）竞争导向定价法

竞争导向定价法以市场上相互竞争的同类产品价格作为定价基本依据，并随竞争状况的变化确定和调整价格水平。其具体形式主要有随行就市定价法和投标定价法。

1. 随行就市定价法

所谓随行就市定价法是指企业根据行业的平均价格制定本公司的商品价格。在测算成本有困难或竞争者不确定时采用该方法进行定价。随行就市定价是同质产品市场的惯用定价法，也是一种与同行和平共处、比较稳妥的定价方法，可避免风险。

在完全竞争的市场上，销售同类产品的各个企业在定价时实际上没有多少选择余地，只能按照行业的现行价格来定价。企业如果把价格定得高于市场时价，产品就销售不出去；相反，如果把价格定得低于时价，将遭到降价竞销。

在寡头竞争的市场上，企业也倾向于和竞争对手制定相同的价格水平。因为在这种条件下，买主就会转向价格较低的企业。当需求有弹性时，一个寡头企业不能通过提价而获利；当需求缺乏弹性时，一个寡头企业也不能通过降价而获利。

在异质产品的市场上，企业有较大的自由来决定其价格。产品的差异化使购买者对价格的差异的存在不甚敏感。但企业也想相对于竞争者确定自己的适当位置,制定自己产品的价格定位。

2. 投标定价法

这是投标者参与招标活动时采用的定价方法。招投标交易方式多用于建筑工程承包、大型设备制造、政府大宗采购等商业活动。其过程一般是招标者首先发出公开招标信息,说明招标的内容和要求,所有的投标者在规定的期限内投标,将密封报价提交给招标者;招标者在规定的时间召集所有投标者将报价当众启封,并选择最合适的投标者确定为中标者,与之签约成交。

企业参加投标的目的是中标,所以它的报价应低于竞争对手的报价。一般来说,报价高,利润大,但中标机会小,如果投标失败利润为零;相反,报价低,中标机会大,但利润低,其机会成本可能大于其他投资方向。因此,企业在确定报价时,一方面要根据生产成本进行估价,确定几个报价方案,并测算各个方案的获利情况;另一方面,要进行调查分析,了解竞争者投标报价的动向,估计竞争者的可能报价,预测自己各个方案的中标概率,从有中标机会的方案中选择期望利润最大的方案作为投标投价。

第二节　价格策略

前述定价方法是依据成本、需求和竞争等因素决定产品基础价格的方法。通常公司不是制定单一的价格,而是要制定一系列价格,以反映地区需求和成本、市场细分要求、购买时机、交货频率、保证、服务等。所以,企业在选定最终价格时,还必须考虑一些附加的因素,制定灵活多变的定价策略,通过定价策略来修正、调整产品的基础价格。

一、新产品定价策略

根据新产品在投放市场时定价水平的高低,可以有两种类型定价策略。

(一) 撇脂定价

撇脂定价策略又称高价策略,是指在新产品上市时(产品生命周期的最初阶段),把产品的价格定得较高,以便在短期内获取可能多的利润,犹如从牛奶中撇取奶油一样。

使用这种策略需具备的市场条件:① 市场有相当多的顾客,他们对该产品的需求,缺乏弹性;② 存在着一些进入障碍,使高价格不至于吸引更多的竞争者;③ 产品的质量与高价相符,高价格可塑造高质量的产品形象;④ 企业有明显技术优势或组织优势的产品,但生产能力有限,难以应付市场需求,可以用高价限制市场需求。

> **阅读材料二:苹果 iPod 的撇脂定价法**
>
> 苹果 iPod 是近几年来最成功的消费类数码产品之一。第一款 iPod 零售价高达 399 美元,即使对于美国人来说,也是属于高价位产品,但是有很多“苹果迷”既有钱又愿意花钱,所以纷纷购买;苹果认为还可以“撇到更多的脂”,于是不到半年又推出了一款容量更大的 iPod,定价 499 美元,仍然销路很好。苹果的撇脂定价大获成功。

随着产品生命周期的进展，产品价格逐渐降低，以接近更大范围市场。当销售量下降后可以采取选择的办法去吸引价格敏感层次的顾客购买。

阅读材料三：苹果 iPod 的“高低搭配”定价法

苹果 iPod 在最初采取撇脂定价法取得成功后，就根据外部环境的变化，而主动改变了定价方法。2004 年，苹果推出了 iPod shuffle，这是一款大众化产品，价格降低到 99 美元一台。之所以在这个时候提出大众化产品，一方面，市场容量已经很大，占据低端市场也能获得大量利润；另一方面，竞争对手也推出了类似产品，苹果急需推出低价格产品来抗衡，但是原来的高价格产品并没有退出市场，而是略微降低了价格而已，苹果公司只是在产品线的结构上形成了“高低搭配”的良好结构，改变了原来只有高端产品的格局。苹果的 iPod 产品是撇脂定价和渗透式定价交互运用的典范。

（二）渗透定价

渗透定价策略又称低价策略。与撇脂不同，它将新上市产品的价格定得较低，让市场容易接受，可以快速进入市场，提高市场占有率。在短期内迅速占领市场并打开销路，待市场占稳后，再逐步提高价格，犹如往海绵里渗水一样，故称渗透定价策略。

采取这种策略需具备的市场条件：① 市场规模较大，目标顾客对定价相当敏感；② 公司的成本相对于竞争者低；③ 每单位的生产和分销成本可能随着产量的增加而降低；④ 低价可降低潜在竞争者进入市场的意愿。

其缺点是：投资回收期长，价格变动余地小；可能会形成消费者对产品“低价劣质”的品牌形象。

二、心理定价策略

营销人员发现消费者经常会积极地处理价格信息，会通过他们之前的购买经历、正式或非正式的信息渠道、销售网点和互联网等其他因素来理解价格。消费者的购买决策往往建立在其心理价位以及他们所感知的当前实际价格基础上，而不是建立在营销人员的要价上。

心理定价策略，是指企业定价时利用消费者不同的心理需要和对不同价格的感受有意识地采取多种价格形式，以促进销售。心理定价实际上就是顾客能接受什么价格就定什么价格。例如，某企业开发出一款非常好的产品，按成本定价只有八九十元，后经过消费者调研后发现，客户所能接受的心理价位在 200 元以内，于是最终定价为 188 元，比原来高出一百元。新产品推出市场后，价格并未成为顾客购买的障碍，反而本着好货当然价高的心理，认为这是一款品质相当好的产品。定价中高出的 100 元实际上成了厂家的纯利润。常见的心理定价策略有以下几种：

（一）声望定价法

企业利用消费者仰慕名牌商品或名店的声望所产生的某种心理把产品定在高价位，以彰显其高品质、高格调、高级身份等。质量不易鉴别的商品定价最适宜采用此法，因为消费者有崇尚名牌的心理，往往以价格判断质量，认为高价格代表高质量。据报道，手工布鞋在美国市场上很受欢迎，但质量好、价格低的中国货却竞争不过质量相对差、价格却高的韩国货，原因在于美国人认为低价意味着第档次、低质量。声望定价方法在零售业、饮食业、服务业、医疗卫生教育等行业运用非常广泛。

（二）尾数定价法

也称零头定价，就是利用消费者数字认知的某种心理，定价时故意保留小数点后的尾数，增强消费者对定价的信任感，并感到价廉的一种定价方法。如把价格定为 99 元、198 元等，尾数给人有打折和特价的味道，心理上感觉这个价格比较便宜，比整数价格少很多。但追求高价形象的公司应慎用。

（三）招徕定价法

零售商利用部分顾客追求廉价的心理，将一些产品以接近成本或低于成本的价格出售，吸引顾客上门。这些特价产品一般都是知名度比较高的产品，且多为使用频率较高的日用品，低价吸引顾客过来后，期望顾客顺便购买其他正常售价的商品，因此特价往往会搭配或限量购买等限制条件。例如，在节假日期间，一些超级市场和百货商店采用对几种商品进行低价、打折等促销手段，如超市里 0.99 元的鸡蛋、99 元名牌风扇等，以招徕顾客，顾客多了，不仅卖出去了低价商品，更主要的是带动和扩大了一般商品和高价商品的销售。

三、折扣定价策略

折扣定价已经成为众多企业提供产品和服务时的常用手段。为了鼓励消费者及早付清货款、大量购买或者在淡季购买，许多企业会适当降低其价格，比原定价格少收一定比例的现款或采取用其他东西替换比原定价格少收一定数量的价款的定价方式，这些价格调整被称为折扣或这让。折扣和折让的主要形式有以下几种。

（一）现金折扣

即对及时付清账款的购买者的一种价格折扣。最典型例子是“2/10，净 30”，意思是必须在 30 天内付清货款，但如果在交货后 10 天内付款，则按照价格给予 2%的现金折扣。西方国家许多行业都采用这种做法，其目的是尽快收回资金，减少坏账损失。

（二）数量折扣

即因购买数量大而给予一种折扣，主要是鼓励顾客多购货物。例如，顾客购买某种商品，购买 50 件以下，每件 75 元；50 件以上，每件 70 元。这种折扣通常有累计折扣和非累计折扣两种方式。累计折扣，规定在一定时期内（如半年），同一顾客购买商品累计达到一定数额时，按总量给予一定的折扣。非累计折扣是指顾客当次购买达到一定数量时所给予的价格折扣。

（三）功能折扣

也叫贸易折扣，是指制造商向履行了某种功能如推销、储存等渠道成员所提供的一种折扣。例如经销商在销售区域内做到每月都有促销活动，年底给予 2%折扣（或返利）。

（四）季节折扣

即向购买非当令商品或服务的买者提供的一种折扣。例如航空公司、旅馆等在营业淡季提供季节折扣。

（五）价格折让

即根据价目表给顾客以价格折扣。当顾客购买新商品时，允许交还同类商品的旧货，在新货价格上给予折让，典型的就是以旧换新。例如，一台冰箱标价 2 000 元，顾客以旧冰箱折价 300 元,则只需付 1 700 元,这就是以旧换新折让。如果某中间商同意某生产企业的促销活动,则某生产企业卖给中间商的货物可以打折,这就是促销折让。

小链接:折扣的戒律

◇ 如果其他人都提供折扣优惠,你就不应该再提供这种优惠。

◇ 在制定折扣政策时要有创意。

◇ 应该利用折扣政策来清理存货或增加业务量。

◇ 应该对这项交易在时间上作出限制,但必须确保最终顾客能完成这项交易。

◇ 为了在一个成熟市场上生存,你才应该制定折扣政策。

尽可能早地停止这种折扣优惠。

具有更高收入和产品参与度的顾客愿意为优质的产品特色、客户服务、质量、便利和品牌支付更高的价格,所以有实力的著名品牌不需要通过价格折扣来应对价格战。同时,如果公司可以通过折扣得到相应的回报,例如客户同意签订更长期的合同、同意在线订购而为公司节约开支,或者进行大宗买卖,折扣将是一种很有用的工具。

四、地理定价策略

一般来说,一个企业的产品不仅卖给当地的顾客,而且同时卖给外地的顾客,而卖到外地,把产品运到顾客所在地,需要花费一定的运费。所谓地理定价策略就是企业要决定,针对国内(外)不同地方的顾客是分别制定不同的价格,还是制定相同的产品价格。面临两个议题:一是该不该对边远的顾客收取较高的价格以弥补高运费;二是如何交付款项(特别在国际贸易中)。很多时候,购买者在付款时要求提供其他的条款,而这种实践就导致对销贸易的兴起。地理定价的形式有以下几种:

(一) FOB 出厂价(原产地)定价

顾客按照出厂价格购买某种产品,但需要负担从起运地到目的地的运费,价格等于出厂价加上变动运费。由于距离不同,距离较远的顾客就要支付较高的价格。

(二) 统一交货定价

与上述相反,公司卖给不同地区的顾客,产品价格一律按照相同的厂价加上相同的运费定价。也就是说,不管远近,都实行一个价,因此又叫“邮资定价”。

(三) 分区定价

这种形式介于前两者之间,把全国分为若干价格区,对于卖给不同价格区顾客的某种产品,分别制定不同的地区价格,即按区定价,相同区域内价格相同。分区定价易发生“窜货”问题。

(四) 基点定价

企业选定某城市作为基点,然后按一定的出厂价加上基点城市到顾客所在地的运费来定价,离基点近则运费就少,价格低。基点往往是一个仓库,公司会建立多个基点,增加灵活性。

(五) 运费免收定价

由销售者承担全部或部分运费,一般在高度竞争的地区采取这种战略,以便打入新的市场。此时产品价格就是出厂价。

(六)对销贸易

当购买者缺乏足够的货币(硬通货)来支付购买物时,很多时候在付款时要求提供其他的条款,如以物换物等,这就出现了对销贸易。在国际贸易中,对销贸易占世界贸易的15%~25%。对销贸易有以下几种:

1. 物物交换

指商品与商品的直接交换,没有货币和第三方参与。如法国一家服装商SA把价值250万美元由美国制造的内衣和运动衣与东欧的客户作5年物物交换,其交换的内容从全球运输到在东欧杂志上作广告等。

2. 补偿贸易

付给卖方的货款一部分采用现金,其余部分则以产品偿还。如美国向巴西出售飞机,收取70%现金,其余的则是咖啡。国内的一些冰柜厂与一些果汁、饮料企业之间也会出现类似形式。

3. 产品回购

卖方向另一个国出售工厂、设备或技术,并同意接受一部分用该设备生产的产品,作为付款的一部分。如我国春兰公司购买韩国LG公司的冰箱生产线,LG同意一部分货款以现金支付,余款由春兰生产冰箱偿还。

4. 反向购买(Offset)

卖方收到全部是现金的货款,但必须同意在规定时间内用相等数量的货币来购买该国商品。如百事可乐公司向俄罗斯出售其浓缩汁,同意接受卢布并购买俄罗斯的产品如伏特加在美国销售。

五、差别定价策略

企业一般会修改其基本价格以适应顾客、产品、地理位置等方面的差异,实行差别定价。所谓差别定价,也叫价格歧视,是指企业按照两种或两种以上不反映成本费用的比例差异的价格销售某种产品或服务。对同一产品,不同的消费者制定不同的价格。

1. 差别定价的主要形式

(1) 顾客差别定价:即企业按照不同的价格把对同一种产品或服务卖给不同的顾客。例如旅游景点门票对老年人、学生收取半价。

(2) 产品形式差别定价:企业对不同型号、形式的产品,制定出两个不同的价格,但不同型号或形式产品的价格对于成本是不成比例的。例如依云1 200 mL瓶装矿泉水为20元,同样的水装在100 mL的瓶内,但增加了一个喷雾器售价为30元。

(3) 部位差别定价:企业对处于不同位置的产品或服务制定不同的价格,即使这些产品或服务所提供的每个地点的成本是相同的。如剧院虽然不同座位的成本都是一样的,但不同座位的票价(如前后、中间与两边)却有所不同。

(4) 时间差别定价:企业对不同季节、不同日期甚至不同钟点的产品或服务而变动价格。如中国电信、中国移动等通讯公司的电话资费在一天中的某些时间段收费标准有所不同。

2. 实行这种差别定价必须具备的条件

(1) 市场必须能够细分,而且这些细分市场要显示不同的需求程度。

（2）低价细分市场的人员不得将产品转手或转销给付高价的细分市场。

（3）在高价的细分市场中，竞争者无法以低于公司的价格出售。

（4）细分的控制市场的费用不应超过差别定价所得的额外收入。

（5）实践这种定价法不应该引起顾客反感和敌意。

（6）差别定价的特定形式不该是非法的。

六、产品组合定价策略

当某种产品成为产品组合的一部分时，企业必须对定价方法进行调整，因为各种产品之间存在需求和成本的相互关系而且会带来不同程度的竞争，那么对这种产品的定价不能只考虑个别产品的价格，而应综合考虑产品组合中各种产品，制定出整个产品组合的价格策略。主要有以下几种形式：

（一）产品线定价法

通常企业开发出来的是产品大类，而不是单一产品。当企业生产的系列产品存在需求和成本的内在关联性时，需要采用产品线定价法。对产品线的产品品项按成本差异、顾客的不同需求而设定几个"价格点"作为定价的基准。如某品牌的男士西装定三个价格水平：1 500 元、2 500 元、4 000 元。有了这三个价格点，顾客就会联想到低质量、中质量和高质量的西装。产品线定价的价格区间意味着市场中不同的细分市场，价格点之间的差距不可过大或过小。价格间距的目标是要建立能向价格差异提供证据的认知质量差异。

（二）选择品定价法

许多企业在提供主要产品的同时，还会附带一些可供选择产品或具有特色的产品。但对选择品定价，企业必须确定需要定价的产品中包括哪些产品，又有哪些产品可作为选择对象。例如饭店定价，有些饭店将酒水的价格定得高，菜肴价格定得低；也有的饭店酒水免费，但菜肴价格却高。

（三）附带产品定价法

某些产品需要附属或补充产品才能使用，如打印机与墨盒、剃须刀与刀片等。有些企业会为主要产品（如打印机）制定较低价格，给附属品（墨盒、色带）制定较高的价格。

（四）两段定价法

服务性公司常常收取固定费用另加一笔可变的使用费进行定价。如电话用户可能每月要支付固定的月租费和相应的通话费；游乐园先收入场券费用，如果增加一些具体游玩项目还要再收费等。

（五）副产品定价法

在生产加工食用肉类、石油产品和其他化学产品中常有副产品，如果这些副产品对某些顾客群具有价值，必须根据其价值定价。副产品的收入多，都将使公司更易于为其主要产品制定较低价格，以便在市场上增加竞争力。

（六）捆绑定价法

企业经常将一组产品组合在一起，定价销售。这一组合产品的价格低于单独购买其中每一产品的费用总和。因为顾客可能本来无意购买全部产品，但由于在这个组合的价格节约的金额相当可观，这就吸引了顾客购买。如家电连锁企业苏宁、国美等经常在节假日推出家电套餐，将空调、冰箱、彩电、洗衣机等打包组合销售，比消费者单独买这些产品要节省近千元，企业由于增加了销售量，总利润也在增加。

七、网络营销定价策略

随着互联网的产生与发展以及电子支付手段的逐渐完善，网络交易量大幅增加。由于网络使得收集信息的成本大大降低，市场的主动权不再掌握在卖方手中，企业进行网络营销必须制定最富有灵活性和艺术性的价格策略。网络营销价格是指公司在网络营销过程中买卖双方成交的价格。网络营销价格的形成是极其复杂的，它受到多种因素的影响和制约。公司在进行网络营销决策时必须对各种因素进行综合考虑，从而采用相应的定价策略。很多传统营销的定价策略在网络营销中得到应用的同时也得到了创新。根据影响营销价格因素的不同，网络定价策略分可为如下几种：

（一）竞争定价策略

通过顾客跟踪系统经常关注顾客的需求，时刻注意潜在顾客的需求变化，才能保持网站向顾客需要的方向发展。在大多网上购物网站上，经常会将网站的服务体系和价格等信息公开申明，这就为了解竞争对手的价格策略提供方便。随时掌握竞争者的价格变动，调整自己的竞争策略，时刻保持同类产品的相对价格优势。

（二）个性化定价策略

消费者往往对产品外观、颜色、样式等方面有具体的内在个性化需求，个性化定价策略就是利用网络互动性和消费者的需求特征来确定商品价格的一种策略。网络的互动性能即时获得消费者的需求，使个性化营销成为可能，也将使个性化定价策略有可能成为网络营销的一个重要策略。这种个性化服务是网络产生后营销方式的一种创新。

（三）自动调价、议价策略

根据季节变动、市场供求状况、竞争状况及其他因素，在计算收益的基础上，设立自动调价系统，自动进行价格调整。同时，建立与消费者直接在网上协商价格的集体议价系统，使价格具有灵活性和多样性，从而形成创新的价格。这种集体议价策略已在一些中外网站中采用。

（四）特有产品特殊价格策略

这种价格策略需要根据产品在网上的需求来确定产品的价格。当某种产品有它很特殊的需求时，不用更多地考虑其他竞争者，只要去制定自己最满意的价格就可以。这种策略往往分为两种类型：一种是创意独特的新产品（“炒新”），它是利用网络沟通的广泛性、便利性，满足了那些品味独特、需求特殊的顾客的“先睹为快”的心理；另一种是纪念物等有特殊收藏价值的商品（“炒旧”）如古董、纪念物或其他有收藏价值的商品，在网络上，世界各地的人都能有幸在网上一睹其“芳容”，这无形中增加了许多商机。

（五）捆绑销售的策略

捆绑销售这种传统策略已经被许多网上公司所应用，网上购物完全可以通过不同形式巧妙运用捆绑手段，使顾客对所购买的产品价格感觉更满意。采用这种方式，公司会突破网上产品的最低价格限制，利用合理、有效的手段，去降低顾客对价格的敏感程度。

（六）产品生命周期定价策略

这种网上定价沿袭了传统的营销理论：每一产品在某一市场上通常会经历介绍、成长、成熟和衰退四个阶段，产品的价格在各个阶段通常要有相应反映。网上进行销售的产品也可以参照经济学关于产品价格的基本规律。并且对于产品价格的统一管理,能够对产品的循环周期进行及时地反映,可以更好地伴随循环周期进行变动。根据阶段的不同,寻求投资回收、利润、市场占有的平衡。

第三节　价格调整与企业对策

企业处在一个不断变化的环境之中,为了生存与发展,有时需要企业主动降价或提价,也需要对竞争者的变价作出反应。

一、企业降价与提价

(一) 企业降价

企业降价的主要原因有以下几个:

(1) 企业的生产能力过剩,需要扩大销售,但是企业又不能通过产品改进和加强销售工作等来扩大销售,企业就需要考虑降价,但降价可能面临价格战。

(2) 面临强有力的价格竞争而本公司的市场份额正在下降,例如我国的彩电企业由于受到长虹的大幅度降价,引发了彩电行业的价格战,多家企业如 TCL、创维、康佳等为保持其市场占有率而相继降价。

(3) 企业的成本费用比竞争对手低,企图通过降价来掌握市场或提高市场占有率,争取在市场上居于支配地位。有实力的企业率先降价,往往能给弱小的竞争者以致命的打击。例如格兰仕一直信奉“价格是最高级的竞争手段”,首先确立成本优势,其价格目标十分明确,就是消灭散兵游勇,每当其规模上一个台阶,就发动一次价格战。当其生产规模达到125 万台时,它立即把出厂价定在规模 80 万台的企业成本价以下;达到 400 万台时把出厂价调到 200 万台的企业成本价以下;当产能达到 1 200 万台时,又再次调价,这样使微波炉行业的“成本壁垒”站到了“技术壁垒”之前,让很多年产几万台、几十万台微波炉的家电企业对微波炉失去兴趣,使格兰仕掌握了市场。

(4) 经济衰退,不得不降价。

企业发动降价也存在着一定的风险:如低质量误区,消费者会认为产品质量低所以才降价。脆弱的市场占有率误区,低价能买到市场占有率,但是买不到市场的忠诚,顾客会转向另一个价格更低的公司。

(二) 公司提价

虽然提价会引起消费者、经销商和企业推销人员的不满,但是一个成功的提价可以使企业的利润大大增加。

1. 企业提价的主要原因

一是由于通货膨胀,物价上涨,企业的成本提高,因此企业不得不提高产品的价格以弥补成本;二是企业产品供不应求,不能满足所有顾客的需要,这种情况下提价。

2. 提高价格的方法

(1) 采用延缓报价。企业到产品制成或者交货时才制定最终价格。生产周期长的产业如工业建筑和重型设备制造业等采用延缓报价定价法相当普遍。

（2）使用价格自动调整条款。企业要求顾客按当前价格付款，并且支付交货前由于通货膨胀引起增长的全部或部分费用，一般会在合同中规定。施工较长的工程如路桥建设会有该条款。

（3）分别处理产品价目。企业为了保持其产品价格，把先前供应的免费送货与安装的产品分解为各个零部件，并分别为单一的或多个的构件定价出售。

（4）减少折扣。企业减少常用的现金和数量折扣，指示销售人员不可为争取生意不按价格表报价。

公司还可以决定是一次性大幅度提价还是小幅度多次提价，一般来说，顾客喜欢有规律地小量提价而不是大幅度涨价。另外，在涨价时启用应该避免落下价格骗子的形象。

3. 不必提价而弥补高额成本或满足大量需求的可行方法

（1）压缩产品产量，价格不变，使产品体积、含量等减少。

（2）使用便宜的材料或配方做代用品。如把一些天然材料（巧克力）改为人工合成的。

（3）减少或者改变产品特点，降低成本。如简化家用电器的设计，与折扣商店的商品进行价格竞争。

（4）改变或者减少服务项目。如取消安装、免费送货或长期保修。

（5）使用价格较为低廉的包装材料，促销更大包装产品，以降低包装的相对成本。

（6）缩小产品的尺寸、规格和型号。

（7）创造新的经济的品牌或使用无品牌产品。

二、价格变化的反应

公司无论提价或降价，这种行动必然影响到购买者、竞争者、分销商和供应商的利益，也会引起政府的注意，因此公司在调整价格时必须考虑这些因素的反应。

（一）顾客对价格变化的反应

顾客经常在价格变化后提出质疑，对某种产品的降价可能这样理解：① 该产品被最新型号替换；② 该产品有某些缺点，销售不好；③ 这个公司财务有问题，可能经营不下去了；④ 价格可能还会进一步下跌；⑤ 产品质量下降。

提价通常会影响销售，顾客对某种产品提价可能这样理解：① 该产品非常“畅销”；② 该产品有非同寻常的优良价值；③ 卖主要赚更多利润。

一般来说，购买者对于价值高低不同的产品价格的反应有所不同。对于价值高、经常购买的产品的价格变动较为敏感；而对于价值低、不经常购买的小商品，即使价格变动很高，购买者也不怎么注意。另外，购买者虽然关心价格的变动，但更关心获得、使用和维修产品的总费用。

（二）竞争者对价格变化的反应

企业在打算变更价格时必须考虑到竞争者的反应。在一个企业数量少、产品同质、购买者信息灵通的地方，竞争者的反应显得很重要。

企业可以从两方面来估计、预测竞争者对本企业价格变动的可能反应：一是假设竞争者采取一套既定的方式应对本企业价格变动，这种情况可以预测竞争对手的反应；二是假设竞争者把本企业每一次价格变动都看作新挑战，并根据当时的利益作出反应。在这种情况下，企业必须分析此时竞争者的自身利益是什么，要调查竞争者的财务状况、最近的销售量与生产能力、顾客忠诚情况以及企业目标等。如果竞争者的目标是提供市场占有率，就可能随本企业的价格变动而调整价格；如果竞争者的目标是利润最大化，就会采取其他对策，如增加广告预算、加强促销或提供产品质量等。

企业降价时，竞争者可能会作不同的解释，如推测你正试图悄悄地夺取市场，可能推测你经营情况不佳并企图增加销量，或者企业希望整个行业减价。

(三) 公司对竞争者价格变化的反应

在市场经济条件下，企业经常面临竞争者变价的挑战。如何对竞争者的价格变化作出及时、正确的反应，是企业定价策略的一项重要内容。

在一个同质的产品市场中，如果竞争降价，企业也要跟着降价，否则顾客将到价格最低的竞争者那里去购买。在竞争者涨价时，企业可以跟着涨价，也可以不涨，若对整个行业有好处就涨价。

在异质的产品市场上，企业对竞争者价格的变化有较多的选择。企业可以考虑几个问题：① 竞争者为什么变动价格，是夺取市场还是领导行业内的价格变动；② 竞争者的变价是临时的还是长期的；③ 若本企业不做出反应，本企业市场份额和利润将怎样变化，其他企业是否将做出反应；④ 对于每一种可能发生的反应，竞争者与其他企业可能做出什么样的反应。

市场领先者会面临许多低价位小企业的挑战，这些企业往往通过降价的方式来进攻市场领导者的市场份额。在这种情况下，市场领导者有几种策略可供选择：

1. 维持原价格

当市场领先者认为若降价会失去很多的利润或者不会失去很多的市场份额，必要时会重新获得市场份额，这时可以维持其原来价格和利润幅度。在维持价格不变时，要改进产品品质、提高服务水平、加强促销沟通等，同时运用非价格手段反击竞争者。

2. 降价

市场领先者可以降低自己的价格，以达到竞争者价格的水平。这样做首先是其成本将随着数量增加而下降；其次是高价将使他失去很多的市场份额，因为本市场对价格是敏感的；再次，一旦他失去市场份额，他要用尽全力去重新获得市场份额。当公司降价时应努力去维持它所提供的产品的价值。

3. 提高价格同时改进质量

提价并引入一些新品牌商品去包围那种进行攻击的品牌商品。一种最佳反应是在经营产品中增加廉价品种，或者另外创立一个廉价品牌。

最好的反应需要根据情况而变化。企业必须考虑产品所处的生命周期阶段、在企业的产品业务组合中的重要地位、竞争者的意图和资源、市场对于价格和质量敏感度、数量成本的关系和企业可供选择的各种机会。

本章小结

影响定价的因素包括定价目标、产品成本、市场需求、竞争者及其他市场营销组合因素。企业定价的目标主要有维持生存、当期利润最大化、市场占有率最大化、产品质量最优化。

企业在定价过程的一般步骤为：选择定价目标、测定需求的价格弹性、估算成本、分析竞争对手的产品与价格、选择适当的定价方法、选定最后价格。企业定价方法有三种：成本导向定价法（包括成本加成定价法、目标收益定价法）、需求导向定价（包括认知价值定价法、反向定价法）和竞争导向定价法（包括随行就市定价法和投标定价法）。

企业通常不制定一种单一的价格，而是建立一种价格结构，可以反映地区需求和成本、细分市场的要求、购买时机、订货水平和其他因素的变化情况。企业定价策略有多种，包括新产品定价策略、心理定价策略、折扣定价策略、地理定价策略、差别定价策略、产品组合定价策略、网络营销定价策略等。

企业处在一个不断变化的环境之中，为了生存和发展，有时需要主动降价或提价，有时候又需要对竞争者的变价作出适当的反应。

关键词

成本导向定价　需求导向定价　竞争导向定价　撇脂定价　声望定价　折扣定价分区定价　差别定价　尾数定价　选择品定价　附带品定价

思考题

1. 企业在定价时要考虑哪些因素？

2. 在什么条件下需求可能缺乏弹性？企业应当如何调整价格？

3. 简述撇脂定价策略及其适用条件。

4. 价格折扣主要有哪些类型？分析影响折扣策略的主要因素。

5. 某厂生产某种商品 10 000 件，固定总成本 400 000 元，变动总成本 600 000 元，预期利润率 20%，试按成本加成定价法计算每件商品的销售价格。

6. 某生产商通过统计分析得：需求函数 $Q=1\,000-4P$，成本函数 $C=6\,000+50Q$。如果公司以利润最大化为定价目标，则其价格为多少时可取得最大利润？最大利润是多少？如果以最大销售额为定价目标，则公司制定什么价格时可取得最大销售额？最大销售额是多少？

7. 企业在哪些情况下可能需要采取降价策略？

实训题

1. 选定某类日用消费品（如白酒、洗衣粉、空调等）不同品牌进行零售价格调查，分析不同企业的定价方法和定价策略。

2. 选定某企业的某类产品（如海尔的洗衣机、格力的空调、宝洁的洗发水等），分析其产品线定价特点。

3. 收集某类产品市场如手机市场、电信市场、矿泉水市场等有关的价格资料，分析其定价方面的特点。

4. 举出一些品牌运用定价策略来促进销售的实例，并对其进行分析。

案例分析一

一起大闸蟹运送定价案例

绪言

太湖的严重水污染,引起了中央重视,决定进行整顿。城门失火,殃及池鱼,阳澄湖作为太湖的邻居,也受到影响,根据要求要压缩养殖面积。阳澄湖以大闸蟹出名,2007 年是压缩之前最后一年,所以销售势头很好。笔者有一朋友 P 先生专门从事物流专业服务,于是到阳澄湖去发 DM,说明可以从事大闸蟹的运输服务,可以从生产者处送到客户处,以解决生产和消费之间空间及时间上的矛盾,应当说是好事情。这中间就涉及运输费用的定价问题。

众所周知,单价和数量是反函数,运价越高,运量就越少(中间涉及服务品质问题)。那在什么样的定价情况下,P 先生的企业利润才能最大化呢?

一、案例材料

我们假设 P 先生的营销 4P 定位为高端,该定位内暂无竞争对手,可以拟定为垄断市场。P 先生从事该运输中固定成本和变动成本分别为 17 000 元和 25 元/千克。从历史资料得知运输量 Q 与定价 P 之间的依赖关系为:

$$Q=A+BP=1\,000-600p$$

请问,当运价定位为多少时候,P 先生的利润最大化?

二、案例分析

我们假设 Z 为总利润,R 为销售收入,C 为总成本,Q 为销售量,F 为固定成本,V 为单位变动成本,P 为单价,那么可以有如下方程模型:

$$Z=R-C$$

$$R=P*Q$$

$$C=F+V*Q$$

$$Q=A+Bp$$

由此可知:$Z=B*p^2+(A-B*V)*P-A*V-F$

(这是以 Z 为变量,P 为自变量的二次方程)

由此方程我们可以知道,当 $P=(BV-A)^2/B$ 时,

$Z=-(BV+A)^2/4B-F$

当 $Z=0$ 时,P 的两个值就是盈亏平衡的两个点。

三、计算

由上述理论模型可以知道,$A=1\,000$,$B=-600$,$V=25$,$F=17\,000$

把数据代入,则可以得到:

$p=11.67$ 时,$Z=106\,667-17\,000=89\,667$

也就是说,当定价为 11.67 元/kg 时,利润最大为 89 667 元。

上述数据请勿对号入座,这里的主要目的在于想给出一种方法,一种数学上的模型,作为依据,以供共同分享和研究。

四、结束语

计算不是目的，数学模型也不是市场，但是当对市场熟悉到一定的程度的时候，如果没有数学模型的预算和分析的话，则宏观把握市场在一定程度上受到了技能和思想水平的限制，进而成为一个企业市场目光的瓶颈，可能阻碍企业的发展。

许多企业高度重视理论研究，有的成立了研究院，比如微软成立了研究院，海尔也成立了研究院，研究的重要性可见一斑。实践证明：研究上多走一小步，实践中可以少走几年的弯路，可以节约大量的成本和时间。这里笔者强调的是，研究一定要和一线市场结合起来，把一线市场的实际及动态数据的变化和课堂的学习结合起来，进行系统的分析，必将在市场分析、定位、定价等许多核心问题层面上抢得主动，赢得市场，获得利润。

［资料来源：张京宏，沈宗南. 营销研究：从一起大闸蟹运送定价案例看蓝彻斯特营销函数的应用. 中国营销传播网，http://www.emkt.com. 2007-10-25］

思考题

1. 通过本案例你发现定价理论与实际产品定价有怎样的联系？
2. 你是否可以举出其他运用数学模型定价的实例？

案例分析二

两个牛奶品项的定价案例

一、一次纯牛奶的定价过程

事情背景

新疆 A 企业在进入乳品行业初期，由于产品单一，无品牌影响力，对主推纯牛奶品项上市之初，采取的是 243 ml/袋，百利包包装形式，产品规格 20 袋/箱，产品供货价 19 元/件，终端零售价 20 元/件，产品销售量每日不足 12 吨，企业处于无利甚至亏损状态。新上任的总经理急于改变这种状况，因而对产品品种进行了调整，每袋容量改为 200 ml/袋，规格 24 袋/箱，然而在制定产品供货价时却遇到难题，由于各方面意见不一致，有的主张仍采取原先价格每箱 19 元就可以了，有些主张产品价格定在 24 元，有些则主张定在 20～21 元/件即可，有的则主张定位在 22 元/件。新上任的总经理陷于矛盾之中，固然采取原先的 19 元价位产品上市会提升销量，但产品利润率极低；然而采取提价，将产品定价在 20～24 元，产品价格高了，利润率必然也提高，但是否会影响销量呢？当时企业正面临生存问题和销售急需上量的问题，因而总经理一直犹豫不决，于是聘请营销专家对这次产品定价开展分析和确定工作。

定价过程的分析阶段

首先：对产品进行定性分析。乳制行业中纯牛奶产品一直是市场上走货量较大的产品，同时该产品肩负着企业品牌和形象传播的任务，是一个走量和形象产品。

其次：目标消费人群分析。纯牛奶产品作为乳品行业中的一个普通品种，其消费人群涵盖上至老人下至小孩的所有人群，属于家庭消费占主导的普通消费品。

第三，渠道状况的分析。牛奶产品的消费面对广大家庭，A 企业产品的销售渠道主要为街边超市和社区周围的杂食店，是食品行业的传统销售渠道。

第四，产品策略的分析。该纯奶品项是企业的长线产品，承担着企业的战略任务，产品价格一旦定下来，将是长期和稳定的。

第五，产品特性的分析。该产品采用百利包包装，包装形式与市面产品大同小异，其功能、概念无特殊和独到之处，产品是普通产品。

第六，产品的价格需求弹性分析。纯牛奶产品是一个价格需求弹性大的产品，产品价格对产品销售量起到很大作用，特别是该地区消费者尚无品牌消费概念，消费者对牛奶知识认识较少，对品牌尚无建立的A企业而言，价格与需求的弹性表现更为明显。

定价过程的市场调研阶段

一、行业发展情况调查

乳制品行业作为一个朝阳行业，液态奶产品处于一个高速发展阶段，市场容量较大，行业兴盛，同时从网上查看了全国各地区牛奶产品的价位，作为百利包产品的销售单袋价格均在1元。由于包装规格不同，产品价格有所不同，但折合每袋价格仍在0.9～1元。

二、市场环境的调查

1. 对整个市场竞争产品进行分析，发现产品规格、包装趋于一致，同一规格的产品售价一致，供货价也一致，但因促销买赠下来差别较大，低的折算下来只有18元/件，而高的在22元/件，是市场上的主流。

2. 通过对消费者调查得出：A企业产品，品味非常好，比该市场的第一品牌口味都要好，很受消费者欢迎，但终端铺货量较少，价格对消费者影响尚不大。

3. 通过对销售渠道调查得出：A企业原先规格产品供货价是19元，零售与整箱购买对渠道而言利润一致，虽然整箱利润与竞品一致，但零售与竞品相比价差1元，终端有微异，从而也影响终端零售店主的零售推荐力。

三、企业自身环境的调查

1. 企业对奶业发展充满信心，企业的目标是让全疆人民喝上一杯放心奶，在后期会对乳业在推广、品牌、宣传上进行大的投入，因而产品定价需要考虑此部分利润。

2. 企业母公司规模较大，财务状况良好，并拥有几个千头牛场，奶源质量高，产品质量好，但对产品价格定位是白金品质、白银价格，是追求市场份额的企业。

3. 企业的乳业处于市场发展初期，尚无品牌优势，而且纯奶产品的市场地位属于跟随者地位。

4. 从企业所处的市场环境来看，牛奶产品正处于销售势头的上升期，销售量会大幅提升。

定价的最终结论

根据对各因素的综合考虑，结合市场的调查结果通过分析，采取竞争导向定价法的随行就市定价法，将该产品定位在中档价位，价格定在22元/件，建议零售价23～24元/件，考虑市场后期发展的不可预见性，并建议企业在产品推广中预提2元用于产品的推广费和促销费用。

此方案得到公司总经理的认可，并执行该价格定位，最终结果：企业产品顺利上市，并形成大的销售量，取得定价的成功。

二、对乳饮料的定价案例

事情背景

A 乳品企业是新疆最大的乳品企业之一，市场占有率达 20% 以上，产品品项以纯牛奶为主，低温酸奶为辅，品牌知名较高，且处于一个不断上升发展阶段。2004 年 6 月 A 企业成功开发出果味饮料产品：

产品名称：A 果味酸奶

产品类型：乳饮料系列

产品口味：有草莓味、原味、香橙味三种

产品规格：1×200 ml×20 袋/箱

产品包装：百利包包装

定价过程

对于 A 企业的该产品定价，虽然对影响价格因素的几个方面进行了分析，但重点放在了市场调查上来确定产品的价格，主要有以下步骤：

一、分析

1. 产品定性：该产品属于利润产品和季节性走量产品；

2. 消费目标：该产品消费群体主要集中在儿童人群；

3. 渠道选择：仍以传统消费渠道为主；

4. 产品策略：可用于后期抗竞争产品；

5. 产品特性：乳饮料，口味变化多，产品概念可定性为加了果汁的牛奶，有独到之处；

6. 价格需求弹性：尚无法很好确定。

二、市场调查

1. 该产品在整个行业发展中是一个新生产品，市场发展前景看好，属于发展阶段的初期，成长期不久即将到来。

2. 该产品在内地市场已有成功先例，产品零售价格与纯牛奶价格一致，但整件购买价格低很多，区域不同价格变化较大。

3. 在当时的新疆市场该产品虽有同类竞争产品，竞争产品的包装以利乐砖为主且价格较高。而竞争产品的百利包包装则品项单一，产品发货价达 16 元/件，销量不大，市场上对该产品尚无概念和认识。

4. 通过消费者口感测试，该产品口感较好，易于消费者接收。

5. 企业对该系列产品的包装设计上色彩鲜明，易于和纯奶区分，利于该品传播，同时产品包装设计档次较高。

最终定价

最终我们采取需求导向定价法的需求心理定价法将该产品价供定在14～16元/件，企业选择了14元的价格，产品一上市即很快上量，目前A企业果味酸奶成为新疆市场乳饮料的领导品牌。

分析：

对该品项产品我们采取了需求定价法，其上市的成功原因在于：

1. 该产品名称果味酸奶符合规则，但对消费者的认识有诱导作用。

2. 该产品以整箱14元为供货价，16元为零售价，增加了零售商的空间利润，零袋销售利润更可观，使零售店主乐于推广。16元/箱的售价和箱装奶普遍23元/箱的价格来比价格最低，同时在当地市场上牛奶的价格在终端店没有如此低的价格，对消费者有诱惑力。

3. 作为乳饮料产品，成本低，此价格看似低，但利润率却不低。

4. 整个市场在以24袋为主流定价时采取20袋定价，形成了价格的比较优势。

5. 整个市场对乳饮料尚无清晰概念，低价实现了口碑传播效果。

企业对产品的定价是为了实现企业特定的目标，在需求和供给复杂多变、竞争激烈的现代市场，定价的方法很多，企业应根据情况进行调整。

[资料来源：伯建新. 给产品一个合适的价格. 中国营销传播网. http://www.emkt.com. 2006-2-25]

思考题

1. 该案例对两个牛奶品项的定价运用哪些营销方法或原理？

2. 案例中纯牛奶和乳饮料的定价方法有何异同？

第十一章　分销渠道策略

在现代市场经济条件下，大部分生产企业都是借助于一系列中间商来完成商品的销售活动。商品在流通领域内的转移包括由商品交易活动完成的商品所有权转移过程和由存储、运输等活动完成商品实体转移过程。正是借助于营销渠道的这些功能，制造商提供的商品才能够顺利到达消费者手中。通过对本章的学习，可以了解营销渠道的流程，熟悉中间商的作用与类型，掌握影响选择营销渠道的各种因素以及对渠道管理方法，并对企业物流活动作出正确决策。

引导案例

海尔渠道的新变革——扁平化发展

海尔首席执行官张瑞敏最近在一个论坛上介绍，2013 年初海尔员工数量是 8.6 万人，年底减少至 7 万人，裁员比例为 18%，2014 年预计再裁掉 1 万人。也就是说，三成的海尔员工将在两年中消失，情况异常惨烈。据有关分析，销售人员是此次裁员的重点对象。“海尔在网络布点上减掉了中间层，原来海尔形成的总部—省—市—县的渠道网络，直接变为总部—县，中间层在去年就裁减了 4 000 人。

著名的管理咨询专家，前和君咨询创始人之一包政老师曾经对传统制造业有一个精练的概括。包政认为，中国传统制造业企业多数产品差异化程度低，因此只能依靠庞大数量的人力资源和巨型销售网络进行硬性推广。这种非扁平化的营销模式，在当前非常恶劣的市场环境中变得更加不合时宜。因此，各位看官不必莫名惊诧，接下来格力、美的裁员也是大概率事件。特别需要指出的是，海尔在家电电商的布局超越了同行，这是海尔敢于对原有分销渠道动大手术的资本。但是，从更长的时间线看，海尔的变革像一次“死亡行军”。如何减少制造业转型的大震荡值得商榷。

理解海尔这次裁员，需要先认真阅读《IT 经理世界》杂志前资深记者、电商报道总监刘琪写的一篇文章。刘琪目前在小米手机任职，他那篇文章的题目是《海尔的激进电商实验》。传统制造业的营销模式通常是不接触用户的品牌＋批发模式，而且大量营销投入沉淀在线下，积重难返。海尔现在已经拥有了一支 80 后、90 后懂电商的青年军，拥有了覆盖三四线城市的日日顺物流，拥有了相对成熟的 C2B 和 O2O 模式，自有网络商城的转化率大幅提高。需要指出的是，2013 年海尔电商的销售额虽然增长两倍，但在海尔全部销售额中不超过 4%。近十多年海尔建立的“实网”如此庞大，此次裁员可以理解为不惜牺牲销量，对分销体系主动做大手术，未来形成以电商为主的商业模式。

这里必须问，值得不值得？依然有很多传统行业的资深人士认为电子商务就是企业清库存的“下水道”，是窜货和威胁统一价格体系的“乱源”，或者只是传统行业的补充，而十年之内不会是未来的主渠道。这种声音在过去两年内十分强烈。但是，随着市场形势越来越严峻，国内一些巨头开始物色电商并购对象。2014年在电商大规模布局已经是很多大企业的共识。而大企业如何做电商是今年一个热点话题。大企业首先要处理传统分销渠道问题。海尔的第一步是停止了对杂志的广告投放；第二步是把重点创新项目设定在O2O项目，把SCRM及加强与用户的交互性放在重中之重；第三步是和阿里通过股权交易达成战略合作，共同开发三四线电商市场。

从国内市场看，美的和格兰仕的家电竞争都以价格战开路，西门子等国外大牌企业的冰箱、热水器、微波炉的产品价格更趋本土化，而格力在空调技术积累上处于领跑位置。海尔则在与同行的成本竞争和技术竞争之间处于一个尴尬的中间位置。过去若干年海尔的改革在分权方面做得很彻底，形成了2 000多个自主经营体。但是这样彻底的分权，却让海尔拿不出令人印象深刻的整合性产品。从深层次看，海尔管理创新的理论基石是基于美国管理学家迈克尔·哈默等提出的“流程再造”理论，进而实施了“人单合一”的策略业务单元改革。

但是，一直没有人质疑“流程再造”和制造业经典的“微笑曲线”理论是否兼容。“微笑曲线”就像一个涵盖制造、营销、研发的大流程，而“流程再造”盯住的却是企业内部的小流程，一味追求短期的效率。在制造环节，最经典的精益管理理论强调人的创造性，这和死死盯住流程恰恰是相悖的。精益管理不断驱动企业员工发现企业管理中的瓶颈，进行持续的改良与完善。而流程再造是一个短期化、功利化的绩效考核机制，破坏了部门协作，片面强调企业内部的市场机制。海尔只是看到了速度和效率的重要性，却忽略了多快好省中“好”才是企业的核心价值，“好”的产品和用户体验需要时间的沉淀。片面追求效率，索尼就是海尔的前车之鉴。

张瑞敏先生特别强调企业和用户之间的零距离。但真正的零距离，不仅仅是互联网带来的连接零距离，更深层的是心灵的零距离。企业既是功能体，也是共同体，以海底捞为代表的企业将企业做成了共同体，却创造出绝佳的用户体验。实际上，海底捞的产品优势并不突出，而员工却创造了奇异的磁场。海尔的问题是太冷静了，2.6万员工的裁员竟然先在理论上说服了自己。错误的理论必然导致错误的实践，而各种因素的集合导致海尔付出的代价太大了。

海尔的企业创新似乎主要围绕着管理创新这个主线，而略显内向化。例如，联想通过对IBM和摩托罗拉的并购，成功提升了品牌形象。海尔除了对三洋的子公司有一些小规模并购，近年来很少通过并购杠杆去解决“微笑曲线”的品牌提升问题。从企业管理咨询外包看，华为也大胆引进了IBM作为战略咨询顾问，对研发等流程进行了梳理。海尔则是立足于自身去创新管理流程，自己去不断试错。

当然，海尔的流程再造恰好和电子商务大潮产生了共鸣。这一点加强了海尔的“理论自信”。一线电商很多是充分授权，管理扁平化，C2B或小而美也成了流行风。应该肯定的是，海尔电商化比很多传统企业走得更远，理解得更深。但是柔性供应链、模块化生产加上日日顺物流，不等于真正形成一个平台化、开放的商业模式。总体看，海尔是一个有高度而内向的企业，按照自己独有的思路去适应快速变化的互联网世界。其实，华为、联想或者说传统制造业都有类似的问题，闭环优化是传统制造业的基因。但是，内向化基因在海尔身上似乎显得更加突出一些。华为和联想在人力资源和经营理念上都更加国际化。很难想象，张瑞敏先生会像杨元庆一样在产品发布会上展示自己的私人爱好、朋友圈。海尔有高度,但不等于只能仰望。这是一个超级扁平化的世界,而内向化的企业会显得高大上,特精神贵族。而实际上,管理世界的语言是一种通行的语言。乔布斯没有提出什么惊世骇俗的管理理论,但是产品却震惊了世界。平凡、外向的管理,可能是最好的管理。因为世界需要的是沟通和务实,太有高度是常人达不到的标准。

[参考资料:林海、海尔裁员1万人:简化分销渠道,主抓O2O项目,钛媒体,2014-06-19,选用时略有压缩]

(海尔在新时代下对渠道的全新变革,是否能够应对激烈的市场竞争,是否是制造企业渠道的发展方向,认真学完本章,相信你一定会有所收获)

第一节 分销渠道的定义和职能

在现代经济中,大多数生产企业都需要通过一定的市场营销渠道和实体分配过程,在合适的时间、合适的地点,以合适的价格把产品销售给最终用户。

一、分销渠道的概念

(一) 分销渠道的概念

分销渠道也称为销售渠道,是对一组配合起来促成商品能被使用或消费的若干独立组织的总体体系的描述。美国市场营销学权威菲利普·科特勒将分销渠道定义为:"一条分销渠道是指某种货物或劳务从生产者向消费者移动时取得这种货物或劳务的所有权或帮助转移其所有权的所有企业和个人。"因此,一条分销渠道主要包括商人中间商和代理中间商。此外,它还包括作为分销渠道的起点和终点的生产者和消费者。"简单地说,分销渠道就是商品和服务从生产者向消费者转移过程的具体通道或路径。

商品经济条件下,生产者制造出来的产品,必须经过一定分销渠道才能到达消费者手中。所谓的分销渠道成员是指商品分销过程中各项功能承担者的集合。生产企业和消费者分别处于渠道的两个端点,作为商品的提供者和接受者。由于渠道销售功能的繁重,在现实经济中,商品从生产厂家转移到消费者手上大多需要经历批发、零售等环节,投入其中的主要中间力量是批发商、零售商、代理商等。这些机构处于流通领域,帮助实现商品从生产厂家到消费者之间的信息沟通、所有权转移和实物转移等功能。

二、渠道的特点

1. 渠道具有持久竞争优势

作为营销组合中的一个,渠道越来越显示出比其他三个要素(产品、价格、促销)更能为企业带来持久的竞争优势(见图11-1)。

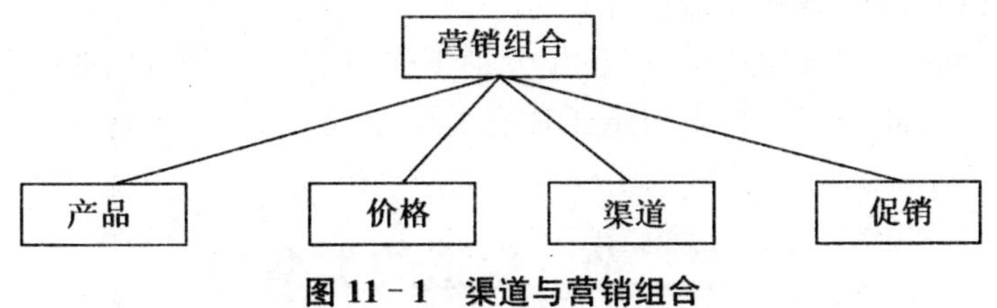

图 11－1　渠道与营销组合

产品：技术的快速普及使得维持产品的差异化或者优越性变得困难；

价格：全球竞争使得价格优势不可能成为持久优势；

渠道：长期的系统工程，能够为企业带来持久优势；

促销：过多的促销信息，消费者疲劳等导致促销不能形成持久竞争优势。

渠道的构建是长期的系统工程，通常要求有一个包括组织和人员来实施的机构，这些都是短时期内无法实现的。渠道关系错综复杂，是不容易维持的。因此，渠道可以给企业带来持久的竞争优势。

2. 分销渠道的起点是生产者，终点是消费者

分销渠道一端连接生产，另一端连接消费，是从生产领域到消费领域的完整的商品流通过程。在这个过程中，主要包含两种运动：一是商品价值形式的运动，商品所有权的转移，即商流；二是商品实体的运动，商品在空间的位置移动，即物流。由此可以看出，渠道不仅仅是中间商的活动，厂家与消费者也是分销渠道的基本服务对象。

3. 分销渠道的主体是参与商品流通过程的商人中间商和代理中间商

对于绝大多数生产者来说，中间商的介入是产品分销所必不可少的。虽然生产者可以直接与消费者进行沟通，但真正实现无中间商参与销售的企业是非常少的，产品分销离不开中间环节的介入。

4. 分销渠道引发商品所有权转移的行为

商品从生产者流向消费者的过程中，商品所有权至少转移一次。大多数情况下，生产者必须经过一系列中介机构转卖或代理转卖产品。所有权转移的次数越多，商品的分销渠道就越长，反之亦然。

5. 分销渠道的辅助形式

在分销渠道中，与商品所有权转移直接或间接相关的，还有一系列流通辅助形式，如物流、信息流、资金流等，它们发挥着相当重要的协调和辅助作用。

三、渠道的职能

具体来说，分销渠道的功能主要包括以下几个：

第一，研究，即收集制订计划和进行交换时所必需的信息；

第二，促销，即设计和传播有关商品的信息，鼓励消费者购买；

第三，接洽，即为生产商寻找、物色潜在买主，并和买主进行沟通；

第四，配合，即按照买主的要求调整供应的产品，包括分等、分类和包装等活动；

第五，谈判，即代表买方或者卖方参加有关价格和其他交易条件的谈判，以促成最终协议的签订，实现产品所有权的转移；

第六，实体分销，即储藏和运输产品；

第七，融资，即收集和分散资金，以负担分销工作所需的部分费用或全部费用；

第八，风险承担，即承担与从事渠道工作有关的全部风险。

第二节 渠道的类型

一、渠道层次

（一）渠道层次的数量

分销渠道的长度可以用渠道层次的数量来表示。在将产品和产品所有权带给最终购买者的过程中，每一层营销中介都代表一种渠道层次。由于生产者和最终消费者都起到了一些作用，他们也是分销渠道的一部分。我们用分销渠道层次的数量来表示渠道的长度。

（二）渠道层次

在产品从制造商向消费者转移的过程中，任何一个对产品拥有所有权或负有推销责任的层级机构，就叫作一个渠道层次。渠道层次的多少决定了渠道的具体模式，具体如下：

1. 零层渠道(M-C)通常叫作直接分销渠道

直接分销渠道是指产品从生产者流向最终消费者的过程中不经过任何中间商转手的分销渠道。直接分销渠道主要用于分销产业用品和少数消费品，如安利等。一方面，许多产业用品要按照用户的特殊需要制造，有高度技术性，制造商要派遣专家去指导用户安装、操作、维护设备；另一方面，用户数目较少且较集中，某些行业工厂往往集中在某一地区，这些产业用品的单价高，用户购买批量大。

2. 一层渠道(M-R-C)含有一个营销中介机构

在消费者市场，这个中介机构通常是零售商。例如，电视机、照相机、轮胎、家具、家用电器和许多其他产品的制造商直接将商品售给大型零售商，像沃尔玛和苏宁电器，然后再由它们销售给最终消费者。在产业市场，则可能是销售代表或佣金商。

3. 二层渠道(M-W-R-C)含有两个营销中介机构

在消费者市场，有两个营销层次，一个是批发商，一个是零售商。药品、食品、五金工具和其他产品的小型制造商通常使用这种渠道；在产业市场，则通常是销售代理商和批发商。

4. 三层渠道(M-W-J-R-C)含有三个营销中介机构

肉食类食品及包装类产品的制造商通常采用这种渠道分销其产品。在这类行业中，通常有一专业批发商处于批发商和零售商之间，该专业批发商从批发商进货，再卖给无法从批发商进货的零售商。

由于产品的消费目的与购买特点等具有差异性，形成了消费品市场的分销渠道和产业市场的分销渠道这样两种基本模式，每一种基本模式中又存在具体的分销渠道模式。产业市场的营销者可以用自己的销售力量直接向产业客户进行销售；也可以销售给产业分销商，让其卖给产业客户；还可以通过制造商的销售代表或是销售机构向产业客户进行销售，或让销售代表或是销售机构与产业分销商进行接触。因此，通常产业市场涉及多层次分销渠道，分别如图 11-2 所示。

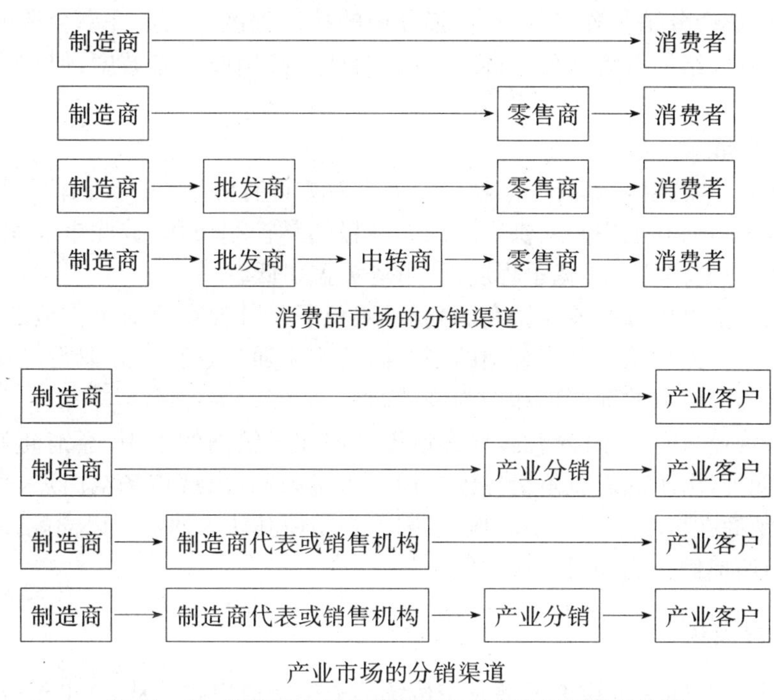

图 11－2　消费品市场分销渠道与产业市场渠道对比图

二、分销渠道的宽度

（一）含义

渠道宽度是指企业在某一市场上并列地使用多少个中间商。窄渠道中，制造商或服务商通过极少数批发商或零售商进行销售；而在宽渠道中，则通过众多的批发商或零售商进行销售。

（二）渠道宽度的选择

1. 密集型分销

通过较多的中间商，扩大市场覆盖面，或快速进入一个新市场。

优势：在密集分销中，由于销售网络的高市场覆盖率，从而最大限度地便利消费者，推动销售的增长。密集分销中最重要的假定之一就是对分销的占有率等同于对市场的占有率。产品的分销越密集，销售的潜力也就越大。

缺点：在某一市场区域内，密集分销容易导致经销商之间为争夺市场机会而进行竞争，造成销售努力的浪费。竞争的结果常常会损坏企业的利益，例如经销商之间为了争夺销售机会而压价倾销，到处窜货，扰乱企业的市场秩序；竞争的加剧也会导致经销商对制造商忠诚度的降低，价格竞争的激烈又致使经销商对消费者服务水平的下降。

2. 选择型分销

即委托部分中间商经销，重心是维护企业、产品的形象和声誉，巩固市场地位。

优势：选择分销比密集分销能够取得经销商的更大支持，同时又比独家分销能够给消费者购物带来更大的方便。

缺点：选择分销中常见的问题是如何确定经销商的区域重叠度。区域重叠度决定着在某一给定区域内选择分销与独家分销、密集分销的接近程度。高重叠率会造成经销商之间的一些冲突，但可以给消费者以方便；低重叠率会增加经销商的忠诚度，但却降低了消费者的方便性。

3. 独家型分销

即一定时间、一定地区，选择一家经销。通常双方订有协议——经销商不得经营竞争者的产品，企业也不得向其他中间商供应产品。其目的是控制市场，彼此更加积极配合，强化产品形象。独家分销的特点是竞争程度低、市场覆盖率低。

优势：独家分销可以确保该经销商的利益，避免了与其他竞争对手作战的风险；能够调动经销商的积极性，而且从事独家分销的制造商还希望通过这种方式取得经销商强有力的销售支持；制造商可以有效地管理和控制经销商。

缺点：如果企业只有一家经销商，那么市场掌握在经销商的手中，经销商就可能会挟市场以令企业。此外，由于缺乏竞争会导致经销商力量减弱，出现市场空白点，丧失许多销售机会。独家分销商在市场中占据垄断地位，因此容易使其认为他们可以支配顾客，对于顾客来说，独家分销使他们在购物时不太方便。

三、渠道的类型

直接销售渠道与间接销售渠道都属于传统的分销渠道模式。从20世纪以来，渠道模式有了新的发展，如垂直分销渠道模式、水平式渠道模式、复合营销渠道模式、无店铺式渠道模式等。

（一）传统渠道

1. 直接销售渠道

直接销售渠道指生产者直接把商品出售给最终消费者的分销渠道，基本模式为：生产者—消费者。这里没有利用任何的中间商，由厂家来承担销售渠道的全部功能，也可以由消费者或顾客来承担。

在产业市场上，直接销售渠道模式是生产者市场上商品销售的主要形式，绝大多数机器设备、原材料和零部件都是采用直接销售的模式。比如我国很多大型基础设施建设项目都是通过公开招标直接从厂家购买的。

在消费者市场上，也有一些企业采取了直接销售渠道。直接渠道的具体销售形式有接受用户订货、设店销售、上门推销或利用通讯、电子手段销售。例如，雅芳公司(AVON)就是一个以直销为特色的化妆品公司；戴尔电脑公司(DELL)通过自己的销售网络直接获取用户订单，销售电脑。

直接销售渠道优点如下：

(1) 企业直接与消费者接触，可迅速及时地获得信息的反馈，从中了解市场的动态，据以制定适宜的营销策略。

(2) 企业直接参与市场竞争，建立和开拓自己的销售网络，为树立企业形象、提高企业声誉，不断积累经验，进一步扩大市场奠定了基础。

(3) 因为没有中间商，缩短了渠道，所以可以减少流通费用，缩短商品流通时间，降低成本，提高顾客满意度。

直接销售渠道提高了企业的经营成本，增加了资金耗费及销售风险，主要体现在以下几点：

(1) 这种销售渠道对于企业来讲，产品占用资金量过大，不利于企业资金的周转。

(2) 企业必须为这种销售渠道设立专门的销售机构，培养专门的推销人员。

(3) 企业必须自己承担营销风险。

阅读材料一：日本打火机的反传统销售渠道

在日本，打火机原先一般都在百货商店或在附带卖香烟的杂货店里卖。可是，日本丸万公司在十几年前推出瓦斯打火机时，就把它交由钟表店销售。如今，日本的钟表店到处都是卖打火机的，这在以前是根本没有的现象。钟表店一向被认为是卖贵重物品的高级场所，在这里卖打火机，人们一定会视它为高级品。而在暗淡的杂货店、香烟店里蒙着一层灰尘的打火机和摆在闪闪发光的钟表店中的打火机，这两者给人的印象当然是天壤之别了。丸万公司采取在钟表店销售打火机的方式收到了惊人的效果，他们的打火机十分畅销。由于采取的是反传统的销售渠道，他们的打火机出尽风头，令人们产生了丸万公司的打火机非常高级的印象，丸万公司的打火机目前风行到世界的每一个角落。

2. 间接销售渠道

间接销售渠道是指生产者利用中间商将商品供应给消费者或用户，中间商介入交换活动。现阶段，市场上绝大多数的商品都是通过间接销售渠道销售给消费者的。因此，如何利用间接渠道使自己的产品广泛分销，已成为现代企业进行市场营销时所研究的重要课题之一。

间接渠道有长有短，按照介入中间环节的数量来划分：① 生产者—零售商—消费者构成一层渠道，只有一个营销中介机构介入渠道，例如个人电脑、名牌服装、汽车以及一些奢侈商品的销售，大多数采取的是这种一层渠道来进行分销。② 生产者—批发商—零售商—消费者这种渠道含有两个营销中介介入，构成二层分销渠道。生产厂家首先将商品销售给批发商，由批发商销售给零售商，最终由零售商销售给消费者。③ 在现实生活中，还存在着三层分销渠道，甚至更长的分销渠道，也就是在生产厂家和消费者之间加入了三个甚至更多的批发商。大多数的日用品、食品饮料、普通服装、小型家用电器和一些标准的零部件与元件，都是通过长渠道来分销的。

间接分销渠道的优点如下：

(1) 有助于产品扩大市场份额，提高市场占有率。中间商在商品流转的起点同生产者相连，在其终点与消费者相连，既有利于满足目标顾客的需求，也有利于生产企业产品价值的实现，更能使产品广泛地分销，巩固已有的目标市场，扩大新的市场。

(2) 缓解生产者人、财、物等力量的不足，利用企业外部资源，分散营销风险。中间商购买了生产者的产品并交付了所需的款项，就使生产者提前实现了产品的价值，开始新的资金循环和生产过程。此外，中间商还承担销售过程中的仓储、运输等流通费用，也承担着其他销售所需要的人力和物力，这就弥补了生产者营销中的力量不足。

(3) 促进市场销售。一位中间商通常经销众多厂家的同类产品，中间商对同类产品的不同介绍和宣传对产品的销售影响甚大。此外，实力较强的中间商还能支付一定的宣传广告费用，具有一定的售后服务能力。因此，生产者若能取得与中间商的良好协作，就可以促进产品的销售，并从中间商那里及时获取市场信息。

(4) 有利于企业之间的专业化协作。有了中间商的协作，生产者可以从烦琐的销售业务中解脱出来，集中力量进行生产，专心致志地从事技术研发和技术革新，促进生产企业之间的专业化协作，以提高生产经营的效率。

间接分销渠道的缺点如下：

(1) 能形成“需求滞后差”，需求在时间或空间上滞后于供给。生产规模既定人员、机器、资金等照常运转，生产难以剧减。当需求继续减少，就会导致产品的供给更加大于需求。若多数商品出现类似情况，便造成所谓的市场疲软现象。

(2) 增加流通成本，加重消费者的负担，导致抵触情绪。流通环节增大储存或运输中的商品损耗，如果都转嫁到价格中，就会增加消费者的负担。此外，中间商服务工作欠佳，可能导致顾客对商品的抵触情绪，甚至引起购买的转移。

(3) 不便于直接沟通信息。如果与中间商协作不好，生产企业就难以从中间商的销售中了解和掌握消费者对产品的意见、竞争者产品的情况、目标市场状况的变化趋势等，难以保持较高的营销效益。

(二) 整合渠道

1. 垂直渠道模式

垂直分销渠道模式，是由生产者、批发商和零售商组成的一种统一的销售模式，每个成员都视自己为分销系统中的一分子，关注整个垂直系统的成功。垂直分销渠道模式包括三种形式：公司式、契约式和管理式。

垂直分销渠道模式的特点是厂商与批发商或零售商形成紧密型合作关系，销售系统中各成员为共同的利益目标，都采用不同程度的一体化经营或联合经营。因此，垂直渠道模式具有更好地渠道协调功能，能够更好地进行渠道管理与控制，主要表现在合理管理库存、削减分销成本、把握需求动向、安排生产与销售、渠道控制力强。但是这种模式的缺点也很明显：维持成本高；经销商缺乏独立创造性。

(1)公司式垂直渠道模式。即由一家公司拥有和管理若干工厂、批发机构和零售机构，控制渠道的若干层次，甚至整个分销渠道，综合经营生产、批发和零售业务。公司式垂直渠道系统又分为两类：一类是由大工业公司拥有和管理的，采取工商一体化经营方式；一类是由大型零售公司拥有和管理的，采取商工一体化方式。

(2)契约式垂直渠道模式。即不同层次的独立的制造商和中间商，以合同为基础建立的联合渠道系统。它主要分成三种形式：特许经营、以批发商为核心的连锁销售网络、零售商自愿合作销售网络。将会在本章后面进行详细叙述。

(3)管理式垂直渠道模式。即通过渠道中某个有实力的成员来协调整个产销通路的渠道系统。

2. 水平式渠道模式

水平渠道模式是由两家或两家以上的公司横向联合，共同开拓新的营销机会的分销渠道系统。这种渠道模式会形成共生形的渠道关系。在市场上，很多企业积极寻找合作伙伴，以取长补短、发挥资源的协同作用，从而形成共生形渠道关系。两家或以上的企业通过某种形式的协作，共同开发新的市场机会而形成的渠道关系，目的是通过联合发挥资源的协同作用或者规避风险。

3. 复合营销渠道模式

复合营销渠道模式，即企业同一或不同的分市场中多种渠道模式并存：既有直营，亦有分销，甚至包括直销。在快速消费类电子产品（如手机、电视、数码产品）等领域，企业往往采取复合渠道模式。

复合渠道的优点主要体现在企业可以增加市场的覆盖面、可以降低渠道成本、增加定制化销售的程度，从而可以提高渠道效率。但是复合渠道模式也会造成渠道管理的难度加大，窜货现象更容易发生。

4. 无店铺式渠道模式

无店铺营销渠道是一种不经过门市店面而直接向顾客销售产品或由顾客自动选购产品的渠道模式。现代意义的无店铺营销渠道，包括直接销售、自动售货机和购物服务等多种形式。

直接销售是通过推销人员访问顾客并向顾客推销产品的无店铺渠道形式，它包括单层次销售和多层次网络营销两种形式。

直销也叫访问销售或直接推销。这一销售模式最早诞生在美国。直销在方法上有上门零售、家庭聚会零售、展示零售等；在形式上按计酬方法不同分为单层次直销和多层次直销两种。国内在这一概念的表述上较为混乱，台湾把之翻译为直销，香港译为传销，而在中国内地，直销是中性词，而传销等同于在许多国家被禁止的锁链式销售、金字塔式销售等欺骗性销售活动的代名词。

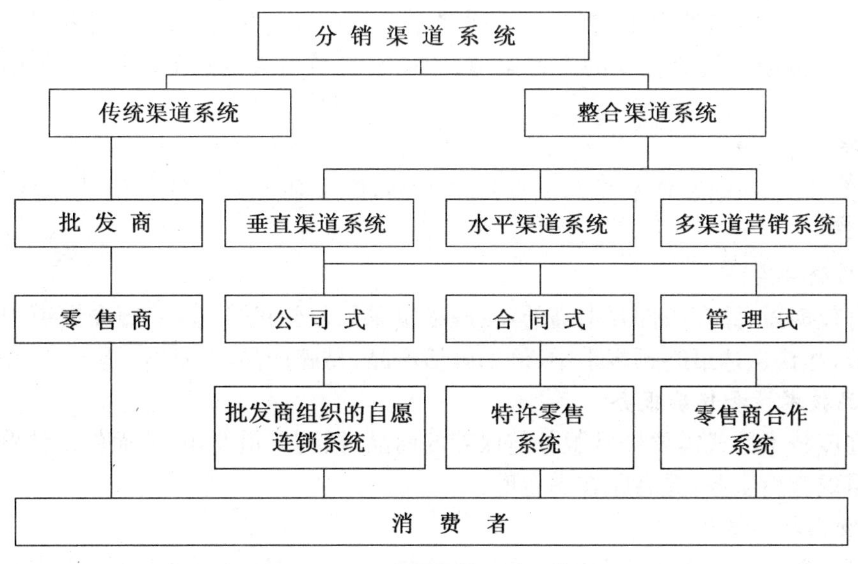

图 11－3　分销渠道系统示意图

小链接：自动销售机

自动销售机的运营和管理由商品制造商或零售商负责，销售机生产厂家将机器以转让、出租或转卖的形式交付运营商，运营商再与机器设置地所有者签订协议，按照一定比例交纳场地占用费；运营商工作人员以携带式电脑与销售机和总部终端连接，及时接收信息指令，并兼做配送员，负责补充商品、取走货币、清洁卫生和信息管理等日常工作。它的好处在于24小时连续营业，给消费者以极大便利，而且由于实现了无人销售，可以大量节约劳动力，降低流通成本。局限在于仅适合销售规格统一、质量保证、价格一定、及时性消费的商品和服务。

第三节　渠道的设计与管理

渠道设计就是指企业对各种备选渠道结构进行评估和选择，创建全新市场营销渠道，或者改进现有渠道的过程所做的决策。需要指出的是，广义的营销渠道的设计包括在公司创立之时设计全新的渠道以及改变或再设计已存在的渠道。对于后者，现在也称为渠道再造，是市场营销者经常要做的事。

一、渠道设计的影响因素

(一) 产品因素

1. 产品价格

一般而言，产品单价越高，就应该注意减少渠道环节，否则会造成产品单价的提高，影响销售；而单价较低、市场较广的产品，则通常采用多环节的间接分销渠道。

2. 产品的体积与重量

产品的体积与重量的大小，直接影响到储存与运输的成本支出，所以体积过大或过重的商品应选择直接或中间商较少的销售渠道；小而轻且数量大的产品，则可以采用间接销售渠道。

3. 时尚性

对式样、款式变化快、产品生命周期短的产品，应多利用直接销售渠道，避免不必要的损失。

4. 产品储存条件

产品有效期短、储存条件要求高的，应该尽量采取较短的渠道，缩短在渠道中流通时间与流通环节，尽快送达最终顾客手中，例如鲜活产品、易碎产品与危险品等。

5. 产品技术性和售后服务

具有高度技术性或需要经常服务与保养的商品，销售渠道要短，从而保证消费者及时享受到高质量的售后服务，提高顾客满意度。

6. 定制品与标准化

定制品一般由生产者与消费者直接商讨规格、质量、式样等技术条件，不宜由中间商销售，防止出现信息传递中的失真。标准品具有明确的产品质量标准，销售渠道适应性较强。若是消费者分布比较分散，可以由中间商销售，有些则可以通过直接销售的模式进行销售。

7. 新产品

为了较快地把新产品投入市场、占领市场，生产企业应组织推销力量，直接向消费者推销或利用原有销售路线展销。

(二) 市场因素

1. 潜在顾客的状况

如果潜在顾客分布面广,市场范围大,需要中间商提供服务来满足消费者的需求,可以选择间接分销渠道;如果潜在需求少,市场范围小,生产企业可以选择直接销售。

2. 消费者购买习惯

顾客对各类消费品购买习惯,如最易接受的价格、购买场所的偏好、对服务的要求等均直接影响分销路线。

3. 商品的季节性

具有季节性的商品应采取较长的销售路线,要充分发挥批发商的作用,则渠道便长。

4. 竞争性商品

同类商品一般应采取同样的分销路线,较易占领市场。

5. 销售量的大小

如果一次销售量大,可以直接供货,企业多采取直接销售;一次销售量少就要多次批售,渠道则会长些,利用中间商来服务顾客或者客户。在研究市场因素时,还要注意商品的用途和定位,这对选择营销渠道结构都是重要的。

6. 目标顾客的集中程度

当需求比较集中,或者顾客只有几个,身份相对明确时,企业可以通过直接销售完全控制销售渠道;反之,适合间接销售渠道。工业销售中,本地用户适合直接销售;外地客户较为分散,通过间接销售较为合适。

(三) 企业本身

1. 企业的产品组合情况

企业的产品组合会影响分销渠道选择。如果生产企业的产品的种类多、型号规格多,生产企业可能直接销售给各零售商;相反,如果生产企业的产品的种类、型号规格少,制造商只能通过批发商、许多零售商转卖给最后消费者。

2. 企业的实力

企业销售渠道的设计与管理,取决于其声誉、财力、经营管理能力等。如果生产企业的产品质量好、誉满全球、资金雄厚,又有经营管理和销售业务的经验和能力,这种大制造商就有可能随心所欲地挑选最合用的分销渠道和中间商,甚至建立自己的销售力量,自己推销产品,而不通过任何中间商;相反,如果生产企业财力薄弱,或者缺乏经营管理销售业务的经验和能力,一般只能通过若干中间商销售其产品。

3. 提供的服务水平

中间商需要生产企业提供广告、维修等服务项目。如果企业无力满足中间商这方面的要求,则难以寻找到中间商,不得不直接销售;相反,如果生产企业可以提供高水平的服务,中间商则也乐于销售它的产品,生产企业可以选择间接销售渠道。

(四) 中间商特性

1. 中间商的数目

按照中间商数目的不同,可以选择密集分销、选择分销或者独家分销。

2. 消费者购买数量

如果消费者购买数量少、次数多,则选择间接销售渠道,利用中间商来满足消费者需求,弥补厂家的不足;反之,则选择直接销售渠道。

3. 竞争者状况

一般地说,生产企业要尽量避免和竞争者使用一样的分销渠道。如果竞争者使用和控制着传统的渠道,生产企业就应当使用其他不同的渠道或途径推销其产品。另一方面,由于受消费者的购买模式的影响,有些产品的生产厂商不得不使用竞争者所使用的渠道。例如,消费者购买食品往往要比较厂牌、价格等,因此,食品制造商就必须将其产品摆在那些经营其竞争者的产品的零售商店里出售,这就是说,不得不使用竞争者所使用的渠道。

另外,人口、经济、法律政治、社会文化等外部环境也会影响到分销渠道的设计与管理。

二、渠道的设计

斯特恩(Stern)等学者总结出"用户导向分销系统"设计模型,将渠道战略设计过程划分为五阶段,共14个步骤。

(一) 当前环境分析

第一步:审视公司渠道现状。通过对公司过去和现在销售渠道的分析,了解公司以往进入市场的步骤,各步骤之间的逻辑联系及后勤、销售职能,公司与外部组织之间的职能分工,以及现有渠道系统的经济性(成本、折扣、收益、边际利润)。

第二步:了解目前的渠道系统。通过调查研究,了解外界环境对公司渠道决策的影响。宏观经济、技术环境和消费者行为等环境要素对分销渠道结构有重要影响。渠道设计和改进始终面临着复杂变化的环境挑战。渠道设计者有必要认真分析下列因素:行业集中程度;宏观经济指数;当前和未来的技术状况;经济管理体制;市场进入障碍;竞争者行为;最终用户状况(忠诚度、地理分布等);产品所处的市场生命周期阶段;市场密度与市场秩序。

第三步:收集渠道信息。对公司及竞争者的渠道环节、重要相关群体和渠道有关人员进行调查分析,获取现行渠道运作情况、存在问题及改进意见等。调查内容如下:公司渠道环节;竞争者的渠道环节;重要的相关群体;渠道的有关人员。

第四步:分析竞争者渠道。分析主要竞争者如何维持自己的地位、如何运用营销策略刺激需求、如何运用营销手段支持渠道成员等,具体列出这些资料,以便了解主要竞争威胁及直接挑战竞争对手所应采取的大致策略。

(二) 制定短期的渠道对策

在这一阶段,设计者应根据前面调研分析结果,把握渠道战略可能作出某些调整的机会,进行短期调整。

第五步:评估渠道的近期机会。综合第1～4步获得的资料,进一步分析环境变化,特别是竞争者的渠道策略变化带来的机会。如果发现公司的渠道策略执行中有明显错误或竞争渠道有显而易见的弱点,就应当果断采取对策,以免错失良机。

第六步:制订近期进攻计划。这是一个将焦点放在短期策略上的计划,即"快速反应"计划。这种计划通常是对原渠道策略的适时、局部调整。其全面调整则要到步骤14结束后才能真正完成。

(三) 渠道系统优化设计

第七步:最终用户需求定性分析。这一步的关键是了解在服务输出过程中最终用户想要什么。一般要考察四个因素,即购买数量(除购买潜在价值外,最终消费者希望购买多个还是一个单元的产品)、分销网点(最终用户是否要求就近购买,是否需要信息、技术支持,能否接受远程服务等)、运输和等待时间(最终用户关心的是运输时间还是运输安全性)、产品多样化或专业化(最终消费者愿意选择综合性商店还是专业性商店)。

事实上,并不存在所有消费者都要求同样服务的市场。因此,有必要对关键群体进行面对面访谈,以得到一个满足用户需求的详细清单。然后寻找购买模式与相关细分市场的漏洞,把注意力集中到目标细分市场而不是具有相似需求的市场。

第八步:最终用户需求定量分析。在了解消费者(用户)需要何种服务产出的基础上,本步骤将进一步了解这些服务产出(如地点便利性、低价、产品多样性、专家指导等)对用户的重要程度,并比较分析这些特定要求对不同细分市场的重要性。作这种分析有大量调研方法可供使用,如相关分析法、混合模型或及时总量模型等。

以此为基础,进一步对每一细分市场进行人口统计分析,便可以判断各种细分市场的最终用户是否来自同一行业、规格是否相似、是否集中于某一地区等。此外,还应当向最终用户询问对现有渠道传递其期望的服务产出能力的评价,以及他们对替代性渠道的满意程度。这些数据,对以后的渠道设计具有重要的意义。

第九步:行业模拟分析。这一步骤的重点是分析行业内外的类似渠道,剖析具有高效营销渠道的典型公司,发现并吸纳其经验与精华。

第十步:设计"理想"的渠道系统。这是关键的一步。目标是建立能最好地满足最终用户需求的"理想"分销渠道模型。为此,首先要认真评估服务产出聚类特性整合到渠道中去是否可行。这常常需要收集和充分听取熟悉分销的专家和其他人员的观点。其次,要论证渠道将上述服务产出传递到相应的细分市场需要做出哪些努力,即设置哪些渠道功能才能保证满足客户的期望。最后,要确认各分销功能由何种机构承担,才能带来更大的整体效益。

这里的关键,是要解决渠道功能即营销流程的设计,怎样才能以最低成本来有效传递服务产出。分销流程是渠道成员行使的系列职能,是推动服务产出传递给最终用户的能源。完成每一流程都会带来其相关成本。例如,为了满足某细分市场用户"快速发货"(立即买到所要的货品)的要求,"理想"的渠道就必须强化物流功能,提供较多的产品储存,而这样做就会增加当地经销商的存货成本。因此,构建"理想"渠道系统时,应尽可能周密考虑下列问题:有哪些没有价值的职能(如过多的销售访问)可以削减,而又不会损害客户或渠道成员满意程度;有没有多余的行为可以削减,以使整个系统成本最低;某些任务是否可以删除、重新确定或合并,以使销售步骤最少、周转时间减少;能否使某些行为自动化(如电子商务),以减少产品到达市场的单位成本;是否存在改进信息系统以减少调研、订单进入或报价阶段的行为成本的机会。

"理想"渠道设计的另一个问题是明晰公司主要以什么手段(精力、努力和奖金等)来满足各个细分市场最终用户的需求,即对某些渠道功能是采取"拥有"(垂直整合,自己行使所有的营销职能),还是"外购"(让其他合作成员行使)。从理论上说,任何组织都不可能将所有的营销流程全部列入其"核心能力"系统。一个公司往往希望利用"外购"一些功能(如批发、零售、代理业务、运输等),而不是负担所有的分销成本。但是,如果某些分销功能是企业的核心能力,或该服务产出的传递无法依赖第三方或外部企业,则应由自己来完成(或通过垂直整合掌握在自己手中)。因此,为了发挥公司的技术和资源优势,理想的做法通常是将两种战略方法结合起来。一方面,将企业的主要资源集中于核心竞争力上,并为其他客户提供独特的价值;另一方面,将非关键又无特殊能力的其他行为,包括许多传统上认为是公司必不可少的某些业务采用外购方式,让外部成员承担。

(四) 限制条件与差距分析

本阶段要求对拟出的“理想”渠道方案的现实限制条件进行调研分析,并比较分析“理想”渠道系统同现实渠道系统的差异,为最后选定渠道战略方案提供依据。

第十一步:设计管理限制。包括对管理者的偏见、管理目标和内部、外部强制威胁的详尽分析。

本步骤要通过与渠道方案的执行人员进行深入访谈,了解未来的方案能否被认可和执行。要综合分析本企业的政策、管理目标、组织结构和文化传统,了解传统观念和做法的力量有多强;新方案的证据和逻辑力量是否足以使方案获得通过;企业是否有这样的人(包括渠道主管),具有足够的权力和威信保证渠道变革的实施,等等。应当允许管理层对渠道方案提出各种疑问和限制,他们可以就有关效率(如成本-收益关系)、效益(市场份额、投资回报率等)和适应性(投入资本的流动性、营销新产品能力、应用新技术的能力等)等方面提供限制意见并列出在企业可能采用的所有分销渠道中什么是或什么应该是目前或将来的目标。

此外,还应当调查了解渠道系统设计的约束条件,如是否有无法更改的行规。许多行业有历来严格遵守的行规,有的做法已成为法律。如美国汽车行业,经销商系统已存在60年,基本上是无法改变的。部分原因是美国汽车分销法律结构的要求,还有部分原因是行业惯例和价值观将经销系统变得不可侵犯。将所有合理或不合理的目标和限制条件明白地列出来,就可以看到改变分销渠道的各种困难。这时,设计者应将这份清单转变为调查工具,分发到企业内与分销有关的所有人员手中,让他们进一步做出类似于销路设计的权衡分析。然后,再分析这些数据,以确定目标和限制条件的相对重要性,拟出受“限制”的分销系统方案。

第十二步:差距分析。这一步骤要对三种不同的分销系统进行比较,分析其差异即鸿沟。这三种系统是“理想的”(用户导向)系统、现有系统和管理“限制”的系统。在第一种情况下,三个系统非常类似,表明现有系统的设计已经“各就各位”,具有传统消费者(用户)想要的东西。如果用户仍经常抱怨现有系统,则问题不是在系统结构而在系统管理上。基本对策应集中于强化系统管理,提高销售额。在第二种情况下,现有系统同管理限制系统非常相似,但非常不同于“理想的”系统。这表明管理层采用的目标或限制导致了差距的产生。设计者必须对目标或限制的有效性进行仔细调研。该工作将在下一步骤完成。第三种情况是三个系统大大不同,均存在鸿沟。管理限制系统如果位于现有系统与“理想的”系统之间,通常无需减少目标或限制就可能提高最终用户的满意程度。放松某种管理限制也有可能提供更多的用户利益。与“理想的”系统的吻合程度是评估其他系统的准绳。按这个标准适当构建并正确管理的系统,是能令最终用户满意的、与整体质量管理同义的系统。与“理想的”系统出现鸿沟,意味着现有的或管理限制系统牺牲用户的满意度,必须尽可能加以修正。

(五) 渠道战略方案决策

本阶段要根据前面调研分析的结果选择分销战略方案,设计构建最佳渠道系统。

第十三步:制订战略性选择方案。这一步从检验管理偏见的有效性开始。方法是将目标和限制条件陈述给企业外部人员和内部挑选出来的人，评估其合理性，是否不可改变，以及改变可能带来的损益。接着要召开非正式会议，分析说明管理层的定位和理想定位之间的差距（这里的前提是高级管理层应当一直支持理想系统的关键步骤）。高级管理层应回顾过去出现的"限制"（目标和约束）因素对理想系统的影响，说明这些限制怎样才能尽可能与用户的期望统一起来。然后，应当列出宏观环境和竞争机会的制约。最后，综合以上信息和意见，决定达至理想系统所需要的对原系统进行重新构建的原则。

第十四步：最佳渠道系统决策。最后一步是让"理想的"分销系统（第10步得出）绕过管理层保留或认可的目标和制约，形成充分吸纳了整个过程（13步）中的合理要求的最佳分销渠道系统方案。尽管管理层一些人员仍会有所保留，但他们必须对公司及公司面临的主要环境和竞争力量形成一致意见。最佳系统可能并不是"理想"系统，但它将能最大限度地满足管理层的质量（传递最终用户的满意度）、效率、效益、适应性标准。

为确保最佳分销系统的实施，要做好下列工作：

(1) 让企业内人员广泛参与，将14个步骤中的参与意见传递到企业相应的职能部门和各个层级。

(2) 甄选一位精力充沛的管理者主持这个变革过程。该管理者必须有权力、可信任、政治经验丰富和坚忍不拔。

(3) 尽早确认企业内由谁和哪个团队负责渠道工作。

(4) 始终坚持用户导向的工作方法，保持耐心和持久的工作热情，因为向最佳系统变动不是一次可以完成的。

(5) 不管"理想的"系统看起来如何不可思议，都要坚信总有设计机制可以完成它。组织业务单位和高级管理层共同策划一个业务案例（确定机会成本、潜在利益、实施选择分销系统所需的资源等）。管理层必须提前批准实施关键过程所需的时间和资源计划。

(6) 制订有效计划，保证个人对实施过程负责，包括动员（确定行为、转折点、过程中的相互依赖性）、战术计划和评估（含成功或失败的指数、偶然事故等）。

(7) 明确系统变革管理过程的各个环节，包括演习、沟通和培训方法。

(8) 至少安排一位高级管理者承担预检、参与、教练、促进和激励工作。

三、渠道的管理

渠道系统是一系列独立的经济组织的结合体，是一个高度复杂的社会营销系统。当渠道成员对计划、任务、目标、交易条件等出现分歧时，必然出现冲突。

（一）渠道冲突含义与类型

渠道冲突指的是渠道成员发现其他渠道成员从事的活动阻碍或者不利于本组织实现自身的目标。简单地说，所有渠道的相关人员的某一方或者几方利用某些优势与机会对另一个或者几个成员采取某些敌意行为的情况，都可以被认为是渠道冲突。

渠道冲突的类型主要有以下几种：

1. 水平渠道冲突

指的是同一渠道模式中，同一层次中间商之间的冲突。产生水平冲突的原因大多是生产企业没有对目标市场的中间商分管区域做出合理的规划，使中间商为各自的利益互相倾轧。目前，我国很多渠道冲突就是这种表现形式。

2. 垂直渠道冲突

渠道结构变革和调整过程中，不同层级上渠道成员间的不合作就是垂直性冲突。这种冲突较之水平渠道冲突要更常见。例如，当广东美的公司决定对渠道结构进行扁平化改革时，渠道经理希望某些一级批发商能够成为其他一级批发商的下线，这种调整往往会导致某些渠道成员不能与其他渠道成员合作。

我国渠道冲突的主要表现形式是水平性冲突和垂直性冲突，其中尤以水平性冲突中的“跨区销售”为最主要和最经常性的冲突。

3. 不同渠道间的冲突

随着顾客细分市场和可利用的渠道不断增加，越来越多的企业采用多渠道营销系统即运用渠道组合、整合。不同渠道间的冲突指的是生产企业建立多渠道营销系统后，不同渠道服务于同一目标市场时所产生的冲突。例如，统一的矿泉水与娃哈哈的矿泉水在市场零售终端间的冲突就是这种类型的冲突。

(二) 渠道冲突的原因

渠道冲突的根本原因主要有以下几种。

1. 决策权分歧

决策权分歧是指渠道成员对它应当控制特定领域的业务的强烈感受。分歧发生在渠道成员们对外在影响的范围不满意的时候。

2. 渠道成员的任务和权利不明确

例如，有些公司由自己的销售队伍向大客户供货，同时它的授权经销商也努力向大客户推销。地区边界、销售信贷等方面任务和权利的模糊和混乱会导致诸多冲突。

3. 中间商对生产企业的依赖过高

例如，汽车制造商的独家经销商的利益及发展前途直接受制造商产品设计和定价决策的影响，这也是产生冲突的隐患。所有这些都可能使渠道成员之间的关系因相互缺乏沟通趋于紧张。

4. 资源稀缺

这是由于稀缺资源分配而引起的冲突。例如，一家制造商在决定采用间接销售的渠道之后，仍然决定保留某些大客户作为自身的客户。客户资源本身有限，谁都想占有优势客户，对于客户资源的争夺便是渠道冲突的诱因之一。

渠道冲突的直接原因主要有以下几个：

1. 价格原因

各级批发价的价差常是渠道冲突的诱因。制造者常抱怨分销商的销售价格过高或过低，从而影响其产品形象与定位，分销商则抱怨给其的折扣过低而无利可图。

2. 存货水平

制造商和分销商为了自身的经济效益，都希望把存货水平控制在最低。存货水平过低又会导致分销商无法及时向用户提供产品而引起销售损失甚至使用户转向竞争者。同时，分销商的低存货水平往往会导致制造商的高存货水平，从而影响制造商的经济效益。此外，存货过多还会产生产品过时的风险。因此，存货水平也是容易产生渠道冲突的问题。

3. 大客户原因

制造商与分销商之间存在着的持续不断的矛盾的来源是制造商与最终用户建立直接购

销关系，这些直接用户通常是大用户，是厂家宁愿直接交易而把余下的市场领域交给渠道中间商的客户（通常是因为其购买量大或有特殊的服务要求）。于是经销商担心大客户直接向生产商订货而威胁其生存，进而会引发渠道冲突。

4. 争占对方资金

制造商希望分销商先付款、再发货（如宝钢），而分销商则希望能先发货、后付款。尤其是在市场需求不确定的情况下，分销商希望采用代销等方式，即货卖出去后再付款。而这种方式增加了制造商的资金占用，加大了其财务费用支出。

5. 技术咨询与服务问题

分销商不能提供良好的技术咨询和服务，常被制造商作为采用直接销售方式的重要理由。对某些用户来说，甚至一些技术标准比较固定的产品，仍需要通过技术咨询来选择最适合其产品性能的产品以满足生产过程的需要。

6. 分销商经营竞争对手产品

制造商显然不希望他的分销商同时经营竞争企业同样的产品线。尤其在当前的工业品市场上，用户对品牌的忠诚度并不高，经营第二产品线会给制造商带来较大的竞争压力。另一方面，分销商常常希望经营第二甚至第三产品线，以扩大其经营规模，并免受制造商的控制。

（三）渠道冲突的解决

1. 树立渠道整体经营观念

当企业面临对手竞争时，树立渠道整体经营观念是团结渠道各成员的根本。渠道整体经营观念是指渠道成员共同努力，以达到单个所不能实现的目标，其内容包括渠道生存、市场份额、高品质和顾客满意。只有渠道成员之间团结协作，共同努力，遵守渠道规程，互谅互让，才能使其共同发展。

2. 协调渠道成员工作

经常接触渠道成员，发现相互抱怨、延期付款或者推迟完成订货计划以及其他工作分歧，渠道管理人员应该及时采取有效措施。如对一些不清楚的事情多做解释，对因误解造成的分歧加强沟通，对不按规定要求进行销售活动的中间商，要进行批评或者采取经济制裁，甚至采取取消渠道资格、追究法律责任等严厉措施。

3. 制定并执行渠道成员的条件

渠道冲突的发生，往往是由于渠道成员条件的制定和执行中的问题而引起的，因而认真制定渠道成员的条件，明确渠道成员的目标和利益关系，使各成员都严格执行所指定的条件，会大大减少渠道冲突的可能。

第四节　零售商和批发商

中间商是指介于制造商与消费者之间，参与商品交换，并促成交易行为发生与实现的具有法人资格的经济组织与个人。中间商在商品由生产领域到消费领域的转移过程中，起着桥梁和纽带的作用，把制造商与最终消费者连接起来。按照销售对象的不同，中间商分为批发商和零售商。

一、中间商的作用

中间商的存在，不仅简化了销售手续，节约了销售费用，而且扩大了销售范围，提高了销售效率。中间商的作用主要体现在以下几个方面：

（一）提高销售效率，增加企业效益

中间商参与商品分销，使得产品流通的效率大大提高。一方面，中间商的介入简化了销售手续，节约了销售费用；另一方面，经销商还可以帮助生产企业扩大销售范围，扩大市场覆盖，提高市场占有率，增加企业效益。

（二）中间商是渠道功能的重要承担者

中间商可以全部或部分参与分销渠道的实物流、促销流、市场信息流。一般而言，分销渠道所具有的实现产品价值及提高交易效率和效益的功能、增强企业竞争优势的功能，多数都是在中间商的积极参与下完成的。由于分销渠道是一种松散型的组织系统，各中间商具有相对的独立性，他们必须具有独立承担业务并与其他渠道成员通力合作的能力。因此，对合格的中间商要求很高。

（三）调节生产与消费之间的矛盾

中间商起着集散与平衡商品的“蓄水池”作用。一方面，中间商的存在可以缓和供给与需求之间在时间、地点和商品数量、种类等方面的矛盾；另一方面，中间商的存在能为生产者和消费者带来方便。例如，把分散生产的农产品集中起来，然后根据市场需求，卖给需要的客户或最终消费者

（四）有效分担企业的市场营销职能

大多数生产者缺乏将产品直接销售给最终顾客所必需的资源与能力，而这些正是中间商所擅长的。中间商可以利用自己经常与消费者接触的有利地位，进行市场调查，了解市场需求变化情况；中间商根据搜集到的市场信息，有针对性地做产品销售推广，帮助企业保持与开拓市场。

二、零售商

零售包括了直接向最终消费者销售产品或服务的活动。许多机构如制造商、批发商和零售商，都从事零售。但是大多数零售都是由零售商完成的，零售商的销售额主要来自于零售企业。

现实生活中，大多数零售活动都发生在零售商店。但零售并不是零售商的专有职能，生产厂家、批发商、酒店、旅社以及其他服务企业也承担着部分零售职能。近年来无店铺零售发展十分迅速。无店铺零售包括直接信件、商品目录、电话、家庭电视购物节目、上门销售、网络销售以及其他直接销售途径对最终消费者进行销售。下面我们将讨论零售商的作用与类型。

（一）零售商的类型

零售商的组织形式和经营方式千变万化，本书根据国内外零售业的发展情况，按照是否有店铺经营，归纳为如下三种基本类型，即商店零售商、非商店零售商和零售组织。

1. 商店零售商

商店零售商又称为有店铺零售商，一般指位置固定、对顾客开放营业和完成销售的店

铺。大多数的商店都有醒目标示，并且进行统一风格的装修，不仅为顾客提供一个舒适的购物环境，也能够有效吸引消费者。

按照所经营商品和服务的特色，商店零售商可以分为以下几种：

(1) 专卖店(special store)。专卖店是专业化程度较高的零售商店，专门经营某一类商品或某一类商品中的某一品牌。这种商店经营狭窄的产品线，而产品线内花色品种繁多：服装店、运动用品店、家具店、书店和化妆品店等。专卖店还可以根据产品线的狭窄程度进一步细分。一家服装店可以算作单一产品线的商店；一家男装店可以算是有限产品线的商店。

(2) 百货商店(department store)。百货商店经营着数条产品线，每条产品线都作为一个单独的部门由专业购买者或商人管理。百货商店经营的商品种类多、范围广，商品涵盖食品、服装、电器、家居、文化和体育用品等，兼备专业商店和综合商店的优势，便于顾客广泛挑选，能够满足消费者多方面的购物要求，是零售商业中的重要组成部分。

现阶段，零售市场竞争激烈，新的零售形式在不断出现，许多百货商店都为提高竞争力而进行改革，以适应市场环境的变化，满足消费者的需求。百货商店不断扩大营业面积，开拓经营范围，呈现出两个新的发展趋势：一是经营内容多样化，除销售商品外，还附设咖啡厅、小吃部、餐饮部、娱乐厅、舞厅、展览厅、停车场、休息室、电话间等多种服务设施；二是经营方式灵活化，除零售外，还兼营批发，并设立各种廉价柜、折扣柜，以满足顾客的多层次需求，提高商店的竞争能力。

(3) 超级市场(conventional supermarket)。超级市场通常规模很大、成本低、薄利多销，采取自助服务的方式来经营，以满足顾客的全面需要。超级市场于20世纪30年代初最先出现在美国东部地区。在超级市场中最初经营的主要是各种食品，以后经营范围日益广泛，逐渐扩展到服装、家庭日用杂品、家用电器、玩具、家具以及医药用品等。

超级市场的商品均事先以机械化的包装方式，分门别类地按一定的重量和规格包装好，并分别摆放在货架上，明码标价，顾客实行自助服务，可以随意挑选；现在，超级市场广泛使用先进的电子信息处理系统，便于管理人员迅速了解销售情况，及时保存、整理和包装商品，自动标价、计价等，因而提高了工作效率，扩大了销售数量。在我国，超级市场是指采取自选方式，以销售食品为主，生鲜品占一定比重，满足人们日常需要的零售店。

(4) 便利店(convenience store)。便利店属于规模较小的零售店，店址一般选择在居民区内，营业时间长，为广大消费者提供购物地点和时间上的便利。便利店每天经营时间很长，有的24小时营业，且节假日不休息，顾客随时都可以购买到所需要的商品。另外，便利店与超级市场相比，经营商品的品种不多，都是为满足顾客日常需要的、周转速度较快的便利商品，比如饮料、日杂、报纸、香烟、啤酒和快餐食品等。由于营业时间长而且顾客在便利店购买主要是为了“临时补缺”，所以商品售价与毛利都比较高。7-Eleven是全世界最大的连锁便利商店集团，商店遍布美国、日本、中国大陆、新加坡、中国台湾、马来西亚、菲律宾、瑞典、墨西哥、巴拿马、挪威、加拿大、澳大利亚、印尼等国家和地区，目前全球店面数目逾三万家，为全球最大连锁店体系。它在亚洲的日本和中国台湾尤为盛行。

(5) 超级商店(super store)。超级商店的最大特征就是以较低价格供应消费者日常生活所需的一切消费品和服务项目。它是旨在满足消费者对经常采购的食品和非食物产品的全面需要的大型商店。其中，超级商店包括超级购物中心，这是超级市场与折扣店的复合，以交叉购买为特征，如沃尔玛和凯马特。超级商店还有另一个变形就是超级市场，它整合了超级市场、折扣店和仓储零售的特点，销售像家居、家用电器、服装等经常购买的商品，如家乐福(法国)。

(6) 折扣店(discount store)。折扣店以薄利多销的方式，店址一般设在租金较低的地区，通过比较低的价格销售标准商品。一个真正的折扣店一般以低价销售商品，这些商品均是合格品，而且突出销售有一定知名度的全国通用商品，价格低廉并不代表商品质量低下。折扣零售商既包括通用商品销售商，如沃尔玛、凯马特，也包括特种商品折扣店，如Circuit City(家用电器零售商)、Crown Book(图书零售商)。

2. 非商店零售商

非商店零售商指专门从事无店铺销售的零售商。无店铺销售中，顾客不需要到实体的商店中进行消费，商品信息的搜集与处理成为非商店零售商很重要的职能。根据商品信息沟通的方式，非商店零售可以分为以下几种：

(1) 邮购。邮购是指通过邮局以邮寄商品目录、发行广告宣传品，向消费者进行商品推介展示的渠道，引起或激起消费者的购买热情，实现商品的销售活动，并通过邮寄的方式将商品送达给消费者的零售业态。商品目录印刷精美，商品的照片、价格、尺寸以及编号等信息详细列在上面，消费者根据目录的介绍来选择自己所需要的商品。顾客根据售货公司的商品目录，将所需购买商品的数量和款项邮寄给售货公司，商店接到订函和汇款后，即将货物连同发票邮寄给顾客。这种方式对商店和消费者都有好处，消费者可以节省购物时间和购物费用，便于远距离顾客的购买，商店可以减少服务人员数量，节约店面费用。

(2) 网络销售。网络销售就是借助网络进行开展的市场销售活动，商家通过互联网发布产品信息、介绍产品，顾客利用计算机终端订购产品，指示银行转账，零售商接货款后送货上门。

现在，网络销售这种商品分销方式发展十分迅速。网络零售商将商品价格、规格、质量等信息发布在专门的交易网站上如淘宝网、亚马逊、当当等。购买者与销售商在网上达成交易，购买者可以通过网上支付，也可以汇款的方式支付，货物一般以邮寄或快递的方式送达消费者手中。通过网络销售，零售商不需要专门的店面，节约了仓储费用、管理和销售人员的人力费用，因而网络销售商品的价格较一般有店铺销售要低，深受消费者尤其是年轻人的欢迎。

(3) 自动售货机。自动售货机是一种全新的商业零售形式，20 世纪 70 年代自日本和欧美发展起来，它又被称为 24 小时营业的微型超市。自动售货机遍布许多公共场所，提供多种商品销售，购买十分方便。在日本，自动售货机还能够出售珠宝、鲜花、威士忌酒等。全球著名饮料商可口可乐公司在全世界就布有 50 万台饮料自动售货机。自动售货机是一种商业自动化的常用设备，无需任何服务人员，并且它不受时间、地点的限制，能够节省人力、方便交易，已被越来越多地应用。

(4) 直销。直销是直销人员以面对面说明的方式把产品、商品或服务直接销售或推广给最终消费者而计提报酬的一种营销方式。直销在方法上有上门零售、家庭聚会零售、展示零售等。

直销与直复式营销的区别。直销定义中有两个要点：面对面销售与不在固定零售点。面对面销售可以让我们了解直销是一种两个人面对面沟通的过程，这种面对面的人员销售特性是直销和直复营销的主要区别。直复营销和直销都是无店铺销售，两者的区别是，直销是推销员以个人方式面向消费者；直复营销则是以非个人方式(例如通过电话、目录等)向消费者推销商品，买者和卖者之间没有推销员的介入。而不在固定零售点的特性使直销有别于一般零售店的销售，因此直销也是一种无店铺的零售方式。

直销分为单层次直销和多层次直销。单层次直销就是销售层连同管理层，不超过三个层次的直销系统，销售员从厂家直接进货，然后卖给消费者。此种经营方式多以地区划分作业，并设立区域经理来管理。多层次直销也叫网络营销(network marketing)、结构营销(structure marketing)或者多层次传销(multilevel direct selling)，这一销售模式最早诞生在美国。在世界直销行业，多层次直销占到八到九成的份额。安利与雅芳在中国就是采用多层次直销的模式，中国入世承诺开放的也是多层次直销模式。多层次直销是比较复杂的组织，并不单纯是不通过中间商销售产品给最终消费者的销售方式，而是销售层与管理层超过三个以上层次的直销系统，这种直销由人际关系链来进行直接销售，是一种联系紧密的网络群体，有时候其直销网非常复杂。

直销(Direct Selling)也叫访问销售或直接推销、传销。国内在这一概念的表述上较为混乱。台湾把之翻译为直销，香港译为传销。而在中国内地，直销是中性词。美国直销协会(Direct Selling Association of U. S. A)和美国直销教育基金会(The Direct Selling Education foundation, DSEF)把直销划归无店铺销售，也就是说传统的直销定义是包含直销的。但是现在直销已经表现出与过去不一样的特征。举个例子，美国雅芳公司在美国本土的直销概念并没有店铺，属于无店铺销售，但是它的全资子公司——雅芳(中国)确实地地道道地有店铺销售。如果按照美国直销协会与美国直销教育基金会的定义，雅芳(中国)就不属于真正意义上的直销公司了。由此可见，目前在中国并没有真正意义上的直销，单纯按照有无店铺划分是否属于直销，在中国已经没有丝毫的现实意义了。

非法传销等同于在许多国家被禁止的锁链式销售、金字塔式销售等欺骗性销售活动的代名词。非法传销是一种商业欺诈行为，属于金融诈骗范畴。非法传销并不重视产品销售多少，而只是致力于网络的扩张。非法传销中每个人都希望通过拉人头收取会员费的方式在短期内赚取大量金钱从而形成金字塔状的老鼠会关系。最底层人员在缴纳了大量费用、持有大量存货之后，缺乏销售支持与动力，从而出现破产，造成社会不稳定。在此背景之下，政府不得不明确直销与传销的区别，制止非法传销，对直销市场加以整顿。因此，直销不能等同于非法传销。

3. 零售组织

零售组织是以多店铺联盟的形式来开展零售活动，参与组织的商店可以是同一个所有者开办的若干商店，也可以是不同所有者的若干商店。通过商店之间的联合，可以避免过度竞争，提高零售的规模经济，节约成本。现在，越来越多的商店正在采用某种合作零售形式，易产生规模效应。它具有更高的采购能力、更广泛的品牌认知和更训练有素的员工。零售组织的主要形式有连锁店、自愿连锁店、零售商店合作组织、消费者合作社、特许经营组织和商业联合大公司等。

小链接：直销

一百多年前，大卫·麦可尼雇佣了一个女士帮他挨门挨户兜售图书，生意很好。接着，麦可尼举行了"买一送一大酬宾"活动，送给买书的顾客一小瓶香水，这个举动深受顾客的欢迎。精于经商的麦可尼立刻改行了,在1886年创办了雅芳公司,雇人挨家挨户销售美容品,获得成功。一百多年后,美国雅芳公司已经发展成为全世界最大的美容品直销企业。1991年美国雅芳公司将直销方式引入中国。

1. 直销的概念

直销是厂家直接向顾客销售商品,不通过中间商的营销方式。从这个意义上来说,推销员直接把产品卖给消费者或工厂经营零售店均属直销范畴。后来,这一术语用来描述邮寄直销,包括目录直销和邮件直销。从全球范围看,销售渠道的发展趋势之一便是直接营销。同时,从促销组合的发展来看,直接营销亦日益成为重要的促销手段之一,销售功能与促销功能在直接营销上合二为一。

2. 直销的主要形式

(1) 商品目录直销;(2) 直邮营销;(3) 电话营销;(4) 电视直销;(5) 直营网络。

3. 最适合直销的产品

在众多的消费品中并不是每一种产品都适合于这个行业的经营。由于直销是属于"无店铺零售"的直销方式,所以在产品的选择方面必须特别小心。一般而言,适合于无店铺零售的产品有以下几种类型:

(1) 省力化、简便化及效率化的产品:如加工过的罐头食品、冷冻食品、卫生食品、家电、书籍杂志及清洁器材等。

(2) 保健用品:如净水器、健康器材、健康食品、室内运动器材、寝具及化妆保养品。

(3) 安全性产品:如保险、灭火器、安全金库。

(4) 个性化产品:如园艺用品、个人电脑、室内装饰品、生活闲聊品、大型家具、模型组合玩具、钱币、古董、集邮等。

(5) 创造性产品:家庭工具、手艺材料、书籍、语言教材、音乐、乐器等。

(6) 礼品:交际送礼用品、应用礼品等。

(7) 娱乐性产品:如旅行随身用品、运动休闲用品、各类活动入场券、唱片、音像磁带等。

(8) 其他:如女性内衣、烹饪器具、服装等。

在全世界范围内,直销产品以清洁用品、保健用品、营养补充食品和化妆保养品最多。

4. 适宜直销产品的特点

由以上的分析,可以归结出最适合于直销的产品大多具备以下几种特性:

(1) 重复消费性。即经常重复购买的消费产品。

(2) 轻薄短小性。即较为省力、简便、容易携带和储存的产品。

(3) 高附加价值性。即品质优良、单价高、利润大的产品。

阅读材料二 "造得有多快,卖得就有多快"——Dell公司的直销之道

尽管迈克·戴尔被誉为华尔街的赚钱机器,但他从来不被认为是一名技术先锋,其成功大半归结为给计算机业带来翻天覆地变化的"直销飓风":越过零售商,将产品直接销售给终端用户。正如戴尔所言:"远离顾客无异于自取灭亡。还有许多这样的人——他们以为他们的顾客就是经销商!"

戴尔最爱说的一句话就是:“两点之间,直线最短。”

DELL 公司为何能独领风骚?其经验可归纳为五点:

1. 为客户提供“量体裁衣”式服务;

2. 采用零库存运行模式;

3. 速度最快,应用最新的零件技术,快速组装;

4. 销售渠道最短,消费者通过免费直拨电话定制;

5. 网络销售,80%的新客户都通过这一渠道购买 Dell 的产品。

依靠直销模式,Dell 公司取得了巨大成功,创造了网络时代一个让人热血沸腾的神话。

思考题

Dell 成功的原因是什么?

[分析提示] 利用完全细分、定制营销、直销、网络销售等方式进行计算机销售。

三、批发商

为零售商或者产业用户提供大量商品的流通环节是批发,专业或者主要从事批发活动的企业就是批发商。批发商与零售商都是重要的流通机构,只是销售分工不同。因此,批发商就是指专门从事成批商品买卖活动,为转售或者加工而对同一种商品进行批购或者批售的中间商。

(一) 批发商的类型

为了便于管理与沟通,通常将批发商分为以下四种类型:商业批发商、经纪人和代理商、代销品批发商和制造商的销售组织。

1. 商业批发商

商业批发商是指对其所经营的商品拥有所有权的批发商,是独立企业。按照它所提供服务的细节,商业批发商又可以细分为完全服务批发商和有限服务批发商。

(1) 完全服务批发商

完全服务批发商向顾客提供市场营销所需的各种服务,如信贷、送货、协助管理等。按照其服务范围及系统产品线的狭窄不同,其可以分为以下三种:

① 综合批发商,是指向顾客提供广泛服务的批发商,并且为零售商提供综合服务。

② 专用品批发商,是指专门销售一条产品线上的部分产品,所提供的商品有充分品种可以给顾客选购,并提供定制服务,如建筑中五金批发商、服装行业中的布匹批发商等。

③ 工业配销商,向生产厂商销售零部件以及生产用辅助材料的批发商,他们提供信贷并负责交货,持有存货,一般商品的范围都十分广泛。

(2) 有限服务批发商

有限服务批发商向顾客提供相对较少的服务,分为以下几种:

① 现款交易自购批发商,多以小型零售商为服务对象,经销周转快的商品,主要销售给一些小型零售商,收取现款,不提供送货服务。

② 直送批发商,以上门批发为特色,销售的产品线很有限,行使销售和送货的职能。

③ 承销批发商,这类批发商只有经营场所,没有仓库,接受顾客订货后,根据客户的订单,与厂家联系,使生产者直接将产品运送给零售商或者用户手中。

④ 邮购批发商,将产品目录寄给销售商和其他用户,接到订单后通过邮寄或者其他运输工具送货。

2. 经纪人和代理商

经纪人和代理商都不拥有销售渠道中流通的商品所有权,其主要职能就是为供需双方之间的买卖提供沟通的便利,并以此服务获取收入。

(1) 经纪人

经纪人是独立的企业或个人,其既无商品所有权,又无现货,只为买卖双方提供价格、产品及市场的信息,为买卖双方洽谈销售业务起到媒介作用,从中收取一定的佣金。经纪人一般不代卖,也不代买,不持存货,也不参与融资或者承担风险。

(2) 代理商

代理商代表卖方或者买方在市场从事市场营销活动,负责寻找顾客,代表委托者与顾客洽商,办理代销、代购、代运等业务,从中收取佣金或者手续费。代理商没有商品所有权,也没有定价权,不必代垫商品资金和承担风险。

3. 代销品批发商

代销品批发商是将批发商品放在零售商的货架上出售,同时保留对未出售商品的所有权,并定期与零售商结清已售出产品的账目。代销品批发商在商业活动中大大减少了零售商的风险,他们的业务被零售商广为接受。

4. 制造商的销售组织

制造商的销售组织是由生产者所有的公司,主要销售其母公司所生产的产品。例如TCL在各地的销售公司。

本章小结

当企业从项目发展到产品、从局部市场发展到全国市场甚至世界市场时,产品销售是建立在与分销商的合作之上的,而且需要有吸引力的目标和体系,来保证分销渠道的不断发展,形成覆盖面广、销售力强的网络,这样才能为企业发展构建出牢固的基础。

建立分销渠道是企业的一种战略性目标,产品销售、品牌形象、客户服务所有影响到企业发展的因素都要考虑进去,分销渠道中的合作伙伴的利益,发展机会也都要考虑进去。不管分销商是否专注到自己这个企业的产品上,以企业为核心的分销渠道实际上是一个战略联盟圈,这个战略联盟的利益越是趋向一致,产生的效益也就越大。

许多企业比较能关注自己的销售部门,通过建立管理手段来调整销售部门的工作绩效,对分销商来讲,企业同样应该关心他们的绩效与贡献,通过调整价格、广告推广、促销安排等等手段来帮助分销商成长与发展。

营销渠道成为建立和发展企业核心竞争力的重要源泉,而非仅作为一项管理的职能与日常运作。其核心竞争优势是使企业在激烈的市场竞争中始终保持有效生存与发展的能力。

关键词

分销渠道　渠道层次　渠道宽度　渠道设计　批发商　零售商　代理商　渠道管理

思考题

1. 简述分销渠道的功能。
2. 简述分销渠道的特点。
3. 简述消费品的渠道层次内容。
4. 渠道模式的新发展有哪些?
5. 如何进行渠道模式的宽度选择?
6. 渠道设计时应考虑哪些因素?
7. 分销渠道设计的基本内容。
8. 简述渠道冲突的类型。
9. 简述渠道冲突的原因。
10. 如何解决渠道冲突?

实训题

1. 任选两种产品,比如空调和饮料,比较它们的渠道策略。

2. 调查一家便利店,看某种商品如宝洁小包装洗发精是经过怎样的渠道层次,最终到达消费者手中的。

3. 试为一种药物美容面膜设计分销渠道方案。

4. 试设想一种全然不同的途径来组织儿童图书和常用非处方药的分销?

案例分析

格力电器渠道求变

随着企业的发展以及市场的变化,为了减少渠道费用,格力悄然推进渠道改革,在增加盈利的同时提升产品价格的市场竞争力。

过去数年间,国内空调霸主格力的“区域股份制销售模式”一直是其销售连年持续增长的助推器。2013 年 1 月 18 日,格力电器发布了 2012 年度业绩快报,报告期内实现营业总收入 1 000.84 亿元,同比增长 19.84%;净利润 73.78 亿元,同比增长 40.88%。

2012 年被公认为中国家电行业的“寒冬”之年,而在去年惨淡的市场预期之下,格力竟然不可思议地迈入了千亿俱乐部。格力电器给出的解释是:业绩增长主要得益于坚持自主创新,通过技术、管理升级推动企业转型,另外通过深化销售渠道管理、做强自主品牌出口提升公司综合盈利能力。对于格力的强势,业界的共识是,这主要得益于格力抛开家电连锁卖场通过绑定经销商自建渠道的分销模式。

“未来五年,格力的销售收入将达到 2 000 亿元。”格力电器董事长、总裁董明珠毫不掩饰自己的雄心。不过,这等于从 2013 年开始,格力每年收入将增加 200 亿元。面对 2 000 亿元的销售目标,格力必须做出一些改变才能获得更好的业绩。显然,单纯依靠产品和技术上赢得更多的市场势单力薄,而格力也似乎意识到其赖以生存的渠道必须加强管理。近日,有媒体报道,格力目前在山西正进行着渠道变革,逐步削弱山西格力总经销商的力量,直接成立新的管理公司取代原山西格力总代理,加强与二三级经销商的合作关系。据悉,实际上,不止山西,格力在国内的很多门店都在升级。

据了解,格力在业内独创的"股份制区域性销售公司"模式,由于将厂商利益进行了有机的捆绑,充分抓住了当时渠道的性格,建成了所谓的"利益共同体",为其稳步发展提供了强有力的动力支持,被业内人士称为"格力模式"。

经销商不好管理,总公司缺乏有效的控制,这在很大程度上也迫使董明珠痛下决心。耐人寻味的是,董明珠就是"格力模式"的一手缔造者。这些区域销售公司为格力电器在"空调大战"中屡创佳绩,打下了坚实的基础。现如今一个可以肯定的消息是,格力电器全国各个区域销售公司,大多已经被一家名为"北京盛世恒兴格力国际贸易有限公司"所掌控,并以控股的形式,成为名义上的格力电器在全国的空调销售总代理商。

业内人士指出,多年来,格力渠道模式由于采用和经销商合股的方式,大大保障了经销商的利益,也能挖掘经销商的积极性。但是,这样的模式必然带来问题,就是经销商不好管理,总公司缺乏有效的控制,这在很大程度上也迫使董明珠痛下决心。

一直以来,格力各地销售公司为扩大市场份额、获得销售利润的最大化,在区域市场上往往采取粗放式管理手段,最终伤害的还是格力空调的品牌声誉和整体利益。

目前格力空调 90%的销量来自于自己的专卖店系统,也说明了该模式依然具有很强的生命力。据介绍,在上市公司格力电器之外,格力相关经营管理人员已经借助格力电器的品牌、产品资源,经过十多年的发展和积累,开始培养一个与格力电器同等规模,甚至会随时控制格力电器销售渠道的对手。目前,对于这家盛世恒兴格力国际贸易公司的背景,有几点可以确认的是,上市公司格力电器,甚至是格力电器相关联公司,均未在该公司持股,否则相关信息应当会发公告。

而格力直接与散户合作,对于已经或者即将失去厂商支持的格力经销商总代而言,只能默默抽身撤出。而任何打破利益格局的变化都有可能伤筋动骨,甚至会出现大面积的冲突。但同时我们也应看到,现在格力要掌控销售公司,势必要派出大量的管理人员和销售人员,格力是否能快速建立一支可依赖的营销队伍是关键,如果稍有不慎,很有可能引起震荡。

而值得注意的是,在某种时候,董明珠的性格也决定了格力电器的性格,那就是不屈服。董明珠实施的任何措施,都是以其强有力的规章制度来保障的,换句话说:令行禁止,铁腕政策。以雷厉风行而著称的董明珠,继续实施"铁腕政策",它做好了这种变革的准备吗?

近年来,随着空调市场竞争的加剧,价格战持续不断,厂家的利润不断走低。在这种情况下,以渠道为重的格力必须要减少流通环节才能足够获利,因此,此举应是格力向二三级经销商挺进的一种表现。也就是说,格力想逐步越过各省大的经销商,直接与地区级和县级大的经销商打交道。在操作模式上,其他的品牌只有两道环节,唯独格力有三道环节——中间的销售公司作为一个利益主体,摊去了巨大的一块利润,现在格力是时候把这块利润拿回来了。

多年来,在厂商的合作过程中,随着销售分公司的不断壮大,商家的实力也在增强,其规模和资金实力在这一过程中得到迅速膨胀。虽然格力模式很大程度地保障了经销商的利益，但不可否认的是，能把渠道做得很好的经销商毕竟是少数，对此缺少有效控制必然影响公司的发展。

业界专家直言，维系厂家之间的纽带是利益，经销商是以利益为中心，其实力一旦足够强大，对厂家的政策也就不会言听计从了。因此，随着市场竞争走向纵深，格力必须逐步抛开大的经销商，重心向下转移，直接与二三级经销商合作。

在业界看来，经过多年的市场恶战，格力已拥有了较强的品牌拉力，特别在渠道上经营多年，渠道网络非常完善，与下游二三级经销商关系也非同一般，只要获得了二三级经销商的支持，拿掉大的经销商不会有大问题。格力是有能力，董明珠也是有信心的。当然，格力也不是要一刀切取消其多年经营的“股份制区域性销售公司”模式，而是要对经销商加强管理，使其“格力模式”能够跟上时代潮流。

在家电产业链上，无论是企业还是经销商，实现共赢是他们合作的前提。真正良好的销售策略，不仅仅在于是否把货卖出去，把钱赚回来，而要看生产企业和商家之间能不能通过操作的一致来达到利益的一致，这样生意才能长久。不过，今后格力与其下游二三级经销商的关系能否稳定恐怕也是极大的考验。

此次格力的渠道变革似乎势在必行，其实除了格力内部自身因素的挤压外，外部因素同样不容忽视。苏宁、国美等家电连锁卖场高调宣布将复制一线城市的布局经验，将渠道下沉至二三级城市，格力区域经销商在未来城镇化发展背景下同时面临来自连锁渠道商和同行厂商渠道的双重夹击。

据悉，近年来格力在全国各地适时推出了很多格力盛世欣兴贸易公司，它们有的已经成为格力的全资子公司，而且都开了网上专卖店。在董明珠看来，格力专卖店不应仅仅是个产品销售渠道，还应该成为格力电器实现2 000亿元营收的直接贡献者。

据悉，已经有一些国际品牌在和格力接触，商讨合作形式。毕竟，它们早就看到了格力渠道的厉害。随着全国性大连锁最近两年在二三线市场扩张加速，格力在二三级城市具有先天优势的专卖店模式，也会逐渐受到全国性连锁发展的冲击。董明珠也认为，格力渠道模式的核心在于“变”，即不断根据现实市场环境的变化而改变，以适应新的形势。“现在我们开店，更注重店员行为、开店标准，以及消费者满足度。”她说。

据介绍，按照格力的规划，除普通销售门店外，全国每个一线城市都会由其当地销售公司投资建设一至二个店面规模在700平方米至1 500平方米之间的旗舰店，而将来进入格力店面的不一定全是格力的产品，而是把家电产品全部融入进去。格力专卖店将来还会提供装修设计融为一体的服务，在厨具、空调、用水、采暖各方面为消费者提供一体化设计。

业内人士分析，格力此番渠道变革，符合未来销售“体验店＋电子商务”的趋势，并且从格力电器的角度来看，协助经销商做大，能够更好地与经销商进行利益上的捆绑，从而更有效地控制营销渠道。期待这是格力实现2 000亿元销售目标的一大王牌。

［参考资料：黄荣，格力电器渠道求变，中国商界，2013－04－07，选用时略有压缩］

思考题

1. 渠道设计的影响因素。

2. 渠道建设是产品销售的关键因素，如何对渠道进行有效管理？以格力空调为例。

第十二章　促销策略

促销作为一种重要的营销活动，也是营销组合四大策略之一，其核心就是沟通信息，目的是激发消费者的购买欲望，促进消费者购买。促销的方式很多，其中最主要的有人员推销、广告、营业推广、公共关系等，此外还有近些年兴起的整合营销传播。各种促销传播形式都各具特色，企业应根据促销目标、产品市场类型、市场特性等因素予以组合，以形成有效的促销策略。

引导案例

高露洁在日本岛上的促销

美国的高露洁牙膏在进入全日本这样一个大的目标市场时，并没有采取贸然进入、全面出击的策略，而是先在离日本本土最近的琉球群岛上开展了一连串的广告公关活动。

他们在琉球群岛上赠送样品，使琉球的每一个家庭都有免费的牙膏。因为是免费赠送的，所以琉球的居民不论喜欢与否，每天早上总是使用高露洁牙膏。

这种免费赠送活动，引起了当地报纸、电视的注目，把它当作新闻发表，甚至连日本本土的报纸、月刊也大加报道。

于是，高露洁公司在广告区域策略上就达到了这样的目的：以琉球作为桥头堡，使得全日本的人都知道了高露洁，以点到面，广告效应十分明显。

[案例思考]

1. 促销对于企业营销有何作用？
2. 浅析高露洁的营销策略和营销战略如何相互配合？

（学习完本章，你会对上述问题给出自己的分析和解答）

第一节　促销和促销组合

一、促销与促销组合

促销是市场营销组合要素之一。企业要取得市场营销活动的成功，不仅要开发合适的产品，制定合理的价格，选择适当的渠道，而且还需要采取适当的方式促进产品的销售。

促销，即促进销售，是指企业通过人员或非人员的方式向消费者或用户传递或与其沟通有关产品或服务的信息，帮助顾客认识产品或服务将带来的利益，引起顾客对企业及其产品或服务的兴趣，激发其购买欲望，促使其采取购买行为，以扩大其销售的一种市场营销活动。

无论企业开发出多么优质的产品，如果不能将其信息适时准确地传递给消费者或用户，对企业、消费者或客户都是一种损失和不幸。按企业主体性原则，企业任何时候都应积极主动并有效地同消费者或客户进行沟通，传递产品及其相关信息，努力缩短与消费者或客户在心理和地理上的距离，使他们感觉到企业就在自己的身边，而且正在不断地给自己提供着更好、更能满足需求的产品。企业为此付出的所有努力都属于促销活动的范畴。通过这种活动，消费者或用户便可以了解到产品及其带给客户的利益以及如何购买等。

企业促销的主要方式有四种：广告、人员推销、营业推广和公共关系。这四种方式的组合与搭配称为促销组合。所谓促销组合策略，就是指企业根据其促销的需要，对人员推销、广告、营业推广和公共关系等促销方式进行适当选择和组合的策略，即如何确定促销预算及其在各种促销方式之间的分配。表 12－1 给出了四种促销方式的优缺点的比较。

表 12－1　四种促销方式优缺点比较

类型	促销方式	优点	缺点
人员促销	人员推销	直接快速，反应及时，有利于建立与顾客的长期关系	人才难得，费用高，面窄，管理难度大
非人员促销	广告	传播面广、快、形象生动、表现手法丰富，容易引起注意	停留时间短、费用高、针对性强，不易促成现实购买
	公共关系	影响面广、可信度高、效果持久，可提高企业的美誉度	程序复杂，投入大，效果难以控制
	营业推广	强烈刺激性，可以促使产生即时购买	接触面窄，影响小，容易影响品牌

二、影响促销组合策略的因素

影响促销组合策略的因素主要有促销目标、AIDMA 法则、推拉策略、市场特性、产品生命周期等。

1. 促销目标

企业在某一时期开展某项促销活动，必须事先确定其特定的促销目标。促销目标不同，促销组合也就应不同。① 当促销目标为树立企业形象、提高产品知名度时，促销应重点运用广告，同时辅之以公共关系；② 当促销目标是让顾客充分了解某种产品的性能和使用方法时，印刷广告、人员推销或现场展示最为适宜；③ 当促销目标为在近期内迅速增加销售额时，则营业推广最易立竿见影，并辅以人员推销和适量的广告。从整体上看，广告和公共关系在顾客购买决策过程的初级阶段成本效益最优，因其最大优点为传播面广，而人员推销和营业推广在较后阶段更具成效。

2. AIDMA 法则

AIDMA 法则，是指消费者从认知产品到采取购买行为的心理过程。购买心理过程包括五个阶段，即认识(Attention)→兴趣(Interest)→欲望(Desire)→记忆(Memory)→购买行为(Action)。

不同的购买心理阶段，企业应采取不同的促销组合，并以此来指导消费者购买心理的一系列变化，诱导消费者作出购买决定。一般来说，广告在购买的初级阶段，对集中消费者的注意很有效果；公共关系适合新产品的促销，如利用新闻报道等宣传新产品几乎接近广告的效果；人员推销对唤起购买欲望、诱导购买决定具有很好的效果。

3. 推拉策略

推拉策略，即推进策略(如图 12-1)和拉引策略(如图 12-2)。采用推进策略的企业多用人员推销和营业推广。如利用推销员将产品推向批发商，批发商又积极将产品推给零售商，零售商将产品推给消费者。而实施拉引策略的企业多用广告促销方式。如企业针对最终消费者，花费大量资金从事广告及消费者促销活动，以增进产品需求。如果消费者受到广告的影响，就会到零售商处要求购买该产品，零售商就会到批发商那里要求进货，购买该产品。这样整个渠道就会被拉动起来。

其实，比较现实和有效的做法，并不是只采用其中一种策略，而是把两者结合起来，形成前拉后推的格局。例如可口可乐实施"推拉"策略(广告拉动消费者购买，促销推动消费者购买)的方法。促销活动可以刺激消费者大量购买，并吸引没有购买过可口可乐产品的消费者初次消费。因此，企业可以通过个性化的促销设计、严格的促销执行，建立自己的竞争优势。

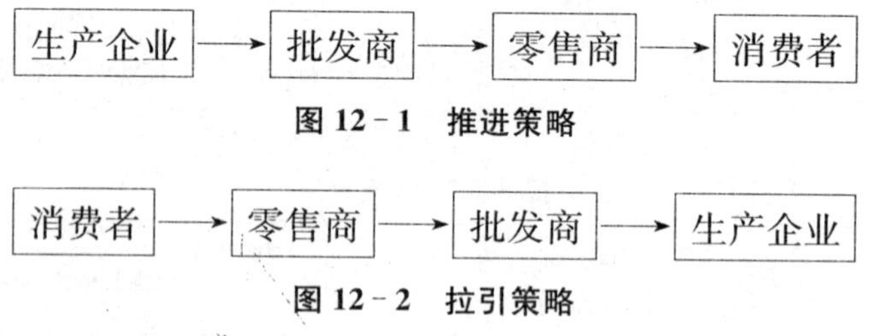

图 12-1 推进策略

图 12-2 拉引策略

4. 市场特性

(1) 促销组合要受到产品的目标市场规模和地理分布以及市场的社会经济特征的影响。其中，市场的潜在需求规模会在很大程度上左右促销组合的构成。一般而言，市场规模小，多以人员推销为主力，而以众多的消费者构成的大众消费者市场为销售对象的企业则主要采用广告及与营业推广并用的促销方式。

(2) 促销组合会受到顾客地域分布的影响。如果顾客集中在狭窄的地域，采用人员推销比其他促销方式效果好。相反，消费者绝对数多且分布地域广时多采用广告的促销方式。

(3) 促销组合还受到不同市场类型的影响。如消费品市场一般采用广告、营业推广和公共关系等促销手段；生产者市场一般采用人员推销、公共关系和营业推广等促销为主。

(4) 促销组合还要受到年龄、收入、教育水平等目标市场消费者的社会经济因素的影响。

5. 产品生命周期

产品生命周期的不同阶段具有不同的特点，各阶段的促销目标通常不同，促销组合也就自然不同。下面以消费品市场为例进行说明。

(1) 导入期。在导入期，以广告为主，通过各种媒介大力宣传新产品的品牌、特性、功能、服务等，使消费者对刚投入市场的新产品有所了解和认识。

(2) 成长期。在成长期，产品已被消费者和用户认识，销售量开始迅速上升。社交渠道沟通方式开始产生明显效果，口头传播越来越重要。如果企业想继续提高市场占有率，就必须加强原来的促销工作。如果企业要取得更多的利润，则宜于用人员推销来取代广告和营业推广的主导地位，以降低成本费用，同时也更具有针对性。

(3) 成熟期。在成熟期，竞争对手日益增多，大多数消费者已了解产品，促销的主要目的是为了与竞争对手相抗衡，使企业的产品在竞争中保持优势，保持已有的市场占有率，企业必须增加促销费用。这一阶段可能发现了现有产品的新用途，或推出了改良产品，在这种情况下，加强促销能促使顾客了解产品，诱发购买兴趣。运用赠品等促销工具比单纯的广告活动更为有效，因为这时顾客只需提醒式广告即可。工业品则需要更多地使用人员推销，挖掘潜在市场，巩固老用户，争取新用户。

(4) 衰退期。在衰退期，市场需求已饱和，可替代的新产品已在市场上批量出售，消费者的兴趣和爱好开始转移，产品销量急剧下降。企业应把促销规模降低到最低限度，以保证获取足够的利润。这一阶段，只用少量广告活动来保持顾客的记忆即可，公共关系活动可以全面停止，人员推销也可减至最小规模。

6. 促销费用

企业开展促销活动，必然要支付一定的费用，费用是企业经营十分关心的问题，并且企业用于促销活动的费用总是有限的，要做到以较低的促销费用获得较好的促销效果是非常难得的。通常要求企业所确定的促销费用既适合竞争形势又是企业所能够负担得起的。

由于各种促销方式都各有优缺点。因此企业在考虑商品促销时，应注意对各种促销方式优化组合，综合利用，以期达到较佳的促销效果。

第二节　人员推销

一、人员推销的含义及特点

(一) 人员推销的含义

人员推销是企业运用推销人员直接向顾客推销产品和劳务的一种促销活动。根据美国市场营销学会的定义，所谓推销是指企业通过派出推销人员与一个或一个以上可能成为购买者的人交谈，作口头陈述，以促进和扩大销售。在人员推销活动中，推销人员、推销对象和推销品是三个基本要素，前两者是推销活动的主体，后者是推销活动的客体。通过推销人员与推销对象之间的接触、洽谈，让推销对象购买推销品，达成交易，实现既销售商品又满足顾客需求的目的。

(二) 人员推销的特点

人员推销与非人员推销相比，既有优点又有缺点，其优点表现在以下五个方面。

1. 信息传递的双向性

在人员推销过程中，一方面，推销人员通过向顾客宣传介绍推销品的有关信息，如产品的质量、功能、使用方法、安装、维修、技术服务、价格等；另一方面，推销人员通过与推销对象接触，又将顾客对产品性能、规格、质量、价格、交货时间等的要求及时反馈给企业，为企业制定战略规划和营销策略提供依据。

2. 推销过程的灵活性

人员推销是一对一或一对多地推销产品，没有固定模式，可以随机应变，方法灵活多样。推销人员可根据每位潜在客户购买动机、要求和问题的不同，随时调整自己的策略和方法，有针对性地进行推销，充分地说服顾客，并使其需求得到最好的满足。

3. 推销对象的选择性

人员推销的选择性强，推销人员完全可以根据目标顾客的特点选择每位被访者，并在访问前对其作一番研究，拟定具体的推销方案，而广告对目标顾客的选择性就差得多。尽管广告的覆盖面较人员推销大得多，但成功的概率却比后者小得多，因为广告的受众中有相当部分的人根本不可能购买该产品。

4. 推销目的的双重性

人员推销的首要目的是通过提供信息、技术、服务，激发推销对象的购买欲望；另一个目的是市场调研。就前者而言，推销人员与顾客直接接触，向顾客提供各种服务，帮助顾客解决问题、满足顾客需求，实现产品销售的目的。就后者而言，推销人员可以了解顾客对本企业产品或推销品的评价等相关信息。

5. 友谊协作的长期性

推销人员与顾客直接见面、长期接触，可以促使买卖双方建立友谊，密切企业与顾客之间的关系，易于使顾客对企业产品产生偏爱。在长期保持友谊的基础上开展促销活动，有助于建立长期的买卖协作关系，稳定地销售产品。由于人员推销对推销员的素质、费用要求较高，并且访问客户的数量受到时间和费用的限制，使人员推销的运用受到一定的限制，因此，其主要用于买主数量有限、分布区域集中、购买批量大的产业市场。

阅读材料一：三个推销员寻找市场的故事

美国一个制鞋公司要寻找国外市场，公司派了一个推销员去非洲一个岛国，让他了解一下能否将本公司的鞋销售给他们。这个推销员员到非洲后呆了一天发回一封电报："这里的人不穿鞋，没有市场。我即刻返回。"公司又派出了一名推销员，第二个人在非洲呆了一个星期，发回一封电报："这里的人不穿鞋，鞋的市场很大，我准备把本公司生产的鞋卖给他们。"公司总裁得到两种不同的结果后，为了解更真实的情况，于是又派去了第三个人，该人到非洲后呆了三个星期，发回一封电报："这里的人不穿鞋，原因是他们脚上长有脚疾，他们也想穿鞋，过去不需要我们公司生产的鞋，因为我们的鞋太窄。我们必须生产宽鞋，才能适合他们对鞋的需求。这里的部落首领不让我们做买卖，除非我们借助于政府的力量和公关活动搞大市场营销。我们打开这个市场需求投入大约1.5万美元。这样我们每年能卖大约2万双鞋，在这里卖鞋可以赚钱，投资收益率约为15%。"

二、人员推销的程序

根据应用较为广泛的"程序化推销"理论，可以把推销的程序分成以下七个步骤。

1. 寻找顾客

推销过程的第一步是挖掘和选择潜在顾客，这是最基础的一步，因为准确地选择潜在顾客对于成功推销是很关键的。推销人员可以请求现有顾客提供潜在客户名单；可以建立来源信息网，比如供应商、经销商、非竞争者的销售人员及银行；可以加入潜在客户所属的组织（如某类消费者常去的社交网络）；可以在报纸或工商指南上寻找顾客名单，并利用电话等来追踪线索；也可以进行贸然拜访。发掘到潜在顾客后，还要进行选择，通过查看潜在顾客的财力、营业额、需求情况、所在位置等确定潜在顾客是否合格。

2. 访问准备

推销人员在访问顾客之前必须做好充分的访问准备工作。要尽可能多地了解顾客的情况，如可能的采购量、决策者是谁、采购习惯等。不了解对方底细贸然推销，成功的机会极小。准备工作还包括推销人员的心理准备、确定介绍方法、选择接触方法（登门拜访、打电话等）、制订推销访问计划以及准备携带的物品等。

3. 访问顾客

推销人员应该知道初次与客户交往时如何会见和向客户问候，使双方的关系有一个良好的开端，这包括推销人员仪表、开场白和随后谈论的内容。在交谈过程中应更关注客户的心理，善于启发、引导和激发买主的好奇心和注意。

4. 介绍和示范

这一阶段除了对产品进行实际推销介绍外，还包括产品的展示。在这一过程中，推销人员应指出产品的特点和利益，以及它们如何优于竞争者的产品，有时甚至也可指出本产品的某些不足或可能出现的问题及如何减免或防范。在展示产品时，推销人员还可提请顾客亲自演练使用展示品。在这种产品的展示和试用中，必须把重点放在推销介绍时所指出的产品的独特卖点上。

5. 处理异议

顾客在整个购买过程中必然会提出问题和不同的看法与意见，它对成交会造成障碍。此时，推销人员必须采取积极态度，设法找出问题根源，并有针对性地解决处理，从而促成交易。这一过程对销售人员提出了新的要求，即接受各种应付拒绝技巧的培训。

6. 达成交易

推销人员必须懂得如何从顾客那里发现可以达成交易的信号，包括顾客的动作、语言、评论和提出的问题。达成交易有几种方法，推销人员可以要求顾客订货，重新强调一下协议的要点，帮助秘书填写订单，询问顾客是要产品 A 还是产品 B，让顾客对颜色、尺寸等次要内容进行选择，或者告诉顾客如果现在不订货将会遭到什么损失。推销人员也可以给予购买者以特定的成交劝诱，如特价、免费赠送额外数量，或是赠送一件礼物。

7. 跟踪服务

如果推销人员想保证顾客感到满意并能继续订购，这最后一步是必不可少的。交易达成之后，销售人员就要立刻将一切必要的细节处理妥当，同时安排追踪访问，以确保所有的安装、指导与服务都准确无误，并及时发现各种问题。

三、推销队伍管理

企业应制定有效的措施，加强对推销队伍的管理，通过对销售人员的挑选、招聘、培训、激励和评价等管理和控制活动，使企业的推销工作有效开展，以顺利实现企业的经营目标。

（一）推销人员的选拔和培训

企业的人员推销活动需要一支组织合理、素质较高的推销人员队伍来完成。推销人员素质和能力的高低直接关系到企业促销活动的成功与失败，因此，推销人员的选拔与培训十分重要。

1. 推销人员的选拔

推销人员选拔的方法很多，一般来说首先通过报名表来了解应聘者的基本情况，通过笔试和面试可了解应聘者的仪表风度、工作态度、知识广度和深度、语言表达能力、理解能力、分析能力、应变能力等。

推销人员的来源有两个：一是从企业内部选拔到推销部门工作；二是从企业外部招聘，即在社会范围内招聘。

2. 推销人员的培训

对当选的推销人员，还需经过培训才能上岗，使他们学习和掌握有关知识与技能。同时，还要对在岗推销人员每隔一段时间进行培训，使其了解企业的新产品、新的经营计划和新的市场营销策略，进一步提高素质。培训内容通常包括企业知识、产品知识、市场知识、心理学知识和政策法规知识等内容。

培训推销人员的方法很多，常被采用的方法有三种：一是课堂讲授，由专家、教授和有丰富推销经验的优秀推销员来讲授基础理论和专业知识，介绍推销方法和技巧；二是模拟培训，由受训人员扮演推销人员，向由专家教授或有经验的优秀推销员扮演的顾客推销；三是实践培训，通过传、帮、带由有经验推销人员帮受训人员逐渐熟悉业务。

在培训推销人员的过程中如何应对竞争对手，也成为销售人员必须掌握的一门艺术和技术。在应对竞争对手的问题上。应根据具体情形不同采用以下策略：① 避免对竞争产品非议。直接贬低竞争对手产品或指出本企业优于竞争对手的有利之处，如果没有充分的事实依据，会让顾客对你的职业道德产生疑问，有可能转向竞争对手一边。② 要通过仔细研究、对比来找出本企业产品优于竞争对手之处，特别是与行业领袖的同类产品比较。将比较的各种特性一一列出来，实事求是地找出自己产品的优点，在向顾客介绍时，主要强调自己产品占优势的那些特点，以吸引感兴趣的顾客。

阅读材料二：两家小店

有两家卖粥的小店。左边这个和右边那个每天的顾客相差不多，都是川流不息，人进人出的。然而晚上结算的时候，左边这个总是比右边那个多出了百十元来。天天如此。

于是，我走进了右边那个粥店。服务小姐微笑着把我迎进去，给我盛好一碗粥。问我："加不加鸡蛋？"我说加。于是她给我加了一个鸡蛋。每进来一个顾客，服务员都要问一句："加不加鸡蛋？"也有说加的，也有说不加的，大概各占一半。

我又走进左边那个小店。服务小姐同样微笑着把我迎进去，给我盛好一碗粥。问我："加一个鸡蛋，还是加两个鸡蛋？"我笑了，说："加一个。"再进来一个顾客，服务员又问一句:"加一个鸡蛋还是加两个鸡蛋?"爱吃鸡蛋的就要求加两个,不爱吃的就要求加一个。也有要求不加的,但是很少。一天下来,左边这个小店就要比右边那个多卖出很多个鸡蛋。

营销启示:

给别人留有余地,更要为自己争取尽可能大的领地。只有这样,才会于不声不响中获胜。销售不仅仅是方法问题,更多的是对消费心理的理解。

(二) 推销队伍的规模

一家企业推销人员数量的多少对企业产品的销售量和销售成本产生直接的影响。推销人员的数量规模是推销管理决策中的一个重要问题。测算推销队伍规模通常有以下两种主要方法。

1. 销售百分比法

企业根据历史资料测算出销售队伍各种耗费占销售额百分比以及销售人员的平均成本,然后对未来的销售额进行测算,以此来确定销售人员数量的方法。

2. 销售工作量法

首先,按销售量的大小将顾客进行分类;其次,确定对每类和每位顾客每年的推销访问次数;第三,确定一个销售人员每年可进行的平均访问次数;第四,将总的访问次数除以每个销售人员的平均年访问次数,就可以得出需要的销售代表数。工作量法虽然具有实用性强的优点,但是销售队伍的规模难以确定,而且也无法保证一定规模的销售队伍就能带来一定的利润,还需要有效的管理和激励。

(三) 推销工作的安排

指在销售队伍规模一定的条件下,销售人员如何在产品、顾客和地理位置上分配时间和资源。

1. 时间安排

主要考虑如何在现有顾客和潜在顾客间合理地分配推销时间。一般根据企业的销售目标而定,既要考虑提升销售额和利润率,也要考虑市场的开拓和市场占有率的提高;依据竞争形势和产品生命周期等合理安排现有顾客、潜在顾客以及在这二者之间的销售时间比例。

2. 产品资源分配

通常一支销售队伍要推销一系列产品。企业在各产品间配置推销时间资源时,不仅要关注眼前的利益如近期的销售额和利润率,还要关注长远利益,从战略角度来安排时间和其他资源,尽早为企业的长远发展布局。

3. 销售区域设计

企业安排不同的销售人员长期在一些地区负责企业产品的销售,这些地区通常被称为销售区域。如一些企业常把国内的销售区域划分为华东区、华南区、华北区、西南区、东北区、西北区等销售区域,还可以进一步进行细化划分,如对一个省内的各个城市进行销售区域划分。划分销售区域时要注意,首先,要确保各个销售区域的工作量和销售潜量是相等的,而且要足够大;其次,各区域要易于管理;第三,各区域设计时要考虑节省推销中的交通时间和费用。

目前企业设计销售区域主要有两种方法,即同等销售潜量法和同等工作量法,前者能给每位销售人员提供同等的销售机会,有利于衡量他们的销售业绩。

(四) 推销人员的奖励和评估

1. 对推销人员的奖励

对员工进行奖励是调动推销人员工作积极性的重要方法之一,一般来说,奖励推销人员的方法有以下几种。

(1) 薪金制。即固定工资制,具体来说就是职务工资+岗位工资+工龄工资。推销人员无论销售业绩如何都可以获得固定报酬。其优点在于易管理,易操作;使推销人员有安全感;在根据需要调整人员工作时阻力也小。但其缺点也是显而易见的,如不能体现业绩水平、激励作用较差等。

(2) 佣金制。即按销售额或利润基准的一定比率获取报酬。采取佣金制有利于激励推销人员努力工作,也有利于企业控制销售成本。但是,佣金制也存在一定局限性,如推销人员收入不稳定,压力较大;对企业忠诚度降低;不愿意配合企业做有利于企业的工作调整;离职率较高等。

(3) 混合制。混合制兼顾激励性和安全性的特点,能最大限度地满足、吸引和激励推销人员努力工作。常见形式有:薪金+佣金;薪金+分红奖励;佣金+分红奖励;薪金+佣金+分红奖励;薪金+佣金+分红奖励+期权。

除了上述三种奖励形式外,还应考虑到一些特殊奖励,包括经济奖励和非经济奖励,如给予荣誉、颁发奖章、额外奖金等。

2. 推销人员的评估

为了对推销人员进行有效的管理同时也作为分配报酬的依据,一般认为的销售额是考评推销人员的主要或唯一依据是错误和片面的。在实际工作中,要建立一套对推销人员工作业绩科学的评估、考核制度。具体评估需从以下三个方面进行。

(1) 收集评估资料。具体的评估资料应该包括其销售报告、访问报告、费用报告,也可以参考领导的观察、顾客的评价以及同事的意见等。

(2) 建立有效评估标准。评估标准应能反映推销人员的销售绩效。其主要指标有销售量及增长率、毛利、每天访问次数、访问成功率、平均订单数、销售费用与费用率、新顾客的增加数及失去的顾客数等。

(3) 选择评估方法。第一种评估方法是将所有销售人员的销售绩效加以比较,并评定其等级。但这种比较存在一定的弊端,因为不同区域的市场潜力、工作负荷、竞争水平、公司促销效果和其他因素各不相同,销售人员的绩效必然存在差异。销售额往往不是成就的最佳指标。第二种评估方法是把销售人员目前的绩效同过去的绩效相比较。这种方式有利于衡量推销人员工作的改善状况。

阅读材料三:"宝丽来"推销有术

一次成像照相机"宝丽来"诞生之初,其营销人员选择了夏季的海边沙滩作为推销场所,因为夏季的海滩色彩斑斓,不仅有五彩的泳装、遮阳伞、雪白的浪花、蓝色的海水、沙滩,更有一对对嬉戏的情侣,他们也将是宝丽来未来的目标顾客。

宝丽来推销人员抓住公众心理,巧妙地设计了一场场推销现场剧,他们雇用了一些

> 年轻、健美的俊男靓女。在海边演出一幕幕"英雄救美"的话剧，而宝丽来的推销人员手持一次性成像照相机不停地抓拍这些惊险而美好的场面，然后当众晒出这些照片，引发在场休闲公众的一次次惊叹和赞美；同时，又通过媒体将这些新颖的图片传播出去，"宝丽来"产品很快家喻户晓。

第三节　广　告

广告界有句名言："用于广告上的钱有一半打了水漂，搞不清楚的是，到底哪一半打了水漂。"广告作为促销方式或促销手段，是一门带有浓郁商业性的综合艺术。特别是在日益扩大的市场环境下，信息和网络越来越发达，买卖双方很少直接见面，而是通过不同的媒体来传递和获取信息，这些都促进了广告业的迅速发展。

一、广告的概念与分类

（一）广告的概念

广告(advertising)一词源于拉丁语(adverture)，有"注意""诱导""大喊大叫"和"广而告之"之意。广告作为一种传递信息的活动，是企业在促销中普遍重视且应用最广的促销方式。市场营销学中探讨的广告，是一种经济广告，亦即市场营销学中的广告是广告主以促进销售为目的，付出一定的费用，通过特定的媒体传播商品或劳务等有关经济信息的大众传播活动。

（二）广告的分类

1. 按照广告的内容和目的划分

(1) 商品广告。它是针对商品销售开展的大众传播活动。

(2) 企业广告。又称商誉广告。这类广告着重宣传、介绍企业名称、企业精神、企业概况(包括厂史、生产能力、服务项目等情况)等有关企业信息，其目的是提高企业的声望、名誉和形象。

2. 根据广告传播的区域划分

(1) 全国性广告。是指采用信息传播能覆盖全国的媒体所做的广告，以此激发全国消费者对该广告的产品产生需求。

(2) 地区性广告。指的是采用信息传播只能覆盖一定区域的媒体所作的广告，借以刺激某些特定地区消费者对产品的需求。

此外，还有其他一些分类方式。例如，按广告的形式划分，可分为文字广告和图画广告；按广告的媒体不同，可分为报纸广告、杂志广告、广播广告、电视广告、因特网广告等。

二、广告目标

广告目标是企业通过广告活动所要达到的目的。企业在进行广告促销时首先要确定广告目标。广告目标归纳起来主要有以下三种类型。

1. 知晓目标

知晓目标主要是向消费者提供新产品的质量、特性、用途、服务以及技术等各方面的情况的介绍。以知晓为目标的广告在产品的投入期用得比较多，主要侧重于介绍新产品、刺激消费者的潜在需求，使新产品尽快被市场所接受。

2. 说服目标

说服目标主要是通过劝说和引导使消费者建立起对本企业产品和本企业形象的好感和喜爱，以达到提高品牌知名度和产品的市场占有率的目的，它适合产品进入成长期和成熟期时使用。该类广告要突出宣传本企业的优异之处，宣传本企业的产品特色，以引起消费者的关注。

3. 提醒目标

提醒目标主要通过提示或提醒消费者加深对品牌的印象，提示购买的途径和方法等。以提示为目标的广告一般适合在产品的成熟期和衰退期使用，其目的是提示消费者不要忘记该产品，使消费者通过回忆产生需求，促进消费者购买，保持企业的市场占有率。

三、广告预算

在制定企业的目标之后，就要进行广告预算。广告预算就是确定一定时期企业广告活动所将要花费的全部资金。可供企业采用的广告预算的方法主要有以下几种。

1. 量力而行法

这种方法就是企业在其他市场营销活动优先分配经费后，尚有剩余可供广告花费的额度。这样企业就可以根据资金情况来决定广告开支，可以做到量力而行，但是这样做可能有本末倒置之嫌。因为企业做广告的根本目的就是要促进销售，企业在做广告预算时应关注企业要花费多少广告费才能完成销售目标，因此量力而行法具有片面性。

2. 销售额百分比

销售额百分比是指企业根据销售额或单位产品售价来计算和决定广告开支。销售额百分比法的优点：① 它能将企业的销售额和广告开支综合考虑；② 可促使企业管理人员根据单位广告成本、产品售价和销售利润之间的关系，来考虑企业的经营问题；③ 如果某行业大多数企业都按销售百分比法来预算广告开支的话，有利于保持竞争的相对稳定。

销售额百分比法的缺点：① 产品生命周期的不同阶段，销售额百分比是波动的；② 企业先决定销售额的标准再决定广告预算的测算程序，忽视了广告能促进销售额上升的这种因果关系。

3. 竞争参照法

企业参照竞争对手的广告开支来决定自己企业的广告开支，以保持自己的竞争优势。这种方法在实践中运用得较多，但是企业采用这种方法的前提是：首先，企业必须了解竞争对手的广告预算信息；其次，竞争者的广告预算具有一定的代表性，能够反映该行业广告费用的趋势；第三，采用这种方法能够维持竞争均衡，避免企业之间激烈的广告战。

四、广告创意策略

广告创意策略是指通过对企业广告产品或服务的分析，找出最能体现产品或服务独特卖点的广告主题，然后围绕广告主题进行一系列构思，以推广产品、服务或观念等的符号和信息。

1. 确定广告主题

广告主题是广告的灵魂，是广告所传播的产品或服务最核心的特点或个性，它决定了广告的创意、文案及表达形式等其他要素。广告主题贯穿于企业广告策划的整个过程，一则主题鲜明的广告很容易为消费者理解和接受。通常广告主题的确定可以从以下几方面考虑。

(1) 产品原料方面的优点或特点。主要包括原料的产地、原料的历史和起源、选用什么特殊原料、原料的品质及其他。

(2) 从商品的制造过程来寻找广告主题。如商品的制造方法与特点、使用机器设备的特点、工人与技术人员水平、制造方法的发明如使用某种专利以及制造过程的品质保证。

(3) 从企业的角度寻找广告主题。如从企业的历史、企业的规模以及企业的服务质量等角度寻找广告主题。

(4) 从商品的使用价值中的独特之处寻找广告主题。如从商品的外观、商品的各种用途和用法、用户对产品的称赞等角度来寻找广告主题。

2. 广告主题的诉求

(1) 理性诉求策略。理性诉求策略是指广告诉求通过真实、准确、公正地传达企业和企业产品的客观情况，使消费者经过认知、判断、推理等思维过程理智地作出决定。这种广告诉求一般用于工业品和消费品中需要经过深思熟虑以后才决定购买的高档产品和服务。

(2) 感性诉求策略。感性诉求策略是指广告诉求定位于消费者的情感动机，通过表现企业和企业产品、服务相关的情绪和情感因素来传达广告信息，以此促进消费者情感，激发消费者的购买动机。

理性诉求虽然能较完整、准确地传递各种信息，但广告内容常常显得枯燥，难以引起消费者的兴趣；而感性诉求策略则比较贴近消费者的切身感受，但由于信息传递欠确切，难以达到预定的效果，因此在实际广告策划中常把这两种广告诉求方式结合运用，以求达到较理想的传播效果。

五、广告媒体策略

广告媒体，也称广告媒介，是广告主与广告接受者之间的连接物质。它是广告宣传必不可少的物质条件。广告媒体并非一成不变，而是随着科学技术的发展而发展。科技的进步，必然使得广告媒体的种类越来越多。

1. 广告媒体的种类及特性

广告媒体的种类很多，不同类型的媒体有不同的特性。目前比较常用的广告媒体如表12－2所示。

表12－2　主要媒体类型及其优缺点

媒体	优点	缺点
报纸	灵活，及时，普及，很好地覆盖当地市场，可信度高，便于剪贴存查	有效性短，再生质量差，传阅性差
杂志	对象明确，针对性强，可信，有威望，再生质量高，传阅性好	高成本，传播不广泛，不能保证刊登位置

（续表）

媒体	优点	缺点
广播	普及率高，灵活，成本低，及时	只有听觉效果，播出时间短，注意力差，听众分散
电视	覆盖面广，视听结合效果显著，灵活，艺术性强，感官吸引力强	绝对成本高，时间性强，易受干扰，受众不明确
户外广告	灵活，展示重复性好，低成本，竞争低，位置选择性好	受众面小，创意受限
直接邮寄	灵活，可选择受众，同一媒体中无竞争者，可以个性化	相对成本高，有“垃圾邮件”印象
互联网	选择性好，成本低，直接，互助性强	受众少，单一，相对影响小，受众控制展示时间

除了以上几种常见广告媒体外，还有一些广告媒体需要我们认识，如交通媒体、赠品媒体及包装媒体等。但目前最为公众所熟知的大众媒体还是报刊、广播、电视、互联网等。

2. 广告媒体的选择

不同的广告媒体有不同的特性，只有正确地选择才能达到预期的广告效果。一般来说，正确地选择广告媒体，要考虑以下因素。

（1）产品的性质。不同性质的产品，有不同的使用价值、使用范围和宣传要求。广告媒体只有适应产品的性质，才能取得较好的广告效果。如对技术性较强的产品适宜选择报纸和杂志媒体，必要时也可以用整机样品展示；对只需要展示通过听觉就能了解的产品应选择广播作为媒体；对需要展示形状和色泽的产品应选择电视、印刷品等媒体，以增加其艺术效果。

（2）目标受众接触媒体的习惯。不同的消费者对广告媒体的接触习惯与偏好各不相同，企业应选择能够最有效地把广告信息传递给目标受众的媒体。例如，对儿童用品的广告宣传，宜选电视作其媒体；对妇女用品进行广告宣传，选用妇女喜欢阅读的妇女杂志或电视栏目，其效果较好；对老年人产品做广告选择互联网就不太合适。

（3）竞争对手的广告策略。竞争对手的广告策略往往具备一定的针对性和对抗性，只有充分了解对手的广告策略才能有针对性地开展自身的广告策略，发挥自身优势，争取最佳广告效果。

（4）媒体的成本和企业的实力。企业在选择广告媒体时应综合考虑广告媒体的成本和企业的综合实力，既要使广告达到理想的效果，又要考虑企业的支付能力，争取以合理的成本取得较佳的广告效果。

六、广告设计原则

广告效果不仅取决于广告媒体的选择，还取决于广告设计的质量。优秀的广告要遵循下列原则来设计。

1. 真实性

广告的生命在于真实。真实的广告有助于建立企业及其商品的信誉，维护企业形象及消费者利益。虚伪、欺骗性的广告，必然会使企业丧失信誉。

2. 社会性

广告是一种信息传递。在传播信息的同时，也传播了一定的思想意识，必然会潜移默化地影响社会文化、社会风气。广告必须符合社会文化、思想道德的客观要求。

3. 针对性

由于各个消费者群体都有自己的喜好、厌恶和风俗习惯，为适应不同消费者群体的不同特点和要求，广告要根据不同的广告对象来决定广告的内容与形式。

4. 感召性

广告的诉求点必须与产品的优势点以及目标顾客购买产品的关注点一致。

5. 简明性

由于广告媒体具有播放时间短和信息容量有限等局限性，因此不能给消费者太大的视觉与听觉上的辨识压力。广告设计的客观要求必然需要简明、清晰。

6. 艺术性

广告是一门科学，也是一门艺术。它运用科学技术集文学、戏剧、音乐、美术等各艺术于一体，通过特定的形式表现出来。优秀的广告就像优美的诗歌，像美丽的图画，会给消费者美的享受。

七、广告效果的评估

广告效果是指消费者对广告理解和接受的程度及广告对推销产品的作用。广告效果可以有很多评估标准。

1. 广告促销效果评估

(1) 广告费用占销率法。通过这种方法可以测定出计划期内广告费用对产品销售量的影响。广告费用占销率越小，表明促销效果越好，反之则越差。其公式为：

广告费用占销率=[广告费用/销售量(额)]×100%

(2) 广告费用增销率法。此法可以测定计划期内广告费用增减对广告商品销售量(额)的影响。广告费用增销率越大，表明广告促销效果越好；反之则越差。其公式为：

广告费用增销率=销售量(额)增长率/广告费用增长率

(3) 单位费用促销法。测定单位广告费用促销商品的数量或金额。单位广告费用促销额(量)越大，表明广告效果越好，反之则越差。其公式为：

单位广告费用促销额(量)=销售额(量)/广告费用

(4) 单位费用增销法。用以测定单位广告费用对商品销售的增益程度。单位广告费用增销量(额)越大，表明广告效果越好，反之则越差。其公式为：

单位广告费用增销量(额)=[报告期销售量(额)-基期销售量(额)]/广告费用

(5) 弹性系数测定法。通过广告费用投入量变动率与销售量(额)变动率之比值来测定广告促销效果，其公式为：

$$E=(\Delta S/S)/(\Delta A/A)$$

式中：S 为销售量(额)；A 为广告费用原有支出；ΔA 为增加的广告费支出；E 为弹性系数，即广告效果。E 的绝对值越大，表明广告的促销效果越好。

2. 广告本身效果评估

广告本身效果也称为广告沟通效果，主要测定广告的知名度、注意度、记忆度、视听率、购买动机等项目。常见的评估方法有如下两种。

（1）事前测定法。邀请若干专家，消费者对事先拟订的几则同一商品的广告进行评估。

（2）评分法。属事后测定，将播出的广告各要素列表，请专家、消费者逐项评估。

阅读材料四：耐克的广告魅力

（一）案例介绍

Nike 这一品牌在当今行销世界中创造了不少奇迹：Nike 正式命名于 1978 年，还属年轻企业，却后来居上，超过了曾雄居市场的领导品牌阿迪达斯、彪马、锐步，被誉为“近 20 年世界新创建的最成功的消费品公司”。

在美国，与成年人想拥有名牌跑车相映，约有高达七成的青少年的梦想便是有一双耐克鞋，“耐克”成为消费者追求的一个“梦”。

显然，“耐克”品牌有许多值得我们挖掘的行销启示。“耐克”的行销奥秘是多方面的，其中一个很出色的方面是它的行销沟通（Nike's Marketing Communication）。着眼于沟通的耐克广告给消费者留下深刻的印象。1994 年，“耐克”的广告费投入为 2.8 亿美元，若与全球头号广告主 P&G 公司的广告费相比，并不为多，只是后者的 1/9 左右，但富有创意而极具魅力的耐克行销传播，为“耐克”赢得了消费者，使“耐克”成为市场的胜利女神（Nike 原意即为“古希腊的胜利女神”）。耐克行销沟通的成功之处是：

- 如何从运动员专用鞋市场拓展出普通消费者的大众市场；
- 如何采用“离经叛道”的广告强化沟通；
- 如何借用偶像崇拜建立品牌忠诚；
- 如何运用动画、电脑游戏贴近青年儿童消费者；
- 如何深入自我心理意识和价值争取到女性消费群。

1. 广告变法重在沟通

耐克公司的早期广告作品主要侧重于宣传产品的技术优势，因为当时品牌定位在正式竞技体育选手市场上。当然一些休闲跑步者选耐克鞋，一则穿着舒适，二则因有耐克广告宣传：谁拥有耐克，谁就懂得体育！这对消费者有一定的影响。但这段时期的耐克广告还称不上是真正意义上的沟通，耐克的沟通广告是在其“广告变法”中产生出来的。

20 世纪 80 年代，耐克产品开始从田径场和体育馆进入寻常百姓家（特别是十几岁的少年）。于是耐克公司必须在不失去正规体育传统市场的情况下，尽力扩大耐克广告的吸引力，为此耐克必须像 Levi's 品牌（牛仔服的领导品牌）一样，成为青年文化的组成部分和身份象征。

耐克公司在两个完全不同的市场作战，它面临的难题是在适应流行意识和宣传体育成就上如何获得平衡与一致，耐克公司开始重新思考其广告策略了。

真正的突破是 1986 年的一则宣传耐克充气鞋垫的广告。在广告片中耐克公司不是采用一味宣传产品技术性能和优势的惯常手法，而是采用一个崭新的创意：由代表和象征嬉皮士的著名甲壳虫乐队演奏的著名歌曲《革命》，在反叛图新的节奏、旋律中，一群穿戴耐克产品的美国人正如痴如醉地进行健身锻炼……这则广告准确地迎合了刚刚出现的健身运动的变革之风和时代新潮，给人以耳目一新的感觉。耐克公司原先一直采用杂志作为主要广告媒体，向竞技选手们传递产品的信息，但自此以后，电视广告成为耐克的主要"发言人"，这一举措使得耐克广告更能适应其产品市场的新发展。

耐克公司的广告变法是相当成功的，这首先体现在公司市场份额的迅速增长：一举超过锐步公司成为美国运动鞋市场的新霸主。耐克的长期竞争对手锐步公司也不得不跟着效仿，像耐克一样强调沟通风格而不仅仅是产品功能，同时锐步公司改用 ChiatDay 公司作为广告代理商，后者曾在 20 世纪 80 年代中期当过一阵耐克的代理商，以图重振昔日雄风。然而这一切均无济于事，抢先一步的耐克公司产品的风格和优点已在消费者心中占据了不可动摇的地位。

2. 崇拜与对话：共鸣沟通

耐克公司拓展市场的首要突破口是青少年市场，这一市场上的消费者有一些共同的特征：热爱运动、崇敬英雄人物、追星意识强烈、希望受人重视、思维活跃、想象力丰富并充满梦想。针对青少年消费者的这～特征，耐克公司祭起"明星攻势"的法宝，相继与一些大名鼎鼎、受人喜爱的体育明星签约，如乔丹、巴克利、阿加西、坎通纳，等等，他们成为耐克广告片中光彩照人的沟通"主角"。在广告片"谁杀了兔子乔丹"中，近年来上镜率很高的体坛英杰之一迈克尔·乔丹（飞人乔丹）和另一个受人喜爱的卡通片角色巴格斯·本尼（兔子乔丹）先后出现在片中。广告开始的镜头是本尼正在地洞中呼呼大睡，突然地面上传来强烈的震动，把本尼弄醒了，它爬出洞一看，原来是四个家伙在玩篮球，本尼抱怨了几句，但却受到那些人的攻击，他们把本尼像球一样在空中抛来抛去，本尼大叫："这是与我为敌！"这时，飞人乔丹出现了，前来帮助他的卡通朋友兔子乔丹，一场篮球大战随即开始……

在这个电视广告片的画面上，几乎没有出现耐克产品的"身影"，没有像其他广告那样宣扬产品、陈述"卖点"，只是用受人注目的飞人乔丹和兔子本尼演绎了一场游戏或者说是一段故事。此外，20 世纪 90 年代耐克公司还专门设计推广了一种电脑游戏，让参与者可在游戏中与球王乔丹一起打篮球。耐克掌握了十几岁少年厌恶说教、独立意识增强的特点，充分发挥和迎合他们的想象力与自我意识，从"乔丹"意识到"热爱运动的我"，从"穿着耐克鞋的乔丹"联想到"穿着耐克鞋的我"……在一连串的消费者自我想象、对比中，耐克公司与其目标市场的沟通，就自然而然地形成，耐克品牌形象在潜移默化中深植在顾客的心里。

广告最主要的目的就是沟通，耐克广告是真正的广告，就是因为它是真正的沟通。耐克广告代理商 W&K 公司的计划总监 Chris Riley 对比耐克公司与锐步公司的广告之后评论说："你把耐克和锐步的广告拿给 14～15 岁的小孩们看，他们肯定会说：'锐步又在打我的主意，他们用体育运动和健康来卖广告。'但他们谈论耐克广告的方式是截然不同的：'你瞧，耐克那帮家伙又在挥霍钱财啦！真弄不明白他们是怎样管理自己的广告经费的。'这意味着他们理解我们，知道耐克本可以采用传统营销导向的广告方式。"毫无疑问，耐克公司针对青少年市场的一系列广告达到了目的，受到青少年顾客的认同，而他们正是这一市场争夺战最具权威的裁判员。耐克公司在针对体育爱好者消费群体时，其沟通内容着意于向视听传递这样的信息：耐克和你一样是体育世界的"行家"，我们都知道体育界所发生的一切。所以耐克公司在广告片中向你展示的是一个真实客观的体育世界。在以棒球明星宝·乔丹为广告主角的系列幽默广告"宝知道"中，滑稽可笑、逗人发笑的宝·乔丹吸引了一大批青少年视听者的注意，为宣扬耐克品牌、建立沟通作出很大的贡献。后来宝·乔丹臀部受伤，不能上场竞技而不得不告别体坛，因此失去了广告价值，一般情况下，解除合约、一脚踢开是美国商业社会天经地义的做法。耐克公司没有这样，而是继续与他合作拍广告，这一举措与青少年消费者产生了强烈的共鸣：耐克与我们一样不会抛弃一个不幸的昔日英雄。又如，耐克公司雇用"臭名远扬"的巴克利拍广告，巴克利在篮球界有"拳师"的绰号，逞凶斗狠，脾气火爆，常有出格之举。耐克公司没有隐瞒遮掩这些，它创作了一个电视广告片，主角就是尚武凶狠的巴克利，在球赛中击败对手，拉烂篮板……看到此片的体育迷们都会产生同感：是巴克利！他就是这样。于是耐克与消费者之间有了良好的沟通，这种与消费者产生共鸣，以至最终耐克公司和其品牌成为顾客们忠实的"伙伴"和"知己"，甚至是相互一体、不分彼此了，而耐克品牌迅速崛起，独领风骚，自然在情理之中。

3. 自我与自尊：价值沟通

耐克公司在女性市场上的广告更是匠心独具、魅力无穷。耐克公司比锐步公司较晚进入女性市场，部分原因是耐克认为其气垫技术革命的广告主题是针对男士们的，如果当时反过来吸引女性，那么势必损及男鞋市场的增长势头。当时耐克管理层曾及时纠正了在加利福尼亚进行的一些促销活动，公司认为活动超出了公司的原意。公司管理者不想损害自己作为一家技术先进、勇于创先的体育用品公司的良好声誉，沦为一个女性味十足的流行用品公司。

当耐克公司在青少年市场和男性市场上牢牢站稳脚跟后，转而集中火力进攻女性市场。广告创意方案的策划者 Janet 和 Charlotte 两位女士采用自我审视的方法来了解女性的内心世界，以女人与女人的"对话"作为主要沟通手段。广告作品采用对比强烈的黑白画面，背景之上凸显的是一个个交织在一起的"不"字，广告文字富有情意，意味深长，语气柔和但充满一种令人感动的关怀与希望："在你一生中，有人总认为你不能干这不能干那。在你的一生中，有人总说你不够优秀不够强健不够天赋，他们还说你身高不行、体重不行、体质不行，不会有所作为。"

4. 他们总说你不行

"在你一生中，他们会成千上万次迅速、坚定地说你不行，除非你自己证明你行。"

广告是登载在妇女喜爱的生活时尚杂志上。广告文字似乎不像是一个体育用品商的销售诉求，而更像一则呼之欲出的女性内心告白，但广告体现出耐克广告的真实特征：沟通，而非刺激。如同其他耐克广告，这则广告获得巨大成功，广告刊发后，公司总机室的电话铃声不断，许多女性顾客打电话来倾诉说："耐克广告改变了我的一生……"、"我从今以后只买耐克，因为你们理解我。"这些结果也反映在销售业绩上，耐克女性市场的销售增长率快于其男性市场，20 世纪 80 年代后期女性市场上耐克远逊锐步的状况发生了根本改变。研究表明，在这市场上耐克品牌的提及率及美誉度已超过锐步。

耐克公司在短短的二三十年时间里，由一家简陋的小鞋业公司成长为行业霸主，由鲜为人知到今天名满天下(在美国知名度几乎为100%)，耐克行销传播居功甚伟，在某种意义上，是耐克传播创造了耐克神话。

(二) 案例启示

(1) 耐克公司成功神话的要谛：耐克公司注重沟通效果的广告，使耐克品牌深受众爱，迅速成长。耐克公司的广告变法为其赢得了市场和消费者，但更重要的是耐克公司在变革中逐渐掌握了广告沟通艺术，形成自己独特的广告思想和策略，那就是必须致力于沟通，而不是销售诉求。这一策略与大多数美国公司的广告策略是根本不同的，但正是这一独特的策略和做法，使得耐克公司在市场竞争中不断成功，迅速成长。

(2) 耐克公司在青少年市场上的成功广告还不足以反映其广告的沟通真谛，许多人认为耐克广告沟通术就是“明星攻势”加上与众不同的广告画面、情节。但事实并非如此，起到根本性作用的不是沟通的形式而是内容，是在广告中与消费者进行心与心的对话！耐克广告的沟通也因此获得能让消费者产生强烈共鸣的优良效果。

(3) 耐克因为能充分掌握年轻人对运动休闲鞋的需求、了解他们的生活形态与现实的心理渴望，发展出饶具创意的新产品、传播诉求及促销活动，从头到尾都是站在创造消费趋势的排头，耐克的世界第一并非浪得虚名。

第四节 营业推广

营业推广是人员推销、广告和公共关系以外的能刺激需求、扩大销售的各种促销活动。营业推广对在短时间内争取顾客、扩大购买具有特殊的作用。

一、营业推广的特征

(1) 针对性强。营业推广往往是根据特定时期的具体促销目标而展开，因此具有很强的针对性，不像广告和公共关系那样需要一个较长的时期才能见效。只要选择的方式合理，营业推广必然会收到显著的效果。

(2) 辅助性。人员推销、广告和公关都是常规性的促销方式，而营业推广只能在短期内取得明显效果。它一般不能单独使用，常常配合其他促销方式使用。

(3) 时效性。运用短期诱因所采取的短期行为，必然会受到时间限制，具有时效性。

二、营业推广的方式

营业推广的方式多种多样，企业应根据市场类型、顾客心理、销售目标、产品特点、竞争环境以及各种营业推广的费用和效率等因素进行选择。

1. 针对消费者的营业推广

可以鼓励老顾客继续购买、使用本企业产品，促进新顾客使用本企业产品，引导顾客改变购买习惯，培养顾客对本企业的偏爱行为等。其方法主要有以下几种。

(1) 赠品促销。向消费者免费赠送样品，样品可以挨户赠送，在商店或闹市区散发，在其他商品中附送，也可以公开广告赠送，但费用较高，对高值商品不宜采用。

(2) 优惠券。持有者在购买本企业产品时免付一部分货款。这种形式有利于刺激消费者使用老产品，也可以鼓励消费者认购新产品。

(3) 包装兑现。即采用商品包装来兑换现金。如收集到若干个某种饮料瓶盖，可兑换一定数量的现金或实物，借以鼓励消费者购买该种饮料。

(4) 有奖销售。企业在销售某种产品时设立若干奖励并印有奖券，规定购买数量，顾客购买达到数量后可获奖券。

(5) 展览。通过举办展览会、展销会及其他形式的展览，进行现场表演和示范操作以招揽顾客。

2. 向中间商推广的方式

向中间商推广，其目的是为了促使中间商积极经销本企业产品。其方式主要有以下几种。

(1) 批发折扣。企业为争取批发商或零售商多购进自己的产品，在某一时期内可给予购买一定数量本企业产品的批发商以一定的折扣。购买数量越大，折扣越多。折扣可以直接支付，也可以从付款金额中扣出，还可以赠送商品作为折扣。

(2) 资助。是指生产者为中间商提供陈列商品、支付部分广告费用和部分运费等补贴或津贴。在这种方式下，中间商陈列本企业产品，企业可免费货低价提供陈列商品；中间商为本企业产品做广告，生产者可资助一定比例的广告费用；为刺激距离较远的中间商经销木企业产品，可给予一定比例的运输补贴。

(3) 销售竞赛。对经销本企业产品有突出成绩的中间商给予奖励。根据各个中间商销售本企业产品的实绩，分别给优胜者以不同的奖励，如现金奖、实物奖、免费旅游、度假奖等。

三、制订营业推广计划的步骤

1. 确定营业推广的目标

营销推广目标按照不同的对象可分为三类：① 针对消费者的营业推广目标，主要是刺激消费者购买，与其他促销手段配合提高整体购买量；② 针对中间商的营业推广目标，主要是取得经销商的合作，为企业经销产品，并使他们对企业及企业产品忠诚；③ 针对推销员的营业推广目标，主要是鼓励推销员多推销商品，刺激他们寻找更多的顾客。

2. 选择营业推广方式

营业推广的方式有很多，企业在选择时，应考虑企业营销目标、市场竞争状况、推销方式的成本与效益以及推销时间等。

3. 制订营业推广方案

制订营业推广方案要考虑营业推广的规模、推广的途径、推广的主题、明确参与推广活动的对象、持续时间、选择推广的时机以及推广经费预算等。

4. 测试方案的促销效果

首先要在执行方案前先进行试点效果测试，来确定鼓励规模是否最佳、推广形式是否合适、途径是否有效，试点成功后再组织全面实效营业推广方案。在执行过程中，要实施有效的控制，及时反馈信息，发现问题，要采取必要措施、调整和修改原方案。

5. 评估营业推广效果

最常用的方法是比较推广前、推广中、推广后的销售额数据，以评估其效果大小，总结经验教训，不断提高营业推广的促销效率。

第五节　公共关系

一、公共关系的概念和特征

公共关系，又称公众关系，是指企业在从事市场营销活动中正确处理企业与社会公众的关系，以便树立企业的良好形象，从而促进产品销售的一种活动。

"公共关系"一词来自英文 Public Relations，简称"公关"或 PR。公共关系是一种社会关系，但又不同于一般社会关系，也不同于人际关系，因为它有独有的特征。

公共关系的基本特征表现为：公共关系是一定社会组织与其相关的社会公众之间的相互关系；公共关系的目标是为企业广结良缘，在社会公众中创造良好的企业形象和社会声誉。公共关系的活动以真诚合作、平等互利、共同发展为基本原则；公共关系是一种信息沟通，是创造"人和"的艺术；公共关系是一种长期活动，着手于平时努力，着眼于长远打算。

二、公共关系的基本原则

公共关系的基本原则是平等互利。公共关系活动联系的双方是以一定利益为基础的，既对公众有利，也对企业有利。因此，公共关系活动客观上要求双方坚持真诚平等、互惠互利的原则，确保公众与企业都能受益，并且有利于社会。

三、公共关系的活动方式

公共关系的活动方式，是指以一定的公关目标和任务为核心，将若干种公关媒介与方法有机地结合起来，形成一套具有特定公关职能的工作方法系统。按照公共关系的功能不同，公共关系的活动方式可分为以下六种。

(1) 宣传性公关。是运用报纸、杂志、广播、电视等各种传播媒介，采用撰写新闻稿、演讲稿、报告等形式，向社会各界传播企业有关信息，以形成有利的社会舆论，创造良好氛围的活动。

(2) 征询性公关。这种公关方式主要是通过开办各种咨询业务、问卷调查、进行民意测验、设立热线电话、聘请兼职信息人员、举办信息交流会等形式，连续不断地努力，逐步形成效果良好的信息网络，再将获取的信息进行分析研究，为经营管理决策提供依据，为社会公众服务。

(3) 交际性公关。通过语言、文字的沟通，为企业广结良缘，巩固传播效果。可采用宴会、座谈会、招待会、谈判、专访、慰问、电话、信函等形式。交际性公关具有直接、灵活、亲密、富有人情味等特点，能深化交往层次。

(4) 服务性公关。就是通过各种实惠性服务，以行动去获取公众的了解、信任和好评，以实现既有利于促销又有利于树立和维护企业形象与声誉的活动。企业可以各种方式为公众提供服务，如消费指导、消费培训、免费修理等。事实上，只有把服务提到公关这一层次上来，才能真正做好服务工作，也才能真正把公关转化为企业全员行为。

(5) 社会性公关。社会性公关是通过赞助文化、教育、体育、卫生等事业，支持社区福利事业，参与国家、社区重大社会活动等形式来塑造企业的社会形象，提高企业的社会知名度和美誉度的活动。这种公关方式的公益性强，影响力大，但成本较高。企业的赞助活动可以是独家赞助，也可以是联合赞助。

(6) 危机公关。由于企业管理不善或者是外界特殊事件的影响，而给企业或品牌产生不良的影响，它会令企业的美誉度大大降低。企业针对危机所采取的一系列自救行动，包括消除影响、恢复形象等，就是危机公关。

阅读材料五：多美滋行贿门

2013 年 9 月 16 日，央视报道称，为抢占市场，包括多美滋在内的不少奶粉企业贿赂医生和护士，让医院给初生婴儿喂自家品牌的奶粉，让孩子产生对某种奶粉的依赖，达到长期牟利的目的。多美滋"贿赂"医生护士的方式有多种：奶粉厂家每个月会向一些妇产科医生及向产妇成功推荐奶粉的护士打款；邀请专家讲课，医生、护士听课，厂家以"赞助费"、"车马费"形式给医生、护士送钱；给新开医院提供装修等。报道还公布了多美滋给医护人员的打款明细。报道称，天津的一家医院妇产科，奶粉是医院准备的，产妇家属并不知道是什么品牌。记者提出想自备奶粉时，护士明确表示："我们这儿一般不让。"

9 月 17 日下午 5 点左右，多美滋发声明表示："对中央电视台关于多美滋在天津一些医院推广奶粉的报道，多美滋中国表示非常震惊和重视。我们将立即就此事件展开调查。多美滋婴幼儿食品有限公司严格遵循中国的法律法规，包括《母乳代用品销售管理办法》，并为此设立了严格的管理制度。如有违法，我们将采取严厉的惩罚措施。"

9 月 22 日，央视《东方时空》报道称，知情人士再度向央视记者提供了多美滋公司各区销售人员之间的邮件往来。据粗略统计，该公司仅今年 4 月就向北京、辽宁、吉林、河北、天津、内蒙古、黑龙江等北区的 7 省区医务人员打款 50 万元，而包括北区在内，多美滋公司在我国一共有 6 个大区。此外，在多美滋公司 2013 年前 5 个月的销售情况表中，单独有一栏"纯医务增长"(在医院由医生完成的销量)，以今年 2 月为例，该增长率在各省份均超过 10%，个别更是接近 60%。

9 月 23 日晚，针对被曝行贿 7 省区医务人员细节，深陷"贿赂门"的知名奶粉企业多美滋公司发表声明，称多美滋非常重视央视的报道，已于数日前启动了事件调查。现在调查尚在进行中，结果或将于 10 月 1 日前公布。

10 月 17 日，多美滋的调查报告称：央视报道的内容与多美滋赞助的一个妇幼健康教育项目有关。该项目是多美滋与专业医学组织共同举办，目的在于提高妇幼健康保健水平。"多美滋公司的内部政策一向强调支持母乳喂养，并要求所有行为必须符合中国政府的规定，"多美滋称，"令人遗憾的是，我们的调查发现，尽管该项目总体执行情况良好，但是在项目的具体执行中，由于管理不力，出现了一些有悖项目初衷、违反公司政策的行为。对此，多美滋公司深表歉意。"多美滋表示，公司有着严格的规定，绝不姑息任何不合规的行为。因此公司立即采取了行动，彻底纠正上述错误。

对于具体措施，多美滋表示主要包括三个方面：首先，立即全面中止该妇幼健康教育项目在所有地区的执行。其次，多美滋中国公司领导层对此事件负有领导责任，公司将根据有关规定进行处理，包括任命新的高级管理人员负责处理相关事务。另外，多美滋表示，已决定对全国范围内所有员工开展合规培训，以确保所有行为完全符合公司和相应的政策规定。“这一专项培训将在三个月内完成。同时，我们将进一步加强内部管理和监督机制，杜绝此类事件的再次发生。”

同时，天津方面也公布了调查结果，2011 年以来，全市 85 家医疗卫生机构的 116 人受多美滋公司委托，以向新生儿和婴幼儿家长授课、发放宣传材料、推介免费使用多美滋奶粉、提供相关信息等方式，违规接受多美滋数额不等的钱款。随后，对 116 人违规接受的钱款全部予以收缴，对 13 名问题比较严重的违纪违规人员予以处理。

［**案例点评**］

根据著名危机公关专家、关键点传媒董事长、华中科技大学公共传播研究所常务副所长游昌乔先生危机公关 5S 原则，对案例做如下点评：

1. 承担责任原则(SHOULDER THE MATTER)

一则“第一口奶”的电视新闻，将多美滋拉进了舆论风暴。多美滋被指通过贿赂医院工作人员事件瞬间成为了社会关注的焦点。事件发生后，多美滋对此事件非常重视，立即就此事件进行调查，并称如有违法，将采取严厉的惩罚措施。然而，其公开道歉并承担责任的举动却在一个月之后才姗姗来迟，这让其勇于承担责任的企业形象大打折扣。

项目分数：40 分　评分：20 分

2. 真诚沟通原则(SINCERITY)

事件曝光后，多美滋方面首先发布声明成将对事件展开调查，一个月之后发布调查报告，承认问题，表达歉意。但在此期间没有站在消费者立场进行沟通，也没有主动与媒体进行正式沟通，只是单方面发表声明和内部的调查报告，不符合真诚沟通原则。

项目分数：20 分　评分：5 分

3. 速度第一原则(SPEED)

多美滋虽然在第一时间对此事件进行了回应，但在在 9 月 23 日发表的声明中称：调查结果将在 10 月 1 日前公布。但实际公布时间却推迟到 17 日，且这段时间并未对调查结果进展进行说明。此时危机已经愈演愈烈，违背速度第一原则。

项目分数：20 分　评分：5 分

4. 系统运行原则(SYSTEM)

该事件调查结束后，多美滋做出了“立即中止妇幼健康教育项目在所有地区的执行，并对该事件所有负责人进行了有关规定进行处理；决定对全国范围内所有员工开展合规培训，以确保所有行为完全符合公司和相应的政策规定；同时，也将进一步加强内部管理和监督机制，杜绝此类事件的再次发生”等等一系列危机处理的系统运行。

项目分数：10 分　评分：10 分

5. 权威认证原则(STANDARD)

在整个事件过程中，并没有相关部门介入调查，而是多美滋内部自己发布声明。不符合权威证实原则。

项目分数:10 分　评分:0 分

案例评分:总分 100 分,实际总评分 40 分

第六节　整合营销传播概述

从 20 世纪 90 年代以来,随着市场环境的变化,促销策略出现了新的发展趋势,这就是整合营销传播(integrated marketing communication,IMC),整合营销传播理论起源于美国,是一种实战性较强的营销传播理论,近几年在我国也得到了广泛的传播和应用。

一、整合营销传播的含义

整合营销传播的倡导者唐·舒尔茨教授认为,整合营销传播是针对顾客和其他受众而制定、实施、评估品牌传播计划的商业过程。美国广告同业协会(4A)对整合营销传播的定义是:通过评估不同的传播技术——广告、直复式营销、销售促进以及公共关系等——在特定的传播计划中所扮演的角色,并经过整合,使之提供清晰、一致的信息,以发挥有效和最大的传播效果。美国奥美广告公司的定义是"整合各种传播技能与方式,为客户解决市场的问题或创造宣传的机会"。

通过上述分析我们发现要把握整合营销传播的含义,应注意两点:一是企业运用了多种传播手段进行信息沟通;二是对这些手段进行整合,以大幅提升传播沟通效果。

二、整合营销传播的工具

目前常见的整合营销传播工具主要有广告、营业推广(销售促进)、公共关系、人员销售以及直复营销等。整合营销传播工具的选择主要围绕着如何提高企业与顾客沟通的有效性、提高传播效率和降低或相对降低企业传播成本进行的。在不同时期和场合,某一传播工具在整合营销传播中所处的地位和重要程度也是变化的。如人员推销更适宜销售技术含量高、价值高的设备或商品;而营业推广在刺激顾客迅速购买上效果更突出。

三、整合营销传播的步骤

整合营销传播的主要步骤包括明确传播对象、制定传播目标、设计传播信息、选择传播渠道、编制促销预算、决定促销组合、管理传播过程和衡量促销成果。[①]

(一) 确定传播对象

企业的传播对象,首先是目标市场的现实顾客和潜在顾客;其次,还包括那些对目标市场顾客作出是否购买、何时买、买多少等购买决策具有一定影响力的相关群体。

(二) 决定传播目标

传播目标是传播活动要求达到的预期效果。信息传播者需要在对目标公众进行媒体习

① 李怀斌.市场营销学.北京:清华大学出版社,2007

惯、品牌识别、品牌倾向等充分调查的基础上，确定系列化的传播目标。

（三）设计信息传播内容及方式

包括设计和选择需传播的信息内容、信息阐述的方式、信息制作形式、信息的直接发布者。

1. 信息内容

通常商品信息传播可以选择感性诉求和理性诉求两种方式，许多有效的信息传播将两者结合起来。企业形象传播则较多地采用道德诉求，即引导公众对正义、诚信、美德等道义行为的认同态度，如海尔曾做的企业形象广告“海尔真诚到永远”就具有引起观众共鸣的效果。

2. 信息阐述的方式

通常传播信息的目的在于说服消费者，因为产品以及受众认知的差异，在信息传播时或以正面信息阐述为主，或以正反双面论证为主。一般产品优势明显或与受众原有观念一致时，信息传播时应以正面阐述为主；当产品受到质疑较多或受众知识水平较高时，应以优缺点并重的双面阐述为主。

3. 信息制作形式

传播信息的设计和制作必须使信息具有吸引力。在考虑受众媒体信息接受习惯和不同媒体传播特性的基础上，对不同信息的刺激强度、布局和配置等进行巧妙的设计和安排，以取得较好的传播效果。如印刷媒体广告中的标题字体、字形、位置，插图的安排以及色彩对比等都影响到传播的效果。

4. 信息的直接发布者

通常来说有权威或吸引力的信息直接发布者常常能将这种权威或吸引力辐射或转移到其推广的产品和品牌上，产生较好的传播效果。许多企业喜爱用名人或明星做广告正是基于这一点，但是类似的明星广告过多、过滥常常会起到反作用。

（四）选择信息传播渠道

整合营销的传播渠道主要有人际传播、非人际传播。人际传播主要是由企业销售人员对潜在客户进行的传播，优点是一对一传播，信息反馈及时，信息沟通的个性化较强；缺点是传播面窄，单位传播成本较高。非人际传播主要是利用媒体、事件等进行传播，媒体传播主要有印刷类媒体如报纸、杂志等，电子类媒体如广播、电视和互联网等。事件传播主要是通过公共关系活动进行传播。消费品企业通常更倾向于非人际传播。

（五）整合营销传播的经费预算

常用的经费预算方法主要有上文中提到的量力而行法、销售百分比法、竞争对抗法等。传播费用预算不仅可以对传播提供有力支持，还可以通过预算评估来促使降低传播成本、提升传播效率。

（六）整合营销传播决策

企业对已有的传播工具和其组合运用效果进行评估，其目标就是降低促销组合传播的整体成本、提升传播效率。当企业对整合传播工具进行系列评估之后，通常会增加高效率促销工具的投入，减少低效率促销工具的支出，以此来改善整合营销传播的促销效率，追求一种促销活动的总体产出相对较高而促销费用较少的相对理想的传播状态。

当然企业对整合营销传播工具进行评估和调整时，应注意一些影响因素，如产品市场类型、推拉战略、消费者购买决策过程、产品生命周期等。

四、整合营销传播的优势

(1) 优化传播效果

整合营销传播可以根据不同的产品市场类型、产品生命周期以及客户购买决策的不同阶段,有机地整合多种传播工具,以较低的传播成本争取较好的传播效果,从而起到优化传播的作用或效果。

(2) 减少交易费用

减少交易费用最合理和持久的方法就是对运作过程的整合。借助高效的整合营销传播活动的信息沟通,可以使交易双方及所有利益相关者的交易费用得以降低。

(3) 针对目标客户

整合营销传播的目的就是要将广告、公关等所有传播工具的焦点对准目标公众,通过精准、有效的信息传播,使双方达成理解、信任和合作。

整合营销传播的起点是目标受众的心理和认知,手段是各种传播工具的整合,目的是通过双向交流与目标受众达成长期的合作关系。

阅读材料六:恒大冰泉:借势营销的胜利

2013 年 11 月 9 日,在与首尔 FC 的决战开始前,广州恒大的球员穿上了胸前印有恒大冰泉的球衣,此前恒大拒绝了三星以每年 4 000 万元冠名球衣的合作。当晚广州恒大如愿以偿捧得了亚冠奖杯,恒大冰泉则几乎一夜成名。

恒大冰泉的横空出世与广州恒大在足球赛场上的表现紧密相连,2013 年广州恒大在亚冠赛场上的胜利震惊了亚洲足坛,恒大获得比赛的胜利便是对自身品牌的最大广告。正如许家印算的帐:在中央电视台打广告,1 秒钟大概 15 万元。恒大一场球有 25 家电视台现场直播,有 300 多家媒体报道,11 个运动员穿着印上了'恒大'两个字的背心,一个半小时的直播时间,如果做广告要多少钱?

除了品牌在赛场上的展示,恒大在微博上的表现也堪称优秀,每场重要的比赛,官微都会进行同步文字直播,在重要比赛之前,恒大还会在微博上发布官方海报。11 月 9 日晚恒大"这一夜我们征服亚洲! 下一步我们走向世界!"一条带有海报的微博获得超过 7 000 次的转发。

恒大的这一线上线下整合营销的策略为其获得了极大的曝光量和品牌价值,而当 11 月 9 日晚恒大推出恒大冰泉的时候,这一切优势和价值便附加在了恒大冰泉身上。虽然恒大冰泉在电视、楼宇的广告仿佛让我们回到了 20 世纪 90 年代那个粗暴广告的时代,但毫无疑问越来越多的人因为广州恒大足球队而记住了恒大冰泉。

本章小结

促销是企业通过人员或非人员的方式向消费者或用户传递或沟通有关产品或服务的信息，帮助顾客认识产品或服务将带来的利益，引起顾客对企业及其产品或服务的兴趣，激发其购买欲望，促使其采取购买行为，以扩大其销售的一种市场营销活动。促销的核心是沟通信息。本章主要讲授了促销组合是企业根据营销目标、产品特点、市场特点而对人员推销、广告、公共关系以及营业推广等四种方式的选择、组合和运用。本章分别介绍了人员推销的特点、人员推销的程序以及推销队伍的管理等；广告的概念及分类、广告预算、广告创意策略、广告创作的原则、广告媒体选择、广告效果评估等；营业推广的含义，营业推广的特征和营业推广的主要方式；公共关系含义、公共关系的主要活动方式等；整合营销传播的概念，整合营销传播的工具、整合营销传播的步骤以及优势等。作为四大营销策略之一的促销组合策略是企业在市场竞争中取得有利的市场地位、获取较大经济利益的重要保证。

关键词

促销　促销组合　推式策略　拉式策略　人员推销广告　营业推广　公共关系　整合营销传播

思考题

1. 促销的含义？促销组合的含义？
2. 促销组合策略的影响因素有哪些？
3. 简述人员推销的程序。
4. 人员推销有哪些奖励方式？
5. 广告预算的方法有哪些？
6. 广告创意策略的内容有哪些？
7. 如何选择广告媒体？
8. 营业推广的特征是什么？
9. 营业推广的方式有哪些？
10. 什么是公共关系？它有哪些基本特征？
11. 公共关系的主要方式有哪些？
12. 简述整合营销传播的步骤。

实训题

1. 选择某类消费品如牙膏、白酒、保健品等，调查各不同品牌制造商的促销情况，访问其网站，重点了解其各自的广告策略，分析这些广告诉求与其市场定位的关系，通过对周围人群的调查，了解其广告的促销效果。将调查和分析结果写成一份调查报告。

2. 选择一家中等以上规模的零售商店，调查其在最近一个月或一个季度使用的促销方式都有哪些？并作出分析评价，写出报告。

3. 寻找一下目前比较流行的或消费者比较认可的营业推广方式，对它们做一下点评。

4. 如果你现在面临毕业求职，你将如何向用人单位“推销”你自己。

案例分析

“霞飞”化妆品的促销策略

上海霞飞化妆品厂针对促销对象，设计了两种类型的促销对象，并相应设计了两种类型的促销组合：(1) 以最终消费者为对象的促销组合。基本策略是：以塑造产品形象为目标的广告宣传活动，并辅之以一定的零售点销售促进活动。(2) 以中间商为对象的促销组合。基本策略是：以人员促销为主导要素，配合以交易折扣和耗资巨大的年度订货会为主要特征的销售促进活动。

霞飞厂在制定两种促销组合策略的基础上，对促销组合的几个方面都做了十分广泛而深入的工作。在广告方面，广告历年由厂长亲自决策。(1) 广告费投入十分庞大，1991 年为 2 400 万元，占当年产值的 6%。(2) 广告内容的制作，除聘请著名影星参与外，还把强化企业整体形象作为重点，播映一部以“旭日东升”为主题的电视广告片，同时利用中国驰名商标的优势，强调“国货精品”、“中华美容之娇”的品质。(3) 在广告媒体的选择方面，因其目标市场是国内广大中低收入水平的消费者，而电视在他们日常生活中占有重要地位，因而把 70%的费用用于电视广告，20%的费用用于制作各种形式的城市商业广告和霓虹灯、广告牌，其余 10%的费用用于其他形式的广告媒体。

在人员推销方面，全厂产品的销售任务由销售科全面负责，该科建制占全厂总人数的十分之一。推销人员实行合同制，每年同厂方签订为期一年的合同。推销人员若不能完成销售指标，第二年即不续签。推销人员的报酬实行包干制，无固定月薪收入，按销售实到货款提取 0.5%的费用。推销人员工作实行地区负责制，每一省区配 1～3 名推销人员。此外，还派出营业员进驻全国各大百货商店的联销专柜，提高推销主动性。

在公共关系方面，每年大约投入 120～150 万元，主要公关活动有：(1) 召开新闻发布会。例如 1990 年在北京人民大会堂召开“霞飞走向世界”新闻发布会，会议地点本身就产生不小的新闻效应。(2) 举办和支持社会公益活动。如赞助“全国出租车优质服务竞争”、上海“夜间应急电话网络”，特别是针对女性对文艺活动的偏好等特点，赞助华东地区越剧大奖赛。

在销售促进方面，霞飞厂对零售环节采取一些常规性的推广活动，创新不大，对批发环节则集中了主要精力，主要包括两类手段：(1) 经常性手段，如交易折扣、促销津贴等。(2) 即时性手段，每年都举办隆重的订货会，既显示企业强大的实力，同时又进行感情投资，融洽工商关系。

简要评析：

上海“霞飞化妆品”在市场上的成功是与其运用了正确的市场促销策略分不开的。

首先，“霞飞化妆品”设计了针对消费者和中间商的全方位且合理的产品促销组合和积极的实施策略，从而调动了各种促销手段相互配合，形成了“1+1>2”的效应。此外，在各种具体促销方式上，“霞飞化妆品”都相应制定了不同层次的组合策略和有效的管理办法，形成完整的促销体系，促销工作安排全面、周到，在强大促销预算支持下，整个策划安排得以顺利实施。

其次，在广告促销中，“霞飞化妆品”根据化妆品的特点重点抓了广告宣传，而且针对自己的目标市场选择了相应的广告媒体，合理分配了广告预算，另外在宣传产品的同时，“霞飞化妆品”注意强化驰名商标，塑造企业形象，这就造就了广告的长期效应。

第三，“霞飞化妆品”在人员推销方面，强化了对推销员的管理，规定了明确的奖惩制度，使责、权、利完全统一，并且采用了有较高信誉的各大百货商店“联销专柜”方式，使上门推销与柜台推销结合，增强了人员推销的强度与覆盖面。

第四，在公共关系工作中，“霞飞化妆品”开展了多种形式的公关活动，尤其是进行“非商业”性的社会益活动，不仅提高了企业和品牌的知名度，也提高了自己的美誉度，从而较有效地塑造了文明、可靠的企业与品牌形象，对大范围、长期的商品销售起到了潜移默化的积极作用。

第五，根据化妆品属于日用工业品，宜采用长宽渠道的特点，“霞飞化妆品”在销售促进上重视了对中间商的促销力度，组合使用了多种推广方式，也形成了产品促销的有效推动力。

“霞飞化妆品”成功的促销策略提示我们，在市场营销的过程中，直接和间接的促销行为、商业性的和非商业性的促销活动都应重视，在充分利用各种促销手段时，一定要注意整体的组合和长远目标的追求，这样才能产生良好的促销效果。

第十三章　市场营销新发展

自20世纪50年代以来，市场营销学的新概念不断涌现，这些新概念、新思想既是营销实践的总结，又对营销实践起到一定的指导作用，但由于视角不同、观念各异，这些新的市场营销观点、概念和思想在营销理论界曾引起了一些争议。随着市场经济的发展，我国的一些学者也提出了一些营销新概念，对我国市场营销学理论和实践有一定启发意义，在这里由于篇幅所限，我们有选择地介绍一些相关内容，以扩展读者的视野。

引导案例

饮料网络营销成功案例——露露杏仁露

近几年，市场环境发生了巨大变化，各种饮料新品类大量涌现，如乳饮料、茶饮料、碳酸饮料等，他们争夺的目标都指向了年轻一代的消费群体，这给饮料市场带来了新的冲击。让我们来看看露露是如何利用网络营销走出企业困境的。

回首看露露，其忠诚消费群体老化的问题开始显现。如何培养新一代人的饮用习惯和偏好，实现营销转型，在新的市场竞争中站稳脚跟，成为露露的重要任务。

以下从破与立两方面，来简析露露涉足网络营销对于众多传统广告主的标本性意义。

破：市场消费群体的老化

年轻人是整个社会中最具活力的群体，也是互联网的重度使用人群。通过网络媒体，可以使露露的品牌传播尽快地触及年轻人，无论他们是在玩游戏还是在上班。

作为露露的广告代理公司，昌荣传播在露露2006年的品牌推广战略中，首次引入了网络媒体。

昌荣帮助露露选择与年轻人最常用的门户网站——网易进行全年合作，并在网络营销的广度和深度上进行全面配合。

一方面，采取常规广告投放，以覆盖广大网络用户。露露在国内门户网站中流量最大的网易首页及多个频道投放了通栏广告、浮层广告等，从多个渠道、利用多种广告形式触及到目标消费者。

另一方面，运用内容植入式传播，与用户深度沟通。网易在健康频道专门为露露开设了冬夏季"健康专题"，并在女性频道设有"露露特约缤纷教室"。通过普及健康知识，进一步诠释品牌的健康概念，让网友对露露产品有了更深的理解。

第三方面，采用互动式在线调查，以吸引消费者参与。露露与网易合作的一个最大亮点是"换装秀"活动。今年，露露对其产品包装进行了很大调整，将产品细分为不同的系列和型号，如标准型、无糖型、儿童型等，不同的产品有着不同的市场定位。在换装秀的环节里，将设计好的包装在网上进行展示，把网友对包装的评判意见以投票的方式体现出来，为企业包装设计提供了判断依据。如第一季度测试的是儿童装，第二季度测试的是一个320毫升的罐装包装。在这个活动中，网易设计了一款演示软件，可以把包装设计卷在罐子上进行立体演示，网民喜欢某款设计就可以对其进行投票。通过这个活动，还可以建立相应的消费者数据库，客户对活动给予了很高的评价。

破：产品季节性定位的约束

"冬天喝热露露"的广告诉求将露露定位为冬季的饮品，因此，普通饮料销售的旺季——夏季反而成了露露销售的淡季。然而由于网络的介入，露露的推广也呈现出淡季不淡的态势。

进入夏季，在网易的网站上可以看到很多有关露露的传播信息。从整体来讲，露露的网络媒体预算与传统媒体相比还较小，但在推广策略上，已经把网络定义为一个没有季节性的重要媒体。夏季的网络营销，目的并不是提升销售量，而是向消费者传达"植物营养、安全健康"的产品理念。在形式上，也更多选择了利用内容和活动合作的方式，让消费者能够更进一步地理解产品带给他们的利益点和露露的品牌内涵。

虽然露露是一个传统行业品牌，但是在网络营销上却勇于尝试，运用了各种各样新鲜、互动的手法。从消费者和经销商的反馈来看，露露在网上的持续性推广给他们留下了深刻的印象，也取得了很好的市场效果。

因此，所谓的淡季更多是心理上的淡季，如何去改变消费者的思维定式，依靠传统媒体，说服效力和效果都比较有限，而网络的互动性和丰富的资讯功能恰巧解决了这一问题。

立：关注1.23亿网络用户的市场价值

饮料是一种快速消费品，面对的消费者范围非常广大。根据CNNIC关于中国互联网使用情况的最新调查，中国的网民数量已经达到1.23亿，互联网成为影响广大饮料消费人群的重要媒体。

同时，由于宽带及硬件方面设施的改善，中国的宽带用户首次超过美国，跃居世界第一。而且，网络用户往往是社会中最活跃的群体，是高质量的消费人群。因此，现在的网民无论是数量还是质量上来讲，都对传统企业具有越来越重要的价值。同时，网络媒体反应快速和互动的特性使得企业的品牌推广更加有时效性、效果更好。

毫无疑问，越来越多的饮料客户会更多地使用网络媒体。

立：传统广告代理商涉足网络营销更有优势

对于网络营销的现状和发展前景，昌荣也有着自己的理解。

首先，网络媒体现在还处于发展初期。

IT、汽车类客户触网相对较早，对网络媒体使用比较熟练。而更多与老百姓相关度高的产品客户，如快速消费品、药品、服装等，他们会觉得网络媒体选择较多，推广渠道杂乱。而且，网络媒体较传统媒体相比变化过快，尤其在价格和推广手段方面，显得还不是很成熟。但这也是媒体发展的一个必经阶段，最终会遵循市场规律，回归正常的发展轨迹。

其次，传统广告代理商更了解客户。

昌荣作为从传统广告代理商转化而来的互动广告代理商，在做网络营销的时候，会更多地考虑网络媒体的特点与客户的市场需求，以及网络媒体与传统媒体的配合。而纯粹的网络广告代理商则是单纯地从网络角度做方案，这对于传统客户来讲，接受程度会低一些。这也是昌荣的机会所在，因为昌荣的目标客户并不是像IT那样触网较早的客户。从长远来看，昌荣会按照自己的风格发展。

第三，电视媒体与网络媒体之间存在着相互配合的关系。

在服务大型的传统客户时，昌荣的策略是通过电视媒体建立大的信息传递平台，通过网络媒体为品牌建立互动平台。同时，昌荣也一直在探索如何将电视的大媒体平台和网络的互动平台进行有效的结合，让客户的市场传播更丰满、更有弹性、更有粘性。

[资料来源：推一把网站 http://www.tui18.com/201004/229758.html.2010-4-23]

第一节 整合营销

一、整合营销的定义

整合营销(Integrated marketing)，即整合行销传播(Integrated marketing communications)，指将一个企业的各种传播方式加以综合集成，其中包括一般的广告、与客户的直接沟通、促销、公关等，对分散的传播信息进行无缝接合，从而使得企业及其产品和服务的总体传播效果达到明确、连续、一致和提升。整合就是把各个独立地营销综合成一个整体，以产生协同效应，这些独立的营销工作包括广告、直接营销、销售促进、人员推销、包装、事件、赞助和客户服务等。

二、实施整合营销应注意的问题

1. 目标市场是否更有针对性

整合营销不是针对普通消费的大多数人，而是针对定制消费的较少部分的人群。“量体裁衣”的做法使得满足消费者需求的目标最大化。

2. 应全面地观察消费者

整合营销应该和消费者本身有关，也就是需要全面地观察消费者。一名消费者不仅仅是在某个时间购买我们产品(如牛仔裤)的个人，消费者的概念更为复杂。购买牛仔裤的同一位消费者很可能购买其他的衣物来搭配牛仔裤，这是经常发生的事情。因此，多角度地观察消费者将创造更多的机会，使得消费者不是“一次性购买”或重复购买同一商品。

3. 必须考虑消费者沟通渠道

消费者和品牌之间有更多的“联络点”或“接触点”，这不是单靠媒介宣传所能达到的。消费者在使用产品时对产品有更深的了解、打开包装见到产品时、拨打销售电话都是一种沟通，消费者之间相互交谈也产生了“病毒传播”般的销售机会。

三、整合营销的层次划分

1. 水平整合

(1) 信息内容的整合

企业的所有与消费者有接触的活动，无论其方式是媒体传播还是其他的营销活动，都是在向消费者传播一定的信息。企业必须对所有这些信息内容进行整合，根据企业所想要的传播目标，对消费者传播一致的信息。

(2) 传播工具的整合

为达到信息传播效果的最大化，节省企业的传播成本，企业有必要对各种传播工具进行整合。所以企业要根据不同类型顾客接受信息的途径，衡量各个传播工具的传播成本和传播效果，找出最有效的传播组合。

(3) 传播要素资源的整合

企业的一举一动、一言一行都是在向消费者传播信息，应该说传播不仅仅是营销部门的任务，也是整个企业所要担负的责任。所以有必要对企业的所有与传播有关联的资源(人力、物力、财力)进行整合，这种整合也可以说是对接触管理的整合。

2. 垂直整合

(1) 市场定位整合

任何一个产品都有自己的市场定位，这种定位是基于市场细分和企业的产品特征的基础而制定的。企业营销的任何活动都不能有损企业的市场定位。

(2) 传播目标的整合

有了确定的市场定位以后，就应该确定传播目标了，想要达到什么样的效果？多高的知名度？传播什么样的信息？这些都要进行整合，有了确定的目标才能更好地开展后面的工作。

(3) 4P 整合

其主要任务是根据产品的市场定位设计统一的产品形象。各个 P 之间要协调一致，避免互相冲突、矛盾。

(4) 品牌形象整合

主要是品牌识别的整合和传播媒体的整合。名称、标志、基本色是品牌识别的三大要素，它们是形成品牌形象与资产的中心要素。品牌识别的整合就是对品牌名称、标志和基本色的整合，以建立统一的品牌形象。传播媒体的整合主要是对传播信息内容的整合和对传播途径的整合，以最小的成本获得最好的效果。

四、整合营销的特征

(1) 消费者的核心地位。在今天相互影响的市场中，对经营者来说最现实的问题不在于如何控制、制订和实施计划，而在于如何站在消费者的角度及时倾听顾客的希望、渴望和需求，以消费者为核心，并及时答复和迅速做出反应，满足顾客的需求。

(2) 以消费者资料库为基础。资料库能帮助细分消费者市场，分析消费者的心理特征，预测消费者的未来行为。

(3) 核心工作是培养真正的“消费者价值”观，与那些最有价值的消费者保持长期的紧密联系。在竞争市场中，顾客具有动态性。顾客忠诚度是会变化的，他们会转移到其他企业，要提高顾客忠诚度，赢得长期稳定的市场，在贯彻消费者价值观的同时，寻找最有价值的顾客，通过某些有效的方式在业务、需求等方面与那些顾客建立关联，形成互助、互求、互需的关系。

(4) 以本质上一致的信息为支撑点进行传播。企业不管利用什么媒体，其产品或服务的信息一定要清楚一致。

(5) 各种传播媒介的整合运用。凡是能够将品牌、产品类别和任何与市场相关的信息传递给消费者或潜在消费者的过程与经验，均被视为可以利用的传播媒介。

(6) 紧跟移动互联网发展的趋势。互联网向移动互联网延伸、手机终端智能化以后，新技术对原有 PC 互联带来了前所未有的颠覆和冲击，在这个过程当中应当紧盯市场需求，整合现有的资源，包括横向和纵向的资源，成为一个移动营销价值的整合者和传播者。就如优秀移动营销整合服务商百分通联已覆盖金融、汽车、IT 数码、房地产等行业，已拥有一些典型案例和成功用户。

五、整合营销的实施原则

(1) 以整合为中心。着重以消费者为中心并把企业所有资源综合利用，实现企业的高度一体化营销。整合既包括企业营销过程、营销方式以及营销管理等方面的整合，也包括对企业内外的商流、物流及信息流的整合。

(2) 讲求系统化管理。整体配置企业所有资源，企业中各层次、各部门和各岗位，以及总公司、子公司，产品供应商，与经销商及相关合作伙伴协调行动，形成竞争优势。

(3) 强调协调与统一。企业营销活动的协调性，不仅仅是企业内部各环节、各部门的协调一致，而且强调企业与外部环境协调一致，共同努力以实现整合营销。

(4) 注重规模化与现代化。整合营销十分注重企业的规模化与现代化经营。规模化不仅能使企业获得规模经济效益，还为企业有效地实施整合营销提供了客观基础。整合营销同样也依赖于现代科学技术、现代化的管理手段，现代化可为企业实施整合营销提供有效保障。

六、整合营销的最新方法

1. 两种营销模式综合运用

相较于网络营销最初单一的“网站＋seo”模式，现在网络营销的模式已经开始变得多样化，但是总体来说主要是两种模式，“网站＋seo”这种经典的模式还在延续，提升信息覆盖面这种新的模式所带来的显著营销效果也不容小觑。所以企业在进行组合营销的时候，就要将这两种模式结合起来综合运用。

在提升信息覆盖面方面，可以在一些大型商贸平台上发布企业的产品供求信息，同时发布与企业有关的新闻资讯，现在有很多这样的免费平台，虽然有发布数量的限制，但是效果还是不错的，再就是在一些博客和论坛、SNS 社区发布一些与企业产品信息相关的软文，故事性或经验性的软文具有较强的可读性，这也是提升信息覆盖面的有效途径。

“网站＋seo”模式顾名思义，就是做好网站的 seo 优化，利用企业的官方网站进行营销，seo 优化除了要做好网站的内部优化，还应建立外链接，现在一般的模式是以软文的形式向外发布网站链接，同时获得大量高质量和稳定的外链接，当然也可以和一些 pr 值高的网站交换友情链接。这两种模式综合运用，才能比较好地实现组合营销。

2. 制定阶段计划目标

由于组合营销要求多种营销方式综合运用，因此在实行这个整体的营销之前，一定要有一个大计划，同时制订每一个阶段的计划。在这个阶段主要运用哪几种营销方式，具体操作模式和预期要达到什么样的效果，都要在计划中有所体现。这样执行时才不会杂乱无章，同时在执行的过程中要做好跟踪和数据的检测，及时调整方案，达到营销效果最大化。

3. 尝试多种营销手段

除了做网站和发布信息，做组合营销还应该尝试多种营销手段。像利用视频进行营销，利用热门事件进行事件营销，这些都是不错的手段和方法。像前段时间 SKYCC 组合营销软件精心策划的一起视频营销，就达到了很好的营销效果。

七、整合营销简单的操作流程

(1) 深入分析企业现状、产品(服务)特点以及行业特征。便于做出深入的行业、市场情况的判断，归纳及提出总体要求，进行风险预测讨论。

(2) 定位产品(服务)目标用户人群，选择多种网络营销方式，筛选网络营销推广平台。在整个整合营销传播过程中，消费者始终处于核心地位，在确定好目标消费者后，丰富多样的网络营销平台可以增加与消费者的互动，从中再筛选出客户用得最多的网络平台。

(3) 确定网站版式风格、用户口碑形象等。网站版式风格的设计和形象也是吸引客户的重要一环，主要是对已有网站可对网站内容、用户体验等进行优化。

(4) 制定一站式网络营销执行草案，提交企业客户进行初步审核。将还未实现的执行方案进行加工，使形成的文字资料可以预览到今后的模样，让企业客户可以做到心中有数。

(5) 签订网络营销合作协议，对草案进行修改，最终确定企业网络营销执行方案并执行。对草案的基本思路认同后再着手执行。

(6) 后期效果监测与效果评估。所有前期所做的努力在这里体现，整体规划的优劣将直接影响整合营销过程的顺利实施。

案例

2005 和 2006 年多芬发起了一股“真美运动”之潮，基于详尽的消费者调查，针对只有 2%的女性认为自己美丽，多芬提出了深入的解析，“什么是美”——自然是美，内心是美，学会欣赏自己的美丽，从此极具话题性的主题出发设计了一套整合线上线下，运用多种创意媒体、概念作推广的营销活动，取得了非常好的效果。2005 年，多芬产品销售额为 5.35 亿美元，同比增长 12.5%；2006 年多芬品牌的销售额增长了 10.1%，增至 5.89 亿美元。基于互联网上相关的资料，发现本次推广中多芬做了以下的动作：

1. 悬念引出：多芬在《TIME OUT》杂志上刊登“寻找欣赏自己曲线的乐观女性”广告报名，并最终选出了 6 位女性现身 2004 年 3 月 29 日的“真人广告”(伦敦)露面。她们是 6 位丰满的女性，穿着统一的白色内衣。

2. 权威美丽调查报告出炉：多芬发起并赞助“美丽的真谛——女性、美丽和幸福全球调查”。这个调查分三个部分，第一部分是对全球 118 个国家和地区、22 种语言的相关文献进行整理，得到对美丽的传统观念和看法；第二部分是对 10 个国家和地区 3 200 名女性的电话访问；第三部分是调查报告的撰写、白皮书的发布和专家评述。多芬赞助的调查虽然貌似普通社会民意调查，但其实却处处与公司自身利益密切相关。首先，调查有助于探求消费者心理。其次，调查有助于与竞争对手形成差异。再次，调查有助于树立企业有社会责任感的形象。

3. 借助专家的影响：2004 年 9 月 29 日，“多芬峰会”召开。会议邀请到了哈佛心理学教授 Nancy Etcof 以及非常著名的英国心理治疗师 Susie Orbach，共同探讨如何将已在英国开展 3 年的 Body Talk（针对 14～25 岁之间的女性开设的沙龙会，帮助她们学会了解和处理外形和心理感受的关系，并且学习如何塑造“理想的”形象）扩大到其他国家。

4. 活动开启：2004 年 10 月，“多芬真美运动（Real Beauty Campaign）”正式拉开帷幕。这项运动旨在启发女性认真思考关于美丽的问题，比如社会对美丽的定义问题、要求完美的问题、美丽和身体吸引力之间的差别、媒体塑造美丽形象的过程和手法。多芬在前一个群体模特广告的基础上推出一组新广告。在这组广告中，多芬另外选用了六位年龄从 22 岁到 95 岁的“典型女性”，展现她们自信、生动、充满活力的一面，并在他们的照片边上提出诸如“有皱纹还是非常棒？（Wrinkled? Wonderful?）”“灰色还是出色？（Gray? Gorgeous?）”“超重还是出色？（Oversized? Outstanding?）”“半空还是半满？（Half empty? Half full?）”“瑕疵还是无瑕？（Flawed? Flawless?）”等问题。

如果说前三个阶段只是引出话题，那么这个阶段开始，已经慢慢让受众加入进来，讨论并扩散影响了。受众可以登录网站进行美丽投票，投票结果立即显示，增加了震撼性。同时，这些讨论以及投票结果也在户外的显示屏（美国时代广场?）进行了显示。口碑的传播在户外人流密集的地方也得到了传播。

5. 知名卡通形象公关：2005 年 2 月，以众人熟知的女性卡通形象为主角的多芬最新美发产品广告启动，这些动画人物都是一些大家耳熟能详的标志性人物，被大众认为值得信赖并且和自己有相似性，但是她们的发型从来没有改变过。因此，多芬公司试图抓住机会，给这些受众熟悉的人物一成不变的发型进行改变，突出多芬功能型美发产品的功效。这些卡通人物的形象从 2005 年 2 月开始出现在电视广告、若干顶尖杂志上，同时与福克斯（FOX）电视网的其他著名动画形象一起出现。此外，多芬公司还运用了公关、店内促销、互外媒体及其他营销手段。

这次活动从概念到执行都做得非常成功，有哪些是比较新颖的呢？

1. 真人秀取代美女秀，以及活动本身的主题的开发，产生了话题性和传播性。

2. 具备话题性的主题在信息上深度挖掘，大部分信息会在杂志、网络上详尽展示，比如教授如何对待自己的价值、如何回复自信等。

3. 推广执行步骤合理，推广前期的悬念制造突出，引起了极大关注和讨论。后期的传播借势于奥斯卡电影颁奖典礼，在其电视直播广告时段放送新颖的广告。（一位 21 岁、生活在美国加州的普通邻家女孩 Lindsay Miller 自拍制作，诠释出美的另一层面：自然、真实）

4. 用户的互动渠道多，如网上投票、网上美丽测试、电子贺卡分享（告诉你的朋友她很美丽）、网上教程观看、索取以及问答（与专家对话）。

5. 优秀的公关配合：权威的跨国调查报告、专家讨论会、名人/平民模特的采访（叙述他们的故事）、话题性的模特选举（选用了一名 98 岁高龄的老婆婆做模特）

6. 传播手段的创新性：网络官网讨论社区建立、户外广告的调查效果和言论实时显示、网络视频的传播（Youtube——“人造美女”）；

7. 不得不提的是网站的建设，简洁大方的设计，感人之深的音乐，丰富的内容和互动设计，让人印象深刻，产生了良好的品牌联想。

第二节　全网营销

一、全网营销的定义

全网营销简称为全网整合营销，是指将产品规划、产品开发、网站建设、网店运营、品牌推广、产品分销等一系列电子商务内容集成于一体的新型营销模式，是集合传统网络、移动互联网、PC 互联网为一体进行营销。实施全网营销的目的是提升品牌形象、规范销售市场、促进整体销量、解决线下销售瓶颈、完善客服体系、梳理分销渠道。

二、全网营销的方法

实施全网营销的方法主要有两大类：商务平台营销和非商务平台营销。

1. 商务平台营销

(1) B2B 电子商务平台

B2B 电子商务平台对于中小企业来说也是属于比较火的一种推广方式，因为能够很直接地对产品实现传递和销售，典型的 B2B 平台有一呼百应、慧聪网、马可波罗、中国贸易网等，通过 B2B 平台将企业和产品信息，客户通过浏览这些 B2B 网站平台搜索到相关企业及产品信息，从而联系企业客服进行咨询，最终达成交易。各大平台发布，形成全网营销，由"钓鱼"转变为"撒网"。

(2) 微博营销

微博即微型博客，利用这种网络交互平台，发布企业相关概况和服务信息，密切关注并及时回复平台上客户对于企业的相关疑问和咨询，以达到宣传企业信息的目的。微博的特点：互动传播性强，信任程度高，口碑效应好，影响力大，引导网络舆论潮流，与搜索引擎营销无缝对接，整合效果好，有利于长远利益和培育忠实用户。

(3) 博客营销

博客营销也同样是一种很不错的推广营销方式，最主要的目的是对公司以及产品信息进行一个有效的传递。对一个企业来说，最主要的问题在于博客的选择以及博客的合理应用。博客推广不在于多，而在于精，提供和传递有价值的信息才是大家所喜欢的信息。采用博客营销应掌握有效的方式方法。

(4) 微信营销

微信营销是企业对营销模式的创新，是伴随着微信的火热产生的一种网络营销方式，微信不存在距离的限制，用户注册微信后，可与周围同样注册的"朋友"形成一种联系，用户订阅自己所需的信息，商家通过提供用户需要的信息，推广自己的产品的点对点的营销方式。

2. 非商务平台营销

(1) 问答营销

问答营销，就是在搜索引擎提供的问答营销平台上，发布问答，对自己的宣传内容进行营销，目的在于提升自己的产品关键字排名，在此基础上达到宣传企业产品、推广企业品牌的目的，使得企业的相关网站能够在潜在客户输入相关关键词时，第一时间出现在搜索引擎的首页，获得很好的排名。

（2）视频营销

视频是一种最直接有效的媒介，因为它所受的关注度比较普遍，加上声音和画面，都能给人直观而生动的感受。视频分享还具备互联网互动性，传播性极强。制作产品或者相关服务信息视频，分享至各大视频网站，可以让潜在客户更直观地了解产品大小、形状、颜色，利于促成潜在客户成交。

（3）软文推广

即文档知识分享，可提升企业专业度。这一种方式现在采用得越来越多，大部分的企业开始了采用了软文营销进行推广，然后在大型行业门户或者是大型网站进行传播。

案例

作为中国家电企业的一面旗帜，海尔在网络营销上也走在了很多企业的前面。

早在2002年，海尔就建立起了网络会议室，在全国主要城市开通了4006999999客服电话，在“非典”时真正体现出它巨大的商业价值和独有的战略魅力。海尔如鱼得水般地坐在了视频会议桌前调兵遣将。

通过BBP交易平台，每月接到6 000多个销售订单，定制产品品种逾7 000个，采购的物料品种达15万种。新物流体系降低呆滞物资73.8%，库存占压资金减少67%。

几年前，海尔集团采用了SAP公司为之搭建的国际物流中心，成为国内首家达到世界领先水平的物流中心。“网络营销远非广告和销售渠道，它更重要的是企业系统化的网络体制。”王汝林认为海尔就是这种典范。

赢得全球供应链网络

在要么触网、要么死亡的互联网时代，海尔作为国内外一家著名的电器公司，迈出了非常重要的一步。海尔公司2000年3月开始与SAP公司合作，首先进行企业自身的ERP改造，随后便着手搭建BBP采购平台。从平台的交易量来讲，海尔集团可以说是中国最大的一家电子商务公司。

海尔集团首席执行官张瑞敏在评价该物流中心时说：“在网络经济时代，一个现代企业如果没有现代物流就意味着没有物可流。对海尔来讲，物流不仅可以使我们实现3个零的目标，即零库存、零距离和零营运资本，更给了我们能够在市场竞争取胜的核心竞争力。”在海尔，仓库不再是储存物资的水库，而是一条流动的河，河中流动的是按单来采购生产必需的物资，也就是按订单来进行采购、制造等活动，这样，从根本上消除了呆滞物资、消灭了库存。海尔集团每个月平均接到6 000多个销售订单，这些订单的定制产品品种达7 000多个，需要采购的物料品种达15万余种。新的物流体系将呆滞物资降低了73.8%，仓库面积减少了50%，库存资金减少了67%。

海尔通过整合内部资源、优化外部资源使供应商由原来的2336家优化至978家，国际化供应商的比例却上升了20%，建立了强大的全球供应链网络，有力地保障了海尔产品的质量和交货期。不仅如此，更有一批国际化大公司已经以其高科技和新技术参与到海尔产品的前端设计中，目前可以参与产品开发的供应商比例已高达32.5%，实现三个JIT(justintime即时)，即JIT采购、JIT配送和JIT分拨物流的同步流程。

目前通过海尔的BBP采购平台，所有的供应商均在网上接受订单，并通过网上查询计划与库存，及时补货，实现 JIT 采购；货物入库后，物流部门可根据次日的生产计划利用 ERP 信息系统进行配料，同时根据看板管理 4 小时送料到工位，实现 JIT 配送；生产部门按照 B2B、B2C 订单的需求完成订单以后，满足用户个性化需求的定制产品通过海尔全球配送网络送达用户手中。目前海尔在中心城市实行 8 小时配送到位，区域内 24 小时配送到位，全国 4 天以内到位。

计算机网络连接新经济速度

在企业外部，海尔 CRM（客户关系管理）和 BBP 电子商务平台的应用架起了与全球用户资源网、全球供应链资源网沟通的桥梁，实现了与用户的零距离。目前，海尔 100%的采购订单由网上下达，使采购周期由原来的平均 10 天降低到 3 天，网上支付已达到总支付额的 20%。在企业内部，计算机自动控制的各种先进物流设备不但降低了人工成本、提高了劳动效率，还直接提升了物流过程的精细化水平，达到质量零缺陷的目的。计算机管理系统搭建了海尔集团内部的信息高速公路，能将电子商务平台上获得的信息迅速转化为企业内部的信息，以信息代替库存，达到零营运资本的目的。

海尔在物流方面所做的探讨与成功，尤其是采用国际先进的协同电子商务系统进一步提升了海尔的核心竞争力。

第三节　服务营销

一、服务营销的定义

在服务营销概念方面，品牌传播专家的解释是，所谓的服务营销是指企业在充分认识满足消费者需求的前提下，为充分满足消费者需要在营销过程中所采取的一系列活动。服务营销是一种通过关注顾客，进而提供服务，最终实现有利的交换的营销手段。作为服务营销的重要环节，“顾客关注”工作质量的高低，将决定后续环节的成功与否，影响服务整体方案的效果。

二、当前服务营销存在的问题

1. 服务营销理念不够深入，服务营销内涵认识不足

很多企业强调服务业很重视服务，可是他们并没有意识到，在为顾客提供服务的时候，服务始终是从属于产品的位置。由于传统的营销观念对企业仍有深刻的影响，他们对服务营销的理解还停留在表面，没有对服务进行系统化的规范和全面管理。

2. 服务管理水平低下，对服务特点认识不清，服务质量控制不严

在实施服务营销过程中，由于许多企业对服务特点模糊、认识不够，再加上服务管理水平低下，造成服务的效果不佳。由于服务质量评价标准难以度量，因此消费者所感知的服务质量就是企业成功的标准。但是企业并没有充分的理解和重视企业员工的情绪和感受，所以很容易使员工把对企业的不满情绪带到工作当中，会严重影响其服务的质量，从而使企业无法达到消费者的满意度，引起消费者对企业的不满情绪，而最终导致企业的形象受损。再者，由于国内企业的服务人员普遍缺乏必要的培训，造成了企业服务不规范，质量水平不高，从而无法为消费者提供满意的服务，最终导致无法留住消费者。

3. 服务营销范围有限，服务营销缺乏创新

当前企业服务一般只跟产品交易有关，包括商品信息服务、包装服务、售后服务、人员服务等，而改善购物环境、双向沟通、便购服务、电子商务等先进的现代服务方式尚未普及，且不能创新服务，导致当前企业服务的同质化的现象严重。

三、服务营销的演变过程

发达国家成熟的服务企业的营销活动一般经历了以下七个阶段：

（1）销售阶段。竞争出现，销售能力逐步提高；重视销售计划而非利润；对员工进行销售技巧的培训；希望招徕更多的新顾客，而未考虑到让顾客满意。

（2）广告与传播阶段。着意增加广告投入；指定多个广告代理公司；推出宣传手册和销售点的各类资料；顾客随之提高了期望值，企业经常难以满足其期望；产出不易测量；竞争性模仿盛行。

（3）产品开发阶段。意识到新的顾客需要；引进许多新产品和服务，产品和服务得以扩散；强调新产品开发过程；市场细分，强大品牌的确立。

（4）差异化阶段。通过战略分析进行企业定位；寻找差异化，制定清晰的战略；更深层的市场细分；市场研究、营销策划、营销培训；强化品牌运作。

（5）顾客服务阶段。顾客服务培训；微笑运动；改善服务的外部促进行为；利润率受一定程度影响甚至无法持续；得不到过程和系统的支持。

（6）服务质量阶段。服务质量差距的确认；顾客来信分析、顾客行为研究；服务蓝图的设计；疏于保留老顾客。

（7）整合和关系营销阶段。经常地研究顾客和竞争对手；注重所有关键市场；严格分析和整合营销计划；数据基础的营销；平衡营销活动；改善程序和系统；改善措施保留老顾客。

到了20世纪90年代，关系营销的重点发展，把服务营销推向一个新的境界。

四、服务营销的特性

1. 供求分散性

服务营销活动中，服务产品的供求具有分散性。不仅供方覆盖了第三产业的各个部门和行业，企业提供的服务也广泛分散，而且需方更是涉及各种各类企业、社会团体和千家万户不同类型的消费者，由于服务企业一般占地小、资金少、经营灵活，往往分散在社会的各个角落；即使是大型的机械服务公司，也只能在有机械损坏或发生故障的地方提供服务。服务供求的分散性，要求服务网点要广泛而分散，尽可能地接近消费者。

2. 营销方式单一性

有形产品的营销方式有经销、代理和直销多种营销方式。有形产品在市场可以多次转手，经批发、零售多个环节才使产品到达消费者手中。服务营销则由于生产与消费的统一性，决定其只能采取直销方式，中间商的介入是不可能的，储存待售也不可能。服务营销方式的单一性、直接性，在一定程度上限制了服务市场规模的扩大，也限制了服务业在许多市场上出售自己的服务产品，这给服务产品的推销带来了困难。

3. 营销对象复杂多变

服务市场的购买者是多元的、广泛的、复杂的。购买服务的消费者的购买动机和目的各异，某一服务产品的购买者可能牵涉不同类型的家庭和不同身份的个人，即使购买同一服务产品也有的用于生活消费，有的却用于生产消费，如信息咨询、邮电通讯等。

4. 服务消费者需求弹性大

根据马斯洛需求层次原理，人们的基本物质需求是一种原发性需求，这类需求人们易产生共性，而人们对精神文化消费的需求属继发性需求，需求者会因各自所处的社会环境和各自具备的条件不同而形成较大的需求弹性。对服务的需求与对有形产品的需求在一定组织及总金额支出中相互牵制，也是形成需求弹性大的原因之一。同时，服务需求受外界条件影响大，如季节的变化、气候的变化、科技发展的日新月异等对信息服务、环保服务、旅游服务、航运服务的需求造成重大影响。需求的弹性是服务业经营者最棘手的问题。

5. 服务人员的技术、技能、技艺要求高

服务者的技术、技能、技艺直接关系着服务质量。消费者对各种服务产品的质量要求也就是对服务人员的技术、技能、技艺的要求。服务者的服务质量不可能有唯一的、统一的衡量标准，而只能有相对的标准和凭购买者的感觉体会。

五、服务营销需要注意的问题

为了有效地利用服务营销实现企业竞争的目的，企业应针对自己固有的特点注重服务市场的细分、服务差异化、有形化、标准化以及服务品牌、公关等问题的研究，以制定和实施科学的服务营销战略，保证企业竞争目标的实现。为此，企业在开展服务营销活动、增强其竞争优势时应注意研究以下问题：

1. 服务市场细分

任何一种服务市场都有为数众多、分布广泛的服务需求者，由于影响人们需求的因素是多种多样的，服务需求具有明显的个性化和多样化特征。任何一个企业，无论其能力多大，都无法全面满足不同市场服务需求，都不可能对所有的服务购买者提供有效的服务。因此，每个企业在实施其服务营销战略时都需要把其服务市场或对象进行细分，在市场细分的基础上选定自己服务的目标市场，有针对性地开展营销组合策略，才能取得良好的营销效益。

2. 服务的差异化

服务差异化是服务企业面对较强的竞争对手而在服务内容、服务渠道和服务形象等方面采取有别于竞争对手而又突出自己特征，以战胜竞争对手，在服务市场立住脚跟的一种做法，目的是要通过服务差异化突出自己的优势，与竞争对手相区别。实行服务差异化可从以下三个方面着手：

（1）调查、了解和分清服务市场上现有的服务种类、竞争对手的劣势和自己的优势，有针对性、创造性地开发服务项目，满足目标顾客的需要。

（2）采取有别于他人的传递手段，迅速而有效地把企业的服务运送给服务接受者。

（3）注意运用象征物或特殊的符号、名称或标志来树立企业的独特形象。

3. 服务的有形化

服务有形化是指企业借助服务过程中的各种有形要素，把看不见摸不着的服务产品尽可能地实体化、有形化，让消费者感知到服务产品的存在、提高享用服务产品的利益过程。

服务有形化包括三个方面的内容：

(1) 服务产品有形化。即通过服务设施等硬件技术，如自动对讲、自动洗车、自动售货、自动取款等技术来实现服务自动化和规范化，保证服务行业的前后一致和服务质量的始终如一；通过能显示服务的某种证据，如各种票券、牌卡等代表消费者可能得到的服务利益，区分服务质量，变无形服务为有形服务，增强消费者对服务的感知能力。

(2) 服务环境的有形化。服务环境是企业提供服务和消费者享受服务的具体场所和气氛，它虽不构成服务产品的核心内容，但能给企业带来“先入为主”的效应，是服务产品存在的不可缺少的条件。

(3) 服务提供者的“有形化”。服务提供者是指直接与消费者接触的企业员工，其所具备的服务素质和性格、言行以及与消费者接触的方式、方法、态度等如何，会直接影响到服务营销的实现。为了保证服务营销的有效性，企业应对员工进行服务标准化的培训，让他们了解企业所提供的服务内容和要求，掌握进行服务的必备技术和技巧，以保证他们所提供的服务与企业的服务目标相一致。

4. 服务的标准化

由于服务产品不仅仅是靠服务人员，还往往要借助一定的技术设施和技术条件，因此这为企业服务质量管理和服务的标准化生产提供了条件，企业应尽可能地把这部分技术性的常规工作标准化，以有效地促进企业服务质量的提高，具体做法可以从下面五个方面考虑：

(1) 从方便消费者出发，改进设计质量，使服务程序合理化。

(2) 制定要求消费者遵守的内容合理、语言文明的规章制度，以诱导、规范消费者接受服务的行为，使之与企业服务生产的规范相吻合。

(3) 改善服务设施，美化服务环境，使消费者在等待期间过得充实舒服，如设置座椅、放置书报杂志、张贴有关材料等，为消费者等待和接受服务提供良好条件。

(4) 使用价格杠杆，明码实价地标明不同档次、不同质量的服务水平，满足不同层次的消费者的需求。同时，在不同时期、不同状态下，通过价格的上下浮动调节消费者的需求，以保持供需平衡，稳定服务质量。

(5) 规范服务提供者的言行举止，营造宾至如归的服务环境和气氛，使服务生产和消费能够在轻松、愉快的环境中完成。

5. 服务品牌化

服务品牌是指企业用来区别于其他企业服务产品的名称、符号、象征或设计，它由服务品牌名称和展示品牌的标识语、颜色、图案、符号、制服、设备等可见性要素构成。创服务名牌，是服务企业提高规模经济效益的一项重要措施。因而，企业应注意服务品牌的研究，通过创名牌来树立自己独特的形象，以建立和巩固企业特殊的市场地位，在竞争中保持领先的优势。

6. 服务公关

服务公关是指企业为改善与社会公众的联系状况，增进公众对企业的认识、理解和支持，树立良好的企业形象而进行的一系列服务营销活动，其目的是要促进服务产品的销售，提高服务企业的市场竞争力。通过服务公关活动，沟通与消费者的联系，影响消费者对企业服务的预期愿望，尽可能地与企业提供的实际服务相一致，保证企业服务需求的稳定发展。服务营销有利于丰富市场营销的核心——充分满足消费者需要的内涵，有利于增强企业的竞争能力，有利于提高产品的附加价值。服务营销的兴起，对增强企业的营销优势，丰富企业营销活动内涵有着重要的意义。

服务营销是企业营销管理深化的内在要求，也是企业在新的市场形势下竞争优势的新要素。服务营销的运用不仅丰富了市场营销的内涵，而且提高了面对市场经济的综合素质。针对企业竞争的新特点，注重产品服务市场细分，服务差异化、有形化、标准化以及服务品牌、公关等问题的研究，是当前企业竞争制胜的重要保证。

案例

[案例一]

"服务营销"成就华虹漆品牌腾飞

油漆和涂料市场的本质、客户管理及市场沟通活动都发生了很大变化，这些变化主要体现在分销渠道管理、市场沟通方法，如广告、公共关系、销售促进、会议营销等方式的出现或改变上。

油漆涂料行业差异化竞争，使创造"第二文化"服务品牌已成为必然，同时表明涂料行业新一轮洗牌已经开始。

一、个性化的服务在涂刷行业悄然而至

油漆、涂料营销不得不提"服务"，服务：服务是未来企业经营的重点。随着激烈的市场竞争及市场教育深入普及，服务将成为继产品之后的企业经营的主要利润来源。根据对华虹漆的前期营销诊断与策划的主体思路，最终得出了华虹漆要提升品牌知名度与美誉度和产品销售应最终落实到全程的服务上。

个性化销售服务在油漆涂料行业悄然兴起使"漆艺坊"得以有效建立，漆艺坊既不是一间门店，也不是一间产品展示厅，而是一种销售服务模式，包括油漆新工艺研发中心、家装设计选色中心、个性化样板制作、个性化调色服务、个性化培训基地、个性化咨询中心、涂装队服务中心等内容。漆艺坊的作用包括：(1) 漆艺坊让"外行"的传统消费变成"内行"；(2) 系统的家装培训服务；(3) 整合配套建材品牌；(4) 通过家装施工完成初步的华虹涂料的销售；(5) 贴身的家装服务和突出的产品品质（差异化）；(6) 使口碑传播成为重要的传播途径。

其功能相当于一家油漆与涂料的5S店；即，1S—展示（Show）：统一VI视觉形象、和谐消费环境、充分的产品展示空间；2S—销售（Sales:）：提供华虹阳光全线产品，建立专业物料配货、送货体系；3S—服务（Service）：专业销售员、全程服务系统、体现企业的服务精髓；4S—信息（System of information feed-back）：建立产品信息中心、用户资料中心的全功能网络信息服务系统；5S—文化（Solar cuture）：传播"服务消费文化"，倡导安全、环保、贴心的美家优质生活。

将销售、展示、服务、信息、文化五项主体内容结合在一起，使涂料消费者在华虹阳光5S品牌5s形象店能解决涂料产品相关的一切问题，在客户需要的时候，概念店就将及时提供给客户在同一个理念（华虹阳光服务方式）下的最优质的满意服务，这就是华虹阳光5S店的基本概念。而华虹漆作为美化家居涂刷专家，如何进行具体的服务，服务如何开展起来，从而在特定的时间范围内起效果，则需要进行对"服务营销全程进行到位的执行"。

我们可以看出:目前行业内竞争激烈,各品牌所占市场份额都不在绝对垄断地位,单纯靠传统销售通路销售油漆和涂料想进一步扩大市场份额则可能性不大,而唯有创新华虹漆的市场机会才会增大,“漆艺坊”则是一种新的可学步尝试的服务模式。消费者对于涂料专业认知普遍较浅,比较依赖广告引导、家装公司和专业化施工服务人员的推介。

二、体验式服务营销形成的差异化

涂料品牌竞争的轨迹经历了这样的一过程:质量——品牌——服务。一般的油漆和涂料企业不能深刻理解和把握品牌的内涵,把做品牌仅仅理解为VI体系的设计,甚至把做品牌简单理解为做广告。

有人认为,做品牌需要几百万元甚至上千万元的大投入,认为只有实力雄厚的大公司才投得起,一般企业不做为好,如果销量上不去,弄不好企业还会亏损;一些经营困难甚至亏损的企业认为,目前企业当务之急是解决生存问题,是抓好产品销售,只要把产品销出去了,企业既解决了生存问题,同时又扩大了品牌的影响力,实际就是做了品牌,等等。华虹漆已经在市场中有一定品牌知名度,而目前就是在做销量与品牌的同时提升,导入差异化、个性化的服务就是为了提升品牌与销量。华虹漆如何做服务、怎样做营销呢?那么,就是导入体验式服务营销,用服务打动消费者。

对于涂料企业来说,导入体验式营销至少有四点必要:一是目前市场竞争升级,同行间质量战、价格战激烈;二是产品同质化呼唤营销差异化,体验式营销就是人无我有、人有我优的营销创新;三是客户满意度、客户回头率是企业成功的关键,体验式营销容易提升顾客的满意度和重复购买率;四是通过体验式营销,可以进一步提升产品的成交率。

导入体验式服务营销的优势:(1)导入体验式营销,要求企业以顾客为中心设计体验营销主题,主动向顾客推广体验服务,让公众获知。(2)提供现场、及时和个性的服务体验,运用顾问式销售,加强与顾客沟通。(3)通过为顾客提供免费的个性化涂料设计方案,让顾客选择居室设计方案、感受色彩效果、涂刷产品体验施工效果等一系列体验式营销方式,吸引顾客对涂料的兴趣,增强其购买的信心。(4)在这个过程中,还可以从顾客那里获得一定的工程信息,了解顾客需求,明白涂料营销趋势。

华虹漆导入体验式服务营销的步骤:

1. 组建华虹油漆、涂料综合服务中心,以华虹漆服务中心为推广平台;

2. 服务中心进行系列的不同行业间的资源整合,利用专业家装公益讲座,积累客户和潜在客户,通过家装公司和涂料施工队现实的销售以及产品知名度和美誉度的口碑扩散;

3. 培训销售人员,制定相应的体验式营销策略和目标;

4. 联络几家(3家左右)大型的家装公司,同其结成产业链的产品销售企业联盟;

5. 同十家左右的小型家装设计公司或施工团队缔结产品营销服务联盟;

6. 将售前家装服务包装成免费午餐,向公众进行宣传推广;

7. 控制营销环节,落实到位,及时反馈客户信息并改进提高;

8. 体验式营销及全面的销售服务,再结合传统的常规销售,使华虹漆的销售基础倍加牢固。

三、静态营销向动态营销的转化

从华虹漆的企业现状及营销现状,通过市场调研及内部诊断不难看出,华虹漆的企业相关资源及产品营销属于市场常规范围,只能先打服务牌。

因此，要以服务来带动产品的品牌建设和销量的提升，达到产品线不断延伸，其核心竞争力就是“服务”，而建立服务中心就是这样一个专业机构，这是有别于现行经销商仓储式销售的。服务中心主要职能则发挥在：新客户、大客户的开发，市政形象工程的投标及公关，定期举办家装大型公益讲座，逐渐建立装修准客户数据库，涂刷相关施工问题解答，涂刷相关施工问题解答，产品示范及样板房展示，AE，施工人员培训及家装设计规划等。

服务中心的管理则采取的是管理有别于领导，管理讲求组织化、制作度、明确化、数字化，才能效率化。管理不感情用事，一切按制度规定办理。

如果能够掌握“感情的领导、理性的管理”，并且善用 PDCA 原理，必能当好领导、做好形象店的管理，PLAN(计划)→DO(执行)→CHECK(检核)→ACTION(行动)。

紧接着，华虹漆就以服务中心为依托，与大型家装公司紧密合作，结成战略联盟，再找一些小型、有实力的专业施工团队和小型家装公司进行合作，最后则是开展家装专业知识讲座，取得了良好的效果与收益。

通过对行业发展趋势的了解与分析，发现油漆、涂料行业已经从静态营销不断向动态营销过度，在与消费者一对一的沟通、现场体验和专业化的指导中，华虹漆通过一系列的活动，提升的不仅是销售量，更为长线的是无形的品牌资产。

华虹漆通过营销服务中心、AE 营销团队、大型家装公司、施工专业团队的有效组合与营销执行，使整套体系局部加盟成为一个目标，实现了完善的华虹漆动态的营销服务系统，达到了市场倍增、品牌腾飞以及合作者的营销共赢。

[资料来源：http://www.flyhorses.com/Study/2007-07-31/9165.htm　作者：王运启　发布时间：2007-07-31]

[案例二]

企业如何做好服务营销

互动沟通——构建服务平台

服务营销，不但能为消费者提供良好的销售服务，实现售前、售中、售后的服务链接，而且能够起到树立品牌、实现与消费者面对面的沟通、直接和高效地宣传企业形象的功能。在奥地利首都维也纳有专门为 50 岁以上老人服务的购物场所，其标志为“50＋”超市。

“50＋”超市创意很简单，但又很独到。超市货架之间的距离比普通超市大得多，老人可以慢慢地在货架间选货而不会显得拥挤或憋屈；货架间设有靠背座椅；购物推车装有刹车装置，后半截还设置了一个座位，老人如果累了还可以随时坐在上面歇息；货物名称和价格标签比别的超市也要大，而且更加醒目；货架上还放着放大镜，以方便老人看清物品上的产地、标准和有效期等。如果老人忘了带老花镜，可以到入口处的服务台临时借一副老花镜戴上。最重要的是，超市只雇佣 50 岁以上的员工。对此，一家“50＋”超市经理布丽吉特·伊布尔说：“这受到顾客的欢迎，增加了他们的信任感。”从中获益的不仅仅是顾客，雇佣的 12 名员工又可以重新获得了工作，他们十分珍惜这份工作，积极性特别高。

“50＋”超市由于替老人想得特别周到，深受老人欢迎，同时被其他年龄层(带孩子的年轻母亲)所接受。“50＋”超市商品的价格与其他没有特殊老年人服务的所有超市一样，营业额却比同等规模的普通超市多了 20%。

与此同时，在浙江，有家每天顾客盈门的饭店，生意异常兴隆。这当中，不少是“回头客”。听店主说，其经营诀窍只有5个字：听口音炒菜。如烧鳊鱼，对山东口音的人，则注重酱香，还加上几根大葱；对江西口音的人，注重在汤汁中多放一点辣椒干；对苏杭口音的人注重甜、咸、酸。难怪许多食客吃后都会说上一句：这厨师好像就是我们那里的。

这家饭店的店主从细微处入手，善于听口音炒菜，从而把生意这本“经”念活了，笔者很佩服其独到的经营眼光和思维方式。消费者的需求就是市场的晴雨表，也是厂商调整产品结构、打开产品销路的信号灯。然而遗憾的是，不少厂商至今尚未意识到揣摩顾客心理的重要性，只知道花大钱搞装修、聘公关小姐，或者是同行之间相互压价、互相“血拼”，弄个你死我活，而不用心了解和分析顾客的消费心理变化，也难怪这类厂商天天要为门前冷落、生意清淡而发愁呢！

［案例三］

海尔家电的服务营销案例

情景再现：海尔“真诚到永远”，被广大消费者广为传颂。的确，海尔做到了，海尔人用汗水书写了种种服务传奇：1994年的无搬动服务；1995年三免服务；1996年先设计后安装服务；1997年的五个一服务；1998年的星级服务一条龙，其核心内容是从产品的设计、制造到购买，从上门设计到上门安装，从产品使用到回访服务，不断满足用户新的要求，并通过具体措施使开发、制造、售前、售中、售后、回访6个环节的服务制度化、规范化；1999年海尔专业服务网络通过ISO9000国际质量体系认证；2000年星级服务进驻社区；2001年海尔空调的无尘安装；2003年海尔推出了全程管家365。10年来，海尔的服务已经历了十次升级，每次升级和创新都走在了同行业的前列。

海尔凭借出色的服务能力，不仅仅成为中国家电行业的领头羊，还跻身世界家电企业十强，在世界最受尊敬的企业排名中间，海尔已经连续多年位居中国企业第一位。

海尔是中国家电企业中最早重视向终端消费者提供个性化服务的，海尔认为服务也是产品，只有通过持续性服务产品的创新和造势，才能拉开与竞争对手的距离，才能提升海尔形象，才能形成消费者忠诚度，从而拉开与竞争对手的差距。

由于海尔在提供星级服务方面达到国际先进水平，1996年海尔集团获得了美国优质服务科学协会颁发的五星钻石奖。在2000年全国消费服务信誉度调查结果中，海尔空调又以绝对领先得票数获得消费者满意度第一，奠定了海尔坚持打“价值战”不打“价格战”的基础。

90年代初，随着冰箱企业的急速膨胀，市场竞争越来越激烈，这使得更多的企业把注意力开始集中于价格上来，通过价格来调节竞争。80年代末的时候，由于政府治理整顿市场秩序，市场变淡，冰箱纷纷降价，海尔在这个时候不但没有降价，反而提价12%，产品更加供不应求。

背景回放：

20世纪90年代初，我国已经完成了从“紧缺经济”到“过剩经济”的转变，因此在当时的营销环境中，产品越来越需要通过“服务”提供附加值来增加产品对消费者的吸引力。在竞争最激烈的家电行业和保健品行业，服务在营销中的关键地位体现得最为明显。

当时，中国家电市场处于高度无序价格战的状态。家电产品到90年代开始出现供大于求,产品出现库存。各个厂家为了消化库存拼命降价,甚至降到了成本之下来进行竞争。他们认为只要降就可能卖出去,就可以占有市场份额。

自从90年代中国市场进入买方市场以来,"顾客满意度"就大行其道,成了企业经营中最基本的战略。这一理念风行的经济环境与80年代的欧美很相似。当时,绝大多数行业也已处于买方市场,如果不能使顾客满意,即使是"好商品"也会卖不出去。最早对这种经营环境变化作出系统反应的是斯堪的纳维亚航空公司,他们于1985年提出并实践了"服务与管理"的观点。他们的信念是,企业利润增加首先取决于服务的质量。这意味着企业自觉地把由生产率的竞争转换为服务质量的竞争。

90年代中后期,我国的市场营销全方位展开,其中一个极为重要的变化就是服务营销的全面启动。1992年6月,中共中央、国务院作出了《关于加快发展第三产业的决定》,为服务营销在中国的发展铺平了道路。

相关链接:

90年代初,国有垄断行业引入市场竞争机制,牵动了传统捧铁饭碗的铁路、民航、电信、银行、保险、证券和医疗等行业,全面进入服务营销时代。这个时代很具有代表意义的是中国联通,其以现代企业组织方式进入市场后,打破了由中国电信长期垄断市场的局面,无论是推广130手机电话服务,还是在全国范围内推广190、191传呼服务,"一切为了沟通"的营销理念,让国人看到了服务市场领域的竞争带给老百姓的实惠。服务营销的盛行也与当时的激烈市场竞争有关,是中国营销发展的必然结果。

在谈到服务营销的时候,小天鹅集团营销公司总经理马骏先生认为,以往中国家电业虽然都公认家电是一个"产品+服务"的行业,但是整个行业对服务的重视明显不如对产品和广告的重视程度,目前我国家电服务行业的不够成熟,还与全社会服务行业的不发达有关。随着我国社会分工更加精细,二三产业的发展更加协调,中国家电行业"服务营销"的发展之路将会越走越清晰。鉴于此,小天鹅,集"集团规模前所未有的"、"彻底的"服务资源整合,以期建立起一个适应新时期要求的全新服务体系——"365E全质量客户服务计划",使服务品牌化、制度化、信息化,促进整个行业服务的规范化。

中国家电协会霍杜芳理事长说,"随着中国家电市场竞争的进一步加剧,在产品趋于同质化、质量基本上得到保证的今天,企业对'服务'环节的重视将成为其制胜的关键,而在今后的市场较量中,'服务'因素的重要性还将进一步突显。"

目前,国内家电企业也逐渐开始将注意力聚焦"服务"板块,如海尔的"全程管家365"、春兰的"24小时金牌服务"和小天鹅的"365E全质量客户服务计划"等,将服务品牌化、制度化、信息化,在售后服务市场不断推出种种新举措和服务模式。有关专家表示,随着目前家电业竞争的演变和升级,"服务营销"的天时、地利、人和将成为行业竞争的又一个焦点。

重新思考:

在市场竞争的白热化状态中,海尔并没有卷入价格竞争的旋涡,而是另辟蹊径。张瑞敏在当时可谓高瞻远瞩,他并没有跟随市场的大趋势,把海尔的"真诚到永远"真正转化为生产力。海尔在强化质量的同时,开始推出星级服务,把服务提到了企业营销战略的高度上来,这可以称为中国营销史上最具有意义的"服务营销"的经典案例,引发了中国企业在质量、价格的不断追求的同时开始关注服务。而且,海尔还在强化营销的同时,更加注重整体管理水平的提升及产品的创新与研发,这就是海尔能走得更远的根本原因。

第四节　绿色营销

目前,西方发达国家对于绿色产品的需求非常广泛,而发展中国家由于资金、消费导向和消费质量等原因,还无法真正实现对所有消费需求的绿化。以我国为例,目前只能对部分食品、家电产品、通讯产品等进行部分绿化;而发达国家已经通过各种途径和手段,包括立法等来推行和实现全部产品的绿色消费,从而培养了极为广泛的市场需求基础,为绿色营销活动的开展打下了坚实的根基。以绿色食品为例,英国、德国绿色食品的需求完全不能自给,英国每年要进口该食品消费总量的 80%,德国则高达 98%。这表明,绿色产品的市场潜力非常巨大,市场需求非常广泛。

绿色营销只是适应二十一世纪的消费需求而产生的一种新型营销理念,也就是说,绿色营销还不可能脱离原有的营销理论基础。因此,绿色营销模式的制定和方案的选择及相关资源的整合还无法也不能脱离原有的营销理论基础,可以说绿色营销是在人们追求健康、安全、环保的意识下所发展起来的新的营销方式和方法。

一、绿色营销的定义

绿色营销应该是一种能辨识、预期及符合消费的社会需求,并且可带来利润及永续经营的管理过程。绿色营销观念认为,企业在营销活动中,要顺应时代可持续发展战略的要求,注重地球生态环境保护,促进经济与生态环境协调发展,以实现企业利益、消费者利益、社会利益及生态环境利益的协调统一。从这些界定中可知,绿色营销是以满足消费者和经营者的共同利益为目的的社会绿色需求管理,以保护生态环境为宗旨的绿色市场营销模式。

二、绿色营销的特点

1. 综合性特点

绿色营销综合了市场营销、生态营销、社会营销和大市场营销观念的内容。市场营销观念的重点是满足消费的需求,一切为了顾客需求是企业制定一切工作的最高准则;生态营销观念要求企业把市场要求和自身资源条件有机结合,发展也要与周围自然的、社会的、经济的环境相协调;社会营销要求企业不仅要根据自身资源条件满足消费者需求,还要符合消费者及整个社会目前需要及长远需要,倡导符合社会长远利益,促进人类社会自身发展;大市场营销是在传统的市场营销四要素(即产品、价格、渠道、促销)基础上加上权力与公共关系,使企业能成功地进入特定市场,在策略上必须协调地施用经济、心理、政治和公共关系等手段,以取得外国或地方有关方面的合作和支持;绿色营销观念则是多种营销观念的综合,它要求企业在满足顾客需要和保护生态环境的前提下取得利润,把三方利益协调起来,实现可持续发展。

2. 统一性特点

绿色营销强调社会效益与企业经济效益统一在一起。企业在制定产品策略的实施战略决策时,既要考虑到产品的经济效益,同时又必须考虑社会公众的长远利益与身心健康,这样,产品才能在大市场中站住脚。人类要寻求可持续发展,就必须约束自己,尊重自然规律,实现经济、自然环境和生活质量三者之间的相互促进与协调。社会公众绿色意识的觉醒，使他们在购买产品时不仅考虑对自己身心健康的影响，也考虑对地球生态环境的影响，谴责破坏生态环境的企业，拒绝接受有害于环境的产品、服务和消费方。只有国家、企业和消费者三者同时牢牢树立绿色意识并付诸实施，绿色营销才能蓬勃发展。

3. 无差别性特点

绿色标准及标志呈现世界无差别性。绿色产品的标准尽管世界各国不尽相同，但都是要求产品质量、产品生产及使用消费及处置等方面符合环境保护要求、对生态环境和人体健康无损害。

4. 双向性特点

绿色营销不仅要求企业树立绿色观念、生产绿色产品、开发绿色产业，同时也要求广大消费者购买绿色产品，对有害产品进行自觉抵制，树立绿色观念。绿色营销也是降低资源消费、提高经济效益的重要途径。例如，日本推出节省25%燃油、少排80%废气的绿色汽车；美国研制出燃烧效率比现有汽车高3倍的小型汽车，推出装有计算机闲置部件“休眠”的电流控制芯片，推行低辐射的节能电视机……越来越多的事实证明，只有发展清洁技术，生产绿色产品，推进生产全过程控制和预防，才能建立节能、降耗、节水、节地的资源节约型经济，实现生产方式的变革，加速工业、交通及通信业发展模式的全面转换，实现以尽可能小的代价和最少的能源、资源消耗获得最大的经济发展效益。国际商会和联合国环境规划署联合在巴黎召开的可持续发展商务宪章委员会提出的第一条基本原则就明确指出，要把可持续发展和保护环境作为企业发展的首要目标，只有“绿色企业”才有竞争力。绿色营销的兴起与发展，可以进一步培育消费者的环保观念。大量绿色食品的出现，已掀起热爱绿色食品的浪潮，促进了绿色消费意识的形成；可降解餐饮用具的使用，不仅减少了“白色污染”，也增强了人们保护环境、防止污染的意识；可回收电池的应用也大大促进了人们节约资源、回收废物的观念……消费者环保观念的进一步培育与加强又直接作用于可持续发展的进程。人们在思索，在期盼，希望绿色营销能让世界真正回归自然，回归绿色。

三、绿色需求分析

1. 绿色需求是人类社会发展的产物

人类的工业文明仅仅经历了一百多年的历史，就已经让地球付出了沉重的代价，同时也是人类应该承受的代价。随着资源短缺、环境的进一步恶化、淡水的枯竭、大气层的破坏、地球变暖等生态及环保问题的加剧，人们开始将生态观念、HSE的健康、安全、环保观念根深蒂固地扎根于人类的思维理念中，继而形成习惯，也就是绿色习惯，从而由绿色习惯催生出绿色需求。

2. 绿色需求是人类追求高品质及高品位的必然

马斯洛的需求理论讲述了人类社会需求的层次性。当人们已经不再为基本的需求而奔波的时候，人们开始追求生存质量和生活质量：生存质量的追求表现在更加注重生态环保，生活质量的追求则表现在倾向于消费无公害产品、绿色产品。这些产品本身所包含的特性和特点，使人们在消费过程中得到品质的满足和品位的提升。

3. 绿色需求是新型消费观念形成的产物

新的消费观念在讲究满足基本消费的同时，开始考虑基本消费所带来的附加值。比如，人们在购买汽车时已经在考虑排放标准，无氟冰箱已经进入千家万户，人们开始关注服装对人体的健康等方面的安全保护，这些都是新兴消费观念对于传统需求的冲击。事实上，随着人们对于生态环保观念的认知和加强，也促使人们改变原有的消费观念，许多人已经自愿拒绝非绿色产品，这些人心甘情愿地站在绿色消费立场上，心甘情愿地为人类社会的可持续发展买单，具有高度的前瞻性。

4. 绿色需求法制化和广泛的社会宣传

为了更好地推行绿色消费，培育绿色需求，一些国家特别是发达国家已经制定和颁布了相关法规来规范和推行绿色需求，实现绿色消费。乌拉圭回合的《贸易壁垒协议》中规定："不得阻碍任何国家采取措施来保护人类、动物或植物的生命健康、保护环境。"这实际上就为国际间进出口的"产品绿化"提供了法制基础。

绿色营销之绿色研发、绿色生产、绿色产品，是创造绿色消费载体的过程。企业进行绿色营销的前提是企业要拥有绿色经营管理理念，只有在这种先进理念的指导下，才可能真正实现绿色营销，引导绿色消费，创造绿色效益。传统企业的各种流程都是比较封闭的，只有营销和服务过程是公开进行的。而绿色营销要求企业从绿色研发、绿色生产到绿色营销都是公开的，必须显现出其绿化的特征，并在理念上进行本质改变。比如研发工作的基本前提是产品要绿色。目前，许多企业已经在此方面进行了诸多工作，并取得了诸多成果。如绿色电视、环保节能冰箱、环保节能汽车、绿色食品、绿色健康内衣等，都已经有声有色地进入了人们的生活。许多企业更是建设了绿色研发实验室，拥有一批专业素质极高的绿色工程师，这对人类社会的绿色进程无疑是一巨大推动。

尽管目前绿色产品的成色还不是很高，但值得高兴的是，无论企业还是个体消费者都开始关注"产品绿化"问题。这对于绿色潮流的兴起有着相当重要的意义。

四、实施绿色营销的必要性

1. 有利于企业占领市场和扩大市场销路

随着公众环境意识的增强和生活水平的提高，人们逐渐认识到，追求物质享受，过度地消费自然资源将加深这个星球和人类自身的危机。以保护环境为特征的绿色消费正影响着人们的消费观念和消费行为，成为一种新的时尚。世界各国连年掀起绿色消费的高潮。企业通过绿色营销，提供消费者所需要的绿色产品，满足消费者的绿色需求，可以扩大市场占有率，促进饭店占领市场，使企业发展前景更广阔。

2. 营造绿色文明，促进企业塑造绿色文化

绿色营销可以推动新型的绿色文明的发展，绿色文明是一种以追求环境与人类和谐共存和发展的新型文明。通过绿色营销的活动，可以协调"企业—保护环境—社会发展"的关系，使经济发展既能满足当代人的需要，又不至于对后代人的生存和发展构成危害和威胁，而是促进社会文明的进步。

通过实施绿色营销战略，企业家得到良知的安慰和道义的满足，企业成员也会为自己是其中的一员而感到自豪和满足，而消费者也会由于自己的绿色消费行为，帮助了企业绿色营销的最终实现而感到满意。

企业通过实施绿色营销使全体员工树立绿色营销观念，并在此观念指导下实施绿色产品的研究开发和生产，在企业内部营造清洁、绿色、环保、安全的工作环境，有利于保护企业职工身心健康，更有利于培育企业“绿色文化”。

3. 有助于企业提高经济效益

绿色营销的过程就是企业努力提高资源和能源的利用率，尽可能减少污染环境或不污染环境，实现可持续发展的集约化经营的过程。通过这种过程，企业可以从比较深的层次来考虑技术开发和产品更新换代，提高企业经济增长的质量。同时，随着消费者绿色环保意识的增强，购买绿色产品成为时尚和趋势，通过实施绿色营销则有利于企业占领市场、扩大企业的市场份额。

五、绿色营销组合策略

1. 绿色营销计划

实施绿色营销战略是与企业的长期发展规划和战略分不开的。企业对于绿色营销的实施和开展必须要有充足的准备，以便为绿色营销提供必要的条件。这些都要求企业在深入地进行目标市场调研的基础之上将企业产品和品牌进行合理的市场定位，分析潜在市场容量和潜在顾客购买能力，对绿色营销资源有效整合，发挥绿色营销独特的作用，扬长避短，实现绿色营销的综合效益最大化。

针对绿色营销的战略意义，要求企业有一个明确的绿色发展计划，作为绿色营销计划的实施基础，其中应该详细表述产品绿色发展周期、绿色品牌实施计划、绿色产品研发计划、绿色营销推广计划、绿色营销服务通道计划、绿色商流物流价值流计划、绿色营销管理方案等绿色计划。

另外，企业在实施绿色营销前，要对企业实行绿色营销的过程管理、人力资源管理、资金流和价值流的管理进行系统地计划，确保营销过程中各种资源适时地有效整合，推动整个绿色营销进程的实施，为最终实现各种利益体的共赢打下坚实基础

2. 绿色产品和品牌策略

营销理论的发展已经给大家一个共识：营销从采购开始。绿色营销的开端更是要从源头抓起，只有这样，才能保证绿色产品供应链的有效运转，最终实现绿色消费，达到对生态环境保护并减少污染的目的。

首先，绿色产品设计成为重中之重。要求采取绿色营销的企业从材料的选购、产品结构、功能性能、设计理念、制造过程开始层层把关，加强生态、环保、节能、资源利用等方面的控制与遴选，确保绿色消费的达成。除此之外，在产品的包装、运输、储存及使用、废弃物的处理等都要考虑各种有可能受到影响的绿色因素。

其次，绿色产品讲究综合成果。即绿色产品要能够体现健康、安全、环保，体现对社会的一种责任意识，将原本属于社会职能的内容考虑进企业的经营管理当中，并认真负责地承担起解决这些社会问题的义务。

另外，企业只有对外树立起良好而健康的企业形象，才能够真正实现打造绿色品牌的任务。企业在进行品牌战略时，要切实抓紧绿色产品这一载体，赋予绿色品牌更多的内涵，体现绿色经营管理文化，灌输绿色经营管理观念，丰富品牌承载量，扩展品牌深度，从而实现品牌价值最优化、最大化。绿色品牌策略包括如下内容：一是具有高度责任意识的绿色品牌定位；二是精细而健康的绿色品牌维护；三是科学系统的绿色品牌经营管理；四是长期不懈地进行绿色品牌修正。

3. 绿色产品的价格策略及市场定位

首先,绿色产品具有较高附加值,拥有优良的品质,在健康、安全、环保等诸多方面具有普通产品无法比拟的优势,因此在其市场定位上应该着眼于较高的消费需求。企业可以根据市场环境因素,对不同市场进行不同的产品定位。研究表明,在欧美发达国家,即使普通的消费也都倾向于绿色消费,所以绿色产品已经非常普遍,其市场定位当然也较为普通;但在发展中国家,绿色产品的消耗量还很小,对于普通消费者来说还是奢侈品,因此其必须要在一个较高基点上进行市场定位。

其次,在价格策略上,绿色产品由于支付了相当昂贵的环保成本,在产品选材及设计上的独特性和高要求,使其具有普通产品无法比拟的高附加值,因此其价格比一般普通产品高是极其正常的。消费者也很愿意接受这样的一种价格。因此,企业在为绿色产品进行定价时,要充分地将环保成本、研发设计成本、其他诸如绿色包装、绿色材料、绿色渠道、绿色服务等的成本考虑在内,从而制定出对于企业和消费大众都是比较合理的市场价格,逐步在消费者心目中灌输一种"污染者付费"、"环境有偿使用"的现代观念。

另外,企业在对绿色产品进行定价时,应该遵循一般产品定价策略。根据市场需求、竞争情况、市场潜力、生产能力和成本、仿制的难易程度等因素综合考虑。切不可盲目完全采取撇脂定价策略,亦不宜完全应用渗透定价策略。注重市场信息收集和分析,分析消费者的绿色消费心理,制定合理可行的绿色价格方案是完全必要的。

4. 绿色渠道策略

企业开展绿色营销,其绿色营销渠道的畅通是关键。企业只有充分保障绿色产品物流、商流、价值流、信息流在渠道中畅通无阻,才能最终实现绿色消费。在绿色渠道建设中,企业要结合产品特点,充分发挥产品的绿色特质,实现渠道绿化。

(1) 建设属于绿色营销的专用渠道。企业在进行绿色营销过程中,不可能完全排斥非绿色产品。通常一个企业的主导产品是非绿色产品,而绿色产品仅仅是企业的一部分。这种情况下,企业可能为了节省成本和渠道费用,将绿色产品放入普通渠道进行销售。这样做,表面上看可以节约许多成本费用,但从长远考虑,会使企业的绿色产品价值降低,消耗企业绿色品牌美誉度和品牌价值,部分绿色品牌或产品因此而退出绿色营销领域。显然,将绿色营销和普通营销的渠道混为一谈的做法是不明智的,也是不可取的。缘于此,我们建议企业要进行绿色营销就要单独建设纯绿色渠道。

(2) 绿色代表着健康向上,绿色中间商或经销商也要具有良好的绿色本质和气质。一方面,绿色经销商或中间商要具有良好的绿色信誉,能够并愿意为绿色事业做出贡献;另一方面,能够接受并秉承绿色营销理念,要求其在日常的经营过程中注意绿色环保的重要性,并通过其绿色经营从中获取相当可观的绿色收益;再就是,绿色经销商或中间商在日常经营过程中愿意接受企业相关的绿色指导,采取正当可行的绿色竞争手段,实施可持续发展的绿色健康竞争秩序。

(3) 作为辅助。企业可以开设一些绿色专营店,确保专营店"纯绿色经营",对于建立产品良好的绿色信誉、确保消费者对于绿色产品的认知都将发挥较大作用。

5. 绿色促销策略

绿色促销就是围绕绿色产品而开展的各项促销活动的总称。其核心是通过相关活动,达到树立企业绿色健康形象、丰富企业绿色营销内涵、促进绿色产品推广和消费的目的。这样，企业可以巩固其绿色产品市场地位，开拓绿色市场容量。

企业开展绿色促销要严格与传统促销活动区分开来。绿色促销要重点开展具体的营销和推广活动，将企业的绿色行动付诸实施。企业可以通过一些媒体宣传自己在绿色领域的所作所为，并积极参与各种公益及环保活动，大力提倡绿色环保产品的推广和使用，并带头推动一些有意义的环保事业。

另外，绿色营销本身就是一项具有高度责任感的事业。企业必须时刻以对自然、对他人、对未来、对竞争对手负责的态度来奉献自己的绿色爱心，提高公众的绿色意识，引导绿色消费需求。

因此，制定绿色促销策略，不但要突出爱心、责任、奉献等人文因素，而且要具有长期的战略眼光，将企业的长期利益与企业的短期目标结合起来，要有重点、有秩序地层层推进，切不可虚张声势、不讲实际。

6. 绿色服务

随着经济的不断发展，服务已经由原来的营销辅助功能转为创造营销价值的主要营销功能。而针对绿色营销而开展的绿色服务更是必不可少，它将为绿色营销最终价值的实现发挥极其重要的作用。随着近些年企业服务意识和加强，普通产品营销企业在服务上已经开通了具有划时代意义的绿色服务通道，极大地方便了消费者与产品供应者之间的沟通，不但解决了顾客的后顾之忧，也为企业信息的收集和传输建立了渠道。而绿色营销更应该建立绿色服务通道。这一通道的建立将执行如下几项功能：一是传播绿色消费观念，减少绿色消费误区；二是真正从专业化的角度解决消费者在绿色消费中出现的问题，指导消费者进行纯绿色消费；三是实现绿色产品价值再造。通过绿色服务，企业可以减少资源浪费、节约物质消耗、减少环保成本、实施资源综合利用，实现绿色产品在绿色服务中价值最大化。

7. 绿色管理

企业在对外推行绿色观念的过程中，也要将绿色观念融入企业的生产经营管理活动中。目前，国际比较通行的做法是“5R”原则：研究(Research)，就是把环保纳入企业的管理决策中来，重视对于环保的研究及相关的环境对策；减消(Reduce)，通过采用新技术、新工艺、新材料，减少或消除有害废异物的排放；再开发(Rediscover)，积极进行科研活动，变普通产品为绿色产品，积极创造绿色品牌；循环(Recycle)，对废旧产品进行回收处理，循环利用；保护(Reserver)，积极参与环境整治活动，培养员工环保意识，树立企业绿色形象。

企业通过绿色管理原则，建立绿色发展战略，实施绿色经营管理策略，制定绿色营销方案，才能加快企业绿色企业文化的形成，推动企业绿色技术、绿色生产，生产出满足公众绿色需求的产品，实现社会和企业经济的可持续发展。

绿色营销观要求企业家要有全局、长远的发展意识。企业在制定企业发展规划和进行生产、营销的决策和管理时必须时刻注意绿色意识的渗透，从“末端治理”这种被动的、高代价的对付环境问题的途径转向积极的、主动的、精细的环境治理。在可持续发展目标下，调整自身行为，从单纯追求短期最优化目标转向追求长期持续最优化目标，将可持续性目标作为企业的基本目标。

六、绿色营销推广方法

1. 信息发布推广

将有关的网站推广信息发布在其他潜在用户可能访问的网站上，利用用户在这些网站获取信息的机会实现网站推广的目的。适用于这些信息发布的网站包括在线黄页、分类广告、论坛、博客网站、供求信息平台、行业网站等。信息发布是免费网站推广的常用方法之一。

2. 电子邮件推广

以电子邮件为主要的网站推广手段，常用的方法包括电子刊物、会员通讯、专业服务商的电子邮件广告等。基于用户许可的 Email 邮件与滥发邮件（Spam）不同，许可营销比传统的推广方式或未经许可的 Email 营销具有明显的优势，比如可以减少广告对用户的滋扰、增加潜在客户定位的准确度、增强与客户的关系、提高品牌忠诚度等。

3. 资源合作推广

即通过网站交换链接、交换广告、内容合作、用户资源合作等方式，在具有类似目标网站之间实现互相推广。其中最常用的资源合作方式为网站链接策略，利用合作伙伴之间网站访问量资源合作互为推广。

每个企业网站均可以拥有自己的资源，这种资源可以表现为一定的访问量、注册用户信息、有价值的内容和功能、网络广告空间等，利用网站的资源与合作伙伴开展合作，实现资源共享、共同扩大收益。在这些资源合作形式中，交换链接是最简单的一种合作方式，调查表明这也是新网站推广的有效方式之一。交换链接或称互惠链接，是具有一定互补优势的网站之间的简单合作形式，即分别在自己的网站上放置对方网站的 LOGO 或网站名称并设置对方网站的超级链接，使得用户可以从合作网站中发现自己的网站，达到互相推广的目的。交换链接的作用主要表现在几个方面：获得访问量、增加用户浏览时的印象、在搜索引擎排名中增加优势、通过合作网站的推荐增加访问者的可信度等。交换链接还有更深一层的意义，一般来说，每个网站都倾向于链接价值高的其他网站，因此获得其他网站的链接也就意味着获得了与合作伙伴和一个领域内同类网站的认可。

4. SEO 论坛搜索引擎推广

搜索引擎推广是指利用搜索引擎、分类目录等具有在线检索信息功能的网络工具进行网站推广的方法。由于搜索引擎的基本形式可以分为网络蜘蛛型搜索引擎（简称搜索引擎）和基于人工分类目录的搜索引擎（简称分类目录），因此搜索引擎推广的形式也相应地有基于搜索引擎的方法和基于分类目录的方法，前者包括搜索引擎优化、关键词广告、固定排名、基于内容定位的广告等多种形式，而后者则主要是在分类目录合适的类别中进行网站登录。随着搜索引擎形式的进一步发展变化，也出现了其他一些形式的搜索引擎，不过大都是以这两种形式为基础。

搜索引擎推广的方法又可以分为多种不同的形式，常见的有登录免费分类目录、登录付费分类目录、搜索引擎优化、关键词广告、关键词竞价排名、网页内容定位广告等。

从目前的发展趋势来看，搜索引擎在网络营销中的地位依然重要，并且受到越来越多企业的认可，搜索引擎营销的方式也在不断发展演变，因此应根据环境的变化选择搜索引擎营销的合适方式。

5. 快捷网址推广

即合理利用网络实名、通用网址以及其他类似的关键词网站快捷访问方式来实现网站推广的方法。快捷网址使用自然语言和网站 URL 建立其对应关系，这对于习惯于使用中文的用户来说，提供了极大的方便，用户只需输入比英文网址要更加容易记忆的快捷网址就可以访问网站，用自己的母语或者其他简单的词汇为网站“更换”一个更好记忆、更容易体现品牌形象的网址，例如选择企业名称或者商标、主要产品名称等作为中文网址，这样可以大大弥补英文网址不便于宣传的缺陷，因为在网址推广方面有一定的价值。随着企业注册快捷网址数量的增加，这些快捷网址用户数据也相当于一个搜索引擎，这样，当用户利用某个关键词检索时，即使与某网站注册的中文网址并不一致，同样存在被用户发现的机会。

七、绿色营销管理的内容

1. 树立绿色营销观念

绿色营销观念是在绿色营销环境条件下企业生产经营的指导思想。传统营销观念认为，企业在市场经济条件下生产经营，应当时刻关注与研究的中心问题是消费者需求、企业自身条件和竞争者状况，并且认为满足消费需求、改善企业条件、创造比竞争者更有利的优势便能取得市场营销的成效。绿色营销观念则在传统营销观念的基础上增添了新的思想内容。

企业生产经营研究的首要问题不是在传统营销因素条件下通过协调三方面关系使自身取得利益，而是与绿色营销环境的关系。企业营销决策的制定必须首先建立在有利于节约能源、资源和保护自然环境的基点上，促使企业市场营销的立足点发生新的转移。

对市场消费者需求的研究，是在传统需求理论基础上，着眼于绿色需求的研究，并且认为这种绿色需求不仅要考虑现实需求，更要放眼于潜在需求。

企业与同行竞争的焦点，不在于传统营销要素的较量，争夺传统目标市场的份额，而在于最佳保护生态环境的营销措施，并且认为这些措施的不断建立和完善是企业实现长远经营目标的需要，它能形成和创造新的目标市场，是竞争制胜的法宝。

与传统的社会营销观念相比，绿色营销观念注重的社会利益更明确定位于节能与环保，立足于可持续发展，放眼于社会经济的长远利益与全球利益。

2. 设计绿色产品

产品策略是市场营销的首要策略，企业实施绿色营销必须以绿色产品为载体，为社会和消费者提供满足绿色需求的绿色产品。所谓绿色产品是指对社会、对环境改善有利的产品，或称无公害产品。这种绿色产品与传统同类产品相比，至少具有下列特征：

(1) 产品的核心功能既要能满足消费者的传统需要，符合相应的技术和质量标准，更要满足对社会、自然环境和人类身心健康有利的绿色需求，符合有关环保和安全卫生的标准。

(2) 产品的实体部分应减少资源的消耗，尽可能利用再生资源。产品实体中不应添加有害环境和人体健康的原料、辅料。在产品制造过程中应消除或减少“三废”对环境的污染。

(3) 产品的包装应减少对资源的消耗，包装的和产品报废后的残物应尽可能成为新的资源。

(4) 产品生产和销售的着眼点，不在于引导消费者大量消费而大量生产，而是指导消费者正确消费而适量生产，建立全新的生产美学观念。

3. 制定绿色产品的价格

价格是市场的敏感因素，定价是市场营销的重要策略，实施绿色营销不能不研究绿色产品价格的制定。一般来说，绿色产品在市场的投入期，生产成本会高于同类传统产品，因为绿色产品成本应计入产品环保的成本，主要包括以下几方面：

(1) 在产品开发中，因增加或改善环保功能而支付的研制经费。

(2) 在产品制造中，因研制对环境和人体无污染、无伤害而增加的工艺成本。

(3) 使用新的绿色原料、辅料而可能增加的资源成本。

(4) 由于实施绿色营销而可能增加的管理成本、销售费用。

但是，产品价格的上升会是暂时的，随着科学技术的发展和各种环保措施的完善，绿色产品的制造成本会逐步下降，趋向稳定。企业制定绿色产品价格，一方面当然应考虑上述因素；另一方面，应注意到，随着人们环保意识的增强、消费者经济收入的增加，消费者对商品可接受的价格观念会逐步与消费观念相协调。因此，企业营销绿色产品不仅能使企业盈利，更能在同行竞争中取得优势。

4. 绿色营销的渠道策略

绿色营销渠道是绿色产品从生产者转移到消费者所经过的通道。企业实施绿色营销必须建立稳定的绿色营销渠道，具体可从以下几方面努力：

(1) 启发和引导中间商的绿色意识，建立与中间商恰当的利益关系，不断发现和选择热心的营销伙伴，逐步建立稳定的营销网络。

(2) 注重营销渠道有关环节的工作。为了真正实施绿色营销，从绿色交通工具的选择、绿色仓库的建立，到绿色装卸、运输、贮存、管理办法的制定与实施，企业应认真做好绿色营销渠道的一系列基础工作。

(3) 尽可能建立短渠道、宽渠道，减少渠道资源消耗，降低渠道费用。

5. 搞好绿色营销的促销活动

绿色促销是通过绿色促销媒体，传递绿色观念，指导绿色消费，启发引导消费者的绿色需求，最终促成购买行为。绿色促销的主要手段有以下几种：

(1) 绿色广告。通过广告对产品的绿色功能定位，引导消费者理解并接受广告诉求。在绿色产品的市场投入期和成长期，通过量大、面广的绿色广告，营造市场营销的绿色氛围，激发消费者的购买欲望。

(2) 绿色推广。通过绿色营销人员的绿色推销和营业推广，从销售现场到推销实地，直接向消费者宣传、推广产品绿色信息，讲解、示范产品的绿色功能，回答消费者绿色咨询，宣讲绿色营销的各种环境现状和发展趋势，激励消费者的消费欲望。同时，通过试用、馈赠、竞赛、优惠等策略，引导消费兴趣，促成购买行为。

(3) 绿色公关。通过企业的公关人员参与一系列公关活动，诸如发表文章、演讲、影视资料的播放，社交联谊、环保公益活动的参与、赞助等，广泛与社会公众进行接触，增强公众的绿色意识，树立企业的绿色形象，为绿色营销建立广泛的社会基础，促进绿色营销的发展。

案例

[案例一]

TOYOTA 丰田 Why not 活动

经过6个月的调查研究，丰田在美国推出了该公司历史上最大、最广泛的公司品牌推广活动，力图加强同美国消费者在情感上的联系。

这项名为"Why not?"("为什么不?")的整合营销活动，重点并没有放在丰田举世闻名的TPS系统管理(Toyota Production System)，或是富于创意的生产设备，而是重点传达丰田对美国环境和社会的高度责任感，激发美国人对丰田的喜爱。其传播渠道包括电视、平面、CNN等大网站的嵌入广告、"Why not?"主页，丰田为此还特意赞助了PBS电视台的"自然"节目。

"Why not?"活动的主角之一，也是此次活动的揭幕者，是丰田的一款混合动力轿车Prius(普瑞斯)。所谓混合动力，是指低速时由电动马达负责驱动，中高速时由汽油发动机介入驱动。Prius第一代产品于1997年面市，当时只是一款具有试验性质的车系。由于20世纪90年代末全球油价一直在低位运行，Prius并不被看好，然而，在油价不断刷新纪录的今天，Prius却成了美国最畅销的品牌。丰田2007年销售计划中，Prius在北美的年销量至少要达175 000辆，比2006年的109 000辆有了大规模的上涨。Prius为丰田带来的不仅是突飞猛进的销量，还有保护环境的声誉，这与丰田试图通过情感路线俘获人心的策略不谋而合，因此Prius成为"Why not?"中当仁不让的汽车一号。

此次活动中，Prius的广告率先在丰田独家赞助的NBC当家节目"Brian Williams晚间新闻"播出，这个60秒的Prius广告由定时拍摄手法制作，通篇使用了比喻的手法，前半部分画面显示Prius完全由一些天然原材料，如树枝、树叶等搭建而成，接下来风吹雨打、无情的岁月渐渐剥蚀了Prius的光鲜和生命力，所有的原材料回归泥土，画面上留下一块干净的空地，令人不禁想起泰戈尔的"天空没有翅膀的痕迹，但鸟儿已飞过"。随后是画外音，也是广告的点睛之笔："一家汽车公司可以在成长的同时与环境保持和谐吗？为什么不呢？(Why not?)在丰田，我们不仅致力于零排放，我们也致力于在任何时候都不制造垃圾；因为对环境最积极的影响就是尽量少地影响它。"

[资料来源：http://www.brandgoo.com/html/66/t-3366.html]

[案例二]

绿色营销：梅花品牌的一剂强力催化剂

2005年10月，食品安全年会召开，国家食品药品监督管理局副局长惠鲁生指出"确保食品安全是构建和谐社会的主要内容"。食品安全问题已经构成了这几年的一个焦点问题。从整个社会的影响来看，从2002年的非典到禽流感，还有各种事件风波，引发人们对食品健康问题关注度越来越高。实际上，企业也在关注这个问题，前不久的可比克薯我系列食品铅超标，以及2004年肯德基的苏丹红事件，甚至啤酒行业的甲醛风波，也许大家都耳熟能详。而在调味品行业，健康的问题也同样受到了人们的关注。

在健康问题成为人们普遍关注时，几乎所有的食品企业都一致认定——谁最先打出绿色概念，谁就将在行业掌握最强的话语权。然而，实际上，在味精行业，这样的声音似乎还没有足够的响亮。我们服务的梅花味精就是绿色营销的一个典范。绿色营销的核心是提倡绿色消费意识，进行以绿色产品为主要标志的市场开拓，营造绿色消费的群体意识，创造绿色消费的宏观环境。绿色营销不仅仅涉及产品生产的安全、健康，而且品牌各种活动都是提倡绿色健康的理念。味精作为人们日常生活饮食中的一个习惯性消费品，健康问题似乎很容易被忽视，也很容易被触及，已经成为了人们的一个主要关注点。作为全国味精行业的龙头老大，梅花味精率先提出了绿色营销的概念，并且以很好的概念进行传播，完整的品牌规划和传播为品牌真正注入了活力，使品牌的生命力愈显旺盛。而梅花取得的阶段性成功，我们将其总结，主要可以归为以下两大方面。

富有创意的品牌创作

我们在做梅花味精的产品传播画面时做了大量的功课，在众多的概念中寻找最容易与消费者沟通的语言，是美味，还是生活的感性诉求呢？其实都不是，我们找到了绿色这一概念，提出了百分百纯粮酿造、百分百健康的概念。这一概念的出炉，立刻获得了企业方的高度认同，在提案阐述阶段，更是掌声如雷。梅花味精的董事长在仔细聆听了我们关于概念演绎的阐述后，当场拍案定下。为了表现纯粮酿造的梅花味精，我们以简单的大创意进行创作，5 个玉米颗粒组成一个形象的梅花花朵，放之于水墨的梅花枝干上，寓意梅花味精就是用百分百的玉米酿造而成的。而我们为支撑这一概念创作了一系列的报纸广告，更是获得了企业方的高度认同，《原料篇》《工艺篇》《认证篇》分别从不同的方面来阐述梅花味精生产过程的健康品质保证。在这里我们仅仅摘其中一段来作形象的理解。“标题：从玉米种植开始，精挑细选其中最健康、纯种的玉米果子/正文：挑选最适合植种的有机土壤环境，梅花的粮农们小心翼翼地种下了第一批玉米种子，也许您无法想象，我们的用心甚至超过了蜂农，小心的梅花粮农一天要花掉 10 个钟头的时间，像照顾新生婴儿一样，来照顾玉米粮田。健康的生长环境，有效防止了虫害的侵袭，梅花玉米园里新生的玉米秆已经迫不及待地竞相长高，希望早日成熟，结出健康饱满的玉米果子。/在充分享受了阳光的照耀和雨露的浸润，等到秋天，玉米果子熟了，粮农们并不急着去采。对于大多数玉米，那可是个不可企及的梦想，它们要面临一场严格的体能测试。皮厚、直径、克重，少数的玉米果子被认为是最纯种、健康的，它们被严格的选料师相中，成为梅花家族的新秀成员。因为有它们，梅花之名不负众望，正如您所津津乐道的！/而，我们做的还远远不止这些！”这是《工艺篇》中的一段文案，深刻地表达了梅花味精在为消费者奉献品质绝佳的味精食品方面做出的努力。而这样的一些文字配合了黄金饱满的玉米果子，显得形象而容易被解读。

我们在传播规划中将整合营销的概念发挥到了极致。一个声音，一个主画面，一套 VI，其中涉及的电视广告、广播、报纸、户外以及各种终端物料，我们都以同样的“百分百”主题和红色的主画面进行统一传播，从视觉听觉甚至第六感，让消费者在不同场合接受到相同的视觉元素，从而形成对梅花味精的深刻认知。“金六福”的传播原则，也大抵如此，而这恰恰也是梅花品牌传播的制胜关要。

系统立体的品牌营销

基于平面创作之后，我们更是制定了一套完整的立体式品牌营销方案，从高空的广告传播，到地面的销售执行，充分贯彻了 BCI 商业创意整合的思想。在传播上，我们以电视广告为主，投放央视一套，配合地方省台，进行高空轰炸，以原料篇为题材拍摄一条精美的广告进行投播，迅速在消费者心目中留下深刻印象，健康的消费者理念立刻深入人心。而在线下的活动传播上，我们制定了一套渠道合作伙伴计划，通过与经销商结盟，开展销售激励活动，当月销售达一定数量，即可参加由梅花味精公司组织的每两月一次的蒙古大草原绿色旅游活动，让经销商身临其境来感受种植原料的梅花玉米园地，增加经销商对梅花品质的感性认知。而在针对餐饮和流通终端方面，我们制定了一套促销计划。我们特别设计定制了一套精美的富有中国味道的餐具，印以梅花图案，在礼品中传播梅花味精的品牌形象。只要终端进一定数量的味精，即可获赠精美的餐具一套。精美的餐具而由于看中，使得大量的餐饮终端纷纷进货，获得了很好的促销效果。在针对新进入市场的零售消费者方面，我们则主要以联合促销的形式，与金龙鱼展开合作，提出"健康新搭档，绿色新生活"的活动主题，购买金龙鱼赠送梅花味精小包装一袋。在围绕着绿色健康的主题下，我们更在县级市场开展了一系列的梅花采购节活动，在农贸市场布置了大量的梅花的终端物料，通过横幅、宣传单、易拉宝、推头、海报，将整个农贸市场都包装成了红色的梅花形象，而"百分百纯粮，百分百健康"的主题也成为所有宣传的主题，我们连续 1 个月在这样一些农贸市场开展了一系列的小型路演活动，邀请了当地夜场的歌手进行演出，形成了很好的现场气氛，而配合主题开展的买送活动，更是大大提升了当时段的销量。我们特别为活动设计了一套折扇，迎合了入夏以来人们扇风的行为需要。折扇正面是水墨梅花图案，反面为梅花的标志，精致的折扇不仅是一种礼品，更是一种很好的触点广告形式。这样的礼品，每次活动都被抢购一空，获得了很好的促销效果。我们通过系统的营销活动，迅速提升了梅花味精的品牌知名度和产品销量。

面临食品安全成为一个社会性话题，梅花味精率先提出绿色营销概念，扛起调味品行业的绿色营销大旗，不仅是一种行业的表率作用，而且真正为企业带来了很好的品牌效应。我们过去提"体育营销"、"音乐营销"、"娱乐营销"，实际上每一种营销模式都有它适合和不适合的一面，对于味精这样一种调味品，健康问题被提上一个日程的时候，我们恰恰是在合适的时间提出了一种合适的模式——"绿色营销"，它为品牌注入了活力，也为企业带来了效益，实为传播之典范。

[资料来源：http://www.itjj.net/pinpai/xuexi/cehua/20070629/209834.html，曾振波，2007-06-29]

参考文献

[1] [美]基恩·凯洛斯.什么是确切的市场营销[J].美国:市场营销评论,1975(4).

[2] [美]菲利普·科特勒.市场营销管理(第八版).亚洲版[M].北京:中国人民大学出版社,1997.

[3] [美]菲利普.科特勒.营销管理(第11版)[M].上海:上海人民出版社,2003.

[4] 国家统计局.2003国民经济和社会发展统计公报[R].2004.2.26.

[5] 吴涛.市场营销管理[M].北京:中国发展出版社,2005.

[6] 吴健安.市场营销学[M].北京:高等教育出版社,2004.

[7] 苗杰.现代广告学(第三版)[M].北京:中国人民大学出版社,2004.

[8] 郭国庆.市场营销学通论[M].北京:中国人民大学出版社,2005.

[9] 闫毅.市场营销理论与实务[M].北京:科学出版社,2005.

[10] 李国强,苗杰.市场调查与市场分析[M].北京:中国人民大学出版社,2005.

[11] 刘德寰.市场调查教程[M].北京:经济管理出版社,2005.

[12] 黄沛.新编营销实务教程[M].北京:清华大学出版社,2005.

[13] 汪涛.组织市场营销[M].北京:清华大学出版社,2005.

[14] 王方华.非营利组织营销[M].上海:上海交通大学出版社,2005.

[15] 杨顺勇.市场营销案例与实务[M].上海:复旦大学出版社,2006.

[16] 黄沛,张喆.市场营销学[M].北京:北京师范大学出版社,2007.

[17] 李先国.分销渠道管理[M].北京:清华大学出版社,2007.

[18] 吴作民.市场营销[M].南京:南京大学出版社,2007.

[19] 郑玉香,刘泽东.市场营销学新论[M].北京:北京大学出版社、中国林业出版社,2007.

[20] 李怀斌.市场营销学[M].北京:清华大学出版社,2007.

[21] 马清梅.市场营销理论与实务[M].北京:清华大学出版社、北京交通大学出版社,2008.

[22] 韩德昌,李桂华,刘立雁.市场调查与预测教程[M].北京:清华大学出版社,2008.

[23] 戴秀英.市场营销学[M].北京:北京大学出版社、中国农业大学出版社,2009.

[24] [美]哈利·韦贝尔著.董建宁,邓兵译.目标市场[M].北京:中国商业出版社,2002.

[25] 马丁·科林翰姆著.汪开虎译.市场调查宝典·公司抉择[M].上海:上海交通大学出版社,2005.

[26] [芬兰]克里斯廷·格罗鲁斯.服务管理与营销——基于顾客关系的管理策略[M].北京:电子工业出版社,2006.

[27] [美]詹姆斯·H·迈尔斯著.王袆译.市场细分与定位[M].北京:电子工业出版社,2005.

[28] [美]纳雷希·K·马尔霍特拉.市场营销研究:应用导向[M].北京:电子工业出版

社,2006.

[29] [美]菲利普·科特勒,加里·阿姆斯特朗. 市场营销原理(第九版)[M]. 北京:清华大学出版社,2007.

[30] [美]里基·W. 格里芬. 管理学(第九版)[M]. 北京:中国市场出版社,2008.

[31] 林亚,严云浩. 产品差别化与企业的核心竞争力[J]. 嘉兴学院学报,2003(15).

[32] 符国群. 品牌、价格和原产地如何影响消费者的购买选择[J]. 管理科学学报,2003(12).

[33] 谷春梅,张付光. 市场调查中的误区分析[J]. 工业技术经济,2003(6).

[34] 白建义. 企业差别化竞争战略的思考与对策[J]. 河南大学学报(社会科学版),2004(9).

[35] 黄赛男. 市场调查中样本容量的研究[J]. 中南民族大学学报(人文社会科学版),2004(24).

[36] 王延玲. 市场调查询问技术与问卷设计[J]. 市场研究,2004(10).

[37] 魏文婷. 对市场调查真实性的反思[J]. 统计与咨询,2005(3).

[38] 李言规. 论目标市场选择与目标市场战略的区别和联系[J]. 湖南经济管理干部学院学报,2006(9).

[39] 李学军,王念东. 关于市场细分的四点思考[J]. 特区经济,2007(3).

图书在版编目(CIP)数据

市场营销学/杨剑英,张亮明主编.—3版.—南京:南京大学出版社,2015.8(2016.7重印)
普通高等学校"十二五"规划教材.经管核心课
ISBN 978-7-305-15739-4

Ⅰ.①市… Ⅱ.①杨… ②张… Ⅲ.①市场营销学—高等学校—教材 Ⅳ.①F713.50

中国版本图书馆CIP数据核字(2015)第189046号

出版发行 南京大学出版社
社　　址 南京市汉口路22号　　邮　编 210093
出 版 人 金鑫荣

丛 书 名 普通高等学校"十二五"规划教材·经管核心课
书　　名 市场营销学(第三版)
主　　编 杨剑英 张亮明
责任编辑 王抗战　　编辑热线 025-83596997

照　　排 南京南琳图文制作有限公司
印　　刷 丹阳市兴华印刷厂
开　　本 787×1092 1/16 印张21.5 字数536千
版　　次 2015年8月第3版 2016年7月第2次印刷
ISBN 978-7-305-15739-4
定　　价 44.00元

网址:http://www.njupco.com
官方微博:http://weibo.com/njupco
官方微信号:njupress
销售咨询热线:(025)83594756
